일본어 구어역 요한복음의 언어학적 분석 Ⅲ

A Linguistic Anlaysis of the Colloquial Japanese Version of the Gospel of John Ⅲ

이성규

『이 저서는 인하대학교의 지원에 의하여 연구되었음』
『This work was supported by INHA UNIVERSITY Research Grant』

일본어 구어역 요한복음의 언어학적 분석 Ⅲ
A Linguistic Anlaysis of the Colloquial Japanese Version of the Gospel of John Ⅲ

이성규

머리말

본 저서는 일본어 구어역(口語訳) 신약성서(新約聖書)의 요한복음(ヨハネによる福音書) 제8장에서 제11장까지를 언어자료로 삼아, 성서학적인 입장에서가 아니라 일본어학적 관점에서 그곳에 사용된 다양한 언어 소재를 분석함으로써 통상 일본어학이나 일본어 교육에서 주제로 삼지 않거나 지면이 제약되어 있는 어휘, 문형, 문법, 경어법까지 연구 대상에 포함하여 검토하는 것을 목적으로 한다.

일본어 성서에는 (1)日本聖書協会(1954)『聖書』日本聖書協会. (2)日本聖書協会(1978)『新約聖書』共同訳 日本聖書協会. (3)新改訳聖書刊行会(1970)『新改訳聖書』日本聖書刊行会. (4)日本聖書協会(1987)『聖書』(新共同訳) 日本聖書協会. (5)新約聖書翻訳委員会(1995)『岩波翻訳委員会訳』岩波書店. (6)回復訳編集部(2009)『オンライン聖書 回復訳』http://www.recoveryversion.jp/ 등의 소위 협회본(協会本) 및 (7)前田護郎(1983)『新約聖書』中央公論社. (8)柳生直行(1985)『新約聖書』新教出版社. (9)尾山令仁(2001)『現代訳聖書』現代訳聖書刊行会. (10)高橋照男・私家版(2003)『塚本虎二訳 新約聖書・電子版03版』. (11)高橋照男編(2004)『BbB - BIBLE by Bible 聖書で聖書を読む』http://bbbible.com/ 등의 개인번역본이 있다.

『구어역성서(口語訳聖書)』는 제2차 세계대전 이후 개신교 신자들이 결성한 일본성서협회(日本聖書協会)가 히브리어의 구약성서와 그리스어의 신약성서를 처음으로 일본어 구어체(口語体)로 발행한 성서이다.

　메이지(明治) 이후 일본에서는 선교사 등의 기독교 신자 등이 성서를 문어체(文語体) 일본어로 번역한 「문어역성서(文語訳聖書)」를 발행했지만, 제2차 세계대전 이후에는 구어체 즉 현대어에 의한 일본어 번역이 뒤를 이었다. 그 중에서도 「구어성서(口語聖書)」「구어역성서(口語訳聖書)」 혹은 성서에 관해 단순히 「구어역(口語訳)」이라고 하면, 제일 먼저 가리키는 것이 「구어역성서(口語訳聖書)」이다. 신약성서는 1954년에, 구약성서는 1955년에 완성되는데, 제이외전(第二外典)은 포함되어 있지 않다.[1]

　구어역 성서는 문어역 성서보다 이해하기 쉬워졌다고 하는 호평도 있지만, 한편으로 독자에 대한 호소력이나 논리적 명쾌성, 나아가 문장으로서의 기품 그리고 특히 문체(文体)에 관해서는 악평도 존재한다. 그밖에 인칭대명사를 부자연스럽게 통일시킨 점, 대우표현에 있어서의 일관성도 지적되고 있다. 그러나 다른 한편으로 영어 성서 [Revised Standard Version]에 기초하여 번역했다는 점에서 성서 번역의 질적 향상에 크게 기여했다고 긍정적인 평가를 내리는 주장도 있다.

　구어역 신약성서에서는 일본어의 고유어와 한어가 다양하게 사용되고 있는데, 그 의미·용법에 있어서는 현대어와 일치하는 것도 있지만 그 중에는 고전어적인 어감을 살린 예도 존재한다.

　구어역은 현대어역이기 때문에 그곳에 사용된 문형이나 문법 사항은 대체적으로 현대어와 일치하지만, 구어역에서만 사용되고 있는 예도 산견된다. 특히 조사, 부사, 지시사, 접속사, 조동사, 추론을 나타내는 형식, 연어, 접사어류에 관해서는 졸자가 기 집필한 도서나 관련 서적 그리고 인터넷 검색 등을 통해 다양한 용례를 인용하여 향후 이를 일본어교육에도 원용할 수 있게끔 하였다.

---

1) 出典: フリー百科事典『ウィキペディア(Wikipedia)』https://ja.wikipedia.org/wiki/%E5%8F%A3%E8%AA%9E%E8%A8%B3%E8%81%96%E6%9B%B8에서 인용하여 일부 번역함.

특히 성서에서는 구어역(口語訳)에 국한되지 않고 높여야 할 대상 즉 경의 주체[하나님·예수]가 존재하고 있기 때문에 복수의 존경어 형식이 사용되고 있다. 또한 구어역 성서에서는 동작이나 작용을 분석적으로 표현하기 위해 일반 사전에 탑재되지 않는 복합동사를 포함하여 다양한 유형의 복합동사가 등장하고 있다. 일본어 성서를 적확히 이해하기 위해서는 이들 일본어 복합동사의 의미·용법을 상세히 검토할 필요가 있다.

연구의 최종 결과물은 한국어 번역이란 모습으로 제시되겠지만, 일본어 성서의 한국어 번역이란 점에서 기존의 한국어 성서와는 입장과 서술 내용이 다르기 때문에 색다른 언어 경관이 전개될 것으로 예상된다. 일본어 자료에 기초한 언어학적 관점에서의 결과이기에 접속사나 부사 등에 있어서 동어 반복이나 용장감 등으로 인하여 다소 어색하거나 부자연스러운 면이 있더라도 가능한 한 의역을 피하고 축어역(逐語訳)하는 방식으로 진행했다.

일본과 한국에서는 여러 유형의 성서가 발간되어 있는데, 이들 성서를 대조언어학적 관점에서 조감하여 양자 간의 유사성과 차이점을 살펴보고 의미 있는 내용에 관해서는 번역 단계에서 적극 반영했다.

그리고 본서에 앞서 출판된『일본어 구어역 마가복음의 언어학적 분석 I』(2018.10)·『일본어 구어역 마가복음의 언어학적 분석 II』(2019.04)·『일본어 구어역 마가복음의 언어학적 분석 III』(2019.10)·『일본어 구어역 마가복음의 언어학적 분석 IV』(2020.04)·『일본어 구어역 요한복음의 언어학적 분석 I』(2021.3)·『일본어 구어역 요한복음의 언어학적 분석 II』(2021.5)에서 다룬 내용과 반복이 되지 않도록 노력했지만, 본문 해석을 위해 필요한 경우에는 예외로 한다.

2021년 10월

李成圭

[범례(凡例)]

1. 본 저서는 日本聖書協会(1954)에서 간행한『聖書』(口語訳)[pp. (新)1-(新)409]을 저본(底本)을 하되, 표기에 있어서는 일본어학 및 일본어교육의 편익을 도모하고자 본문 비판을 행하고「平仮名」로 되어 있는 부분을 다수「漢字」로 바꾸었다.

2. 저본에서 장절(章節)로 구성되어 있는 본문을 フランシスコ会聖書研究所(1984)에서 간행한『新約聖書』에 따라 단락 구분을 해 두었다.

3. 인명과 지명 등의 고유명사의 한글 표기에 관해서는 대한성서공회(2001)에서 간행한『표준새번역 성경』에 따른다.

Cotents

ヨハネによる福音書(ふくいんしょ)
第8章

⑶⑹ [ヨハネによる福音書 7:53(제2권) - 8:11] ‥ 10
⑶⑺ [ヨハネによる福音書 8:12 - 8:20]………39
⑶⑻ [ヨハネによる福音書 8:21 - 8:30]………60
⑶⑼ [ヨハネによる福音書 8:31 - 8:47]………80
⑷⓪ [ヨハネによる福音書 8:48 - 8:59]………112

ヨハネによる福音書(ふくいんしょ)
第9章

⑷⑴ [ヨハネによる福音書 9:1 - 9:12]………132
⑷⑵ [ヨハネによる福音書 9:13 - 9:34]………150
⑷⑶ [ヨハネによる福音書 9:35 - 9:41]………194

ヨハネによる福音書(ふくいんしょ) 第10章

⦅44⦆ [ヨハネによる福音書 10:1 - 10:6] ········· 208
⦅45⦆ [ヨハネによる福音書 10:7 - 10:10] ········ 220
⦅46⦆ [ヨハネによる福音書 10:11 - 10:21] ······· 230
⦅47⦆ [ヨハネによる福音書 10:22 - 10:30] ······· 249
⦅48⦆ [ヨハネによる福音書 10:31 - 10:42] ······· 262

ヨハネによる福音書(ふくいんしょ) 第11章

⦅49⦆ [ヨハネによる福音書 11:1 - 11:16] ········ 289
⦅50⦆ [ヨハネによる福音書 11:17 - 11:27] ······· 321
⦅51⦆ [ヨハネによる福音書 11:28 - 11:37] ······· 335
⦅52⦆ [ヨハネによる福音書 11:38 - 11:44] ······· 353
⦅53⦆ [ヨハネによる福음書 11:45 - 11:53] ······· 366
⦅54⦆ [ヨハネによる福音書 11:54 - 11:57] ······· 381

색인 ··· 390
참고문헌 일람 ··· 404

ヨハネによる福音書
- 第8章 -

⦅36⦆ [ヨハネによる福音書 7:53(제2권) - 8:11]

> イエスはオリブ山(やま)に[1]行(い)かれた。[ヨハネによる福音書 8:1]
> (예수께서는 올리브 산에 가셨다.[8:1])

[1]行(い)かれた : 가셨다. 「行(い)かれた」는 「行(い)く」의 레루형 경어 「行(い)かれる」의 과거로 <イエス>를 높이는 데에 사용되고 있다.

  [例]そのためにも今度(こんど)竹下(たけした)さんが行(い)かれる首脳会談(しゅのうかいだん)では、日本(にほん)のメッセージを正確(せいかく)にデリバーしてもらわないといけない。

  (그것을 위해서도 이번 다케시타 씨가 가시는 정상회담에서는 일본의 메시지를 정확하게 전달해 주지 않으면 안 된다.)

  ですから、あなたが行(い)かれたお店(みせ)も本当(ほんとう)に材料(ざいりょう)が良(よ)いものだったのかもしれませんし、単(たん)にイメージで値段(ねだん)を高(たか)くとるお店(みせ)だったのかもしれません。

  (따라서 당신이 가시는 가게도 정말 재료가 좋았는지도 모릅니다. 단지 이미지로 가격을 비싸게 받는 가게이었는지도 모릅니다.)

八三年(はちじゅうさんねん)に日本側(にほんがわ)の農業(のうぎょう)団体(だんたい)の代表者(だいひょうしゃ)が行(い)かれたときに、当時(とうじ)、次(つぎ)は米(べい)だろうというお話(はなし)をした。
(83년에 일본 측 농업 단체의 대표자가 가셨을 때 당시 다음은 미국일 것이라는 말씀을 했다.)

朝(あさ)早(はや)くまた[1]宮(みや)に入(はい)られると、人々(ひとびと)が皆(みな)[2]みもとに集(あつ)まって来(き)たので、イエスは座(すわ)って[3]彼(かれ)らを教(おし)えておられた。[ヨハネによる福音書 8:2]
(아침 일찍 다시 성전에 들어가시자, 사람들이 모두 예수께 모여 들었기 때문에, 예수께서는 앉아서 그들을 가르치고 계셨다.[8:2])

[1]宮(みや)に入(はい)られると、: 전에 들어가시자. 「入(はい)られる」는 「入(はい)る」의 レル형 경어이고, 「入(はい)られると」의 「~と」는 기정조건을 나타낸다.
　[例]イエスがまた会堂(かいどう)に入(はい)られると、そこに片手(かたて)のなえた人(ひと)がいた。[口語訳 / マルコによる福音書 3:1]
　(예수께서 다시 회당에 들어가시자, 거기에 한쪽 손이 마비된 사람이 있었다.)[마가복음 3:1][2]

それからイスカリオテのユダ。このユダがイエスを裏切(うらぎ)ったのである。イエスが家(いえ)に入(はい)られると、群衆(ぐんしゅう)がまた集(あつ)まって来(き)たので、一同(いちどう)は食事(しょくじ)をする暇(ひま)もないほどであった。[口語訳 / マルコによる福音書 3:19-20]
(그리고 이스가리옷 유다. 이 유다가 예수를 배반했다. 예수께서 집에 들어가시자, 군중들이 다시 모여들어서 예수 일행은 식사를 할 틈도 없을 정

---

2) 李成圭(2018c)『일본어 구어역 마가복음의 언어학적 분석Ⅰ』시간의물레. p. 111에서 인용.

도였다.)[마가복음 3:19-20]³⁾

[2] みもとに集(あつ)まって来(き)たので : 예수께 모여 들었기 때문에. 「みもと」는 「もと」에 신불이나 고귀한 신분의 사람에게 쓰이는 존경의 접두사 「み」가 접속된 것으로 여기에서는 예수님의 계신 곳을 높여 말하는 데에 쓰이고 있다.

[例] イエスはまた海(うみ)べに出(で)て行(い)かれると、多(おお)くの人々(ひとびと)がみもとに集(あつ)まって来(き)たので、彼(かれ)らを教(おし)えられた。[口語訳/マルコによる福音書 2:13]
(예수께서 다시 바닷가에 나가시자, 많은 사람들이 예수가 계신 곳으로 모였기에 그들을 가르치셨다.)[마가복음 2:13]⁴⁾

エルサレムから、イドマヤから、更(さら)にヨルダンの向(む)こうから、ツロ、シドンのあたりからも、夥(おびただ)しい群衆(ぐんしゅう)が、そのなさっていることを聞(き)いて、みもとに来(き)た。[口語訳/マルコによる福音書 3:8]
(예루살렘에서, 이두매에서, 나아가 요단강 건너편에서, 두로와 시돈 주변에서도 많은 군중이 예수께서 하시고 있는 것을 듣고 예수가 계신 곳으로 왔다.)[마가복음 3:8]⁵⁾

[3] 彼(かれ)らを教(おし)えておられた : 그들을 가르치고 계셨다. 「教(おし)えておられた」는 「教(おし)えている」의 레루형 경어 「教(おし)えておられる」의 과거이다.

[例] それから、イエスはそこを去(さ)って、ユダヤの地方(ちほう)とヨルダンの向(む)こう側(がわ)へ行(い)かれたが、群衆(ぐんしゅう)がまた寄(よ)り集(あつ)まったので、いつものように、また教(おし)えておられた。[口語訳/マルコによる福音書 10:1]
(그리고 나서 예수께서는 그곳을 떠나 유대 지역과 요단 강 건너편으로

---

3) 李成圭(2018c) 『일본어 구어역 마가복음의 언어학적 분석 I』 시간의물레. p. 131에서 인용.
4) 李成圭(2018c) 『일본어 구어역 마가복음의 언어학적 분석 I』 시간의물레. pp. 85-86에서 인용.
5) 李成圭(2018c) 『일본어 구어역 마가복음의 언어학적 분석 I』 시간의물레. p. 121에서 인용.

가셨지만, 군중이 또 다시 많이 모였기 때문에 여느 때와 마찬가지로 다시 가르치고 계셨다.)[마가복음 10:1][6]

彼(かれ)らは尋(たず)ねて言(い)った、「先生(せんせい)、わたしたちは、あなたの語(かた)り教(おし)えられることが正(ただ)しく、また、あなたは分(わ)け隔(へだ)てをなさらず、真理(しんり)に基(もとづ)いて神(かみ)の道(みち)を教(おし)えておられることを、承知(しょうち)しています。[口語訳 / ルカによる福音書 20:21]
(그들은 물으며 말했다. "선생님, 저희는 선생님께서 말씀하시고 가르치시는 것을 올바르고 또한 선생님께서 차별하지 않으시고 진리에 기초하여 하나님의 길을 가르치고 계시는 것을 알고 있습니다.)[누가복음 20:21]

すると、律法(りっぽう)学者(がくしゃ)たちやパリサイ人(びと)たちが、[1]姦淫(かんいん)をしている時(とき)に[2]捕(つか)まえられた[3]女(おんな)を引(ひ)っ張(ぱ)って来(き)て、[4]中(なか)に立(た)たせた上(うえ)、イエスに言(い)った、[ヨハネによる福音書 8:3]
(그러자 율법학자들과 바리새파 사람들이 간음을 하다가 붙잡힌 여자를 끌고 와서 가운데에 세운 다음, 예수에게 말했다.[8:3])

[1]姦淫(かんいん)をしている時(とき)に : 간음을 하고 있을 때. 간음을 하다가.
 [例]「姦淫(かんいん)してはならない。」これは女系(じょけい)社会(しゃかい)ですから、女性(じょせい)に向(む)かって言(い)った言葉(ことば)です。
 ("간음해서는 안 된다." 이것은 여계 사회이니까, 여성을 향해 한 말입니다.)
 いつの間(ま)にか尾行(びこう)されており、いきなりアパートを訪(たず)ねて来(き)て、騒(さわ)がれては困(こま)るので中(なか)に入(い)れたら、前回(ぜんかい)と同(おな)じナイフで脅(おど)されて姦淫(かんいん)された。

---

6) [口語訳 / マルコによる福音書 10:1]에서 인용.

(어느 사이엔가 미행당하고 있었고, 갑자기 집에 찾아와서 시끄럽게 하면 곤란해서 안에 들어오게 했더니 지난번과 같은 칼로 위협을 당하고 간음 당했다.)

타 번역본에서「姦淫(かんいん)」과 다른 표현을 하고 있는 예를 들어보자.
[例]不義(ふぎ)の現行犯(げんこうはん)で捕(と)らえられた女(おんな)を連(つ)れて来(き)て、

(간통 현행범으로 붙잡힌 여자를 데리고 와서,)[前田訳1978]

姦通(かんつう)の現場(げんば)で捕(と)らえられた女(おんな)を連(つ)れて来(き)て、[新共同訳1987]

(간통 현장에서 붙잡힌 여자를 데리고 와서,)

姦通(かんつう)のさ中(なか)に捕(と)らえられた女(おんな)を連(つ)れてくる。[岩波翻訳委員会訳1995]

(간통을 하다가 붙잡힌 여자를 데리고 오다.)

[不倫(ふりん)・密通(みっつう)・私通(しつう)・姦通(かんつう)・姦淫(かんいん)]

1. 사용법

[不倫](名・形動)スル
[例]夫(おっと)の友人(ゆうじん)と不倫(ふりん)の関係(かんけい)をもった。
　　(남편의 친구와 불륜 관계를 가졌다.)

[密通]スル
[例]若(わか)い女(おんな)と密通(みっつう)する。
　　(젊은 여자와 밀통하다.)

[私通]スル

[例]あの二人(ふたり)は<u>私通(しつう)</u>している。

　　(그 두 사람은 사통하고 있다.)

[姦通]スル

[例]夫(おっと)の友人(ゆうじん)と<u>姦通(かんつう)</u>する。

　　(남편의 친구와 간통하다.)

　　姦通罪(かんつうざい)。

　　(간통죄)

[姦淫]スル

[例]汝(なんじ)<u>姦淫(かんいん)</u>するなかれ。

　　(너, 간음하지 말지어다.)

2. 사용상의 구별

(1) 일상회화에서는 최근에는 「不倫(ふりん) ; 불륜」이 일반적이다. 「不倫(ふりん)」은 사람의 도에 거역하는 것, 부도덕한 것이란 뜻인데, 최근에는 도덕에 반하는 남녀 관계에 사용되는 경우가 많다.

(2) 「密通(みっつう) ; 밀통」은 몰래 통하는 뜻으로 「敵方(てきがた)に密通(みっつう)する ; 적측과 밀통하다」와 같은 사용법도 있다.

(3) 「私通(しつう) ; 사통」「姦通(かんつう) ; 간통」「姦淫(かんいん) ; 간음」은 도의에 반해 남녀가 육체관계를 갖는다는 뜻인데, 고풍스러운 말씨로 현재는 별로 사용되지 않는다.[7]

[2] 捕(つか)まえられた女(おんな) : 붙잡힌 여자. 「捕(つか)まえられた」는 「捕(つか)ま

---

7) https://dictionary.goo.ne.jp/thsrs/4922/meaning/m0u/에서 인용하여 적의 번역함.

える」의 수동「捕(つか)まえられる」의 과거이다.

[例]私(わたし)は、男(おとこ)が実(じつ)は捕(つか)まえられたかったのではないかと述(の)べた.

(나는 남자가 실은 붙잡히고 싶었던 것은 아닌가 하고 진술했다.)

もうちょっとで憲兵(けんぺい)に捕(つか)まえられるところだったんです。それはやっぱり彼(かれ)は反戦(はんせん)の思想(しそう)を持(も)っている。

(자칫하면 헌병에게 붙잡힐 뻔했습니다. 그 이유는 역시 그가 반전사상을 가지고 있었기 때문이다.)

彼(かれ)は愛人(あいじん)デリラにその秘密(ひみつ)を知(し)られ、髪(かみ)を剃(そ)られて捕(つか)まえられ、ペリシテ人(じん)の町(まち)ガザに連行(れんこう)される。

(그의 애인 델릴라(삼손(Samson)을 배반한 여자)가 그 비밀을 알게 되어 머리를 깎기고 붙잡혀서 블레셋인의 동네 가자로 연행된다.)

ある時(とき)ユダヤ人(じん)たちが、キリストのもとに、姦淫(かんいん)している時(とき)に捕(つか)まえられた女(おんな)を引(ひ)っ張(ぱ)って来(き)てその前(まえ)に立(た)たせ、こう質問(しつもん)した。

(어느 때 유대인들이 그리스도에게 간음하다가 붙잡힌 여자를 끌고 와서 그 앞에 세우고 이렇게 질문했다.)

[捕らえる(とらえる)·捕まえる(つかまえる)·取り押さえる(とりおさえる)]

1. 사용법

[捕(と)らえる](ア下一)

[捕まえる](ア下一)

[取り押さえる](ア下一)

2. 사용상의 구별

(1) 「捕(と)らえる」와 「捕(つか)まえる」는 도망가지 못하도록 「단단히 억누르다」의 뜻을 나타내는데, 「捕(つか)まえる」는 회화체에서는 별로 사용하지 않는다.

(2) 「捕(と)らえる」에는 「相手(あいて)の心(こころ)を捕(と)らえる ; 상대의 마음을 잡다」 「真相(しんそう)を捕らえる ; 진상을 파악하다」 「機会(きかい)を捕(と)らえる ; 기회를 포착하다」와 같이 추상적인 사항을 장악하는 뜻도 있다.

(3) 「取(と)り押(お)さえる」는 「こそ泥(どろ)を取(と)り押(お)さえる ; 좀도둑을 움쭉 못하게 잡다」와 같이 힘으로 강제로 「단단히 누르는」 그런 경우에 쓴다.[8]

[3] 女(おんな)を引(ひ)っ張(ぱ)って来(き)て、: 여자를 끌고 와서. 「引(ひ)っ張(ぱ)って来(く)る ; 끌고 오다」는 「引(ひ)っ張(ぱ)る ; 억지로 끌고 가다 / 연행하다」에 「来(く)る」가 접속조사 「〜て」를 매개로 하여 접속된 것이다.

[例] 彼女(かのじょ)は立(た)ち入(い)り禁止(きんし)の屋上(おくじょう)へ続(つづ)く非常(ひじょう)階段(かいだん)の踊(おど)り場(ば)に彼(かれ)を引(ひ)っ張(ぱ)って来(き)た。
(그녀는 출입금지의 옥상에 이어지는 비상계단 층계참에 그를 끌고 왔다.)

そこで、お客(きゃく)さんを捕(つか)まえられるようになってから、指名制(しめいせい)のお店(みせ)で働(はたら)けば、お客(きゃく)さんを引(ひ)っ張(ぱ)って来(こ)れますよね。
(그래서 손님을 잡을 수 있게 된 다음, 지명제의 가게에서 일하면 손님을 끌고 올 수 있어요. 안 그래요?)

女子大生(じょしだいせい)、OL(オーエル)、モデルだって嘘(うそ)を吐(は)いてあちこちのイベントや合(ごう)コンに潜(もぐ)り込(こ)んで、そこから客(きゃく)を引(ひ)っ張(ぱ)って来(く)るんだから、すごいわよ。
(여대생, 직장 여성, 모델도 거짓말을 하며 여기저기의 이벤트나 집단 미

---

[8] https://dictionary.goo.ne.jp/thsrs/9409/meaning/m0u/에서 인용하여 적의 번역함.

팅에 끼어들어 거기에서 손님을 끌고 오니까 대단해.)

何(なに)しろ仕事(しごと)が好(す)きで、せっせとパトロールしては覚醒剤(かくせいざい)だの泥棒(どろぼう)だの密入国(みつにゅうこく)だのと容疑者(ようぎしゃ)を引(ひ)っ張(ぱ)って来(く)る。

(여하튼 일을 좋아해서 부지런히 순찰해서는 각성제니, 도둑이니, 밀입국이니 하며 용의자를 끌고 온다.)

彼女(かのじょ)が最初(さいしょ)にやったのは、発電機(はつでんき)から電源(でんげん)コードを引(ひ)っ張(っぱ)って来(き)て、部屋(へや)の四隅(よすみ)に立(た)てたスタンドに電灯(でんとう)を灯(とも)すことだった。

(그녀가 최초로 한 것은 발전기에서 전원 코드를 끌고 와서 방의 네 구석에 세운 스탠드에 전등을 켜는 것이었다.)

[4] 中(なか)に立(た)たせた上(うえ)、: 가운데에 세운 다음.「立(た)たせる」는「立(た)つ」의 사역으로「(사람을) 세우다」의 뜻을 나타내고 사물의 경우에는「立(た)つ; 立(た)てる」와 같이 타동사「立(た)てる」가 대응한다. 이와 같이 자동사와 타동사가 어휘적 대응을 이루는 동사에 있어서, 주어가 유생인가 무생인가 하는 차이에 따라 사역 표현과 타동 표현이 대립을 이루는 동사군(動詞群)이 존재한다.

그럼 예를 살펴보자.

[例] 1a. 生徒(せいと)が立(た)つ。

(학생이 일어서다.)

1b. × 生徒を立(た)てる。

1c. 生徒を立(た)たせる。

(학생을 일으켜 세우다.)

2a. 旗(はた)が立(た)つ。

(기가 서다.)

2b. 旗を立(た)てる。

(기를 세우다.)

2c. × 旗を立(た)たせる。

위에서 알 수 있듯이「立(た)つ」는 (1a)의「生徒(せいと)」와 같이 주어에「유생명사(有生名詞)」도 쓰이고 (2a)의「旗(はた)」와 같이 주어에「무생명사(無生名詞)」도 쓰인다. 그런데 문중에 목적어가 나타나는 타동사문으로 전환되면 상황은 달라진다. (1c)의「生徒(せいと)を立(た)たせる」와 같이 목적어에 유생명사가 오면 자동사의 사역형만이 가능하고 (2b)의「旗(はた)を立(た)てる」와 같이 목적어에 무생명사가 오면 타동사만이 가능하다. 이와 같이 선행하는 명사의 성질에 따라 술어의 형태를 달리하는 동사군도 존재한다.[9]

[例] 僕(ぼく)は、彼(かれ)を立(た)たせたまま、身体検査(しんたいけんさ)を始(はじ)めた。

(나는 그를 세운 채, 신체검사를 시작했다.)

そして駅(えき)に詰(つ)め掛(か)けた人(ひと)たちの中(なか)にわたしを立(た)たせた。

(그리고 역에 몰려든 사람들 속에 나를 세웠다.)

例外的(れいがいてき)に乗客(じょうきゃく)を立(た)たせて走(はし)るバスもありますが、中央道(ちゅうおうどう)を走(はし)るバスで、それは期待(きたい)できないと思(おも)います。

(예외적으로 승객을 세우고 달리는 버스도 있습니다만, 중앙도를 달리는 버스에서 그것은 기대할 수 없을 것 같습니다.)

---

9) 李成圭・権善和(2004b)『일본어 조동사 연구II』不二文化. pp. 71-72에서 인용하여 일부 수정함.

特(とく)に、見苦(みぐる)しく、戒(いまし)めるべき光景(こうけい)は、相手(あいて)を立(た)たせておいて、自分(じぶん)は椅子(いす)に座(すわ)って話(はな)しているというものである。
(특히 보기 흉하고, 훈계해야 하는 광경은 상대를 세워 두고 자기는 의자에 앉아서 이야기하고 있다는 것이다.)

「先生(せんせい)、この女(おんな)は[1]姦淫(かんいん)の場(ば)で捕(つか)まえられました。[ヨハネによる福音書 8:4]
("선생님, 이 여자는 간음을 하다가(현장에서) 붙잡혔습니다.[8:4])

[1]姦淫(かんいん)の場(ば)で : 간음을 하다가(현장에서). 「場(ば)」는 ①「자리 / 장소」와 같은 공간적 의미나 ②「때 / 경우 / 분위기」와 같은 시간적 의미를 나타내는데 본 절에서는 ①의 용법으로 쓰이고 있다.
[例] その場(ば)で、俺(おれ)は殺(ころ)されるかもしれないぜ。
(그 자리에서 나는 살해당할지도 몰라.)
そのため国際的(こくさいてき)な論争(ろんそう)の場(ば)で、日本人(にほんじん)は影(かげ)の薄(うす)い存在(そんざい)となってしまう。
(그래서 국제적인 논쟁 자리에서 일본인은 눈이 잘 안 뜨이는 존재가 되고 만다.)
さっき、あの場(ば)で、ウォータベリから彼女(かのじょ)を奪(うば)うこともできたのだと、わたしは思(おも)った。
(아까 그 자리에서 워터베리로부터 그녀를 빼앗을 수도 있었다고 나는 생각했다.)
全(すべ)ての近隣(きんりん)の子供(こども)たちが、共通(きょうつう)の場(ば)で、同(おな)じ権利(けんり)を付与(ふよ)され、同(おな)じ勉強(べんきょう)をし、同(おな)じように能力(のうりょく)を開発(かいはつ)され、同(おな)じ校則(こうそく)に

従(したが)ったのである。

(모든 근린의 어린이들이 공통의 자리에서 같은 권리를 부여받고 똑같은 공부를 하고 똑같은 능력이 개발되어 똑같은 교칙에 따랐던 것이다.)

> モーセは律法(りっぽう)の中(なか)で、[1]こういう女(おんな)を石(いし)で打(う)ち殺(ころ)せと命(めい)じましたが、あなたはどう思(おも)いますか」。[ヨハネによる福音書 8:5]
> (모세는 율법 속에서 이런 여자를 돌로 쳐서 죽이라고 명했습니다만, 선생님은 어떻게 생각합니까?[8:5])

[1]こういう女(おんな)を石(いし)で打(う)ち殺(ころ)せと命(めい)じましたが、: 이런 여자를 돌로 쳐서 죽이라고 명했습니다만. 「打(う)ち殺(ころ)せ」는 「打(う)つ」의 연용형에 「殺(ころ)す」가 결합한 복합동사 「打(う)ち殺(ころ)す」의 명령형으로 한국어의 「때려죽여라」에 해당한다. 그리고 「撃(う)ち殺(ころ)す」는 「쏘아 죽이다」의 뜻도 나타낸다.

[例] 動物(どうぶつ)を打(う)ち殺(ころ)す者(もの)は償(つぐな)いをしなければならず、人(ひと)を打(う)ち殺(ころ)す者(もの)は殺(ころ)さなければならない。
(동물을 때려죽이는 사람은 보상을 하지 않으면 안 되고, 사람을 때려죽이는 사람은 죽음을 당해야 한다.)

片(かた)っ端(ぱし)からひそかにまたは公然(こうぜん)と打(う)ち殺(ころ)し、締(し)め殺(ころ)し、刺(さ)し殺(ころ)すべきである。狂犬(きょうけん)を打(う)ち殺(ころ)さなければならないのと同(おな)じく、暴徒(ぼうと)ほど悪魔的(あくまてき)な害(がい)あるものはないと思(おも)うべきである。
(닥치는 대로 몰래 또는 공공연하게 때려죽이고 목을 졸라죽이고 찔러 죽여야 하다. 광견을 때려죽이지 않으면 안 되는 것과 마찬가지로 폭도만큼 악마적인 해가 있는 것은 없다고 생각해야 한다.)

おまえが彼(かれ)を殺(ころ)したら、わたしもこの場(ば)でおまえを撃(う)ち殺(ころ)す。

(네가 그를 죽인다면 나도 이 자리에서 너를 쏘아 죽이겠다.)

殺(ころ)し屋(や)が部屋(へや)に上(あ)がり込(こ)み、三人(さんにん)をすばやく撃(う)ち殺(ころ)す。

(살인 청부업자가 방에 마구 들어앉아 3명을 재빠르게 쏘아 죽인다.)

후항동사에「ー殺(ころ)す」가 쓰인 복합동사의 예를 들면 다음과 같다.

① 押(お)し殺(ころ)す : 눌러 죽이다. 압살(圧殺)하다. 표정·감정 등을 눌러 나타내지 않다.

 [例] 彼(かれ)は複雑(ふくざつ)な気持(きも)ちを押(お)し殺(ころ)すように歯(は)を強(つよ)く嚙(か)み締(し)めた。

 (그는 복잡한 기분을 나타내지 않으려고 이를 꽉 물었다.)

② 嚙(か)み殺(ころ)す : 물어[뜯어] 죽이다. 입을 다물고 억제하다[누르다].

 [例] 彼(かれ)が笑(わら)いを嚙(か)み殺(ころ)すように咳払(せきばら)いをする。

 (그가 웃음을 억누르기 위해 기침을 한다.)

③ 刺(さ)し殺(ころ)す : 찔러 죽이다.

 [例] 父親(ちちおや)の出勤(しゅっきん)直後(ちょくご)をねらって子供(こども)と母親(ははおや)を次々(つぎつぎ)と刺(さ)し殺(ころ)すという「ピアノ殺人(さつじん)事件(じけん)」が起(お)きた。

 (아버지의 출근 직후를 노리고 아이와 어머니를 연이어 찔러 죽인다고 하는「피아노 살인 사건」이 발생했다.

④ 絞(し)め殺(ころ)す : 목을 졸라 죽이다.

 [例] ルイは弟(おとうと)とベッドを共有(きょうゆう)していたのですが、夜(よる)の間(あいだ)に危(あや)うく弟(おとうと)を締(し)め殺(ころ)すところだったそうで

す。翌朝(よくあさ)になると、彼(かれ)は自分(じぶん)のしたことを何(なに)一(ひと)つ憶え(おぼ)ていませんでした。

(루이는 남동생과 침대를 공유하고 있었는데, 밤 동안에 하마터면 남동생의 목을 졸라 죽일 뻔했다고 합니다. 다음날 아침이 되자, 그는 자기가 한 일을 전혀 기억하지 못했습니다.)

⑤ 叩(たた)き殺(ころ)す : 때려죽이다.

[例] 二人(ふたり)の大人(おとな)を叩(たた)き殺(ころ)して子供(こども)を奪(うば)い取(と)った怪(あや)しい男(おとこ)が、その窓(まど)から、あわてて戸(と)も締(し)めずに逃(に)げ出(だ)して行(い)く姿(すがた)を私(わたし)はすぐに思(おも)い浮(う)かべた。

(어른 2명을 때려죽이고 어린이를 강제로 빼앗은 수상한 남자가 그 창을 통해 당황하며 문도 잠그지 않고 도망가는 모습을 나는 금방 떠 올렸다.)

⑥ 突(つ)き殺(ころ)す : 찔러 죽이다.

[例] 武装(ぶそう)した騎馬兵(きばへい)を呼(よ)んで、私(わたし)を突(つ)き殺(ころ)してください。

(무장한 기마병을 불러 나를 찔러 죽여주십시오.)

⑦ 殴(なぐ)り殺(ころ)す : 때려죽이다.

[例] 親(おや)は子供(こども)を虐待死(ぎゃくたいし)させ、息子(むすこ)は親(おや)をなぐり殺(ころ)す凶悪(きょうあく)事件(じけん)が毎日(まいにち)のように報道(ほうどう)される。

(부모는 어린이를 학대해서 죽게 하고, 아들은 부모를 때려죽이는 흉악 사건이 매일처럼 보도된다.)

⑧ 轢(ひ)き殺(ころ)す : 역살(轢殺)하다. 치어 죽이다.

[例] おれが出(で)て来(く)ると、車(くるま)で後(あと)を尾(つ)け(つけ)、轢(ひ)き殺(ころ)すチャンスをうかがっていたのだろう。

(내가 나오자 차로 뒤를 쫓아 치어 죽일 찬스를 엿보고 있었겠지.)

⑨捻(ひね)り殺(ころ)す : 벌레 등을 손가락으로 비벼 죽이다. 사람을 간단히[쉽게] 죽이다.

[例]もう少(すこ)しでもヤワな男だったら、ひとたまりもなく千鶴(ちづる)にひねり殺(ころ)されていただろう。

(조금 더 나약한 남자라면, 여지없이 치즈루에게 손쉽게 죽었을 것이다.)

⑩ぶち殺(ころ)す : 쳐 죽이다. 때려죽이다.

[例]二人(ふたり)ともぶち殺(ころ)すんだ。わかったな。

(두 명 모두 쳐 죽여라. 알았나?)

⑪ぶっ殺(ころ)す : 쳐 죽이다. 때려죽이다.

[例]あの野郎(やろう)、ぶっ殺(ころ)してやる。

(저 녀석을 때려죽이겠다.)

まあ、今(いま)までのことはいい。今度(こんど)、手(て)出(だ)したらぶっ殺(ころ)すからな。

(뭐 지금까지의 일은 됐어. 이번에 손을 대면 때려죽일 테니까.)

⑫踏(ふ)み殺(ころ)す : 밟아서 죽이다.

[例]象(ぞう)はライオンを踏(ふ)み殺(ころ)すくらい強(つよ)いですが、象(ぞう)はライオンを食(た)べません。

(코끼리는 사자를 밟아서 죽일 정도로 강하지만, 코끼리는 사자를 먹지 않습니다.)

⑬乾(ほ)し殺(ころ)す : 굶겨 죽이다.

[例]家族(かぞく)を乾(ほ)し殺(ころ)す気(き)か。

(가족을 굶겨 줄일 작정이냐?)

⑭焼(や)き殺(ころ)す : 태워 죽이다.

[例]だれかれを問(と)わず、全員(ぜんいん)を焼(や)き殺(ころ)すのだ。

(누구누구 할 것 없이 전원 태워 죽여라.)

> 彼(かれ)らがそう言(い)ったのは、[1]イエスを試(ため)して、[2]訴(うった)える口実(こうじつ)を得(え)るためであった。しかし、[3]イエスは身(み)をかがめて、指(ゆび)で地面(じめん)に[4]何(なに)か書(か)いておられた。[ヨハネによる福音書 8:6]
> (그들이 그렇게 말한 것은, 예수를 시험해서 고소할 구실을 찾기 위해서였다. 그러나 예수께서는 몸을 굽혀서 손가락으로 땅에 무엇인가를 쓰고 계셨다.[8:6])

[1]イエスを試(ため)して、: 예수를 시험해서. 「試(ため)す」는 「시험하다 / 실지로 해 보다」의 뜻을 나타낸다.

[例]イエスは彼(かれ)らの偽善(ぎぜん)を見抜(みぬ)いて言(い)われた、「なぜわたしを試(ため)そうとするのか。デナリを持(も)って来(き)て見(み)せなさい」。[口語訳/マルコによる福音書 12:15]
(예수께서 그들의 위선을 알아차리고 말씀하셨다. "왜 나를 시험하려고 하느냐? 데나리온을 가지고 와서 보여라.")[마가복음 12:15]

私(わたし)がおまえを試(ため)していると思(おも)っておるのか。
(내가 너를 시험하고 있다고 생각하고 있느냐?)
身代金(みのしろきん)要求(ようきゅう)の電話(でんわ)は数時間(すうじかん)おきにかかってきて、わたしたちは払(はら)うと言(い)ったけれど、相手(あいて)はたびたび条件(じょうけん)を変えてきた。わたしたちを試(ため)していたのね。
(몸값 요구 전화는 수 시간마다 걸려 와서 우리는 돈을 내겠다고 했지만, 상대는 자주 조건을 바꿨다. 우리를 시험하고 있는 것이다.)
私(わたし)はいろいろなレストランを試(ため)し、三月(さんがつ)に入(はい)ると行(い)く場所(ばしょ)をいくつかに決(き)めていた。
(나는 여러 레스토랑을 시험 삼아 가본 다음, 3월이 되면 갈 장소를 몇 군

데 정했다.)

[2]訴(うった)える口実(こうじつ)を得(え)る : 고소할 구실을 찾다. 「口実(こうじつ)を得(え)る」는 직역을 하면 「구실을 얻다」가 되나 본 절에서는 「구실을 찾다」로 번역해 둔다.
　[例]ありのままの自分(じぶん)をさらけ出(だ)すことを恐(おそ)れて、ドラマを演出(えんしゅつ)しようとする。人(ひと)から愛(あい)されないことの口実(こうじつ)を得(え)るために自(みずか)らを傷(きず)つける。
　(있는 그대로의 자신을 속속들이 드러내는 것을 두려워해서 드라마를 연출하려고 한다. 남에게 사랑받지 못한 것의 구실을 찾기 위해 스스로에게 상처를 입힌다.)
　アヘン戦争(せんそう)をきっかけとして、清国(しんこく)に深(ふか)く手(て)をのばしてきたイギリスなどは、この援助(えんじょ)要請(ようせい)をうけて積極的(せっきょくてき)に軍隊(ぐんたい)を投入(とうにゅう)し、植民地化(しょくみんちか)に都合(つごう)のよい口実(こうじつ)を得(え)たのである。
　(아편 전쟁을 계기로 청나라에 깊숙이 손을 뻗어온 영국 등은 이 원조 요청을 받아 적극적으로 군대를 투입하고 식민지화하기에 형편이 좋은 구실을 찾았다.)

　그리고 「口実(こうじつ) ; 구실」과 결합하는 동사 표현에는 「口実(こうじつ)を{与(あた)える[주다]·得(え)る[얻다]·捜(さが)す[찾다]·作(つく)る[만들다]·見(み)つける[찾다]·設(もう)ける[붙이다]}」 등이 있다.

[3]イエスは身(み)をかがめて、 : 예수께서는 몸을 굽혀서. 「屈(かが)める」는 「[体(からだ)·腰(こし)]を屈(かが)める ; [몸·허리]를 굽히다 / 구부리다」의 뜻을 나타낸다.
　[例]その街道(かいどう)の脇(わき)の叢(くさむら)に身(み)をかがめて、街道(かいどう)

に目(め)をむけている人影(ひとかげ)があった。

(그 가도 옆의 풀숲에 몸을 굽혀서 가도에 시선을 향하고 있는 사람의 모습이 있었다.)

新二(しんじ)は身(み)をかがめて、二人(ふたり)にタバコを勧(すす)めた。「よろしかったら、どうぞ」

(신지는 몸을 구부리고 두 사람에게 담배를 권했다.「괜찮으시면 자 피우세요.」)

[4] 何(なに)か書(か)いておられた : 무엇인가를 쓰고 계셨다.「書(か)いておられた」는「書(か)いている」의 레루형 경어「書(か)いておられる」의 과거이다.

[例] 感動的(かんどうてき)な小説(しょうせつ)もたくさん書(か)いておられるのですが、私(わたし)は昨晩(さくばん)の随筆(ずいひつ)に強(つよ)く心(こころ)を揺(ゆ)り動(うご)かされます。

(감동적인 소설을 많이 쓰고 계십니다만, 나는 어젯밤 수필에 강하게 마음이 흔들립니다.)

テレビの報(ほう)ずるところによるとなんだかどうも天皇(てんのう)が、回想録(かいそうろく)のようなものを書(か)いておられるらしいんですね。

(텔레비전이 전하는 바에 의하면 왠지 천황이 회상록과 같은 것을 쓰고 계신 것 같아요.)

非常(ひじょう)に興味深(きょうみぶか)い論文(ろんぶん)でございますので、私(わたし)も読(よ)んで勉強(べんきょう)させていただきましたが、この中(なか)であなたはこう書(か)いておられるのです。

(대단히 흥미로운 논문이기 때문에 저도 읽고 공부를 했습니다만, 그 안에서 당신은 이렇게 쓰고 계십니다.)

> 彼(かれ)らが[1]問(と)い続(つづ)けるので、イエスは[2]身(み)を起(お)して彼(かれ)らに言(い)われた、「あなたがたの中(なか)で罪(つみ)のない者(もの)が、まずこの女(おんな)に[3]石(いし)を投(な)げつけるがよい」。[ヨハネによる福音書8:7]
> (그들이 계속해서 묻기에 예수께서는 몸을 일으켜서 그들에게 말씀하셨다. "너희 중에서 죄가 없는 사람이 먼저 이 여자에게 돌을 던져라."[8:7])

[1]問(と)い続(つづ)ける : 계속해서 묻다. 「問(と)い続(つづ)ける」는 「問(と)う ; 묻다」의 연용형에 계속상의 후항동사 「続(つづ)ける」가 결합된 복합동사이다. 「―続(つづ)ける」의 예를 들면 다음과 같다.

   [例] 女性(じょせい)はそういう男(おとこ)の浮気(うわき)本能(ほんのう)のようなものを理解(りかい)しないで「私(わたし)だけを見(み)て」って言(い)い続(つづ)けるから離婚(りこん)になるんじゃないかな。
   (여성은 그런 남자의 바람기 본능과 같은 것을 이해하지 않고, 「나만 봐요.」라고 계속 말하니까, 이혼이 되는 것이 아닌가.)
   眠(ねむ)らせないようにするためには、ずっと話(はな)し続(つづ)けるしか方法(ほうほう)がない。
   (잠들지 않기 위해서는 죽 계속해서 이야기하는 것밖에 방법이 없다.)
   頑張(がんば)れば必(かなら)ず結果(けっか)が出(で)ます。辛抱強(しんぼうづよ)くやり続(つづ)ける事(こと)が大事(だいじ)です。
   (분발하면 반드시 결과가 나옵니다. 참을성 있게 계속 하는 것이 중요합니다.)

[2]身(み)を起(お)して : 몸을 일으켜서. 전절의 「身(み)をかがめて」와 의미적으로 대응하는 표현으로 쓰이고 있다.

[예]わたしが身(み)を起(お)しても、まだ目(め)を閉(と)じていた。

(내가 몸을 일으켜도 아직 눈을 감고 있었다.)

天野(あまの)は身(み)を起(お)して階段(かいだん)を降(お)り、迷(まよ)いを見(み)せずに外(そと)へ出(で)た。

(아마노는 몸을 일으켜서 계단에서 내려와 망설이지 않고 밖으로 나왔다.)

[3]石(いし)を投(な)げつけるがよい : 돌을 던져라. 「投(な)げつける」는 「投(な)げる」의 연용형에 강의(強意)의 「つける」가 결합한 복합동사로서 「겨냥하여 냅다 던지다」의 뜻을 나타낸다.

[예]耐(た)えかねて叫(さけ)んだ彼(かれ)に、伊達(だて)は手近(てぢか)な小石(こいし)を投(な)げつける。

(참다 못해 소리를 질렀던 그에게 다테는 가까이 있는 작은 돌을 던진다.)

宮本(みやもと)は最後(さいご)の言葉(ことば)を、まるでわたしたちの顔(かお)に投(な)げつけるように、挑戦的(ちょうせんてき)に言(い)った。

(미야모토는 마지막 말을 마치 우리들의 얼굴에 던지는 것처럼 도전적으로 말했다.)

もう一人(ひとり)は、ぼくを大(おお)きく避(さ)けて走(はし)り抜(ぬ)け、女(おんな)の子(こ)を追(お)い続(つづ)けた。その背中(せなか)めがけてバケツを投(な)げげつけると、ぼくも駆(か)け出(だ)した。

(다른 한 사람은 나를 크게 피하고 끝까지 뛰며 여자 아이를 계속해서 쫓았다. 그 등을 겨냥해서 양동이를 내 던지고, 나도 뛰기 시작했다.)

そしてまた身(み)をかがめて、[1]地面(じめん)に物(もの)を[2]書(か)き続(つづ)けられた。[ヨハネによる福音書 8:8]
(그리고 다시 몸을 굽혀서 땅에 무엇인가를 계속 쓰셨다.[8:8])

[1] 地面(じめん)に物(もの)を書(か)き続(つづ)けられた : 땅에 무엇인가를 계속 쓰셨다.「物(もの)を書(か)く」의「物(もの)」는 구체적이며 감각적으로 포착되는 대상을 의미하는 것이 아니라, 어떤 사상(事象)이나 대상을 막연하게 가리키는 것으로「무엇인가를 쓰다 / 어떤 것을 저술하다」의 뜻을 나타낸다.「ものを思(おも)う ; 무엇을 막연히 생각하다」나「ものを口(くち)にしない ; 아무것도 {입에 대지 않다·말하지 않다}」의 예도 이런 부류에 속한다.

[例] 実際(じっさい)ものを書(か)くことは、一人(ひとり)で完結(かんけつ)できる楽(たの)しみだ。

(실제로 무엇인가를 쓰는 것은 혼자서 완결할 수 있는 즐거움이다.)

これがいっそ肉体(にくたい)運動(うんどう)か、集団(しゅうだん)でやる仕事(しごと)なら、みなと一斉(いっせい)に動(うご)き出(だ)し、体(からだ)を使(つか)ううちに忘(わす)れることもできる。だが、机(つくえ)に向(む)かってものを書(か)く作業(さぎょう)では、そうはいかない。

(이것이 오히려 육체운동이나 집단으로 하는 일이라면, 모두와 한꺼번에 움직이기 시작해서 몸을 사용하는 사이에 잊을 수도 있다. 하지만 책상을 향해 무엇을 쓰는 작업에서는 그렇게는 안 된다.)

私(わたし)の場合(ばあい)、ものを書(か)くという、常(つね)に自分自身(じぶんじしん)と向(む)き合(あ)わなくてはならない仕事(しごと)です。それは、とても孤独(こどく)な作業(さぎょう)ですが、常(つね)に「私(わたし)には、書(か)くことしかない」という気持(きも)ちで取(と)り組(く)んでいますから、迷(まよ)いは一切(いっさい)ありません。

(내 경우, 무엇인가를 쓴다고 하는, 항상 자기 자신과 마주 보지 않으면 안 되는 일입니다. 그것은 무척 고독한 작업이지만, 항상「나는 쓰는 것밖에 없다」고 하는 기분으로 몰두하고 있으니 망설임은 일체 없습니다.)

[2] 書(か)き続(つづ)けられた : 계속 쓰셨다.「書(か)き続(つづ)けられた」는「書(か)く」

에 계속상의 후항동사 「一続(つづ)ける」가 결합된 복합동사 「書(か)き続(つづ)ける」의 レル형 경어 「書(か)き続(つづ)けられる」의 과거이다.

구어역 신약성서에서 「書(か)き続(つづ)けられる」는 본 절에서의 예가 유일하다.

[예]「名文(めいぶん)」で書(か)き続(つづ)けられるには、いったいどんな秘訣(ひけつ)をお持(も)ちなのでしょうか。

(「명문」으로 계속 쓰시기 위해서는 도대체 어떤 비결을 가지고 계신가요?)

그리고 「一続(つづ)ける」의 レル형 경어로는 다음의 예를 들 수 있다.

[예]そののちイエスは、神(かみ)の国(くに)の福音(ふくいん)を説(と)きまた伝(つた)えながら、町々(まちまち)村々(むらむら)を巡回(じゅんかい)し続(つづ)けられたが、十二弟子(じゅうにでし)もお供(とも)をした。[口語訳/ルカによる福音書 8:1]
(그 후, 예수께서는 하나님의 나라의 복음을 설명하고 또 전하면서, 도시와 마을을 계속 순회하셨는데, 12제자도 동행했다.)[누가복음 8:1]

これを聞(き)くと、彼(かれ)らは[1]年寄(としより)から始(はじ)めて、[2]一人(ひとり)びとり出(で)て行(い)き、[3]ついに、イエスだけになり、[4]女(おんな)は中(なか)にいたまま[5]残(のこ)された。[ヨハネによる福音書 8:9]
(이 말을 듣자, 그들은 나이가 많은 사람부터 시작해서 한 사람 한 사람 나가고, 결국 예수만이 있게 되고, 여자는 가운데에 있던 채로 남겨졌다.[8:9])

[1]年寄(としより) : 나이가 많은 사람. 노인.

[2]一人(ひとり)びとり : 「ひとりひとり」라고도 한다. 한 사람 한 사람.
  [예]弟子(でし)たちは心配(しんぱい)して、一人(ひとり)びとり「まさか、わたしではな

いでしょう」と言(い)い出(だ)した。[口語訳 / マルコによる福音書 14:19]

(제자들은 걱정해서 한 사람 한 사람, "설마 저는 아니지요?" 하며 말하기 시작했다.)[마가복음 14:19][10]

日(ひ)が暮(く)れると、いろいろな病気(びょうき)に悩(なや)む者(もの)を抱(かか)えている人々(ひとびと)が、皆(みな)それをイエスのところに連(つ)れて来(き)たので、その一人(ひとり)びとりに手(て)を置(お)いて、おいやしになった。[口語訳 / ルカによる福音書 4:40]

(해가 저물자, 각종 병을 앓고 있는 사람들을 껴안은 사람들이 모두 그들을 예수에게 데리고 와서 그 한 사람 한 사람에게 손을 얹어, 고치셨다.)[누가복음 4:40]

[3]ついに、イエスだけになり、: 결국 예수만이 있게 되고. 「ついに」는 ①「드디어 / 마침내 / 결국」, ②「(부정어를 수반하여 끝내) / 끝끝내 / 끝까지 / 한 번도」의 뜻을 나타내는데, 본 절에서는 ①의 용법으로 쓰이고 있다.

[例]メロスは、我(わ)が身(み)にむち打(う)ち、ついに出発(しゅっぱつ)を決意(けつい)した。

(메로스는 자기 몸에 매질을 하고 드디어 출발을 결의했다.)

僕(ぼく)たちはついに谷(たに)先生(せんせい)にチェス愛好会(あいこうかい)の顧問(こもん)になってもらった。

(우리들은 마침내 다니 선생님에게 체스 동호회의 고문이 되어 달라고 부탁해서 승낙을 받았다.)

しかし、そのころから耳(みみ)に異常(いじょう)を感(かん)じ始(はじ)め、ついには聴力(ちょうりょく)をほとんど失(うしな)ってしまいました。

(그러나 그 때부터 귀에 이상을 느끼기 시작하여 결국은 청력을 거의 잃

---

10) [口語訳 / マルコによる福音書 14:19]에서 인용.

고 말았습니다.)

[4] 女(おんな)は中(なか)にいたまま : 여자는 가운데에 있던 채로.「～まま」는 형식 명사로「그 상태 그대로 / ～한 채」의 뜻을 나타내는데, 본 절에서는「中(なか)にいたまま; 가운데에 있던 채로」와 같이 동사의 과거에 접속되어 쓰이고 있다.

[例] 日本人(にほんじん)のように皿(さら)を手(て)で持(も)ち上(あ)げて食(た)べることはなく、<u>おいたまま</u>食(た)べる。
(일본인처럼 접시를 손으로 들어 올려 먹지 않고 둔 채로 먹는다.)

お風呂(ふろ)に入(はい)った後(あと)の室内(しつない)は<u>換気扇(かんきせん)をつけたまま</u>、戸(と)を閉(し)めるのと<u>換気扇(かんきせん)をつけたまま</u>戸(と)を開(あ)けておくのではどちらカビ対策(たいさく)になるのでしょう。
(목욕을 하고 나서 실내는 환기팬을 켠 채 문을 닫는 것과, 환기팬을 켠 채 문을 열어두는 것 중에서 어느 쪽이 곰팡이 대책이 될까요?)

[5] 残(のこ)された : 남겨졌다.「残(のこ)された」는「残(のこ)す」의 수동인「残(のこ)される」의 과거인데, 수동표현이 쓰이고 있다는 점에서 결과에 초점이 있는 자동사와는 달리 동작주나 원인이 관여해서 그와 같은 상태가 되었다는 뜻을 나타낸다.

[例] 10月(じゅうがつ)23日(にじゅうさんにち)放送(ほうそう)の「クローズアップ現代(げんだい)」(NHK(エヌエイチケー)総合(そうごう))は、「お父(とう)さん死(し)なないで」と題(だい)し、親(おや)が倒産(とうさん)やリストラなどで自殺(じさつ)し、後(あと)に<u>残(のこ)された</u>遺児(いじ)たちを取(と)り上(あ)げていました。
(10월 23일 방송의「클로즈업 현대」(NHK종합)은「아버지 죽지 말아요.」라는 제목으로 부모가 도산이나 구조조정 등으로 자살하고 뒤에 남겨진 유아들을 다루고 있었습니다.)

この場合(ばあい)、<u>残(のこ)された</u>アイヌの女性(じょせい)たちは、みな夫(おっと)

や恋人(こいびと)を失(うしな)うという対象(たいしょう)喪失(そうしつ)を経験(けいけん)していたことになります。

(이 경우, 남겨진 아이누 여성들은 모두 남편과 연인을 잃는다고 하는 대상 상실을 경험하게 됩니다.)

貧乏人(びんぼうにん)には公正(こうせい)で、金持(かねも)ちや麻薬(まやく)の売人(ばいにん)、密出国(みつしゅつこく)手配師(てはいし)からは賄賂(わいろ)を受(う)け取(と)っていたからだ。あとには、妻(つま)と二人(ふたり)の子供(こども)が残(のこ)された。

(가난한 사람에게는 공정하고 부자나 마약 장사, 밀출국 알선업자에게서는 회뢰(賄賂)를 받고 있었기 때문이다. 나중에는 처와 2명의 아이가 남았다.)

> そこでイエスは身(み)を起(お)こして女(おんな)に言(い)われた、「女(おんな)よ、[1]みんなはどこにいるか。[2]あなたを罰(ばっ)する者(もの)はなかったのか」。[ヨハネによる福音書 8:10]
> (그러자 예수께서 몸을 일으켜서 여자에게 말씀하셨다. "여자여, 다들 어디에 있느냐? 너에게 벌주는 사람은 없었느냐?"[8:10])

[1]みんなはどこにいるか : 다들 어디에 있느냐? 「みんなはどこにいるか」는 유생명사의 존재문이 의문문의 형태로 쓰인 것이다.

　[例]私(わたし)たちはいまどこにいるか。
　　　(우리들은 지금 어디에 있는가.)
　　　人(ひと)がいま現在(げんざい)どの位置(いち)にいるか。
　　　(사람들이 지금 현재 어느 위치에 있느냐?)

[2]あなたを罰(ばっ)する者(もの)はなかったのか : 너에게 벌주는 사람은 없었느냐? 「罰(ばっ)する」는 「벌하다 / 벌주다 / 처벌하다」의 뜻을 나타내는 한어동사로

수동으로는「罰(ばっ)せられる」또는「罰(ばっ)される」가 쓰인다.
[例]そこで、彼(かれ)らは二人(ふたり)を更(さら)に脅(おど)したうえ、赦(ゆる)してやった。みんなの者(もの)が、この出来事(できごと)のために、神(かみ)を崇(あが)めていたので、その人々(ひとびと)の手前(てまえ)、二人(ふたり)を罰(ばっ)する術(すべ)がなかったからである。[口語訳/使徒行伝 4:21]
(그래서 그들은 두 사람을 더 위협을 하고 나서 용서해 주었다. 모든 사람들이 이 일 때문에 하나님을 숭앙하고 있었기에, 그 사람들의 체면을 고려하여 두 사람을 벌줄 방법이 없었기 때문이다.)[사도행전 4:21]

会社(かいしゃ)の、パートにボーナスを支払(しはら)い、正社員(せいしゃいん)には、1円(いちえん)もボーナスを支払(しはら)わない社長(しゃちょう)を罰(ばっ)するには、どうしたら良(よ)いのでしょうか?
(회사의 시간제 근무자에게 보너스를 지급하고 정사원에게는 1엔도 보너스를 지급하지 않는 사장을 처벌하기 위해서는 어떻게 하면 좋을까요?)
子供(こども)を学校(がっこう)に行(い)かせない親(おや)は厳(きび)しく罰(ばっ)せられる。
(어린이를 학교에 보내지 않는 부모는 엄하게 처벌받는다.)
漢民族(かんみんぞく)は親(おや)によって決(き)められた相手(あいて)と結婚(けっこん)しなければなりませんでした。親(おや)の意志(いし)に背(そむ)くと、法律(ほうりつ)で罰(ばっ)せられるのです。
(한민족은 부모에 의해 정해진 상대와 결혼하지 않으면 안 되었습니다. 부모의 의지에 따르지 않으면 법률로 처벌받습니다.)
残念(ざんねん)だが。ここでは規則(きそく)は厳格(げんかく)に守(まも)っている。見(み)つかると全員(ぜんいん)が罰(ばっ)される。
(유감이지만 여기에서는 규칙은 엄격하게 지키고 있다. 들키면 전원 처벌받는다.)

僕(ぼく)が何(なに)か罰(ばっ)されるべきことをやったのなら、その証拠(しょうこ)を示(しめ)してほしい。

(내가 무엇인가 벌 받을 만한 일을 했다면 그 증거를 보여 주었으면 한다.)

女(おんな)は言(い)った、「主(しゅ)よ、[1]だれもございません」。イエスは言(い)われた、「[2]わたしもあなたを罰(ばっ)しない。[3]お帰(かえ)りなさい。[4]今後(こんご)はもう罪(つみ)を犯(おか)さないように」。」[ヨハネによる福音書 8:11]

(여자는 말했다. "주여 아무도 없습니다." 예수께서 말씀하셨다. "나도 너를 처벌하지 않겠다. 돌아가거라. 앞으로는 더 이상 죄를 짓지 않도록 해라.")

[1]だれもございません : 아무도 없습니다. 「ございません」은 「ありません」의 겸양어 Ⅱ(정중어)인데, 본 절에서는 유생명사의 존재에 관해 쓰이고 있다.

[例]指定席(していせき)はございませんが、自由席(じゆうせき)ならございます。

(지정석은 없습니다만, 자유석이라면 있습니다.)

あるいは国内(こくない)に住(す)んでおった方々(かたがた)でもやむを得(え)ざる事情(じじょう)のためにこれにかからない方(かた)がございます。

(혹은 국내에 살고 있던 분들도 어쩔 수 없는 사정 때문에 이것에 해당되지 않는 분이 있습니다.)

次(つぎ)は3階(さんかい)でございます。お降(お)りの方(かた)は{ございませんか・いらっしゃいませんか}。

(다음은 3층입니다. 내리실 분은 안 계십니까?)

[2]わたしもあなたを罰(ばっ)しない : 나도 너를 처벌하지 않겠다. 「罰(ばっ)しない」는 「罰(ばっ)する」의 부정으로 「벌주지 않다 / 처벌하지 않다」에 상당하는 뜻을

나타낸다.

[例] 当然(とうぜん)罰(ばっ)しなければなりません。死者(ししゃ)を罰(ばっ)するということで、ぼくらの存在(そんざい)理由(りゆう)が成(な)り立(た)っているのです。ぼくらがいる以上(いじょう)、罰(ばっ)しないわけにはいきません。

(당연히 처벌하지 않으면 안 됩니다. 죽은 자를 처벌한다고 해서 우리의 존재 이유가 성립하는 것입니다. 우리가 있는 이상 처벌하지 않을 수 없습니다.)

キリストが「わたしもあなたを罰(ばっ)しない」と言(い)っておられるのは、さりげなく聞(きこ)えるが、ともすれば罪(つみ)を容認(ようにん)し、国家(こっか)や神(かみ)の主権(しゅけん)を侵害(しんがい)しかねない発言(はつげん)である。しかし、キリストがこう言(い)い切(き)ることができたのは、彼女(かのじょ)の罪(つみ)の刑罰(けいばつ)の身代(みが)わりをご自分(じぶん)が十字架上(じゅうじかじょう)で引(ひ)き受(う)けることを前提(ぜんてい)としておられたからである。

(그리스도가 「나도 너를 처벌하지 않겠다.」고 말하고 계신 것은 아무렇지도 않게 들리지만, 자칫하면 죄를 용인하고 국가나 하나님의 주권을 침해할지도 모르는 발언이다. 그러나 그리스도가 이렇게 단언할 수 있었던 것은 그녀의 죄의 형벌을 대신하는 것을 당신께서 십자가 위에서 떠맡는 것을 전제로 하고 계셨기 때문이다.)

[3] お帰(かえ)りなさい : 돌아가거라. 부드러운 명령을 나타내는 「～なさい」보다 정중한 표현으로 「お～なさい」가 있는데, 이것도 현대어에서는 경어적 상위자에게 사용해서는 안 된다. 그리고 동사에 따라서는 의미상의 혼동을 피하기 위해서 「× お来(き)なさい」「× お為(し)なさい」 등과 같이 「お～なさい」 형식이 성립하지 않는 경우도 있다.

[例] いたずらは、もうおやめなさい。

(장난은 그만둬요.)

お黙(だま)りなさい。君(きみ)の仕業(しわざ)だということはちゃんと分(わ)かってるんだから。

(잠자코 있어. 자네 소행이라는 것은 잘 알고 있으니까.)

본 절의 「お帰(かえ)りなさい」는 경어적 상위자인 <イエス>가 <간음을 범한 여자>에게 사용한 것으로 인사말로 고정된 표현과 그 용법을 달리한다.

현대어에서 「お帰(かえ)りなさい ; 이제 오세요. / 고생 많이 하셨지요.」나 「お休(やす)みなさい ; 안녕히 {주무십시오·가십시오·계십시오}」와 같은 인사말은 「お~なさい」의 경의도(敬意度)가 높았던 시기에 고정된 표현이기 때문에 현재의 「お~なさい」의 정중도와는 직접 관련이 없다.[11]

[4] 今後(こんご)はもう罪(つみ)を犯(おか)さないように : 앞으로는 더 이상 죄를 범하지 않도록 해라. 「犯(おか)さないように」는 동사의 부정에 「ように」가 문 중지 용법으로 접속된 것이다.

「~ように」의 문 중지 용법으로 명령이나 충고를 나타낼 때에는 상대에게 「~해 주었으면 좋겠다」고 하는 바람이나 권고의 의미를 함의한다.

[例] 九時発(くじはつ)の新幹線(しんかんせん)に乗(の)るから、遅(おく)れないように。
(9시발 신칸센을 타니까 늦지 않도록 해요.)
電車(でんしゃ)の中(なか)では、ほかの人(ひと)の迷惑(めいわく)にならないように。
(전철 안에서는 다른 사람에게 폐가 되지 않도록 주의해요.)
お酒(さけ)を飲(の)んだら車(くるま)の運転(うんてん)をしないように! 車(くるま)に乗(の)るなら、お酒(さけ)は飲(の)まないように!
(술을 마시면 차 운전을 하지 맙시다. 차를 탈 생각이라면 술을 마시지 맙시다.)[12]

---

11) 李成圭等著(1996)『홍익나가누마 일본어3 해설서』, 홍익미디어. pp. 234-235에서 인용하여 일부 수정함.
12) 李成圭·権善和(2006c)『현대일본어 문법연구Ⅱ』시간의물레. pp. 205-206에서 인용하여 일부 수정함.

《(37)》 [ヨハネによる福音書 8:12 - 8:20]

> イエスは、また人々(ひとびと)に語(かた)ってこう言(い)われた、「わたしは世(よ)の光(ひかり)である。わたしに従(したが)って来(く)る者(もの)は、[1]闇(やみ)のうちを歩(ある)くことがなく、[2]命(いのち)の光(ひかり)をもつであろう」。[ヨハネによる福音書 8:12]
> (예수께서 다시 사람들에게 이야기하며 이렇게 말씀하셨다. "나는 세상의 빛이다. 나를 따라 오는 사람은 어둠 속을 걷지 않고, 생명의 빛을 가질 것이다."[8:12])

[1]闇(やみ)のうちを歩(ある)くことがなく、: 어둠 속을 걷지 않고. 「歩(ある)くことがなく」는 동사에 「~ことがなく」가 접속되어 동사의 부정의 의미로 쓰이고 있다.

[例]女(おんな)はイエスに言(い)った、「主(しゅ)よ、わたしが渇(かわ)くことがなく、また、ここに汲(く)みに来(こ)なくてもよいように、その水(みず)をわたしに下(くだ)さい」。[口語訳/ヨハネによる福音書 4:15]
(여자가 예수에게 말했다. "선생님, 내가 목마르지 않고, 또 여기에 물을 길으러 오지 않도록, 그 물을 제게 주십시오.")[요한복음 4:15][13]

キリストは死人(しにん)の中(なか)から蘇(よみがえ)らされて、もはや死(し)ぬことがなく、死(し)はもはや彼(かれ)を支配(しはい)しないことを、知(し)っているからである。[口語訳/ローマ人への手紙 6:9]
(그리스도께서는 죽은 사람들 가운데서 살아나셔서, 다시는 죽지 않고, 죽음이 더 이상 그를 지배하지 않는 것을 알고 있기 때문이다.)[로마서 6:9]

[2]命(いのち)の光(ひかり)をもつであろう : 생명의 빛을 가질 것이다. 「命(いのち)の光

---

13) [口語訳/ヨハネによる福音書 4:15]에서 인용.

(ひかり)をもつ」는「생명의 빛을 가지다」또는「생명의 빛을 얻다」에 상당하는 뜻을 나타내는데, 타 번역본에서는 이를 어떻게 묘사하고 있는지 살펴보자.

[例]命(いのち)の光(ひかり)を持(も)つ。[新共同訳1987]

 (생명의 빛을 갖는다.)

 いのちの光(ひかり)を持(も)つのです。[新改訳1970]

 (생명의 빛을 갖는 것입니다.)

 いのちの光(ひかり)を持(も)とう。[前田訳1978]

 (생명의 빛을 가지자.)

 命(いのち)への光(ひかり)を持(も)つことができる。[塚本訳1963]

 (생명으로의 빛을 가질 수 있다.)

 命(いのち)の光(ひかり)を持(も)つことになる[岩波翻訳委員会訳1995]

 (생명의 빛을 갖게 된다.)

するとパリサイ人(びと)たちがイエスに言(い)った、「[1]あなたは、自分(じぶん)のことを証(あか)ししている。あなたの証(あか)しは真実(しんじつ)ではない」。[ヨハネによる福音書 8:13]

(그러자 바리새파 사람들이 예수에게 말했다. "너는 자신에 관해 증언하고 있다. (그래서) 네 증언은 진실하지 않다."[8:13])

---

[1]あなたは、自分(じぶん)のことを証(あか)ししている。あなたの証(あか)しは真実(しんじつ)ではない : 너는 자신에 관해 증언하고 있다. (그래서) 네 증언은 진실하지 않다. 이 부분은 2개의 문이 순접 관계로 연결되고 있는데, 순접을 나타내는 접속사 어류가 사용되고 있지 않다. 타 번역본에서는 어떻게 서술되고 있는지를 살펴보면 다음과 같다.

[例]あなたは自分(じぶん)で自分(じぶん)のことを証明(しょうめい)しているから、あなたの証明(しょうめい)は信用(しんよう)できない。[塚本訳1963]

(너는 자기에 관해 스스로 증명을 하고 있어, 네 증명은 믿을 수 없다.)
あなたは自分(じぶん)のことを自分(じぶん)で証言(しょうげん)しています。だから、あなたの証言(しょうげん)は真実(しんじつ)ではありません。[新改訳1970]
(당신은 자기에 관해 스스로 증언하고 있습니다. 그러므로 당신의 증언은 진실되지 않습니다.)
「あなたは自分(じぶん)について証(あかし)する。あなたの証(あかし)は真(まこと)でない」と。[前田訳1978]
(「너는 자신에 관해 증언한다. 네 증언은 참되지 않다」고.)
あなたは自分(じぶん)について証(あか)しをしている。その証(あか)しは真実(しんじつ)ではない。[新共同訳1987]
(너는 자신의 관해 증언을 하고 있다. 그 증언은 진실되지 않다.)
「お前(まえ)はお前(まえ)自身(じしん)について自分(じぶん)が証(あか)ししている。お前(まえ)の証(あか)しは真実(しんじつ)ではない」。[岩波翻訳委員会訳1995]
(「너는 너 자신에 관해 스스로 증언하고 있다. 네 증언은 진실되지 않다.」)

[塚本訳1963]에서는 「[証明(しょうめい)している]から、」와 같이 접속조사가, [新改訳1970]에서는 「だから、」와 같이 접속사가 쓰이고 있는데, 이에 대해 [前田訳1978][新共同訳1987][岩波翻訳委員会訳1995]에서는 접속사 어류가 쓰이고 있지 않고 있다.

イエスは彼(かれ)らに答(こた)えて言(い)われた、「[1]たとい、わたしが自分(じぶん)のことを証(あか)ししても、わたしの証(あか)しは真実(しんじつ)である。それは、わたしがどこから来(き)たのか、また、どこへ行(い)くのかを知(し)っているからである。しかし、あなたがたは、わたしがどこから来(き)て、どこへ行(い)くのかを知(し)らない。[ヨハネによる福音書8:14]
(예수께서는 그들에게 대답하여 말씀하셨다. 설사 내가 자신에 관해

> 증언해도 내 증언은 진실하다. 그것은 내가 어디에서 왔는지 또 어디로 가는지를 알고 있기 때문이다. 그러나 너희는 내가 어디에서 와서 어디로 가는지를 모른다.[8:14])

[1]たとい、わたしが自分(じぶん)のことを証(あか)ししても、: 설사 내가 자신에 관해 증언해도. 「たとい」는 뒤에 역접을 나타내는 접속조사 「〜ても」「〜とも」「〜うと」「〜にしろ」 등을 수반하여, 「설사·설령·가령·비록」의 뜻을 나타낸다.

[例]すると、ペテロはイエスに言(い)った、「たとい、みんなの者(もの)がつまずいても、わたしはつまずきません」。[口語訳 / マルコによる福音書 14:29]

(그러자, 베드로는 예수에게 말했다. "설령, 모든 사람이 걸려서 넘어질지라도 저는 걸려 넘어지지 않겠습니다.)[마가복음 14:29][14]

たとい彼(かれ)らが忘(わす)れるようなことがあっても、わたしはあなたを忘(わす)れることはない。

(설령 그들이 잊는 그런 일이 있어도 나는 너를 잊지는 않겠다.)

私(わたし)はあなたの御霊(みたま)を離(はな)れてどこへ逃(のが)れましょう。たとい、私(わたし)が天(てん)に昇(のぼ)っても、そこにあなたはおられ、私(わたし)が黄泉(ヨミ)に床(とこ)を儲(もう)けても、そこにあなたはおられます。

(나는 당신의 영혼을 떠나 어디로 도망갈 수 있을까요? 설사 내가 하늘에 올라가도 거기에 당신이 계시고 내가 지옥에 자리를 펴도 거기에 당신은 계십니다.)

感謝(かんしゃ)いたします、主(しゅ)よ。たとい、神(かみ)の子(こ)の生涯(しょうがい)に悪(わる)いことが起(お)こったとしても、ベストが、最(もっと)も良(よ)いものが残(のこ)されているからです。

(감사드립니다. 주님, 설사 하나님의 아들의 생애에 안 좋은 일이 생긴다

---

14) [口語訳 / マルコによる福音書 14:29]에서 인용.

고 하더라도 베스트가, 가장 좋은 것이 남아 있기 때문입니다.)

しかし、たといわたしたちであろうと、天(てん)からの御使(みつかい)であろうと、わたしたちが宣(の)べ伝(つた)えた福音(ふくいん)に反(はん)することをあなたがたに宣(の)べ伝(つた)えるなら、その人(ひと)はのろわるべきである。[口語訳 / ガラテヤ人への手紙 1:8]
(그러나 설사 우리들이든, 하늘에서 온 천사이든, 우리가 전파한 복음에 반하는 것을 너희에게 전파한다면 그 사람은 저주받아야 한다.)[갈라디아서 1:8]

たといあなたが何(なん)と言(い)おうとも、私(わたし)は気(き)にしません。
(설령 당신이 무엇이라고 해도, 나는 신경을 쓰지 않습니다.)
たとい相手(あいて)がいかに有名(ゆうめい)な偉(えら)い学者(がくしゃ)であろうと、そういうことに惑(まど)わされそうな女(おんな)とも思(おも)えないのに。
(설사 상대가 아무리 유명한 학자이든, 그런 것에 현혹당하는 그런 여자라고도 생각되지 않는데.)
たとい相手(あいて)がどう言(い)ったにしろ、そんなことをさせるって法(ほう)はないじゃないか。
(설령 상대가 어떻게 말하든 간에 그런 것을 시킨다고 하는 법은 없지 않는가?)

あなたがたは[1]肉(にく)によって人(ひと)を裁(さば)くが、わたしはだれも裁(さば)かない。[ヨハネによる福音書 8:15]
(너희는 사람의 기준으로 사람을 판단하지만, 나는 아무도 판단하지 않는다.[8:15])

[1]肉(にく)によって人(ひと)を裁(さば)くが、: 사람의 기준으로 사람을 판단하지만. 「肉(にく)によって」의 「肉(にく)」는 인간(사람)을 가리킨다. 이 부분은 フランシスコ会訳(1984)에 따라 「사람의 기준으로」[15)]으로 번역해 둔다. 그리고 塚本訳(1963)에서는 「あなた達(たち)は人間的(にんげんてき)に[目(め)に見(み)えるもので]裁(さば)くが、わたしはだれも裁(さば)かない; 너희는 인간적[눈에 보이는 것으로] 판단하지만, 나는 아무도 판단하지 않는다.」고 나와 있다.

> しかし、[1]もしわたしが裁(さば)くとすれば、わたしの裁(さば)きは正(ただ)しい。[2]なぜなら、わたしは一人(ひとり)ではなく、わたしを遣(つか)わされた方(かた)が、わたしと一緒(いっしょ)だからである。[ヨハネによる福音書 8:16]
> (그러나 만일 내가 판단한다고 한다면 내 판단은 올바르다. 왜냐하면 나는 혼자가 아니라, 나를 보내신 분께서 나와 함께이기 때문이다.[8:16])

[1]もしわたしが裁(さば)くとすれば、わたしの裁(さば)きは正(ただ)しい : 만일 내가 판단한다고 한다면 내 판단은 올바르다. 「裁(さば)くとすれば」는 「裁(さば)く」에 「〜とする; 〜라고 하다」의 가정형 「〜とすれば」가 접속된 것이다.

  [例]男性(だんせい)の思惑(おもわく)が「結婚(けっこん)=働(はたら)き手(て)を得(え)ること」だとすれば、いわば、求人(きゅうじん)ですよね。
  (남성의 의도가 「결혼=일하는 사람을 얻는 것」이라고 한다면 말하자면 구인이네요, 안 그래요?)
  もし、そのようなものを造(つく)るとすれば、シェーバーくらいの大(おお)きさになり不便(ふべん)になりますよ。
  (만일 그와 같은 것을 만든다고 한다면 전기면도기 정도 크기가 되어 불

---

15) 「あなたたちは人間(にんげん)の基準(きじゅん)で裁(さば)く。」フランシスコ会聖書研究所(1984)『新約聖書』サンパウロ. p. 330에 의함.

편해져요.)

既存(きぞん)の学部(がくぶ)を廃止(はいし)して新(あたら)しい学部(がくぶ)を設置(せっち)するとすれば、自由(じゆう)なカリキュラムを編成(へんせい)することができるのか。

(기존 학부를 폐지하고 새로운 학부를 설치한다고 하면 자유로운 커리큘럼을 편성할 수 있겠는가?)

企業(きぎょう)からの派遣(はけん)で法科(ほうか)大学院(だいがくいん)を卒業(そつぎょう)してから法曹(ほうそう)資格(しかく)を取得(しゅとく)するようなことも起(お)こり得(え)るとすれば、それも不要(ふよう)であると言(い)えよう。

(기업으로부터의 파견으로 법과 대학원을 졸업하고 나서 법조 자격을 취득하는 그런 일도 일어날 수 있다고 한다면 그것도 필요 없다고 할 수 있을 것이다.)

본 절에서는 앞의 문을 조건표현으로 하여 2개의 문을 연결시키고 있는데, 타 번역본에서는 역접의 확정조건으로 표현하는 경우도 있다.

[例]しかしたとえ裁(さば)いても、わたしの裁(さば)きは真実(しんじつ)である。[塚本訳1963]

(그러나 설령 판단해도 내 판단은 진실하다.)

もしわたしが裁(さば)くとしても、わが裁(さば)きは真(まこと)である。[前田訳1978]

(만일 내가 판단하더라도 내 판단은 참되다.)

私がたとえさばくとしても、私(わたし)のさばきは本物(ほんもの)である。[岩波翻訳委員会訳1995]

(내가 설령 판단하더라도 내 판단은 진실하다.)

[2]なぜなら、わたしは一人(ひとり)ではなく：왜냐하면 나는 혼자가 아니라.「なぜな

ら」는 앞에서 서술한 내용의 원인·이유를 설명할 때 쓰이는 접속사로 한국어의「왜냐하면」에 해당한다. 유의어에는「なぜかというと」「そのわけは」「なんとなれば」「なぜならば」등이 있다.

[例] 今(いま)は公表(こうひょう)できない。なぜならまだ討議(とうぎ)の段階(だんかい)だから。

(지금은 공표할 수 없다. 왜냐하면 토의 단계이니까.)

今(いま)は何(なん)とも言(い)えない。何故(なぜ)ならばまだ協議中(きょうぎちゅう)だから。

(지금은 무엇이라고도 할 수 없다. 왜냐하면 아직 협의 중이니까.)

なぜなら、今(いま)現在(げんざい)何(なに)かを実際(じっさい)にやるには情報(じょうほう)が多(おお)すぎるからです。

(왜냐하면 지금 현재 무엇인가를 실제로 하기에는 정보가 너무 많기 때문입니다.)

母(はは)は大(おお)きなケーキを焼(や)いています。なぜなら今日(きょう)は父(ちち)の誕生日(たんじょうび)だからです。

(어머니는 큰 케이크를 굽고 있다. 왜냐하면 오늘은 아버지 생신이기 때문입니다.)

それは、おまえの指導者(しどうしゃ)がおまえに語(かた)り得(え)ないからである。なぜなら、私(わたし)はおまえが指導者(しどうしゃ)を持(も)たないことを望(のぞ)まないからである。

(그것은 네 지도자가 네게 이야기할 수 없기 때문이다. 왜냐하면 나는 네가 지도자를 가지지 않는 것을 바라지 않기 때문이다.)

[1]あなたがたの律法(りっぽう)には、[2]二人(ふたり)による証言(しょうげん)は真実(しんじつ)だと、書(か)いてある。[ヨハネによる福音書 8:17]
(너희 율법에는 두 사람에 의한 증언은 진실하다고 쓰여 있다.[8:17])

[1]あなたがたの律法(りっぽう)には、: 너희 율법에는. 이 부분에 관해 타 번역본에서는「〜にも；〜えも」와 같이 표현되어 있는 경우가 있다.

[例]あなた達(たち)の律法(りっぽう)にも、『二人(ふたり)の証言(しょうげん)は信用(しんよう)すべきである』と書(か)いてあるではないか。[塚本訳1963]

(너희 율법에도 '두 사람의 증언은 믿어야 한다.'고 쓰여 있지 않느냐?)

あなたがたの律法(りっぽう)にも、ふたりの証言(しょうげん)は真実(しんじつ)であると書(か)かれています。[新改訳1970]

(너희 율법에도 두 사람의 증언은 진실하다고 쓰여 있습니다.)

あなたがたの律法(りっぽう)にも二人(ふたり)の人間(にんげん)の証(あか)しは真実(しんじつ)であると書(か)かれている。[岩波翻訳委員会訳1995]

(너희 율법에도 두 사람의 증언은 진실하다고 쓰여 있다.)

[2]二人(ふたり)による証言(しょうげん)は真実(しんじつ)だと、: 두 사람에 의한 증언은 진실하다고.「〜による」는「〜에 의하다」의 뜻을 나타내는데, 본 절에서는 뒤의 명사를 수식하는 형태로 쓰이고 있다.

[例]面接(めんせつ)による家庭(かてい)調査(ちょうさ)を行(おこ)ないますので、家庭(かてい)事情(じじょう)に詳(くわ)しい方(かた)がお越(こ)しください。

(면접에 의한 가정 조사를 행하니 가정 사정에 밝은 분께서 오시기 바랍니다.)

公的(こうてき)資金(しきん)による住宅(じゅうたく)建設(けんせつ)戸数(こすう)は、トータルとしては第三期(だいさんき)計画(けいかく)に比(くら)べまして変(か)わりはございませんけれど。

(공적 자금에 의한 주택 건설 호수는 토털로서는 제3기 계획에 비해 다르지 않습니다만.)

地球上(ちきゅうじょう)で結核(けっかく)が爆発的(ばくはつてき)に増加(ぞうか)したのは18世紀(じゅうはちせいき)以降(いこう)であり、その原因(げんいん)は産

業革命(さんぎょうかくめい)による都市(とし)人口(じんこう)の増加(ぞうか)と都市化(としか)に伴(ともな)う貧困化(ひんこんか)[スラムの形成(けいせい)]である。
(지구상에서 결핵이 폭발적으로 증가한 것은 18세기 이후로 그 원인은 산업혁명에 의한 도시 인구의 증가와 도시화에 수반되는 빈곤화[슬럼 형성]이다.)

[1]わたし自身(じしん)のことを証(あか)しするのは、わたしであるし、わたしを遣(つか)わされた[2]父(ちち)も、わたしのことを証(あか)して下(くだ)さるのである」。[ヨハネによる福音書 8:18]
(나 자신에 관해 증언하는 것은 나이고, 나를 보내신 아버지께서도 나에 관해 증언해 주신다.[8:18])

[1]わたし自身(じしん)のことを証(あか)しするのは、わたしであるし、: 나 자신에 관해 증언하는 것은 나이고. 이것은 「わたしはわたし自身(じしん)のことを証(あか)しする : 나는 내 자신에 관해 증언한다.」라는 문을, 주어를 강조하기 위해 분열문(分裂文)으로 만든 것이다.

[例]君(きみ)の母親(ははおや)がそれを決(き)める。
　　(자네 어머니가 그것을 결정한다.)
　→それを決(き)めるのは、君(きみ)の母親(ははおや)だ。
　　(그것을 결정하는 것은 자네 어머니다.)

葉子(ようこ)の口(くち)から叫(さけ)び声(ごえ)が出(で)た。
(요코 입에서 크게 외치는 소리가 나왔다.)
→叫(さけ)び声(ごえ)が出(で)たのは、葉子(ようこ)の口(くち)からである。
　(크게 외치는 소리가 나온 것은 요코의 입에서이다.)
一回(いっかい)だけ彼女(かのじょ)はそれを見(み)た。

(한 번만 그녀는 그것을 보았다.)
→彼女(かのじょ)がそれを見(み)た<u>の</u>は、一回(いっかい)だけ<u>だ</u>。
(그녀가 그것을 본 것은 한 번뿐이다.)

とぼけないで!わかってる<u>の</u>よ。伯爵(はくしゃく)を脅(おど)した<u>の</u>は、あなた<u>でしょ</u>?
(시치미 떼지 마! 알고 있어. 백작을 협박한 것은 당신이지?)
どうも、拘束(こうそく)されながら荷物(にもつ)がある程度(ていど)戻(もど)って来(き)た<u>の</u>は、僕(ぼく)たちだけみたい<u>な</u>んですよね。
(아무래도 구속되면서도 짐이 어느 정도 돌아온 것은 우리뿐인 것 같아요, 안 그래요?)
このような状況(じょうきょう)を、つまり、多文化的(たぶんかてき)状況(じょうきょう)の内実(ないじつ)を反映(はんえい)する小説(しょうせつ)が登場(とうじょう)しはじめる<u>の</u>は、七十年代(ななじゅうねんだい)に入(はい)ってから<u>である</u>。
(이와 같은 상황을 즉 다문화적 상황의 내실을 반영하는 소설이 등장하기 시작한 것은 70년대에 들어와서부터이다.)

그리고「わたしであるし」는「わたしである」에 접속조사「〜し」가 연결되어 전후 2개의 문을 대등한 관계로 열거, 나열해서 그것을 이유로 제시하고 있다.

「〜し」 ; 접속조사

1. 「〜し」는 「〜し」「〜し、〜し」「〜し、〜し、〜し」「〜し、〜から」「〜し、〜ので」의 형태로 복수의 사실이나 사항을 열거해서 그것을 이유로 제시하는 기능을 한다.

    [例]遊(あそ)べば勉強(べんきょう)しろと言(い)われる<u>し</u>、勉強(べんきょう)すればたまには外(そと)へ行(い)って遊(あそ)んで来(き)なさいと言(い)われます。
    (놀면 공부하라고 하고, 공부하면 가끔은 밖에 나가서 놀다 오라고 합

니다.)

傘(かさ)を持(も)って出(で)かければ、快晴(かいせい)になるし、傘(かさ)を持(も)たずに出(で)かければ、どしゃ降(ぶ)りになるので、頭(あたま)が痛(いた)いです。
(우산을 가지고 나가면 날씨가 쾌청해지고, 우산을 안 가지고 나가면 비가 억수 같이 쏟아지니 머리가 아픕니다.)

この花(はな)はいかがですか。色(いろ)もきれいだし、匂(にお)いもいいし。
(이 꽃은 어떻습니까? 색도 예쁘고 냄새도 좋고.)

家(いえ)はないし、金(かね)はないし、これからどうしたらいいか分(わ)からない。
(집은 없고 돈은 없고 앞으로 어떻게 하면 좋을지 모르겠다.)

雨(あめ)は降(ふ)るし、少(すこ)しかぜをひいているし、今日(きょう)は家(いえ)にいるつもりです。
(비는 오고 조금 감기 기운이 있으니 오늘은 집에 있을 생각입니다.)

あの人(ひと)は頭(あたま)もいいし、体(からだ)も丈夫(じょうぶ)だし、そして気立(きだ)てもいいし、ほんとうに申(もう)し分(ぶん)のない人(ひと)です。
(그 사람은 머리도 좋고 몸도 튼튼하고 그리고 성격도 좋아서 정말 뭐라고 나무랄 데 없는 사람입니다.)

田中(たなか)さんは、年(とし)だし、万年係長(まんねんかかりちょう)だし、飲(の)んだくれだし、結婚(けっこん)できないし。
(다나카 씨는 나이를 먹었고 만년 계장에다 술주정뱅이여서 결혼도 못해서.)

彼(かれ)と話(はな)していると、楽(たの)しいし、おもしろいし、飽(あ)きないし、時間(じかん)がたつのも忘(わす)れちゃうし。
(그와 이야기하고 있으면 즐겁고 재미있고 질리지 않아서 시간이 가는 것도 잊어 버리고.)

周(まわ)りはうるさいし、家賃(やちん)も高(たか)いから、ほかの家(いえ)を探

(さが)してみます。
(주위는 시끄럽고 집세도 비싸서 다른 집을 찾아보겠습니다.)
熱(ねつ)もあるし、頭(あたま)も痛(いた)いから、ひょっとしてかぜを引いたかもしれません。
(열도 있고 머리도 아프니 어쩌면 감기에 걸렸는지도 모릅니다.)
場所(ばしょ)もすぐ近(ちか)くですし、今(いま)の時間(じかん)ですので、すぐ行(い)けると思(おも)います。
(장소도 바로 근처이고 지금 시간이니 금방 갈 수 있을 것 같습니다.)
おなかもすいたし、疲(つか)れたので、あそこでちょっと休(やす)んで行(い)きませんか。
(배도 고프고 피곤하니 저기에서 잠깐 쉬고 가지 않겠습니까?)

2. 여러 가지 이유 중에서 어느 한 가지만을 예로 들고 나머지는 언외(言外)로 돌리는 용법도 있다.

[例] 近(ちか)いんですし、どうぞ遊(あそ)びに来(き)てください。
(가깝고 하니, 놀러 오세요.)
年(とし)も取(と)ったし、あまり無理(むり)な仕事(しごと)はしないほうがいい。
(나이도 먹었으니 너무 무리한 일은 안 하는 게 좋다.)
大学(だいがく)を卒業(そつぎょう)して、就職(しゅうしょく)もできたし、これからは自分(じぶん)でやっていかなければならないと思(おも)っています。
(대학을 졸업하고 취직도 했으니 앞으로는 내 스스로 해 나가야 한다고 생각하고 있습니다.)[16]

[2] 父(ちち)も、わたしのことを証(あか)して下(くだ)さるのである : 아버지께서도 나에 관해 증언해 주신다. 「証(あか)してくださる」는 「証(あか)す」에 수수표현 「~てく

---

16) 李成圭等著(1996)『홍익나가누마 일본어2 해설서』홍익미디어. pp. 302-303에서 인용하여 일부 수정함.

れる」의 존경어인「～てくださる」가 접속된 것이다.
[例]キリストは死(し)んで、否(いな)、よみがえって、神(かみ)の右(みぎ)に座(ざ)し、わたしたちのために、<u>心(こころ)をくだいてくださる</u>のである。
(그리스도는 죽어서, 아니, 살아나서 하나님 우편에 앉아, 우리들을 위해 노심하신다.)

もしも、あなたがたが、人々(ひとびと)の過(あやま)ちを許(ゆる)すならば、あなたがたの天(てん)の父(ちち)も、あなたがたを<u>許(ゆる)して下(くだ)さる</u>であろう。[口語訳/マタイによる福音書 6:14]
(만일 너희가 사람들의 잘못을 용서한다면, 너희의 하늘에 계신 아버지께서도 너희를 용서해 주실 것이다.)[마태복음 6:14]

あなたは、命(いのち)の道(みち)をわたしに示(しめ)し、み前(まえ)にあって、わたしを喜(よろこ)びで<u>満(み)たして下(くだ)さる</u>であろう』。[口語訳/使徒行伝 2:28]
(주께서는 생명의 길을 내게 보이고, 주님 앞에서 나를 기쁨으로 가득 채워 주실 것이다')[사도행전 2:28]

神(かみ)は、生活(せいかつ)を神(かみ)に委(ゆだ)ねる献身(けんしん)、心(こころ)から喜(よろこ)んで捧(ささ)げる信仰(しんこう)を<u>見(み)てくださる</u>のです。
(하나님께서는 생활을 하나님에 맡기는 헌신, 마음으로부터 기뻐하며 바치는 신앙을 보십니다.)
そしてキリストの日(ひ)が来(く)るまで(私(わたし)たちがキリストにお会(あ)いする時(とき)までに、つまり地上(ちじょう)の生涯(しょうがい)の最後(さいご)の日(ひ)までに)、それを<u>継続(けいぞく)してくださる</u>のです。
(그리고 그리스도의 날이 올 때까지 (우리가 그리스도를 뵐 때까지 즉 지상의 생애의 마지막 날까지), 그것을 계속해 주십니다.)

> すると、彼(かれ)らはイエスに言(い)った、「あなたの父(ちち)はどこにいるのか」。イエスは答(こた)えられた、「[1]あなたがたは、わたしをもわたしの父(ちち)をも知(し)っていない。[2]もし、あなたがたがわたしを知(し)っていたなら、わたしの父(ちち)をも知(し)っていたであろう」。[ヨハネによる福音書 8:19]
> (그러자, 그들은 예수에게 말했다. "네 아버지는 어디에 있느냐?" 예수께서 대답하셨다. "너희는 나도 내 아버지도 모른다. 만일 너희가 나를 알고 있었다면, 내 아버지도 알고 있었을 것이다."[8:19])

[1]あなたがたは、わたしをもわたしの父(ちち)をも知(し)っていない : 너희는 나도 내 아버지도 모른다. 본 절에서는 「알고 있지 않다 / 모르다」에 대해 「知(し)る」의 「〜ている」형의 부정인 「知(し)っていない」가 쓰이고 있는데 타 번역본에서는 어떻게 표현하고 있는지 살펴보자.

[例]あなた方(がた)はわたしをもわが父(ちち)をも<u>知(し)らない</u>。[前田訳1978]

(너희는 나도 내 아버지도 모른다.)

あなたたちは、わたしもわたしの父(ちち)も<u>知(し)らない</u>。[新共同訳1987]

(너희는 나도 내 아버지도 모른다.)

あなたがたは、わたしをも、わたしの父(ちち)をも<u>知(し)りません</u>。[新改訳1970]

(당신들은 나도 내 아버지도 모릅니다.)

あなた達(たち)にはわたしをも、わたしの父上(ちちうえ)も<u>わかっていない</u>。[塚本訳1963]

(너희는 나도 내 아버지도 알지 못한다.)

あなたがたには、私(わたし)も、私(わたし)の父(ちち)も<u>わかっていない</u>。[岩波翻訳委員会訳1995]

(너희는 나도 내 아버지도 알지 못한다.)

[前田訳1978][新共同訳1987]에서는 「知(し)らない」가, [新改訳1970]에서는 「知

53

(し)りません」이 쓰이고 있고, [塚本訳1963][岩波翻訳委員会訳1995]에서는「わかっている」의 부정인「わかっていない」가 사용되고 있다.

[2] もし、あなたがたがわたしを知(し)っていたなら、わたしの父(ちち)をも知(し)っていたであろう: 만일 너희가 나를 알고 있었다면, 내 아버지도 알고 있었을 것이다.
「知(し)っていたなら」는「知(し)る」의「～ている」형인「知(し)っている」의 과거형「知(し)っていた」에 가정조건을 나타내는「～なら」가 접속된 것이다.

[例] もし自分(じぶん)が25万円(にじゅうごまんえん)も出(だ)して買(か)っていたなら、きっと怒鳴(どな)りまくっていただろう。
(만일 내가 25만 엔이나 내서 샀더라면 틀림없이 마구 호통치고 있었을 것이다.)

もしうっかり店(みせ)の正面(しょうめん)から入(はい)っていたなら、たちまちヤクザに発見(はっけん)され、その場(ば)で再(ふたた)び捕(と)らえられていたろう。
(만일 깜빡해서 가게 정문으로 들어왔다면 금세 폭력배에게 발견되어 그 자리에서 다시 붙잡히고 있었을 것이다.)

アフリカ民族(みんぞく)が、彼(かれ)らのためにヨーロッパ人(じん)が用意(ようい)していたものをすべて知(し)っていたなら、ヨーロッパ人(じん)を目(め)にした途端(とたん)に抹殺(まっさつ)したほうが賢明(けんめい)だったかもしれない。
(아프리카 민족이 그들을 위해 유럽인이 준비하고 있었던 것을 전부 알고 있었다면 유럽인을 본 순간 말살하는 편이 현명했을지도 모른다.)

もし私(わたし)が子供(こども)たちや若者(わかもの)たちに出会(であ)った時(とき)に彼(かれ)らが哲学(てつがく)していたなら、私(わたし)は喜(よろこ)ぶであろう。
(만일 내가 아이들과 젊은이를 만났을 때 그들이 철학을 하고 있었다면 나는 기쁠 거야.)

もしも貧乏人(びんぼうにん)の議員(ぎいん)によって構成(こうせい)されていたなら、議会(ぎかい)は新(あたら)しい救貧法(きゅうひんほう)改正(かいせい)法案

(ほうあん)を可決(かけつ)しなかったことだろう。
(만일 가난한 사람들의 의원으로 구성되어 있었다면 의회는 새 구빈법 개정 법안을 가결하지 않았을 것이다.)

[1]イエスが宮(みや)の内(うち)で教(おし)えていた時(とき)、[2]これらの言葉(ことば)を賽銭箱(さいせんばこ)のそばで語(かた)られたのであるが、イエスの時(とき)がまだ来(き)ていなかったので、[3]だれも捕(とら)える者(もの)がなかった。[ヨハネによる福音書 8:20]
(예수가 성전 안에서 가르치고 있었을 때, 이들 말을 새전함 옆에서 이야기하셨지만, 예수 때가 아직 오지 않았기 때문에 아무도 붙잡는 사람이 없었다.[8:20])

[1]イエスが宮(みや)の内(うち)で教(おし)えていた時(とき)、: 예수가 성전 안에서 가르치고 있었을 때. 「教(おし)えていた」는 「教(おし)える」의 「〜ている」의 과거로 과거 어느 시점에 있어서의 동작 진행을 나타낸다.
[例]その友人(ゆうじん)が娘(むすめ)と歩(ある)いていた時(とき)、何(なに)かのきっかけで、女性(じょせい)と言葉(ことば)を交(か)わした。
(그 친구가 딸과 걷고 있었을 때, 어떤 계기로 여성과 말을 나누었다.)
その日(ひ)は疲(つか)れていたこともあって、飛行機(ひこうき)の座席(ざせき)を探(さが)していた時(とき)、4,5回(しごかい)咳払(せきばら)いをしたんです。
(그 날은 피곤한 일도 있었고, 비행기 좌석을 찾고 있었을 때 4,5회 기침을 했습니다.)
ところが、道端(みちばた)の狭(せま)いところを走(はし)っていた時(とき)、かなりのスピードを出(だ)した一台(いちだい)の車(くるま)が、急(きゅう)に目(め)の前(まえ)に現(あら)われました。
(그런데 길가의 좁은 곳을 달리고 있었을 때 상당한 스피드를 내며 차 한

대가 갑자기 눈앞에 나타났습니다.)
この久喜(くき)に居(きょ)を定(さだ)めたのは、空気(くうき)のきれいなところに転居(てんきょ)を考(かんが)えていた時(とき)、たまたま見(み)つけた物件(ぶっけん)案内(あんない)に手頃(てごろ)な物件(ぶっけん)が見(み)つかったからだ。
(이 구키를 거처로 삼은 것은 공기가 깨끗한 곳으로 이사를 생각하고 있었을 때, 우연히 발견한 물건 안내 중에 적당한 물건을 찾았기 때문이다.)
アメリカで生活(せいかつ)していた時(とき)、一度(いちど)だけ禁煙(きんえん)に挑戦(ちょうせん)したのですが、その時(とき)は、激(はげ)しい禁断(きんだん)症状(しょうじょう)に苦(くる)しみ、「三日間(みっかかん)地獄(じごく)をさまよった」のでした。
(미국에서 생활하고 있었을 때, 한 번만 금연에 도전했습니다만, 그 때는 격렬한 금단증상으로 고생을 하고 3일간 지옥을 방황했습니다.)

[2]これらの言葉(ことば)を賽銭箱(さいせんばこ)のそばで語(かた)られたのであるが、: 이들 말을 새전함 옆에서 이야기하셨지만.「語(かた)られた」는「語(かた)る」의 レル형 경어「語(かた)られる」의 과거이다. 일본어의 발화동사에는「言(い)う」「喋(しゃべ)る」「語(かた)る」「話(はな)す」「述(の)べる」 등이 있는데,「語(かた)る」는「특히 정리된 내용을 순서 있게 이야기하다」의 뜻을 나타낸다.

[言(い)う·喋(しゃべ)る·語(かた)る·話(はな)す·述(の)べる]

1. 사용법
[言(い)う]
[例]<u>言(い)う</u>は易(やす)く行(おこ)なうは難(かた)し。
　　(말하는 것은 쉽고 행하는 것은 어렵다.)
　　<u>言(い)う</u>に<u>言(い)</u>われない事情(じじょう)がある。

(말하고 싶어도 말할 수 없는 사정이 있다.)

用件(ようけん)を言(い)いなさい。

(용건을 말해라.)

[喋(しゃべ)る]

[例]よくしゃべる人(ひと)。

(말이 많은 사람.)

何(なに)もしゃべらない。

(아무 것도 말하지 않는다.)

[語(かた)る]

[例]身振(みぶ)りをまじえて語(かた)る。

(몸짓을 섞어 말하다.)

心(こころ)の内(うち)を語(かた)り尽(つ)くせない。

(마음속에 있는 것을 다 표현할 수 없다.)

[話(はな)す]

[例]人前(ひとまえ)で話(はな)すのは苦手(にがて)だ。

(사람들 앞에서 이야기하는 것은 자신이 없다.)

今日(きょう)あったことを母(はは)に話(はな)す。

(오늘 있었던 것을 어머니에게 이야기하다.)

[述(の)べる]

[例]自分(じぶん)の考(かんが)えを述(の)べる。

(자기 생각을 말하다.)

詳細(しょうさい)は第二章(だいにしょう)で述(の)べる。

(상세한 것은 제2장에서 서술한다.)

2. 사용상의 구별

(1)「言(い)う」는 생각한 것을 말로 표현하는 뜻인데, 정리된 내용을 표현하는 경우뿐만 아니라, 반사적으로 작은 외치는 소리를 내는 그런 경우나 문장체 등에도 쓰이며 사용범위가 넓은 말이다.

(2)「しゃべる」는,「話(はな)す」의 스스럼없는 말씨로 잡담처럼 가벼운 것에 대해 사용하는 경우가 많다.

(3)「語(かた)る」는, 들으려고 하는 청자에게 정리된 내용의 이야기를 들려주는 뜻을 나타낸다.

(4)「話(はな)す」「しゃべる」「語(かた)る」에는 상대와 대화를 한다고 하는 뜻도 있다.

(5)「述(の)べる」「語(かた)る」는 문장체적인 다소 딱딱한 말씨이다.「述(の)べる」에는 문장에 써서 표현하는「기술하다 / 서술하다」의 뜻도 있다.[17]

그리고「語(かた)る」의 レル형 경어「語(かた)られる」의 예를 들면 다음과 같다.
[例]モーセは自分(じぶん)を遣(つか)わすときに主(しゅ)が語(かた)られたことばのすべてと、命(めい)じられたしるしのすべてを、アロンに告(つ)げた。
(모세는 자신을 보낼 때, 주께서 말씀하신 말의 모든 것과 명하신 표적의 모든 것을 아론에게 알렸다.)
彼(かれ)は神(かみ)のみ言葉(ことば)の通訳(つうやく)であり、彼(かれ)は神(かみ)が自分(じぶん)に語(かた)られたように神(かみ)のことを理解(りかい)し、それを人々(ひとびと)に彼(かれ)ら自身(じしん)が聞(き)きとることができるまでに説明(せつめい)することができた。
(그는 하나님의 말씀의 통역이며 그는 하나님께서 자기에게 말씀하신 것

---

17) https://dictionary.goo.ne.jp/thsrs/10725/meaning/m0u/에서 인용하여 적의 번역함.

처럼

하나님에 관해 이해하고, 그것을 사람들에게 그들 자신이 알아들을 수 있을 때까지 설명할 수 있었다.)

ペテロの船(ふね)を選(えら)んで、そこから岸(きし)の群衆(ぐんしゅう)にみことばを語(かた)られました。そこで何(なに)を語(かた)られたのでしょうか?。確(たし)かなことはペテロが最(もっと)もイエス様(さま)のみことばを近(ちか)くに、はっきりと聞(き)いていたということです。

(베드로의 배를 골라서 거기에서 물가의 군중에게 말씀을 이야기하셨습니다. 거기에서 무엇을 말씀하신 것일까요? 확실한 것은 베드로가 가장 예수님의 말씀을 가까이에서 확실히 듣고 있었다는 것입니다.)

[3]だれも捕(とら)える者(もの)がなかった : 아무도 붙잡는 사람이 없었다. 본 절에서는「者(もの)がなかった」와 같이 유생명사에 대해 존재 유무를 강조하기 위해「ある」의 부정 형식인「なかった」가 사용되고 있다.

[例]もう、誰(だれ)も追(お)って来(く)る者(もの)がなかった。

(이제 아무도 쫓아오는 사람이 없었다.)

二十世紀(にじゅっせいき)前半(ぜんはん)の芸能(げいのう)・興行(こうぎょう)にかかわる世界(せかい)で、その名(な)を知(し)らぬ者(もの)がなかったといわれる。

(20세기 전반의 예능·흥행에 관련된 세계에서 그 이름을 모르는 사람이 없었다고 한다.)

それまで金次郎(きんじろう)に嫁(よめ)の世話(せわ)をする者(もの)がなかったのは不思議(ふしぎ)だが、金次郎(きんじろう)は独身(どくしん)のまま不自由(ふじゆう)とも感(かん)じていなかった。

(그때까지 긴지로에게 색시를 소개하는 사람이 없었던 것은 이상하지만, 긴지로는 독신으로 지내는 것을 불편하다고도 느끼고 있지 않았다.)

타 번역본에서는 이 부분을 어떻게 다루고 있는지 살펴보자.

[例]しかし捕(と)らえる者(もの)はなかった。[塚本訳1963]

(그러나 붙잡는 사람은 없었다.)

彼(かれ)を逮捕(たいほ)する者(もの)は誰(だれ)もいなかった。[岩波翻訳委員会訳1995]

(그를 체포하는 사람은 아무도 없었다.)

だれもイエスを捕(と)らえなかった。[新改訳1970][新共同訳1987]

(아무도 예수를 붙잡지 않았다.)

だれも彼(かれ)を捕(と)らえなかった。[前田訳1978]

(아무도 그를 붙잡지 않았다.)

[塚本訳1963]에서는 구어역과 마찬가지로「捕(と)らえる者(もの)はなかった」가, [岩波翻訳委員会訳1995]에서는「逮捕(たいほ)する者(もの)は誰(だれ)もいなかった」와 같이「いなかった」가, [新改訳1970][新共同訳1987][前田訳1978]에서는「捕(と)らえなかった」와 같이 동사의 부정 과거가 쓰이고 있다.

《38》[ヨハネによる福音書 8:21 - 8:30]

さて、また彼(かれ)らに言(い)われた、「わたしは去(さ)って行(い)く。[1]あなたがたはわたしを捜(さが)し求(もと)めるであろう。そして[2]自分(じぶん)の罪(つみ)のうちに死(し)ぬであろう。[3]わたしの行(い)く所(ところ)には、あなたがたは来(く)ることができない」。[ヨハネによる福音書 8:21]
(그런데 다시 그들에게 말씀하셨다. "나는 떠나간다. 너희는 나를 찾으려고 할 것이다. 그리고 자기 죄 안에서 죽을 것이다. 내가 가는 곳에는 너희는 올 수가 없다,"[8:21]

[1]あなたがたはわたしを捜(さが)し求(もと)めるであろう: 너희는 나를 찾으려고 할 것이다. 「捜(さが)し求(もと)める」는 「捜(さが)す」의 연용형에 「求(もと)める」가 결합한 복합동사로 「찾아서 손에 넣으려고 하다」「얻으려고 찾다」「목적하는 물건을 손에 넣으려고 사방을 찾다」의 뜻을 나타내는데, 본 절에서는 「찾다」로 번역해 둔다.

[例]ついに捜(さが)し求(もと)めていた理想(りそう)の少年(しょうねん)を見(み)つけた。
(결국 찾고 있었던 이상의 소년을 발견했다.)
そして、楽(たの)しみながらずっと続(つづ)けていけるものを捜(さが)し求(もと)めるのです。そして、それが決(き)まれば、どういう準備(じゅんび)が必要(ひつよう)かを考(かんが)えます。
(그리고 즐거워하면서 죽 계속해 나갈 수 있는 것을 찾습니다. 그리고 그것이 정해지면 어떤 준비가 필요할지 생각합니다.)
この基本的(きほんてき)な信仰(しんこう)の主張(しゅちょう)の多(おお)くの意味内容(いみないよう)の中(なか)に、私(わたし)たちは自分(じぶん)たちの生活(せいかつ)のどこに神(かみ)と神(かみ)の現臨(げんりん)とを捜(さが)し求(もと)めるべきであるか、という問題(もんだい)がある。
(이 기본적인 신앙의 주장의 대부분의 의미 내용 중에는 우리는 자신들의 생활의 어디에 하나님과 하나님의 현림을 찾아야 할 것인가 하는 문제가 있다.)

그리고 타 번역본에서는 복합동사가 아닌 단일동사의 형태로 등장하고 있다.
[例][その時(とき)]あなた達(たち)はわたしをさがすが、[もはや会(あ)うことができず、][塚本訳1963]
([그 때] 너희는 나를 찾지만, [더 이상 만날 수가 없고])
あなたがたはわたしを捜(さが)すけれども、[新改訳1970]
(너희는 나를 찾겠지만,)

あなたがたはわたしをたずねよう。[前田訳1978]

(너희는 나를 찾을 것이다.)

あなたたちはわたしを捜(さが)すだろう。[新共同訳1987]

(너희는 나를 찾을 것이다.)

あなたがたは私(わたし)を求(もと)めるようになるが、[岩波翻訳委員会訳1995]

(너희는 나를 찾게 되지만,)

[2] 自分(じぶん)の罪(つみ)のうちに死(し)ぬであろう : 자기 죄 안에서 죽을 것이다. 「罪(つみ)のうちに死(し)ぬ」의 「うち」는 시간적 의미보다는 공간적 의미로 사용된 것으로 이해되어, 「죄 안에서 죽다」로 번역해 둔다.

[3] わたしの行(い)く所(ところ)には、 : 내가 가는 곳에는. 「わたしの行(い)く」의 「〜の」는 연체수식절 내의 주격 역할을 하고 있다.

[例] わたしの言(い)う意味(いみ)がおわかりですか?

(내가 말하는 의미를 아십니까?)

私(わたし)の行(い)く店(みせ)では、毎日(まいにち)と言(い)う訳(わけ)にはいきませんが、運(うん)が良(よ)いと4分(よんぶん)の1(いち)の値段(ねだん)で買(か)えます。

(내가 가는 가게에서는 매일이라고는 할 수 없습니다만, 운이 좋으면 4분의 1의 가격으로 살 수 있습니다.)

最初(さいしょ)、私(わたし)の友人(ゆうじん)たちは私(わたし)の話(はな)すことがよく理解(りかい)できなかったそうです。

(처음에는 내 친구들이 내가 이야기하는 것을 잘 이해할 수 없었다고 합니다.)

ことに父親(ちちおや)は私(わたし)のすることなすことすべてに怒(おこ)り、衝突(しょうとつ)が絶(た)えなかった。

(특히 아버지는 내가 하는 일 모든 것에 화를 내고 충돌이 끊이지 않았다.)

> そこでユダヤ人(じん)たちは言(い)った、「わたしの行(い)く所(ところ)に、あなたがたは来(く)ることができないと、言(い)ったのは、[1]あるいは[2]自殺(じさつ)でもしようとするつもりか」。[ヨハネによる福音書 8:22]
> (그러자 유대인들은 말했다. "내가 가는 곳에 너희는 올 수가 없다고 하는 것은 어쩌면 자살이라도 하려고 할 생각이냐?"[8:22])

[1]あるいは自殺(じさつ)でもしようとするつもりか : 어쩌면 자살이라도 하려고 할 생각이냐? 본 절의 「あるいは」는 접속사가 아니라 「어쩌면」의 뜻을 나타내는 부사로 사용된 것으로 해석된다. 유의어로는 「もしかすると」「ひょっとすると」가 있는데, 현대어에서 「あるいは」가 부사로 쓰이는 경우에는 사건의 생기(生起)할 가능성이 상당히 높은 때에 사용된다.

[例]あるいはそうかもしれない。

(어쩌면 그럴지도 모른다.)

あるいは中止(ちゅうし)になるかも知(し)れない。

(어쩌면 중지될 지도 모른다.)

「婚宴(こんえん)に招(まね)かれたときには、上座(じょうざ)に着(つ)くな。あるいは、あなたよりも身分(みぶん)の高(たか)い人(ひと)が招(まね)かれているかも知(し)れない。[口語訳/ルカによる福音書 14:8]

("혼인 잔치에 초대를 받았을 때에는 상좌에 앉지 마라. 어쩌면 너보다도 신분이 높은 사람이 초대받았을지도 모른다.)[누가복음 14:8]

あなたがたの所(ところ)では、たぶん滞在(たいざい)するようになり、あるいは冬(ふゆ)を過(す)ごすかも知(し)れない。そうなれば、わたしがどこへゆ(い)くにして

も、あなたがたに送(おく)ってもらえるだろう。[口語訳 / コリント人への第一の手紙 16:6]

(너희가 있는 곳에서는 아마 체재하게 되고, 어쩌면 겨울을 보낼지도 모른다. 그러면 내가 어디에 간다고 하더라도 너희가 보내 줄 것이다.)[고린도전서 16:6]

[2] 自殺(じさつ)でもしようとするつもりか : 자살이라도 하려고 할 생각이냐?「しようとするつもりか」는「する」에 화자의 의지를 나타내는「〜ようとする」와 화자의 결심 등을 나타내는「つもり」가 연결되어 쓰이고 있는 것이다.

[例] あんたは部下(ぶか)の者(もの)たちが信徒団(しんとだん)そっくりだ、と言(い)いくるめようとするつもりかね?

(너는 부하들이 신도단 그대로라고 말로 그슬리려고 할 생각인가?)

遠慮(えんりょ)しないで言(い)ってごらん、この国(くに)を理解(りかい)しようとするつもりなら疑問(ぎもん)があって当然(とうぜん)だ、知(し)っている限(かぎ)り何(なん)でも答(こた)えてあげるから。

(사양치 말고 말해 봐! 이 나라를 이해하려고 할 생각이라면 의문이 생겨도 당연하다. 알고 있는 한 무엇이든지 대답해 줄 테니까.)

それで消(け)そうとするつもりだったのでしょうか。僕(ぼく)はそこらの布団(ふとん)をあわてて炎(ほのお)に被(かぶ)せ、ホースで水(みず)を撒(ま)いた。

(그래서 불을 끌 생각이었던 것인가요? 나는 거기에 있는 이불로 당황해서 불길을 덮고 호스로 물을 뿌렸다.)

イエスは彼(かれ)らに言(い)われた、「[1]あなたがたは下(した)から出(で)た者(もの)だが、わたしは上(うえ)から来(き)た者(もの)である。[2]あなたがたはこの世(よ)の者(もの)であるが、わたしはこの世(よ)の者(もの)ではない。[ヨハネによる福音書 8:23]

(예수께서 말씀하셨다. "너희는 아래에서 나온 사람이지만, 나는 위에서 온 사람이다. 너희는 이 세상 사람이지만, 나는 이 세상 사람이 아니다."[8:23])

[1]あなたがたは下(した)から出(で)た者(もの)だが、わたしは上(うえ)から来(き)た者(もの)である : 너희는 아래에서 나온 사람이지만, 나는 위에서 온 사람이다. 본 절에서는「あなたがた」와「わたし」를 대비하여 여기에서는「下(した)から出(で)た者(もの)だ ; 아래에서 나온 사람이다」와「上(うえ)から来(き)た者(もの)である ; 위에서 온 사람이다」로 특징짓고 있다. 타 번역본에서는 이 부분을 어떻게 묘사하고 있는지 살펴보자.

[例]あなた達(たち)は下(した)から出(で)た者(もの)であるが、わたしは上(うえ)から出(で)た者(もの)である。[塚本訳1963]

(너희는 아래에서 나온 사람이지만 나는 위에서 나온 사람이다.)

あなたがたが来(き)たのは下(した)からであり、わたしが来(き)たのは上(うえ)からです。[新改訳1970]

(너희가 온 것은 아래로부터이고, 내가 온 것은 위에서부터입니다.)

あなた方(がた)は下(した)からの出(で)、わたしは上(うえ)からの出(で)である。[前田訳1978]

(너희는 아래로부터 나온 사람고, 나는 위에서 나온 사람이다.)

あなたがたは下(した)からのものであり、私(わたし)は上(うえ)からのものである。[岩波翻訳委員会訳1995]

(너희는 아래로부터의 사람이고, 나는 위로부터의 사람이다.)

あなたたちは下(した)のものに属(ぞく)しているが、わたしは上(うえ)のものに属(ぞく)している。[新共同訳1987]

(너희는 아래 것에 속해 있지만, 나는 위의 것에 속해 있다.)

[2]あなたがたはこの世(よ)の者(もの)であるが、わたしはこの世(よ)の者(もの)ではない：
너희는 이 세상 사람이지만, 나는 이 세상 사람이 아니다. 여기에서는「この世(よ)の者(もの)である；이 세상 사람이다」와「この世(よ)の者(もの)ではない；이 세상 사람이 아니다」와 같이 대구법으로 설명하고 있다. 타 번역본에서는 이 부분을 어떻게 표현하고 있는지 살펴보자.

[例]あなた達(たち)は[罪(つみ)の]この世(よ)から出(で)た者(もの)であるが、わたしはこの世(よ)から出(で)た者(もの)ではない。[塚本訳1963]

(너희는 [죄의] 이 세상에서 나온 사람이지만, 나는 이 세상에서 나온 사람이 아니다.)

あなたがたはこの世(よ)の者(もの)であり、わたしはこの世(よ)の者(もの)ではありません。[新改訳1970]

(너희는 이 세상 사람이고, 나는 이 세상 사람이 아닙니다.)

あなたがたはこの世(よ)からのものであり、私(わたし)はこの世(よ)からのものではない。[岩波翻訳委員会訳1995]

(너희는 이 세상으로부터 나온 사람이고 나는 이 세상에서 나온 사람이 아니다.)

あなた方(がた)はこの世(よ)の出(で)、わたしはこの世(よ)の出(で)ではない。[前田訳1978]

(너희는 이 세상에서 나온 사람, 나는 이 세상에서 나온 사람이 아니다.)

あなたたちはこの世(よ)に属(ぞく)しているが、わたしはこの世(よ)に属(ぞく)していない。[新共同訳1987]

(너희는 이 세상에 속해 있지만, 나는 이 세상에 속해 있지 않다.)

だからわたしは、あなたがたは自分(じぶん)の罪(つみ)のうちに死(し)ぬであろうと、言(い)ったのである。[1]もし[2]わたしがそういう者(もの)であることをあなたがたが信(しん)じなければ、罪(つみ)のうちに死(し)ぬことになるから

> である」．[ヨハネによる福音書 8:24]
> (그래서 나는, 너희는 자신의 죄 안에서 죽을 것이라고 말한 것이다. 만일 내가 그런 사람인 것을 믿지 않으면 죄 안에서 죽게 되기 때문이다.[8:24])

[1]もしわたしがそういう者(もの)であることをあなたがたが信(しん)じなければ、: 만일 내가 그런 사람인 것을 믿지 않으면.「そういう者(もの)である」가 [フランシスコ会訳1984]에서는「わたしはある」로 나와 있다. 이에 관해서는「그리스어에서는「에고 에이미(ego eimi)」이지만, 요한복음의 고유의 표현으로 [출애굽기 3:14]의「わたしはあるものである」라고 하는 구약성서적 히브리어표현(「야훼」라고 하는 하나님 이름에 관련된 표현)에 기초한 것으로 예수의 신성(神性)을 나타내는 고유명사와 같은 것이다.[18]」라고 설명하고 있다.

그리고「もし」는 뒤에 있는 가정표현「信(しん)じなければ」와 호응관계에 있다.「もし～なければ」의 예를 들면 다음과 같다.

[例]もし選(えら)びさえしなければ、それなりに仕事(しごと)はあった。
　　(만일 고르기만 하면 그 나름대로 일은 있었다.)
　　もし予言(よげん)が観測(かんそく)と合(あ)わなければ、宇宙(うちゅう)は無境界(むきょうかい)状態(じょうたい)にはないと結論(けつろん)できるでしょう。
　　(만일 예언이 관측과 맞지 않으면 우주는 무경계 상태에는 없다고 결론지을 수 있겠지요.)
　　もし少(すく)なくとも三位(さんみ)までに入(はい)らなければ、オリンピック出場(しゅつじょう)の夢(ゆめ)を断(た)ち切(き)られる。
　　(만일 적어도 3위까지 들어오지 않으면, 올림픽 출장의 꿈은 끊어진다.)
　　もしアドルフがこれほど真剣(しんけん)に取(と)り組(く)んでいなければ、私(わた

---

18) フランシスコ会聖書研究所(1984)『新約聖書』サンパウロ. p. 333 주(8)에서 인용하여 적의 번역함.

し)は彼(かれ)の計画(けいかく)を興味深(きょうみぶか)いけれども、無意味(むいみ)な遊(あそ)びと見做(みな)したことでしょう。

(만일 아돌프가 이 만큼 진지하게 몰두하고 있지 않으면 나는 그의 계획을 흥미 있지만 무의미한 놀이로 간주했을 것이다.)

もし、同(おな)じものを使(つか)い、同(おな)じ条件(じょうけん)で実験(じっけん)し、何度(なんど)実験(じっけん)しても同(おな)じ結果(けっか)が出(で)なければ、その事実(じじつ)が証明(しょうめい)されたということにはならないのです。

(만일 같은 것을 사용하고, 같은 조건에서 실험하고, 몇 번 실험해도 같은 결과가 나오지 않으면 그 사실이 증명되었다고 되지는 않습니다.)

[2] わたしがそういう者(もの)であることをあなたがたが信(しん)じなければ、: 내가 그런 사람인 것을 믿지 않으면. 이 부분에 관해 타 번역본에서는 어떻게 묘사하고 있는지 살펴보자.

[例] わたしがそれ[救世主(きゅうせいしゅ)]であることを信(しん)じなければ、[塚本訳1963]

(내가 그 사람[구세주]인 것을 믿지 않으면,)

わたしはそれ[キリスト]であると信(しん)じなければ、[前田訳1978]

(나는 그 사람[그리스도]이라고 믿지 않으면,)

私(わたし)が〔それ〕であることを信(しん)じないなら、[岩波翻訳委員会訳1995]

(내가〔그 사람〕인 것을 믿지 않으면,)

『わたしはある』[19)]ということを信(しん)じないならば、[新共同訳1987]

('나는 존재한다.'라고 하는 것을 믿지 않으면,)

わたしのことを信(しん)じなければ、[新改訳1970]

(나에 관해 믿지 않으면,)

---

19) フランシスコ会訳(1984)によれば、「わたしはある」는 구약성서적 히브리어표현에 기인하는 것으로 예수의 신성(神性)을 나타내는 고유명사와 같은 것이라고 한다. 이상은 フランシスコ会聖書研究所(1984)『新約聖書』サンパウロ. p. 333 주(8)에서 인용하여 적의 번역함.

> そこで彼(かれ)らはイエスに言(い)った、「あなたは、[1]いったい、どういう方(かた)ですか」。イエスは彼(かれ)らに言(い)われた、「わたしがどういう者(もの)であるかは、[2]初(はじ)めからあなたがたに言(い)っているではないか。
> [ヨハネによる福音書 8:25]
> (그러자 그들은 예수에게 말했다. "당신은 도대체 어떤 분입니까?" 예수께서 그들에게 말씀하셨다. "내가 어떤 사람인지는 처음부터 너희에게 말하고 있지 않았느냐?"[8:25])

[1]いったい、どういう方(かた)ですか : 당신은 도대체 어떤 분입니까? 유대인이 여기에서는「どういう方(かた)ですか」와 같이 예수에 관해 경칭을 사용하고 있다.

[2]初(はじ)めからあなたがたに言(い)っているではないか : 처음부터 너희에게 말하고 있지 않았느냐?「言(い)っている」는「言(い)う」에「〜ている」형이 접속되어 동작의 진행을 나타내고 있다.

[例]それはその女性(じょせい)が席(せき)を譲(ゆず)らないのが悪(わる)いことだと言(い)っているように聞(き)こえました。
(그것은 그 여성이 자리를 양보하지 않는 것이 나쁜 것이라고 말하고 있는 것처럼 들렸습니다.)

幼稚園(ようちえん)で、急(きゅう)に非常(ひじょう)ベルが鳴(な)り出(だ)しました。先生(せんせい)がしきりになにかを言(い)っているのですが、私(わたし)には、よく聞(き)こえません。
(유치원에서 갑자기 비상벨이 울리기 시작했습니다. 선생님이 끊임없이 무엇인가를 말하고 있습니다만, 내게는 잘 안 들립니다.)

PKO(ピーケーオー)法案(ほうあん)の問題(もんだい)に関(かん)してあなた方(がた)は、責任(せきにん)を持(も)って国会(こっかい)で審議(しんぎ)してほしい、それで日本(にほん)の国際的(こくさいてき)な貢献(こうけん)になるんだと言

(い)っているならば、その根拠(こんきょ)をやっぱり明確(めいかく)にしなければならない。

(유엔 평화 유지 활동 법안의 문제에 관해 여러분은 책임을 지고 국회에서 심의해 주었으면 한다, 그래서 일본의 국제적인 공헌이 된다고 한다면, 그 근거를 역시 명확하게 하지 않으면 안 된다.)

あなたがたについて、[1]わたしの言(い)うべきこと、裁(さば)くべきことが、たくさんある。しかし、わたしを遣(つか)わされた方(かた)は真実(しんじつ)な方(かた)である。わたしは、[2]その方(かた)から聞(き)いたままを[3]世(よ)に向(む)かって語(かた)るのである」。[ヨハネによる福音書 8:26]
(너희에 관해 내가 말해야 할 것, 판단해야 할 것이 많이 있다. 그러나 나를 보내신 분은 진실한 분이다. 나는 그 분에게서 들은 그대로를 세상을 향해 이야기하는 것이다.[8:26])

[1] わたしの言(い)うべきこと、裁(さば)くべきことが、たくさんある: 내가 말해야 할 것, 판단해야 할 것이 많이 있다. 「言(い)うべき」「裁(さば)くべき」の「~べき」는 당위성을 나타내는 형식으로 본 절에서는 뒤에 오는 체언을 수식·한정하는 용법으로 쓰이고 있다.

[例] わしの承知(しょうち)してるところじゃ、そこにも問題(もんだい)があって、いろいろ言(い)うべきことがあるのよ。

(내가 승낙하고 있는 중이다. 거기에도 문제가 있어 여러 가지 말해야 할 것이 있어.)

自然界(しぜんかい)の大法則(だいほうそく)に人(ひと)が学(まな)ぶべきことがまだまだありそうだ。

(자연계의 대법칙에 사람이 배워야 할 것이 아직도 있는 것 같다.)

教員(きょういん)採用(さいよう)試験(しけん)で7月(しちがつ)にあります。やるべ

きことがたくさんありすぎて何(なに)から手(て)を付(つ)けたらいいのか解(わか)らない。

(교원 채원 시험으로 7월에 있습니다. 할 일이 너무 많이 있어 무엇부터 손을 대면 좋을지 모르겠다.)

被害者(ひがいしゃ)はシドニーの存在(そんざい)ではなく、長期(ちょうき)滞在者(たいざいしゃ)でしたから、日本(にほん)での交友(こうゆう)関係(かんけい)など調(しら)べて報告(ほうこく)すべきことがたくさんありまして。

(피해자는 시드니의 존재가 아니라, 장기 체류자이었기 때문에 일본에서의 교유 관계 등 조사해서 보고해야 할 것이 많이 있어서.)

[2]その方(かた)から聞(き)いたままを : 그 분에게서 들은 그대로를.「聞(き)いたまま」는「聞(き)く」의 과거형「聞(き)いた」에 형식명사「〜まま」가 접속되어 그 전체가 목적어 역할을 하고 있다.

[例]読(よ)んで感(かん)じたままを書(か)けばいいんじゃないですか。

(읽고 느낀 그대로를 쓰면 좋지 않습니까?)

おそらく、父(ちち)は見(み)たままを正直(しょうじき)に言(い)っただけなのだろう。

(아마 아버지는 본 그대로를 솔직하게 말했을 뿐일 것이다.)

アトムは実際(じっさい)に観察(かんさつ)したままを現(あら)わすのではなく、それぞれの状態(じょうたい)を説明(せつめい)するために使(つか)うんだ。

(아톰(원자)은 실제로 관찰한 그대로를 나타내는 것이 아니라, 각각의 상태를 설명하기위해 사용하는 것이다.)

もし、彼(かれ)が見(み)たまま感(かん)じたままを本省(ほんしょう)に報告(ほうこく)すれば、日本(にほん)は逆(ぎゃく)にイギリスに敵対(てきたい)する自信(じしん)を失(うしな)い、開戦(かいせん)を避(さ)けようとするだろう。

(만일 그가 본 대로 느낀 대로 본성에 보고하면 일본은 거꾸로 영국에 적대하는 자신감을 잃고 개전을 피하려고 할 것이다.)

[3] 世(よ)に向(む)かって語(かた)る : 세상을 향해 이야기하는 것이다. 「世(よ)に向(む)かって」의 「～に向(む)かって」는 격조사 「～に」에 「向(む)かう」의 テ형 「向(む)かって」가 결합해서 복합조사화한 것이다.

[例]博(ひろし)は住宅街(じゅうたくがい)の奥(おく)に向(む)かって駆(か)け出(だ)した.
(히로시는 주택가 안쪽을 향해 달리기 시작했다.)

「いらっしゃいまし」と私(わたし)に向(む)かって頭(あたま)を下(さ)げた。
(「어서 오십시오!」라고 나를 향해 머리를 숙였다.)

人生(じんせい)の目的(もくてき)—それは、幸福(こうふく)。人生(じんせい)の願望(がんぼう)—それは、平和(へいわ)。その幸福(こうふく)と平和(へいわ)に向(む)かって、歴史(れきし)は展開(てんかい)されていかねばならない。
(인생의 목적 ― 그것은 행복. 인생의 원망 ― 그것은 평화. 이 행복과 평화를 향해 역사는 전개되어 나가야 한다.)

アメリカでは小学校(しょうがっこう)から、教室(きょうしつ)で校内(こうない)放送(ほうそう)を聞(き)き、旗(はた)に向(む)かって胸(むね)に手(て)を当(あ)てて忠誠(ちゅうせい)を誓(ちか)うという愛国(あいこく)教育(きょういく)が行(おこ)なわれている。
(미국에서는 초등학교부터 교실에서 교내 방송을 듣고 국기를 향해 가슴에 손을 대고 충성을 맹세한다는 애국 교육이 행해지고 있다.)

> 彼(かれ)らは、[1]イエスが父(ちち)について話(はな)しておられたことを[2]悟(さと)らなかった。[ヨハネによる福音書 8:27]
> (그들은 예수께서 아버지에 관해 말씀하고 계신 것을 깨닫지 못했다.[8:27])

[1] イエスが父(ちち)について話(はな)しておられたことを : 예수께서 아버지에 관해 말씀하고 계신 것을. 「話(はな)しておられた」는 「話(はな)している」의 レル형 경어

「話(はな)しておられる」의 과거로 뒤의「こと」를 수식하고 있다.

[例]イエスが、まだ話(はな)しておられるうちに、会堂司(かいどうづかさ)の家(いえ)から人々(ひとびと)が来(き)て言(い)った、「あなたの娘(むすめ)は亡(な)くなりました。このうえ、先生(せんせい)を煩(わずら)わすには及(およ)びますまい」。[口語訳 / マルコによる福音書 5:35]

(예수께서 계속 이야기를 하고 계시는 동안, 회당장 집에서 사람들이 와서 말했다. "따님께서 죽었습니다. 더 이상 선생님께 수고를 끼칠 필요는 없을 것입니다.")[마가복음 5:35][20]

十字架(じゅうじか)につけられたイエスを捜(さが)しているのだろうが、あの方(かた)はここにはおられない。前(まえ)に話(はな)しておられたように、復活(ふっかつ)なさったのだ。

(십자가에 매달린 예수를 찾고 있겠지만, 그 분은 여기에는 계시지 않는다. 전에 말씀하신 대로 부활하셨다.)

お父上(ちちうえ)が話(はな)しておられた詩(し)は、どんな詩(し)ですかな? もしそれが注釈詩(ちゅうしゃくし)でしたら、それがしもいささか心得(こころえ)がありますので、ぜひお聞(き)かせ願(ねが)いたいものです。

(아버님께서 말씀하고 계신 시는 어떤 시일까? 만일 그것이 주석시이라면, 저도 약간 소양이 있으니 꼭 들려주시기를 부탁드립니다.)

[2] 悟(さと)らなかった : 깨닫지 못했다. 「悟(さと)らなかった」는 「悟(さと)る ; 깨닫다」의 과거 부정인데 같은 유형의 예를 들면 다음과 같다.

[例]ほかの種(たね)はいばらの中(なか)に落(お)ちた。すると、いばらが伸(の)びて、塞(ふさ)いでしまったので、実(み)を結(むす)ばなかった。[口語訳 / マルコによる福音書 4:7]

---

20) 李成圭 (2018c)『일본어 구어역 마가복음의 언어학적 분석 I』시간의물레. p. 224에서 인용.

(다른 씨앗은 가시나무 속에 떨어졌다. 그러자 가시나무가 자라서, 막아 버렸기에 열매를 맺지 못했다.)[마가복음 4:7]

王(おう)は非常(ひじょう)に困(こま)ったが、いったん誓(ちか)ったのと、また列座(れつざ)の人(ひと)たちの手前(てまえ)、少女(しょうじょ)の願(ねが)いを退(しりぞ)けることを好(この)まなかった。[口語訳/マルコによる福音書 6:26]
(왕은 몹시 난처했지만, 일단 맹서한 것과 그 자리에 죽 앉아 있는 사람들이 보고 있는지라 소녀의 부탁을 거절하는 것을 원치 않았다.)[마가복음 6:26][21]

そこでイエスは言(い)われた、「あなたがたが[1]人(ひと)の子(こ)を上(あ)げてしまった後(のち)はじめて、わたしがそういう者(もの)であること、また、[2]わたしは自分(じぶん)からは何(なに)もせず、ただ[3]父(ちち)が教(おし)えて下(くだ)さったままを話(はな)していたことが、[4]わかってくるであろう。[ヨハネによる福音書 8:28]
(그러자 예수께서 말씀하셨다. "너희가 인자를 들어 올려 버린 후에 비로소 내가 그런 사람인 것과, 또 나는 내 스스로는 아무것도 하지 않고 오직 아버지께서 가르쳐 주신 대로 이야기하고 있던 것을 알게 될 것이다.[8:28])

[1] 人(ひと)の子(こ)を上(あ)げてしまった後(のち)はじめて、: 인자를 들어 올려 버린 후에 비로소.「上(あ)げてしまった」는「上(あ)げる」에 심리적 종결을 나타내는「〜てしまう」의 과거「〜てしまった」가 접속된 것이다.

   [例]こんなことをここに書(か)いて良(よ)いのだろうかと悩(なや)みながら、ついに書(か)いてしまった。

---

21) 李成圭(2019a)『일본어 구어역 마가복음의 언어학적 분석Ⅱ』시간의물레. p. 37에서 인용.

(이런 것을 여기에 써도 좋을 것일지 고민하면서도 결국 쓰고 말았다.)
そして、読(よ)んだ。そこに記(しる)されているものを読(よ)んでしまった。
(그리고 읽었다. 거기에 기록되어 있는 것을 다 읽었다.)
だから真裕子(まゆこ)は「帰(かえ)りましょう」と、そのまま腰(こし)を上(あ)げてしまった。
(그래서 마유코는 "돌아갑시다." 라고 그대로 자리에서 일어났다.)
この男(おとこ)は、トイレに入(はい)っているわずかな時間(じかん)まで有効(ゆうこう)に利用(りよう)して、古代(こだい)ローマ詩人(しじん)の作品(さくひん)を少(すこ)しずつ読(よ)み、ついには読破(どくは)してしまった。
(이 남자는 화장실에 들어가 있는 얼마 안 되는 시간까지 유효하게 이용해서 고대 로마 시인의 작품을 조금씩 읽고, 마침내 끝까지 독파했다.)
設定(せってい)したカロリー以上(いじょう)に食(た)べてしまった日(ひ)は、何(なに)が悪(わる)かったのか、なぜ食(た)べてしまったのかをその日のうちに調(しら)べておくことが、明日(あした)のために大切(たいせつ)です。
(설정한 칼로리 이상으로 먹어 버린 날에는 무엇이 안 좋았는지 왜 먹고 말았는지를 그 날 중에 조사해 두는 것이 내일을 위해 중요합니다.)

그리고 「上(あ)げてしまった後(のち)はじめて」의 「はじめて」는 「～てはじめて」의 용법으로 쓰여, 한국어의 「～서 비로소」에 상당하는 뜻을 나타낸다.
[例] 法案(ほうあん)というものは、当然(とうぜん)ながら国会(こっかい)を通(とお)ってはじめて成立(せいりつ)する。
 (법안이라는 것은 당연하지만 국회를 통과해서 비로소 성립한다.)
 今(いま)、どういう状況(じょうきょう)にあるのかを知(し)ってはじめて、変(か)わることができるのです。
 (지금 어떤 상황에 있는가를 알고 나서 비로소 바뀔 수 있습니다.)
 人(ひと)は自分(じぶん)の身(み)をもって体験(たいけん)してはじめて、その悲

(かな)しみも苦(くる)しみもわかるのです.

(사람은 자기의 몸으로 체험하고 나서 비로소 그 슬픔도 괴로움도 알 수 있습니다.)

[2] わたしは自分(じぶん)からは何(なに)もせず、: 나는 내 스스로는 아무것도 하지 않고. 「何(なに)もせず」의 「せず」는 「する」의 미연형에 부정의 「～ず」가 접속된 것으로 「しないで」와 같은 의미를 나타낸다.

[例] 女(おんな)の子(こ)は動(うご)きもせず、どこも見(み)ていないような目(め)つきで私(わたし)の前(まえ)に立(た)っていた。

(여자 아이는 움직이지도 않고 아무데도 보고 있지 않은 그런 눈으로 나 앞에 서 있었다.)

あるいは何(なに)もせず、海(うみ)や山(やま)を眺(なが)めていてもいいし、公園(こうえん)のベンチで過(す)ごしてもいいのです。

(혹은 아무 것도 하지 않고 바다나 산을 바라보고 있어도 되고 공원 벤치에서 시간을 보내도 좋습니다.)

性急(せいきゅう)な編集(へんしゅう)をせず、検証(けんしょう)可能(かのう)な事実(じじつ)を確認(かくにん)の上(うえ)、投稿(とうこう)してください。

(성급한 편집을 하지 않고 검증 가능한 사실을 확인하고 나서 투고해 주십시오.)

[3] 父(ちち)が教(おし)えて下(くだ)さったままを話(はな)していた : 아버지께서 가르쳐 주신 대로 이야기하고 있다. 「教(おし)えて下(くだ)さった」는 「教(おし)える」에 수수표현 「～て下(くだ)さる」의 과거 「～て下(くだ)さった」가 접속된 것이다.

[例] 担任(たんにん)の山崎(やまざき)先生(せんせい)がずいぶん私(わたし)たちを、庇(かば)ってくださったと後(あと)で話(はなし)を聞(き)きました。

(담임인 야마자키 선생님께서 무척 우리를 감싸 주신 후에 이야기를 들었

습니다.)

亡(な)き息子(むすこ)の疑(うたが)いを晴(は)らすべく、教授(きょうじゅ)をこの地(ち)へ導(みちび)いてくださった神(かみ)に感謝(かんしゃ)いたします。
(죽은 아들의 혐의를 풀려고 교수를 이 땅에 인도해 주신 하나님께 감사드립니다.)

子供(こども)が下校(げこう)途中(とちゅう)に忘(わす)れていた黄色(きいろ)の帽子(ぼうし)を、袋(ふくろ)に入(い)れて届(とど)けてくださった方(かた)もあります。
(아이가 하교 도중에 잊어버렸던 노란 모자를 봉지에 넣어 전달해 주신 분도 있습니다.)

[4] わかってくるであろう : 알게 될 것이다. 「来(く)る」는 「~てくる」와 같이 보조동사로 쓰이면 출현 과정, 변화 과정, 과정의 개시 등의 문법적인 의미를 나타내는데 용법에 따라서는 한국어에 직접대응하지 않는 경우도 있으니 주의한다. 「わかってくる」의 「くる」는 어떤 상태나 현상이 새롭게 실현되어 확실히 인식할 수 있게 되고 화자와 관련을 맺게 되는 것을 나타내는데, 전항동사에는 무의지성 동사가 온다.

[例] 久(ひさ)しぶりに会(あ)うと、やはり親(した)しみが返(かえ)ってくる。
(오랜만에 만나면 역시 친근감이 살아난다.)

でも、それは目(め)の錯覚(さっかく)だった。だんだんそうではないことが分(わ)かってきた。
(하지만 그것은 눈의 착각이었다. 점점 그렇지 않다는 것은 알게 되었다.)

このように考(かんが)えてくると、民主主義(みんしゅしゅぎ)も人権(じんけん)思想(しそう)も、実現(じつげん)し維持(いじ)していくのが意外(いがい)にむずかしいことであるのが分(わ)かってくる。
(이와 같이 생각하자, 민주주의도 인권 사상도 실현하고 유지해 나가는 것이 의외로 어려운 일이라는 것을 알게 된다.)

ある日(ひ)、彼女(かのじょ)が家(いえ)を空(あ)けなければならない事情(じじょう)が出来(でき)てきた。
(어느 날 그녀가 집을 비워야 하는 사정이 생겼다.)
いつからか、小(ちい)さい頃(ころ)から好(す)きだった動物(どうぶつ)を、専門(せんもん)に勉強(べんきょう)しようという気持(きも)ちが芽生(めば)えてきた。
(언제부터인가 어릴 때부터 좋아했던 동물을 전공으로 공부하려고 하는 생각이 싹텄다.)

> わたしを遣(つか)わされた方(かた)は、[1]わたしと一緒(いっしょ)におられる。わたしは、いつも[2]神(かみ)のみこころに適(かな)うことをしているから、[3]わたしを一人(ひとり)置(お)き去(ざ)りになさることはない」。[ヨハネによる福音書 8:29]
> (나를 보내신 분께서는 나와 함께 계신다. 내가 항상 하나님의 마음에 드시는 일을 하고 있어서 나를 혼자 내버려 두시지는 않는다.[8:29])

[1]わたしと一緒(いっしょ)におられる : 나와 함께 계신다. 「おられる」는 「いる」의 레루형 경어로 본 절에서는 <神(かみ)>에 대해 사용되고 있다. 「おられる」는 중위(中位) 경어로 요한복음에서는 <イエス>뿐만 아니라 <神(かみ)>의 존재에 대해서도 [8:29, 14:10, 14:11, 16:32, 17:21]과 같이 「おられる」가 쓰이고 있다. 또한 구어역 신약성서에서는 「いる」의 특정형 경어인 「いらっしゃる」는 등장하지 않고 그 대신 「おいでになる」가 최고위 경어로 쓰이고 있다.

한편, 누가복음에서는 「おられる」의 정녕체인 「おられます」가 <主(しゅ)=神(かみ)>를 높이는 데에 쓰이고 있다.

[例]御使(みつかい)がマリヤのところに来(き)て言(い)った、「恵(めぐ)まれた女(おんな)よ、おめでとう、主(しゅ)があなたと共(とも)におられます」。[口語訳 / ルカによる福音書 1:28]

(천사가 마리아에게 와서 말했다. "복 많은 여자여, 축하합니다. 주께서 너와 함께 계십니다.")[누가복음 1:28]

[2]神(かみ)のみこころに適(かな)うことをしているから。: 하나님의 마음에 드시는 일을 하고 있어서. 「心(こころ)に適(かな)う」는 「생각대로 되다 / 마음에 들다」의 뜻을 나타내고, 「[神(かみ)の]みこころ」는 「こころ」에 존경의 접두사 「み」가 접속된 것이다.
　[例]これは、わたしたちの救主(すくいぬし)である神(かみ)のみまえに良(よ)いことであり、また、みこころにかなうことである。[口語訳 / テモテへの第一の手紙 2:3]
　(이것은 우리의 구주이신 하나님 앞에 좋은 일이며, 또한 마음에 드시는 일이다.)[디모데전서 2:3]

[3]わたしを一人(ひとり)置(お)き去(ざ)りになさることはない : 나를 혼자 내버려 두시지는 않는다. 「置(お)き去(ざ)り」는 「置(お)き去(さ)り」라고도 하는데 「내버려 두고 가버리는 것」을 의미한다.
　[例]支度(したく)が遅(おそ)ければ置(お)き去(ざ)りにするよ。
　　(채비가 늦으면 내버려 두고 갈 거야.)
　　勝手(かって)にいなくなったり置(お)き去(ざ)りにする方(かた)のマナーはどうなんですか?
　　(멋대로 없어지거나 내버려 두는 분의 매너는 어떻습니까?)

　그리고 「なさる」는 「する」의 특정형 경어로 레루형 경어 「される」보다 경의도가 높다.
　[例]あなたがた銘々(めいめい)も、もし心(こころ)から兄弟(きょうだい)を許(ゆる)さないならば、わたしの天(てん)の父(ちち)もまたあなたがたに対(たい)して、そのようになさるであろう」。[口語訳 / マタイによる福音書 18:35]

(너희 각자도 만일 마음으로부터 형제를 용서하여 주지 않으면, 내 하늘 아버지께서도또 너희에게 그와 같이 하실 것이다.")[마태복음 18:35]

[1]これらのことを語(かた)られたところ、多(おお)くの人々(ひとびと)がイエスを信(しん)じた。[ヨハネによる福音書 8:30]
(이런 말씀을 하시자, 많은 사람들이 예수를 믿었다.[8:30])

[1]これらのことを語(かた)られたところ、: 이런 말씀을 하시자. 「語(かた)る」의 レル형 경어 「語(かた)られる」의 과거 「語(かた)られた」에 접속조사화한 「ところ」가 접속되어, 본 절에서는 순접의 의미 즉 「~したら~た; ~{하니 / 했더니} ~했다」의 뜻으로 쓰이고 있다.

[例]レシピどおりに作(つく)ってみたところ、美味(おい)しくて作(つく)ることができました。
(조리법대로 만들어 보았더니 맛있게 만들 수 있었습니다.)

電話(でんわ)で問(と)い合(あ)わせたところ、締切(しめきり)は来週(らいしゅう)までということがわかった。
(전화로 문의했더니 마감은 다음 주까지라고 하는 것을 알았다.)

((39)) [ヨハネによる福音書 8:31 - 8:47]

イエスは自分(じぶん)を信(しん)じたユダヤ人(じん)たちに言(い)われた、「[1]もしわたしの言葉(ことば)のうちにとどまっておるなら、あなたがたは、本当(ほんとう)にわたしの弟子(でし)なのである。[ヨハネによる福音書 8:31]
(예수께서는 자신을 믿은 유대인들에게 말씀하셨다. "만일 내 말 안에 머무르고 있으면 너희는 정말 내 제자이다.[8:31])

[1]もしわたしの言葉(ことば)のうちにとどまっておるなら, : 만일 내 말 안에 머무르고 있으면. 「とどまっておるなら」는 「とどまる」에 「~ている」의 겸양어Ⅱ(정중어)인 「~ておる」가 접속된 것에 가정조건을 나타내는 「~なら」가 접속된 것이다.

「~ておる」는 본 절의 예를 포함하여 요한복음에 2회 [8:31, 10:35] 등장하고 구어역 신약성서에서는 총 4회 출현하는데, 나머지 예를 제시하면 다음과 같다.

[例]また、何(なに)か不足(ふそく)でもしておるかのように、人(ひと)の手(て)によって仕(つか)えられる必要(ひつよう)もない。神(かみ)は、すべての人々(ひとびと)に命(いのち)と息(いき)と万物(ばんぶつ)とを与(あた)え、[口語訳 / 使徒行伝 17:25] (또 무슨 부족한 것이라도 있는 것처럼 사람의 손으로 시중을 받을 필요도 없다. 하나님은 모든 사람들에게 생명과 호흡과 만물을 주시고,)[사도행전 17:25]

また、ある人(ひと)は、この日(ひ)がかの日(ひ)よりも大事(だいじ)であると考(かんが)え、ほかの人(ひと)はどの日(ひ)も同(おな)じだと考(かんが)える。各自(かくじ)はそれぞれ心(こころ)の中(なか)で、確信(かくしん)を持(も)っておるべきである。[口語訳 / ローマ人への手紙 14:5] (또 어떤 이는 이 날이 그 날보다도 중요하다고 생각하고, 다른 이는 모든 날이 같다고 생각한다. 각자는 각각 마음속에서 확신을 가지고 있어야 한다.)[로마서 14:5]

> また真理(しんり)[22]を知(し)るであろう。そして真理(しんり)は、[1]あなたがたに自由(じゆう)を得(え)させるであろう」。[ヨハネによる福音書 8:32]
> (또한 진리를 알게 될 것이다. 그리고 진리는 너희에게 자유를 얻게 할 것이다."[8:32])

---

22) [フランシスコ会訳(1984)]에 의하면 본 절의 진리는 학문상의 진리가 아니고, 예수가 가지고 온 「신의 계시」 또는 계시자인 예수 자신을 가리킨다고 한다. 이상은 フランシスコ会聖書研究所(1984)『新約聖書』サンパウロ. p. 333 주(11)에 의함.

[1]あなたがたに自由(じゆう)を得(え)させるであろう : 너희에게 자유를 얻게 할 것이다. 「得(え)させるであろう」의 「得(え)させる」는 「得(え)る」의 사역이다.

[例]彼(かれ)はわたしに勝利(しょうり)を得(え)させるつもりはないのだ、と彼女(かのじょ)は思(おも)った.

(그는 나에게 승리를 얻기 할 생각은 없다고 그녀는 생각했다.)

これは、罪(つみ)の赦(ゆる)しを得(え)させるようにと、多(おお)くの人(ひと)のために流(なが)すわたしの契約(けいやく)の血(ち)である。[口語訳 / マタイによる福音書 26:28]

(이것은 죄의 사함을 얻게 하려고, 많은 사람을 위해 흘리는 나의 언약의 피다.)[마태복음 26:28]

バプテスマのヨハネが荒野(あらの)に現(あらわ)れて、罪(つみ)の赦(ゆる)しを得(え)させる悔改(くいあらた)めのバプテスマを宣(の)べ伝(つた)えていた。[口語訳 / マルコによる福音書 1:4]

(세례 요한이 광야에 나타나서 죄의 사함을 얻게 하는 회개의 세례를 전파하고 있었다.)[마가복음 1:4][23]

そこで、彼(かれ)らはイエスに言(い)った、「わたしたちはアブラハムの子孫(しそん)であって、[1]人(ひと)の奴隷(どれい)になったことなどは、一度(いちど)もない。どうして、あなたがたに自由(じゆう)を得(え)させるであろうと、[2]言(い)われるのか」。[ヨハネによる福音書 8:33]

(그러자 그들은 예수에게 말했다. "우리는 아브라함의 자손으로 남의 노예가 된 적 같은 것은 한 번도 없다. 어째서 너희에게 자유를 얻게 할 것이라고 말씀하시는가?"[8:33])

---

23) 李成圭(2018c)『일본어 구어역 마가복음의 언어학적 분석 I』시간의물레. p. 11에서 인용.

[1]人(ひと)の奴隷(どれい)になったことなどは、一度(いちど)もない : 남의 노예가 된 적 같은 것은 한 번도 없다. 「人(ひと)の奴隷(どれい)になったことは〜ない」는 동사의 과거형에 「〜ことがない」가 접속되어 과거의 경험을 나타내고 있다.

[例]だが、年(とし)の離(はな)れた弟(おとうと)くらいの年齢(ねんれい)でしかない私(わたし)にチョンさんがタメグチを聞(き)いたことはただの一度(いちど)もない。

(그러나 나이가 차이가 나는 남동생 정도의 연령에 지나지 않은 나에게 정 씨가 반말을 들은 것은 단 한 번도 없다.)

でも相手(あいて)を殺(ころ)してやろうなんて血迷(ちまよ)ったことは一度(いちど)もなかったね。

(하지만 상대를 죽여 버리겠다는 식의 이성을 잃고 눈이 뒤집힌 짓은 한 번도 하지 않았어.)

少(すく)なくとも僕(ぼく)の記憶(きおく)にある限(かぎ)り、祖母(そぼ)がこの鎖(くさり)をはずしたことは一度(いちど)もなかった。それなのに、祖母(そぼ)は鎖(くさり)をしているのをかなり恥(は)じていた。

(적어도 내 기억에 있는 한, 할머니가 이 쇠사슬을 푼 적은 한 번도 없었다. 그런데도 할머니는 쇠사슬을 하고 있는 것을 몹시 창피하다고 생각하고 있었다.)

胸(むね)ポケットにはつねにハンカチが入(はい)っているが、一度(いちど)も使(つか)われたことはないにちがいない。

(가슴 주머니에는 항상 손수건이 들어 있지만, 한 번도 사용된 적은 없음에 틀림없다.)

[2]言(い)われるのか : 말씀하시는가? 본 절에서는 예수에 대해「言(い)う」의 레루형 경어인「言(い)われる」가 쓰이고 있는데, 타 번역본에서도 어떻게 표현하고 있는쟈 살펴보자.

[例]どうして『あなた達(たち)は自由(じゆう)になる』と言(い)われるのか。[塚本訳

1963]
(어째서 '너희는 자유롭게 된다.'고 말씀하시는가?)
あなたはどうして、『あなたがたは自由(じゆう)になる。』と言(い)われるのですか。
[新改訳1970]
(당신은 어째서 '너희는 자유롭게 된다.'고 말씀하십니까?)
『あなたたちは自由(じゆう)になる』とどうして言われるのですか。[新共同訳1987]
('너희는 자유롭게 된다.'고 어째서 말씀하십니까?)
なぜ『あなた方(がた)は自由(じゆう)になろう』といわれますか。と。[前田訳1978]
(왜 '너희는 자유롭게 될 것이다.' 라고 말씀하십니까?)
お前(まえ)はどうして『あなたがたは自由(じゆう)になるであろう』などと言(い)うのか」。[岩波翻訳委員会訳1995]
(너는 어째서 '너희는 자유롭게 될 것이다.' 와 같이 말하는가?)

　[塚本訳1963]에서는「言(い)われるのか」가, [新改訳1970][新共同訳1987]에서는「言われるのですか」가, [前田訳1978]에서는「いわれますか」와 같이「言(い)う」의 レル형 경어인「言(い)われる」가 쓰이고 있고, [岩波翻訳委員会訳1995]에서는「言(い)うのか」와 같이 비경칭이 쓰이고 있다.

イエスは彼(かれ)らに答(こた)えられた、「よくよくあなたがたに言(い)っておく。[1]すべて罪(つみ)を犯(おか)す者(もの)は罪(つみ)の奴隷(どれい)である。[ヨハネによる福音書 8:34]
(예수께서 그들에게 대답하셨다. "분명히 너희에게 말해 두겠다. 모두 죄를 짓는 사람은 죄의 노예이다."[8:34])

[1]すべて罪(つみ)を犯(おか)す者(もの)は罪(つみ)の奴隷(どれい)である : 모두 죄를

짓는 사람은 죄의 노예이다. 본 절에서는「すべて」가 문두(文頭)에서 뒤에 오는「罪(つみ)の奴隷(どれい)である」를 수식하고 있는데 타 번역본에서는 어떻게 표현하고 있는지 살펴보자.

[例]罪(つみ)を犯(おか)す者(もの)は皆(みな)罪(つみ)の奴隷(どれい)である。[塚本訳1963]

(죄를 짓는 사람은 모두 죄의 노예이다.)

罪(つみ)を犯(おか)すものは皆(みな)罪(つみ)の奴隷(どれい)である。[前田訳1978]

(죄를 짓는 사람은 모두 죄의 노예이다.)

罪(つみ)を行(おこ)なっている者(もの)はみな、罪(つみ)の奴隷(どれい)です。[新改訳1970]

(죄를 행하는 사람은 모두 죄의 노예입니다.)

罪(つみ)を犯(おか)す者(もの)はだれでも罪(つみ)の奴隷(どれい)である。[新共同訳1987]

(죄를 짓는 사람은 누구나 죄의 노예이다.)

罪(つみ)を行(おこ)なう者(もの)はその罪(つみ)の奴隷(どれい)であり、[岩波翻訳委員会訳1995]

(죄를 행하는 사람은 그 죄의 노예이며,)

[塚本訳1963][前田訳1978]에서는「皆(みな)」가「罪(つみ)の奴隷(どれい)である」를, [新改訳1970]에서는「みな」가「罪(つみ)の奴隷(どれい)です」를 수식하고 있고, [新共同訳1987]에서는「罪(つみ)の奴隷(どれい)である」를 수식하고 있다.

そして、[1]奴隷(どれい)はいつまでも家(いえ)にいる者(もの)ではない。しかし、[2]子(こ)はいつまでもいる。[ヨハネによる福音書 8:35]
(그리고 노예는 언제까지나 집에 있는 사람이 아니다. 그러나 아들은 언제까지나 있다.[8:35])

[1]奴隷(どれい)はいつまでも家(いえ)にいる者(もの)ではない : 노예는 언제까지나 집에 있는 사람이 아니다. 본 절에서는「家(いえ)にいる者(もの)ではない」와 같이 존재에 관해「いる」가 쓰이고 있다.

[2]子(こ)はいつまでもいる : 아들은 언제까지나 있다. 여기에서도「子(こ)は〜いる」와 같이 존재를 나타내는「いる」가 쓰이고 있다.

 그러면 타 번역본에서는 이 부분을 어떻게 묘사하고 있는지 검토하자.

 [例]奴隷(どれい)はいつまでも家(いえ)にいるのではありません。しかし、息子(むすこ)はいつまでもいます。[新改訳1970]

 (노예는 언제까지나 집에 있는 것이 아닙니다. 그러나 아들은 언제까지나 있습니다.)

 奴隷(どれい)は家(いえ)にいつまでもいるわけにはいかないが、子(こ)はいつまでもいる。[新共同訳1987]

 (노예는 집에 언제까지나 있을 수는 없지만, 아들은 언제까지나 있다.)

 奴隷(どれい)はいつまでも家(いえ)におるわけにゆかない。[いつでも追(お)い出(だ)される。しかし]子(こ)はいつまでも家(いえ)におる。[塚本訳1963]

 (노예는 언제까지나 집에 있을 수는 없다. [언제라도 쫓겨난다. 그러나] 아들은 언제까지나 집에 있다.)

 奴隷(どれい)はいつまでも家(いえ)にとどまらない。子(こ)はいつまでもとどまる。[前田訳1978]

 (노예는 언제까지나 집에 머무르지 않는다. 아들은 언제까지나 머무른다.)

 奴隷(どれい)はいつまでも家(いえ)に留(とど)まるものではない。子(こ)が永遠(えいえん)に留(とど)まるのである。[岩波翻訳委員会訳1995]

 (노예는 언제까지나 집에 머무르는 것은 아니다. 아들이 영원히 머무르는 것이다.)

[新改訳1970][新共同訳1987]에서는「いる；있다」가, [塚本訳1963]에서는「おる；있다」와 같이 존재를 나타내는 동사가 쓰이고 있고, [前田訳1978][岩波翻訳委員会訳1995]에서는「とどまる·留(とど)まる；머무르다」와 같이 별도의 동사가 쓰이고 있다.

だから、もし子(こ)があなたがたに[1]自由(じゆう)を得(え)させるならば、あなたがたは、本当(ほんとう)に[2]自由(じゆう)な者(もの)となるのである。[ヨハネによる福音書 8:36]
(그러므로 만일 아들이 너희에게 자유를 얻게 하면 너희는 참으로 자유로운 사람이 되는 것이다.[8:36])

[1]自由(じゆう)を得(え)させるならば、: 자유를 얻게 하면.「自由(じゆう)」는 명사성과 형용동사성을 겸비하고 있는 한어(漢語)인데,「自由(じゆう)を得(え)る」의 경우는 명사적 용법으로 쓰인 것이다.
[例]自由(じゆう)の身(み)[자유의 몸]·自由(じゆう)の時(とき)[자유 시간] 自由(じゆう)の女神(めがみ)[자유의 여신]·自由(じゆう)の感覚(かんかく)[자유의 감각]·自由(じゆう)の原則(げんそく)[자유의 원칙]·自由(じゆう)の保障(ほしょう)[자유의 보장]·自由(じゆう)の自覚(じかく)[자유의 자각]·自由(じゆう)の増大(ぞうだい)[자유의 증대]·自由(じゆう)の問題(もんだい)[자유의 문제]·自由(じゆう)の確立(かくりつ)[자유의 확립]·自由(じゆう)の精神(せいしん)[자유의 정신]·自由(じゆう)の考(かんが)え方(かた)[자유의 사고 방식]
自由(じゆう)を謳歌(おうか)する。
(자유를 구가하다.)
自由(じゆう)を失(うしな)う。
(자유를 잃다.)
自由(じゆう)を守(まも)る

(자유를 지키다.)

<u>自由(じゆう)</u>を<u>求(もと)</u>める。

(자유를 구하다.)

<u>自由(じゆう)</u>を<u>回復(かいふく)</u>する。

(자유를 회복하다.)

<u>自由(じゆう)</u>を<u>履(は)き違(ちが)</u>える。

(자유를 잘못 생각하다.)

[2] <u>自由(じゆう)な者(もの)</u>となる : 자유로운 사람이 되다. 「自由(じゆう)な者(もの)」의 「自由(じゆう)な」는 형용동사적 용법의 연체형으로 쓰인 예이다.

[예] <u>自由(じゆう)</u>な気分(きぶん)[자유로운 기분]·<u>自由</u>な回答(かいとう)[자유로운 회답]·<u>自由</u>な教育(きょういく)[자유로운 교육]·<u>自由</u>な発想(はっそう)[자유로운 발상]·<u>自由</u>な身分(みぶん)[자유로운 신분]·<u>自由</u>な構成(こうせい)[자유로운 구성]·<u>自由</u>な付加(ふか)[자유로운 부가]·<u>自由</u>な発展(はってん)[자유로운 발전]·<u>自由</u>な貿易(ぼうえき)[자유로운 무역]·<u>自由</u>な行動(こうどう)[자유로운 행동]·<u>自由</u>な時間(じかん)[자유로운 시간]·<u>自由</u>なリズム[자유로운 리듬]·<u>自由</u>な競争(きょうそう)[자유로운 경쟁]·<u>自由</u>な国際(こくさい)貿易(ぼうえき)[자유로운 국제무역]·<u>自由(じゆう)</u>な社会(しゃかい)[자유로운 사회]

<u>自由(じゆう)</u>になる。

(자유롭게 되다.)

車(くるま)を<u>自由(じゆう)</u>に操(あやつ)る。

(차를 자유롭게 다루다.)

彼(かれ)はイエスの死(し)のうちに、人(ひと)からは何(なに)ももとめずに、人(ひと)を罪(つみ)の力(ちから)から<u>自由(じゆう)</u>にする神(かみ)のめぐみをみた。

(그는 예수의 죽음 속에서 사람에게서는 아무것도 구하지 않고 사람을 죄의 힘으로부터 자유롭게 하는 하나님의 은혜를 보았다.)

> わたしは、あなたがたがアブラハムの子孫(しそん)であることを知(し)っている。[1]それだのに、[2]あなたがたはわたしを殺(ころ)そうとしている。わたしの言葉(ことば)が、あなたがたのうちに[3]根(ね)を下(お)ろしていないからである。[ヨハネによる福音書 8:37]
> (나는 너희가 아브라함의 자손인 것을 알고 있다. 그런데도, 너희는 나를 죽이려고 하고 있다. 내 말이 너희 속에 뿌리를 내리고 있지 않기 때문이다.[8:37])

[1]それだのに、: 그런데도. 그럼에도 불구하고.「それなのに」의 고풍스러운 말씨.

  [例]それだのに、あなたがたは、もし人(ひと)が父(ちち)または母(はは)に向(む)かって、あなたに差(さ)し上(あ)げるはずのこのものはコルバン、すなわち、供(そな)え物(もの)ですと言(い)えば、それでよいとして、[口語訳 / マルコによる福音書 7:11]
(그럼에도 불구하고 너희는 만일 남이 아버지와 어머니를 향해 당신께 드려야 할 이것은 고르반 즉 제물입니다 라고 말하면 그것으로 족하다고 하고,)[마가복음 7:11][24]

  そして、彼(かれ)らに教(おし)えて言(い)われた、「『わたしの家(いえ)は、すべての国民(こくみん)の祈(いのり)の家(いえ)と称(とな)えるべきである』と書(か)いてあるではないか。それだのに、あなたがたはそれを[4]強盗(ごうとう)の巣(す)にしてしまった」。[口語訳 / マルコによる福音書 11:17]
(그리고 그들에게 가르치며 말씀하셨다. "'내 집은 모든 국민의 기도의 집이라고 불러야 한다.' 라고 쓰여 있지 않느냐? 그럼에도 불구하고 너희는 그것을 강도들의 소굴을 만들어 버렸다.")[마가복음 11:17][25]

---

24) 李成圭 (2019a)『일본어 구어역 마가복음의 언어학적 분석Ⅱ』시간의물레. p. 84에서 인용.
25) [口語訳 / マルコによる福音書 11:17]에서 인용.

[2]あなたがたはわたしを殺(ころ)そうとしている : 너희는 나를 죽이려고 하고 있다. 「殺(ころ)そうとしている」는「殺(ころ)す」에 화자의 의지를 나타내는「〜うとする」의「〜ている」형이 접속된 것이다.

[例]すべての者(もの)が、彼(かれ)を捕(つか)まえるか殺(ころ)そうとしている。

(모든 사람이 그를 잡을지 혹은 죽이려고 하고 있다.)

魔王(まおう)に操(あやつ)られて、彼(かれ)は九人(くにん)、いや、ことによると十八人(じゅうはちにん)の人間(にんげん)を殺(ころ)そうとしている。

(마왕에게 조종당해 그는 9명, 아니, 어쩌면 18명의 인간을 죽이려고 하고 있다.)

利権(りけん)のため外国(がいこく)の要人(ようじん)を暗殺(あんさつ)するなどは、警察(けいさつ)をなめた行為(こうい)だ。その上(うえ)、少女(しょうじょ)を、利益(りえき)を守(まも)るためだけに、殺(ころ)そうとしている。

(이권을 위해 외국 요인을 암살하는 것 등은 경찰을 깔보는 행위이다. 게다가 소녀를 이익을 지키기 위해서만 죽이려고 하고 있다.)

[3]根(ね)を下(お)ろしていないからである : 뿌리를 내리고 있지 않기 때문이다.「根(ね)を下(お)ろす」는「뿌리를 내리다 / 정착하다 / 자리를 잡다」의 뜻을 나타내는 연어 형식이다.

[例]やがて同(おな)じ地域(ちいき)社会(しゃかい)にもう一(ひと)つ劇団(げきだん)が根(ね)を下(お)ろした。

(드디어 같은 지역 사회에 극단이 또 하나 자리를 잡았다.)

この子供(こども)たちのなかには、こうした時間的(じかんてき)展望(てんぼう)の喪失感(そうしつかん)が深(ふか)く根(ね)を下(お)ろしている。

(이 어린이들 중에는 이러한 시간적 전망의 상실감이 뿌리 깊게 자리 잡고 있다.)

何世紀(なんせいき)もの間(あいだ)、旅人(たびびと)や学者(がくしゃ)たちは、エ

チオピアには旧約聖書(きゅうやくせいしょ)の古代(こだい)の規範(きはん)に従(したが)って生活(せいかつ)する人々(ひとびと)がいることや、エチオピアで見(み)られるある種(しゅ)のユダヤ教(きょう)の信条(しんじょう)や習慣(しゅうかん)が、単(たん)に聖書(せいしょ)の模倣(もほう)から生(う)まれれたというには、あまりにも広範囲(こうはんい)に深(ふか)く根(ね)を下(お)ろしているということに、強(つよ)い印象(いんしょう)を受(う)けてきた。

(몇 세기나 되는 사이, 여행자나 학자들은 에티오피아에는 구역성서의 고대 규범에 따라 생활하는 사람들이 있는 것과 에티오피아에서 볼 수 있는 어떤 종류의 유대교의 신조나 습관이 단지 성서의 모방에서 태어났다고 하기에는 너무나도 광범위하게 깊숙이 뿌리를 내리고 있다는 것에 강한 인상을 받았다.)

わたしは[1]わたしの父(ちち)のもとで見(み)たことを語(かた)っているが、あなたがたは[2]自分(じぶん)の父(ちち)から聞(き)いたことを行(おこな)っている」。[ヨハネによる福音書 8:38]

(나는 내 아버지 곁에서 본 것을 이야기하고 있는데, 너희는 자기 아버지로부터 들은 것을 행하고 있다.[8:38])

[1]わたしの父(ちち)のもとで見(み)たことを語(かた)っているが : 내 아버지 곁에서 본 것을 이야기하고 있는데.「語(かた)っている」는「語(かた)る」에「〜ている」가 접속되어 동작의 진행을 나타낸다.

[例]「勇気(ゆうき)を出(だ)しなさい」、「良(よ)いものを大事(だいじ)にしなさい」、「恐(おそ)れるな」、「主(しゅ)において常(つね)に喜(よろこ)びなさい」と、聖書(せいしょ)は語(かた)っている。

(「용기를 내라」,「좋은 것을 소중히 해라」,「두려워하지 마라」,「주 안에 항상 기뻐하라」고 성서는 이야기하고 있다.)

「以前(いぜん)より看護(かんご)がちょっとだけ好(す)きになった自分(じぶん)を感(かん)じている」と斎藤(さいとう)さんは語(かた)っている。
(「전보다 간호가 약간 좋아진 자신을 느끼고 있다」고 사이토 씨는 이야기하고 있다.)

「敢然(かんぜん)とそれを成(な)し遂(と)げた祖父(そふ)を見(み)て、こういう政治家(せいじか)になりたいと思(おも)った」と、安部(あべ)は語(かた)っている。
(「감연히 그것을 이루어낸 할아버지를 보고 이런 정치가가 되고 싶다고 생각했다」고, 아베는 이야기하고 있다.)

[2] 自分(じぶん)の父(ちち)から聞(き)いたことを行(おこな)っている : 자기 아버지로부터 들은 것을 행하고 있다. 「行(おこな)っている」는 「行(おこな)う」에 「~ている」가 접속되어 동작의 진행을 나타낸다.

[例] またカビや微生物(びせいぶつ)の働(はたら)きを利用(りよう)して、薬(くすり)をつくることも行(おこ)なっている。
(또 곰팡이나 미생물의 작용을 이용해서 약을 만드는 일도 행하고 있다.)

考古学(こうこがく)においては、微量(びりょう)な放射線(ほうしゃせん)を出(だ)す元素(げんそ)の分析(ぶんせき)を利用(りよう)して年代(ねんだい)測定(そくてい)を行(おこ)なっている。
(고고학에서는 미량의 방사선을 방출하는 원소의 분석을 이용해서 연대 측정을 행하고 있다.)

高校生(こうこうせい)を主体(しゅたい)としたNPO(エヌピーオー)で、福祉施設(ふくししせつ)や独居(どっきょ)老人(ろうじん)の訪問(ほうもん)、災害(さいがい)への募金(ぼきん)活動(かつどう)などを行(おこ)なっている。
(고교생을 주체로 한 엔피오(비영리 조직)에서 복지시설이나 독거노인의 방문, 재해에 대한 모금 활동 등을 행하고 있다.)

> 彼(かれ)らはイエスに答(こた)えて言(い)った、「[1]わたしたちの父(ちち)はアブラハムである」。イエスは彼(かれ)らに言(い)われた、「[2]もしアブラハムの子(こ)であるなら、[3]アブラハムのわざをするがよい。[ヨハネによる福音書 8:39]
> (그들은 예수에게 대답하여 말했다. "우리 아버지는 아브라함이다." 예수는 그들에게 말씀하셨다. "만일 아브라함의 아이라면, 아브라함(과 같은) 일을 해라."[8:39])

[1]わたしたちの父(ちち)はアブラハムである : 우리 아버지는 아브라함이다. 「父(ちち)」를 「조상 / 선조」라고도 할 수 있지만, 여기에서는 문면대로 「아버지」로 번역해 둔다.

[2]もしアブラハムの子(こ)であるなら : 만일 아브라함의 아이라면. 「子(こ)」를 「자손 / 후손」이라고도 해석할 수 있지만, 여기에서는 「어린이 / 아이」라고 번역해 둔다. 타 번역본에서는 이 부분을 어떻게 표현하고 있는지 살펴보자.

[例] アブラハムの子(こ)なら、[新共同訳1987]
(아브라함의 아이라면,)

アブラハムの子(こ)ならば、[前田訳1978]
(아브라함의 아이라면,)

もしアブラハムの子供(こども)なら、[塚本訳1963]
(만일 아브라함의 아이라면,)

あなたがたがアブラハムの子(こ)どもなら、[新改訳1970]
(너희가 아브라함의 아이라면,)

アブラハムの子供(こども)たちであるのなら、[岩波翻訳委員会訳1995]
(아브라함의 아이라면,)

[新共同訳1987][前田訳1978]에서는 「アブラハムの子(こ)」가, [塚本訳1963][新

改訳1970]에서는「アブラハムの子供(こども)」가, [岩波翻訳委員会訳1995]에서는「アブラハムの子供(こども)たち」가 쓰이고 있다.

[3]アブラハムのわざをするがよい : 아브라함(과 같은) 일을 해라.「するがよい」는「하는 것이 좋다」에서「해라」와 같은 명령의 뜻으로 쓰이고 있다. 타 번역본에서는 어떻게 묘사하고 있는지 인용하면 다음과 같다.

[例]アブラハムのわざを行(おこ)ないなさい。[新改訳1970]
 (아브라함(과 같은) 일을 행하라.)
アブラハムのわざをなせ。[前田訳1978]
 (아브라함(과 같은) 일을 하라.)
アブラハムの[子供(こども)らしく、アブラハムと同(おな)じ]行(おこな)いをするはずだ。[塚本訳1963]
 (틀림없이 아브라함(의 아이답게 아브라함과 같은) 행위를 할 것이다.)
アブラハムと同(おな)じ業(わざ)をするはずだ。[新共同訳1987]
 (틀림없이 아브라함(과 같은) 같은 일을 할 것이다.)
あなたがたはアブラハムの業(わざ)を行(おこ)なっていた〔はずである〕。[岩波翻訳委員会訳1995]
 (틀림없이 너희는 아브라함(과 같은) 일을 행하고 있었을 것이다.)

[新改訳1970]에서는「行(おこな)いなさい」와 같이 명령의「〜なさい」가, [前田訳1978]에서는「なせ」와 같이 동사의 명령형이 사용되고 있다. 한편, [塚本訳1963]에서는「行(おこな)いをするはずだ」, [新共同訳1987]에서는「するはずだ」, [岩波翻訳委員会訳1995]에서는「行(おこ)なっていた〔はずである〕」와 같이 당연성을 나타내는「〜はずだ」가 쓰이고 있다.

> ところが今(いま)、神(かみ)から聞(き)いた[1]真理(しんり)をあなたがたに語(かた)ってきた[2]このわたしを、殺(ころ)そうとしている。[3]そんなことをアブラハムはしなかった。[ヨハネによる福音書 8:40]
> (그런데 지금 하나님에게서 들은 진리를 너희에게 이야기해 온, 바로 나를 죽이려고 하고 있다. 그런 것을 아브라함은 하지 않았다.[8:40])

[1]真理(しんり)をあなたがたに語(かた)ってきた : 진리를 너희에게 이야기해 왔다. 「語(かた)ってきた」는 「語(かた)る」에 보조동사 「～てくる」의 과거가 접속된 것으로 이때의 「～くる」는 시간적으로 어떤 동작이나 현상이 지금까지 지속되어 현재의 화자와 관련을 맺고 있는 것을 나타낸다.

[例]今(いま)まで芸術品(げいじゅつひん)の差(さ)について語(かたっ)てきたが、美(び)は芸術品(げいじゅつひん)にのみ属(ぞく)するわけではない。
(지금까지 예술품의 차에 관해 이야기해왔지만, 미는 예술품에만 속하는 것이 아니다.)

悪(わる)いことも、いいことも、なんでも話(はな)してきた。そんな関係(かんけい)が、私(わたし)は好(す)きだった。
(나쁜 일도 좋은 일도 무엇이든지 이야기해왔다. 그런 관계가 나는 좋았다.)

北米(ほくべい)インディアンも、ほかの先住(せんじゅう)民族(みんぞく)同様(どうよう)、多(おお)くの病(やまい)の治療(ちりょう)にハーブを使(つか)ってきた。
(북미 인디언도 다른 선주민족과 마찬가지로 많은 병의 치료에 허브를 사용해왔다.)

私(わたし)は、脳(のう)に関(かん)する研究(けんきゅう)を長年(ながねん)にわたって行(おこな)ってきたが、いつもその仕組(しく)みの精巧(せいこう)さに感心(かんしん)する。
(나는 뇌에 관한 연구를 오랫동안에 걸쳐 행해왔지만, 항상 그 구조의 정교함에 감탄한다.)

[2]このわたしを : 바로 나를.「この」는 문맥지시의 용법으로 쓰인 것으로「(다름 아닌) 바로」의 뜻을 나타낸다.

[例]そうさ、この私(わたし)がやったのさ!

(맞아, 바로 내가 했어!)

よかったら、この私(わたし)がそれを取(と)ってきてあげましょうか?

(괜찮으면 내가 그것을 받아가지고 올까요?)

そのクラブの特別(とくべつ)会員(かいいん)はスミスさんとグリーンさんとこの私(わたし)です。

(그 클럽의 특별 회원은 스미스 씨와 그린 씨와 바로 저입니다.)

この私(わたし)の友人(ゆうじん)はピアニストであるばかりでなく、作曲家(さっきょくか)でもあります。

(다름 아닌 바로 내 친구는 피아니스트일 뿐만 아니라, 작곡가이기도 합니다.)

驚(おどろ)いたでしょうね、この私(わたし)が日延(ひの)べしてやろうと思(おも)うなんて。

(놀랐지요? 다름 아닌 내가 일정을 연기해 주려고 생각하다니.)

なに、この私(わたし)もがきの頃(ころ)には毎朝(まいあさ)、夏(なつ)も冬(ふゆ)も冷水浴(れいすいよく)をしたものだ。

(뭐, 바로 나도 말이야 개구쟁이였을 때에는 매일 아침 여름에도 겨울에도 냉수욕을 하곤 했다.)

[3]そんなことをアブラハムはしなかった : 그런 것을 아브라함은 하지 않았다. 이 부분은「アブラハムはそんなことをしなかった ; 아브라함은 그런 것을 하지 않았다」에서 목적어 성분을 문두에 도치한 것이다. 타 번역본에서는 어떻게 표현하고 있는지 살펴보자.

[例]アブラハムはそんなことはしなかった。[塚本訳1963]

(아브라함은 그런 것을 하지 않았다.)

アブラハムはそのようなことはしなかったのです。[新改訳1970]

(아브라함은 그와 같은 것을 하지 않았다.)

アブラハムはそんなことはしなかった。[前田訳1978]

(아브라함은 그런 것을 하지 않았다.)

アブラハムはそんなことはしなかった。[新共同訳1987]

(아브라함은 그런 것을 하지 않았다.)

このことをアブラハムは行(おこ)なわなかった。[岩波翻訳委員会訳1995]

(이 일을 아브라함은 행하지 않았다.)

[塚本訳1963][新改訳1970][前田訳1978][新共同訳1987]에서는「アブラハムは{そんなこと・そのようなこと}はしなかった」와 같이 [주어＋목적어＋술어] 구조를 취하고 있고, [岩波翻訳委員会訳1995]에서는「このことをアブラハムは行(おこな)わなかった」와 같이 [목적어＋주어＋술어] 구조를 하고 있다.

あなたがたは、あなたがたの父(ちち)のわざを行(おこな)っているのである」。彼(かれ)らは言(い)った、「わたしたちは、[1]不品行(ふひんこう)の結果(けっか)生(う)まれた者(もの)ではない。[2]わたしたちには一人(ひとり)の父(ちち)がある。それは神(かみ)である」。[ヨハネによる福音書 8:41]
(너희는 너희 아버지가 한 짓을 행하고 있는 것이다." 그들은 말했다. "우리는 품행이 나쁜 데에서 태어난 사람이 아니다. 우리에게는 아버지 한 사람이 있다. 그것은 하나님이다."[8:41])

[1] 不品行(ふひんこう)の結果(けっか)生(う)まれた者(もの)ではない : 우리는 품행이 나쁜 데에서 태어난 사람이 아니다.「不品行(ふひんこう) ; 품행이 나쁜 것」은 명사성과 형용동사성을 겸비하고 있는데, 본 절에서는「不品行(ふひんこう)の

結果(けっか) ; 품행이 나쁜 결과」와 같이 명사적 용법으로 쓰인 것이다.
[例]しかし、わたしはあなたがたに言(い)う。だれでも、不品行(ふひんこう)以外(いがい)の理由(りゆう)で自分(じぶん)の妻(つま)を出(だ)す者(もの)は、姦淫(かんいん)を行(おこな)わせるのである。また出(だ)された女(おんな)を娶(めと)る者(もの)も、姦淫(かんいん)を行(おこな)うのである。[口語訳 / マタイによる福音書 5:32]
(그러나 나는 너희에게 말한다. 누구든지 품행이 나쁜 것 이외의 이유로 처를 내보내는 사람은, 간음을 행하게 하는 것이다. 또 내보낸 여자를 처로 맞이하는 사람도 간음을 행하는 것이다.)[마태복음 5:32]

そこでわたしはあなたがたに言(い)う。不品行(ふひんこう)のゆえでなくて、自分(じぶん)の妻(つま)を出(だ)して他(た)の女(おんな)を娶(めと)る者(もの)は、姦淫(かんいん)を行(おこな)うのである」。[口語訳 / マタイによる福音書 19:9]
(그래서 내가 너희에게 말한다. 품행이 나쁜 이유도 아니고 자기 처를 내보내고 다른 여자에게 처로 맞이하는 사람은 간음을 행하는 것이다.")[마태복음 19:9]

どんなに頑張(がんば)っても、数人(すうにん)の林務官(りんむかん)もしくは営林(えいりん)職員(しょくいん)が陳述(ちんじゅつ)した程度(ていど)以上(いじょう)の不品行(ふひんこう)の罪(つみ)を帰(き)することはできなかった。
(아무리 노력해도 몇 명의 임무관 혹은 영림 직원이 진술한 정도 이상의, 품행이 나쁜 죄를 돌릴 수는 없었다.)

그리고 타 번역본에서는 이 부분을 어떻게 설명하고 있는지 살펴보자.
[例]われわれ[ユダヤ人(じん)]は、(異教人(いきょうじん)のように)不品行(ふひんこう)[偶像(ぐうぞう)礼拝(れいはい)]によって生(う)まれたのではない。[塚本訳 1963]

(우리 [유대인]는 (이교도처럼) 품행이 나쁜 것[우상 숭배]에서 태어난 것은 아니다.)

私(わたし)たちは不品行(ふひんこう)によって生(う)まれた者(もの)ではありません。[新改訳1970]

(우리는 품행이 나쁜 것에서 태어난 사람이 아닙니다.)

われらは不身持(ふみも)ちから生(う)まれたのではありません。[前田訳1978]

(우리는 품행이 나쁜 것에서 태어난 것은 아닙니다.)

わたしたちは姦淫(かんいん)によって生(う)まれたのではありません。[新共同訳1987]

(우리는 간음으로 태어난 것은 아닙니다.)

われわれは淫行(いんこう)から生(う)まれたのではない。[岩波翻訳委員会訳1995]

(우리는 음행으로 태어난 것은 아니다.)

[塚本訳1963]에서는「不品行(ふひんこう)[偶像(ぐうぞう)礼拝(れいはい)]」가, [塚本訳1963]에서는「不品行(ふひんこう)」가, [前田訳1978]에서는「不身持(ふみも)ち」가, [新共同訳1987]에서는「姦淫(かんいん)」이, [岩波翻訳委員会訳1995]에서는「淫行(いんこう)」이 쓰이고 있다.

[2]わたしたちには一人(ひとり)の父(ちち)がある : 우리에게는 한 사람의 아버지가 있다. 우리에게는 아버지 한 사람이 있다. 본 절에서는「一人(ひとり)の父(ちち)」와 같이 수량사가 뒤의 명사를 수식하는 형태로 쓰이고 있다.

[例]三人(さんにん)が見(み)ているのは、一人(ひとり)の男(おとこ)の人(ひと)である。

(3명이 보고 있는 것은 한 사람의 남자이다.)

一人(ひとり)の少女(しょうじょ)が、緋(ひ)のマントをメロスに捧(ささ)げた。

(한 소녀가 주홍색 망토를 메로스에게 바쳤다.)

「風(かぜ)の又三郎(またさぶろう)」は、山(やま)の小(ちい)さな分校(ぶんこう)に、ある日(ひ)、突然(とつぜん)、一人(ひとり)の転入生(てんにゅうせい)がやって来(く)る話(はなし)。
(「바람의 마타사부로」는 산에 있는 작은 분교에 어느 날 갑자기 한 명의 전학생이 찾아오는 이야기.)

三人(さんにん)の子供(こども)だけでもよい。やつらの本質(ほんしつ)を、よくよく調(しら)べてみろ。
(어린이 3명뿐이라도 좋다. 그 놈들의 본질을 잘 조사해 보자.)

イエスは彼(かれ)らに言(い)われた、「[1]神(かみ)があなたがたの父(ちち)であるならば、[2]あなたがたはわたしを愛(あい)するはずである。わたしは神(かみ)から出(で)た者(もの)、また神(かみ)から来(き)ている者(もの)であるからだ。わたしは自分(じぶん)から来(き)たのではなく、[3]神(かみ)から遣(つか)わされたのである。[ヨハネによる福音書 8:42]
(예수께서 그들에게 말씀하셨다. "하나님이 너희 아버지라면, 너희는 틀림없이 나를 사랑할 것이다. 나는 하나님에게서 나온 사람, 그리고 하나님으로부터 와 있는 사람이기 때문이다. 나는 내 스스로 온 것이 아니라, 하나님으로부터 보내진 것이다."[8:42])

[1]神(かみ)があなたがたの父(ちち)であるならば、: 하나님이 너희 아버지라면. 「あなたがたの父(ちち)であるならば」는 명사술어문 「あなたがたの父(ちち)である」에 가정조건을 나타내는 「~ならば」가 접속된 것이다.

[例]そして、そもそも「不可能(ふかのう)な旅(たび)」であるならば、それを成功(せいこう)とか失敗(しっぱい)とか形容(けいよう)するには及(およ)ばない。
(그리고 본시 「불가능한 여행」이라면, 그것을 성공이라든가 실패라든가 형용할 필요는 없다.)

人生(じんせい)全体(ぜんたい)が一(ひと)つの出発(しゅっぱつ)であるならば、いまここでの到着(とうちゃく)はいずれも、かりそめの到着(とうちゃく)であり、そこではまた新(あら)たな出発(しゅっぱつ)が用意(ようい)されている。
（인생 전체가 하나의 출발이라면, 지금 여기에서의 도착은 어느 것도 임시의 도착이며 거기에서는 새로운 출발이 준비되어 있다.）
　また、マホメットの反対者(はんたいしゃ)たちが、もし彼(かれ)が真(しん)の予言者(よげんしゃ)であるならば、キリストの行(おこ)なったように癩病人(らいびょうにん)を治(なお)し、死者(ししゃ)を蘇(よみがえ)らせるようにと彼(かれ)に要求(ようきゅう)したとき、マホメットは自分(じぶん)の奇跡(きせき)は『コーラン』そのものであるといって、奇跡(きせき)を行(おこ)なうことをかたく拒絶(きょぜつ)したという。
（그리고 마호메트의 반대자들이 만일 그가 참된 예언자라면, 그리스도가 행한 것과 같이 한센병자를 고치고 죽은 자를 살리도록 그에게 요구했을 때, 마호메트는 자신의 기적은『코란』그 자체라고 하며 기적을 행하는 것을 단호하게 거절했다고 한다.）

[2]あなたがたはわたしを愛(あい)するはずである : 너희는 틀림없이 나를 사랑할 것이다. 「愛(あい)するはずである」는 「愛(あい)する」에 추론을 나타내는 「〜はずだ」의 문장체적 표현인 「〜はずである」가 접속된 것이다.
　「〜はずだ」는 형식명사 「はず」에 단정의 조동사 「〜だ」가 결합한 것으로 그 전체가 하나의 조동사 상당의 기능을 한다.「〜はずだ」는 용언의 연체형에 접속되어 화자의 추론(推論)을 나타내는데 한국어로는 「(틀림없이) 〜일 것입니다」에 대응하는 경우가 많다.
　추론의 내용은 화자의 주관적인 추측에만 의한 것이 아니라 어느 정도 확고한 근거에 바탕을 둔 추론임을 나타낸다. 그리고 추론의 근거가 본 절의 「神(かみ)があなたがたの父(ちち)であるならば」와 같이 문중에 확실히 나타나는 경우와 명시되지 않는 경우가 있다.

[例] 今日(きょう)は、たしか、休講(きゅうこう)のはずだ。

(오늘은 아마 틀림없이 휴강일 것이다.)

大阪(おおさか)のほうが東京(とうきょう)より物価(ぶっか)が安(やす)いはずだ。

(오사카가 도쿄보다 물가가 쌀 것이다.)

彼(かれ)は優秀(ゆうしゅう)な人(ひと)ですから、いい論文(ろんぶん)を書(か)くはずです。

(그는 우수한 사람이니 틀림없이 좋은 논문을 쓸 것입니다.)[26]

それらの物(もの)には、それぞれ特性(とくせい)があるから、貸(か)し方(かた)もおのずから違(ちが)うはずである。

(그것들에는 각각 특성이 있기 때문에 빌리는 방식도 자연히 다를 것이다.)

もし彼(かれ)が携帯電話(けいたいでんわ)の番号(ばんごう)をそのままアドレスにしていたら、これは届(とど)くはずである。

(만일 그가 휴대전화 번호를 그대로 어드레스로 하고 있으면 이것은 전달될 것이다.)

私(わたし)たちの船団(せんだん)がドブー島(とう)に着(つ)くと、私(わたし)のパートナーが姿(すがた)をあらわすはずである。

(우리 선단이 도부섬에 도착하면 내 파트너가 틀림없이 모습을 나타낼 것이다.)

我々(われわれ)日本人(にほんじん)が自分(じぶん)たちの言語(げんご)が、他(た)の言語(げんご)と比(くら)べてどのような特色(とくしょく)を持(も)っているか、それはどのような国民性(こくみんせい)を形成(けいせい)しているかを自覚(じかく)することは、これからの国際(こくさい)交流(こうりゅう)の中(なか)で大切(たいせつ)な意味(いみ)を持(も)つはずである。

(우리 일본인이 자기들의 언어가 다른 언어와 비교해서 어떤 특색을 가지고 있는지 그것은 어떤 국민성을 형성하고 있는지를 자각하는 것은 앞으

---

26) 李成圭(2019a) 『일본어 구어역 마가복음의 언어학적 분석II』 시간의물레. pp. 185-187에서 인용.

로의 국제 교류 속에서 틀림없이 중요한 의미를 가질 것이다.)

[3]神(かみ)から遣(つか)わされたのである : 하나님으로부터 보내진 것이다. 「神(かみ)から遣(つか)わされた」의 「遣(つか)わされる」는 「遣(つか)わす」의 수동으로 쓰인 것이다.

[例]御使(みつかい)が答(こた)えて言(い)った、「わたしは神(かみ)のみまえに立(た)つガブリエルであって、この喜(よろこ)ばしい知(し)らせをあなたに語(かた)り伝(つた)えるために、遣(つか)わされたものである。[口語訳 / ルカによる福音書 1:19]
(천사가 대답하여 말했다. "나는 하나님 앞에 서 있는 가브리엘인데 이 기쁜 소식을 너에게 전하기 위해 보내진 것이다.)[누가복음 1:19]

エリヤはそのうちのだれにも遣(つか)わされないで、ただシドンのサレプタにいる一人(ひとり)の寡婦(やもめ)やもめにだけ遣(つか)わされた。[口語訳 / ルカによる福音書 4:26]
([하나님께서] 엘리야를 그 중의 어느 누구에게도 보내지 않고, 오직 시돈의 사렙다에 있는 한 과부에게만 보내셨다.)[누가복음 4:26]

> どうしてあなたがたは、[1]わたしの話(はな)すことがわからないのか。あなたがたが、[2]わたしの言葉(ことば)を悟(さと)ることができないからである。[ヨハネによる福音書 8:43]
> (어째서 너희는 내가 이야기하는 것을 이해하지 못하느냐? 너희가 내 말을 깨닫지 못하기 때문이다.[8:43])

[1]わたしの話(はな)すことがわからないのか : 내가 이야기하는 것을 이해하지 못하느냐? 「~ことがわからない」는 「~것을 알지 못하다 / ~것을 이해하지 못하다」의 뜻을 나타낸다. 「わかる」는 상태성 용언으로 가능의 뜻을 내포하고 있다.

[例]あたしたちに、あんたのいうことがわからないって？ じゃあ、いったい誰(だれ)がわかるのさ？

(우리가 네가 하는 말을 알지 못한다고? 그럼 도대체 누가 알까?)

明恵(あきえ)は、犀川(さいがわ)の話(はな)していることがわからない。否(いな)、わかる。わからないのではなく、わかりたくないのだ。

(아키에 사이가와가 이야기하고 있는 것을 모른다. 아니 안다, 모르는 것이 아니라, 알고 싶지 않은 것이다.)

フィンランド人(じん)はイタリア人(じん)が話(はな)していることがわからない。アイルランド人(じん)はポーランド人(じん)が話(はな)していることがわからない。

(핀란드 사람은 이탈리아 사람이 이야기하는 것을 알지 못한다. 아일랜드 사람은 폴란드 사람이 이야기하는 것을 알지 못한다.)

[2]わたしの言葉(ことば)を悟(さと)ることができないからである : 내 말을 깨닫지 못하기 때문이다. 「悟(さと)ることができないからである」의 「〜ことができないからである」는 가능의 「〜ことができる」의 부정에 원인·이유를 나타내는 「からである」가 접속된 것이다.

[例]なぜなら、ドングリや木(こ)の実(み)は煮(に)なければ食(た)べることができないからである。

(왜냐하면 도토리나 나무 열매는 삶지 않으면 먹을 수 없기 때문이다.)

それ以外(いがい)の方法(ほうほう)では物事(ものごと)を認識(にんしき)することができないからである。

(그 이외의 방법으로는 사물을 인식할 수 없기 때문이다.)

そうしないと、裁判所(さいばんしょ)も当事者(とうじしゃ)も、鑑定書(かんていしょ)の内容(ないよう)を検討(けんとう)することができないからである。

(그렇게 하지 않으면 재판소도 당사자도 감정서의 내용을 검토할 수 없기 때문이다.)

慣例(かんれい)や先例(せんれい)によりかかって判断(はんだん)をしているだけでは、新(あたら)しい仕事(しごと)を進(すす)めることができないからである。
(관례나 선례에 의존해서 판단을 하고 있기만 해서는 새 일을 진행할 수 없기 때문이다.)

> あなたがたは自分(じぶん)の父(ちち)、すなわち、悪魔(あくま)から出(で)て来(き)た者(もの)であって、[1]その父(ちち)の欲望(よくぼう)どおりを行(おこな)おうと思(おも)っている。彼(かれ)は初(はじ)めから、[2]人殺(ひとごろ)しであって、[3]真理(しんり)に立(た)つ者(もの)ではない。彼(かれ)のうちには真理(しんり)がないからである。彼(かれ)が[4]偽(いつわ)りを言(い)うとき、いつも自分(じぶん)の[5]本音(ほんね)をはいているのである。彼(かれ)は[6]偽(いつわ)り者(もの)であり、偽(いつわ)りの父(ちち)であるからだ。[ヨハネによる福音書 8:44]
> (너희는 자신의 아버지, 즉 악마에게서 나온 사람으로 그 아버지의 욕망대로 행하려고 한다. 그는 처음부터 살인자였고, 진리에 서 있는 사람이 아니다. 그 사람 속에 진리가 없기 때문이다. 그가 거짓말을 할 때, 언제나 속마음을 토로하고 있다. 그는 거짓말쟁이이고 거짓의 아버지이기 때문이다.[8:44])

[1]その父(ちち)の欲望(よくぼう)どおりを行(おこな)おうと思(おも)っている : 그 아버지의 욕망대로 행하려고 한다. 「欲望(よくぼう)どおり」는 「欲望(よくぼう)」에 형식명사 「通(とお)り」가 접사화한 「どおり」가 접속된 것이다.

[例]幸(さいわ)いにも、電車(でんしゃ)の遅(おく)れはさほどなく、受験(じゅけん)は予定(よてい)どおり行(おこな)われそうだ。
(다행히 전철이 그다지 많이 늦지 않아 수험은 예정대로 행해질 것 같다.)
しかし、現実(げんじつ)は、原則(げんそく)どおりに事(こと)が運(はこ)ばず、種々

(しゅじゅ)争(あらそ)いが生(しょう)じます。

(그러나 현실은 원칙대로 일이 진행되지 않고 각종 분쟁이 생깁니다.)

緊急(きんきゅう)対策(たいさく)は概(おおむ)ね所期(しょき)の目標(もくひょう)どおり行(おこ)なうことができたというふうに考(かんが)えております。

(긴급 대책은 대개 소기의 목표대로 행할 수 있었다고 그런 식으로 생각하고 있습니다.)

[2] 人殺(ひとごろ)し : 「人殺(ひとごろ)し」는 「人(ひと)」에 「殺(ころ)し」가 결합한 복합명사로 「살인[殺人(さつじん)]·살인자[殺人者(さつじんしゃ)]」의 뜻을 나타낸다.

[例] わたくしは、人殺(ひとごろ)しなんかしておりません。

(나는 살인 같은 것을 하지 않았습니다.)

人殺(ひとごろ)しなんて、そううまくはいかないもんだ。失敗(しっぱい)したらどうなる?

(살인 같은 것은 그렇게 잘 되지 않는 법이다. 실패하면 어떻게 되지?)

あの人(ひと)は人殺(ひとごろ)しなんかではありません。自分(じぶん)たちの正当(せいとう)な要求(ようきゅう)のために戦(たたか)っている英雄(えいゆう)なんです。

(그 사람은 살인자 같은 사람은 아닙니다. 자기들의 정당한 요구를 위해 싸우고 있는 영웅인 것입니다.)

でも、だからと言(い)って、なぜわたくしが人殺(ひとごろ)しの汚名(おめい)を着(き)せられねばなりませんの?

(하지만, 그렇다고 해서 왜 제가 살인자라는 오명을 써야 합니까?)

[3] 真理(しんり)に立(た)つ者(もの)ではない : 진리에 서 있는 사람이 아니다. 본 절에서 「立(た)つ」는 항상적 상태를 나타내고 있기 때문에 「서 있다」로 번역해 둔다. 타 번역본에서 이 부분을 어떻게 묘사하고 있는지 살펴보자.

[例][また嘘(うそ)つきで、]真理(しんり)に立(た)ってない。[塚本訳1963]

([또 거짓말쟁이로] 진리에 서 있지 않다.)

彼(かれ)は真理(しんり)に立(た)っていない。[前田訳1978]

(그는 진리에 서 있지 않다.)

真理(しんり)のうちに立(た)ってはいなかった。[岩波翻訳委員会訳1995]

(진리 안에 서 있지 않았다.)

真理(しんり)に立(た)ってはいません。[新改訳1970]

(진리에 서 있지 않습니다.)

真理(しんり)をよりどころとしていない。[新共同訳1987]

(진리를 근거로 하고 있지 않다.)

[塚本訳1963][前田訳1978][岩波翻訳委員会訳1995]에서는「立(た)っている」의 부정인「立(た)っていない」계열이 사용되고 있고, [新改訳1970]에서는「立(た)っていません」과 같이「立(た)っている」의 부정 정중체가 쓰이고 있다. 그리고 [新共同訳1987]에서는「よりどころとしていない ; 근거로 하고 있지 않다」와 같이 다른 표현이 사용되고 있다.

[4]偽(いつわ)りを言(い)う : 거짓말을 하다.「偽(いつわ)り」는 동사「偽(いつわ)る」의 연용형이 전성명사화된 것이다.

[例]神(かみ)から大(おお)きな恩恵(おんけい)を受(う)けていたのに、心(こころ)を頑(かたく)なにし、言葉(ことば)をすりかえ、偽(いつわ)りを言(い)っているなどと批判(ひはん)される。

(하나님으로부터 큰 은혜를 받았는데 마음을 완고하게 하며, 말을 바꿔치기 하고 거짓말을 하고 있다는 등의 비판을 받는다.)

いままでの付(つ)き合(あ)いから、あの女性(じょせい)が嘘(うそ)偽(いつわ)りを言(い)う人(ひと)でないことは承知(しょうち)していた。

(지금까지의 교제에서 그 여성이 거짓말을 하는 사람이 아니라는 것은 알고 있었다.)

[5]本音(ほんね)をはいている : 속마음을 토로하고 있다.「本音(ほんね)」는 「본심에서 우러나온 말」을 나타내는데, 주요 예를 들면 「本音(ほんね)と建前(たてまえ) ; 속마음과 표면적인 주장」「本音(ほんね)を聞(き)く ; 진심을 듣다」「本音(ほんね)が出(で)る ; 본심이 드러나다」「本音(ほんね)を吐(は)く ; 속마음을 토로하다 / 실토하다」「本音(ほんね)を吐(は)かす ; 본심을 말하게 하다 / 실토하게 하다」「本音(ほんね)をもらす ; 속마음을 드러내다」와 같다.

[例]「新賃金(しんちんぎん)が発表(はっぴょう)されると、それに満足(まんぞく)した者(もの)が、脱落(だつらく)する心配(しんぱい)があったので、組合(くみあい)を団結(だんけつ)させるためにストをやりました」と本音(ほんね)を吐(は)いた。

(새 임금이 발표되면, 그것에 만족한 사람이, 탈락할 걱정이 있어서 조합을 단결시키기 위해 파업을 했습니다.」라고 본심을 털어놓았다.)

なぜそれほどまでに会社(かいしゃ)にとどまるのか、不思議(ふしぎ)に思(おも)って親(した)しい同僚(どうりょう)が彼(かれ)に尋(たず)ねると、「家(いえ)に帰(かえ)ったときに妻(つま)がいなかったらと思(おも)うと、それが怖(こわ)くて帰(かえ)れない」と本音(ほんね)を吐(は)きました。

(왜 그렇게까지 회사에 머무는지 이상하게 생각해서 새 동료가 그에게 묻자,「집에 돌아갈 때 처가 없으면 하고 생각하면 그것이 무서워서 돌아갈 수 없다.고 본심을 토로했습니다.)

[6]偽(いつわ)り者(もの) : 거짓말쟁이.「偽(いつわ)る」의 연용형에서 전성명사화된「偽(いつわ)り」에「者(もの)」가 결합한 복합명사이다.

> しかし、わたしが真理(しんり)を語(かた)っているので、あなたがたは[1]わたしを信(しん)じようとしない。[ヨハネによる福音書 8:45]
> (그러나 내가 진리를 이야기하고 있기 때문에 너희는 나를 믿으려고 하지 않는다.[8:45])

[1]わたしを信(しん)じようとしない : 믿으려고 하지 않는다. 「信(しん)じようとしない」는 「信(しん)じる」에 화자의 의지를 나타내는 「〜ようとする」의 부정 「〜ようとしない」가 접속된 것이다.

  [例]しかし、彼女(かのじょ)の方(ほう)をまともに見(み)ようとしない。
    (그러나 그녀 쪽을 정면으로 보려고 하지 않는다.)
    だが、だれも彼(かれ)を咎(とが)めようとしない。
    (그러나 아무도 그를 책망하려고 하지 않는다.)
    国民(こくみん)の血税(けつぜい)の無駄(むだ)を省(はぶ)くという議論(ぎろん)が必要(ひつよう)なことを認(みと)めようとしない。
    (국민의 혈세의 낭비를 줄인다고 하는 논의가 필요한 것을 인정하려고 하지 않는다.)

> あなたがたのうち、[1]だれがわたしに罪(つみ)があると責(せ)めうるのか。[2]わたしは真理(しんり)を語(かた)っているのに、なぜあなたがたは、わたしを信(しん)じないのか。[ヨハネによる福音書 8:46]
> (너희 중에서 누가 나에게 죄가 있다고 비난할 수 있느냐? 나는 진리를 이야기하고 있는데, 왜 너희는 나를 믿지 않느냐?[8:46])

[1]だれがわたしに罪(つみ)があると責(せ)めうるのか : 「責(せ)めうる」는 「責(せ)める ; 비난하다 / 나무라다 / 책망하다」의 연용형에 가능을 나타내는 후항동사 「得(う)る」가 접속된 것이다.

[例]しかしながら、人間(にんげん)の国家的(こっかてき)生活(せいかつ)関係(かんけい)は、法(ほう)によって、一方的(いっぽうてき)にのみ、規定(きてい)しうるものではない。
(그러나 인간의 국가적 생활 관계는 법에 의해 일방적으로만 규정할 수 있는 것은 아니다.)

その内容(ないよう)の深(ふか)さにおいても、高(たか)さにおいても、民族(みんぞく)文化(ぶんか)として世界(せかい)に誇(ほこ)りうる尊(とうと)いものであることを信(しん)じて疑(うたが)わない。
(그 내용의 깊이에 있어서도, 높이에 있어서도 민족 문화로서 세계에 자랑할 수 있는 고귀한 것이라는 것을 믿어 의심치 않는다.)

それによって司法書士(しほうしょし)は「頭脳(ずのう)集団(しゅうだん)」になりうる条件(じょうけん)を、清水(しみず)の言(い)い方(かた)で言(い)えば、「市民的(しみんてき)法律家(ほうりつか)」になりうる条件(じょうけん)を確保(かくほ)した。
(그것에 의해 사법서사는「두뇌 집단」이 될 수 있는 조건을 시미즈의 말씨로 말하면「시민적 법률가」가 될 수 있는 조건을 확보했다.)

[2]わたしは真理(しんり)を語(かた)っているのに、: 나는 진리를 이야기하고 있는데.
「語(かた)っているのに」는「語(かた)っている」에 역접을 나타내는 접속조사「〜のに」가 후접한 것이다.

[例]どうした、私(わたし)は君(きみ)を信頼(しんらい)しておればこそ、ここまで肝(きも)を打(う)ち割(わ)って話(はな)しているのに、ポストが不足(ふそく)か。
(왜 그래? 나는 자네를 신뢰하고 있기 때문에 이렇게까지 속을 터놓고 이야기하고 있는데, 포스트가 부족한가?)

その多彩(たさい)な世界(せかい)が目(め)の前(まえ)に広(ひろ)がっているのに、単一(たんいつ)の種類(しゅるい)のお茶(ちゃ)だけを飲(の)むというのは、あまりにも不自然(ふしぜん)だとは思(おも)いませんか。

(그 다채로운 세계가 눈앞에 펼쳐지고 있는데, 단일 종류의 차만 마신다고 하는 것은 너무나도 부자연스럽다고는 생각하지 않습니까?)

神(かみ)から来(き)た者(もの)は[1]神(かみ)の言葉(ことば)に聞(き)き従(したが)うが、あなたがたが聞(き)き従(したが)わないのは、神(かみ)から来(き)た者(もの)でないからである」。[ヨハネによる福音書 8:47]
(하나님으로부터 온 사람은 하나님의 말씀을 듣고 따르지만, 너희가 듣고 따르지 않는 것은 하나님에게서 온 사람이 아니기 때문이다.[8:47])

[1]神(かみ)の言葉(ことば)に聞(き)き従(したが)うが、: 하나님의 말씀을 듣고 따르지만.「聞(き)き従(したが)う」는 성서에 쓰이는 복합동사「聞(き)き+従(したが)う」로「주의 말씀과 가르침을 듣고 그것에 따르다」의 뜻을 나타낸다.

[例]あなたがたに聞(き)き従(したが)う者(もの)は、わたしに聞(き)き従(したが)うのであり、あなたがたを拒(こば)む者(もの)は、わたしを拒(こば)むのである。そしてわたしを拒(こば)む者(もの)は、わたしをお遣(つか)わしになった方(かた)を拒(こば)むのである」。[口語訳 / ルカによる福音書 10:16]
(너희 말을 듣고 따르는 사람은 내 말을 듣고 따르는 것이고, 너희를 거부하는 사람은 나를 거부하는 것이다. 그리고 나를 거부하는 사람은 나를 보내신 분을 거부하는 것이다.")[누가복음 10:16]

ペテロとヨハネとは、これに対(たい)して言(い)った、「神(かみ)に聞(き)き従(したが)うよりも、あなたがたに聞(き)き従(したが)う方(ほう)が、神(かみ)の前(まえ)に正(ただ)しいかどうか、判断(はんだん)してもらいたい。[口語訳 / 使徒行伝 4:19]
(베드로와 요한이 이에 대해 말했다. "하나님의 말씀을 듣고 따르는 것보다도 너희의 말을 듣고 따르는 편이 하나님의 앞에 옳은지 어떤지 판단해 주었으면 한다.)[사도행전 4:19]

主(しゅ)は一人(ひとり)の予言者(よげんしゃ)を起(お)されるであろう。あなたがたは彼(かれ)に聞(き)き従(したが)わなければならない。[口語訳 / 申命記 18:15]
(주께서 예언자 한 사람을 일으키실 것이다. 너희는 그의 말을 듣고 따라야 한다.)[신명기 18:15])

だからこそ、神(かみ)の救(すく)いに生(い)きる者(もの)は、救(すく)いの感謝(かんしゃ)と喜(よろこ)びを持(も)って、主(しゅ)の御言葉(みことば)に聞(き)き従(したが)う者(もの)とされていくのです。
(그러기에 하나님의 구원에 사는 사람은 구원의 감사와 기쁨으로 주의 말씀을 듣고 따르는 사람으로 되어 갑니다.)

 ⟨⟨40⟩⟩ [ヨハネによる福音書 8:48 - 8:59]

> ユダヤ人(じん)たちはイエスに答(こた)えて言(い)った、「[1]あなたはサマリヤ人(びと)で、悪霊(あくれい)に取(と)りつかれていると、わたしたちが言(い)うのは、当然(とうぜん)ではないか」。[ヨハネによる福音書 8:48]
> (유대인들은 예수에게 대답하여 말했다. "너는 사마리아 사람으로 악령이 들렸다고 우리가 말하는 것은 당연하지 않느냐?"[8:48])

[1]あなたはサマリヤ人(びと)で、悪霊(あくれい)に取(と)りつかれていると、わたしたちが言(い)うのは、当然(とうぜん)ではないか : 너는 사마리아 사람으로 악령이 들렸다고 우리가 말하는 것은 당연하지 않느냐? 이 부분을 타 번역본에서는 어떻게 기술하고 있는지 살펴보자.

[例]あなたはサマリア人(びと)で悪霊(あくれい)に取(と)りつかれていると、我々(われわれ)が言(い)うのも当然(とうぜん)ではないか。[新共同訳1987]

(너는 사마리아 사람으로 악령이 들렸다고 우리가 말하는 것도 당연하지 않느냐?)

私(わたし)たちが、あなたはサマリヤ人(びと)で、悪霊(あくれい)につかれていると言(い)うのは当然(とうぜん)ではありませんか。[新改訳1970]

(우리가 너는 사마리아 사람으로 악령이 들렸다고 말하는 것은 당연하지 않습니까?)

あなたはサマリヤ人(びと)で悪霊(あくれい)につかれている、とわれらがいうのはもっともではないか。[前田訳1978]

(너는 사마리아 사람으로 악령이 들렸다고 우리가 말하는 것은 지당하지 않느냐?)

『君(きみ)はサマリヤ人(びと)だ、悪鬼(あっき)につかれている』とわれわれが言(い)うのは、ほんとうではないか。[塚本訳1963]

('자네는 사마리아 사람으로 악귀가 들렸다'고 우리가 말하는 것은 사실이 않느냐?)

われわれはお前(まえ)がサマリア人(びと)で悪霊(あくれい)に憑(つ)かれていると言(い)っているが、その通(とお)りではないか[岩波翻訳委員会訳1995]

(우리는, 너는 사마리아 사람으로 악령이 들렸다고 말하고 있는데 그대로가 아닌가?)

イエスは答(こた)えられた、「わたしは、悪霊(あくれい)に取(と)りつかれているのではなくて、[1]わたしの父(ちち)を重(おも)んじているのだが、あなたがたは[2]わたしを軽(かろ)んじている。[ヨハネによる福音書8:49]
(예수께서 대답하셨다. "나는 악령이 들린 것이 아니라, 내 아버지를 중시하고 있는데, 너희는 나를 업신여기고 있다.[8:49]

[1]わたしの父(ちち)を重(おも)んじているのだが、: 내 아버지를 중시하고 있는데.

「重(おも)んじている」는 「重(おも)んずる ; 중시하다 / 존중하다」에 「～ている」가 접속된 것이다.

[例]攻(せ)めにくい国(くに)とは軍事力(ぐんじりょく)を重視(じゅうし)している国(くに)、攻(せ)めやすい国(くに)とは弁舌(べんぜつ)を重(おも)んじている国(くに)をいう。

(공격하기 어려운 나라란 군사력을 중시하고 있는 나라, 공격하기 쉬운 나라란, 변설을 중시하고 있는 나라를 말한다.)

高(たか)い教育(きょういく)を受(う)けた私(わたし)の実(じつ)の父(ちち)が、日本人(にほんじん)は鏡(かがみ)の力(ちから)を最(もっと)も重(おも)んじていると言(い)った理由(りゆう)はここにある。

(비싼 교육을 받은 제 친부가 일본인은 거울의 힘을 가장 중시한다고 말한 이유는 여기에 있다.)

ユダヤ地下(ちか)政府(せいふ)とユダヤ指導者(しどうしゃ)たちは、『旧約聖書(きゅうやくせいしょ)』よりもはるかにこのバビロニア版(ばん)の「ユダヤ·タルムード」を重(おも)んじている。

(유대 지하 정부와 유대 지도자들은 『구약성서』보다도 이 바빌로니아판의 「유대·탈무드」를 중시하고 있다.)

[2]わたしを軽(かろ)んじている : 나를 업신여기고 있다. 「軽(かろ)んじている」는 「軽(かろ)んずる ; 얕보다 / 깔보다 / 업신여기다」에 「～ている」가 접속되어 동작의 진행을 나타낸다.

[例]儒教(じゅきょう)精神(せいしん)のせいか、金銭(きんせん)を軽(かろ)んじている傾向(けいこう)もあった。

(유교 정신 탓인지 금전을 가볍게 여기는 경향도 있었다.)

それまでの信明(のぶあき)は年齢(ねんれい)のわりに健康(けんこう)で、自分(じぶん)の歳(とし)を軽(かろ)んじているところがあった。

(그때까지의 노부아키는 연령에 비해 건강해서 자신의 나이를 가볍게 여기는 데가 있었다.)

相手(あいて)は、味方(みかた)か敵(てき)か、関心(かんしん)を持(も)ってくれているかいないか、意見(いけん)・提案(ていあん)に賛成(さんせい)か反対(はんたい)か、自分(じぶん)を尊重(そんちょう)しているか軽(かろ)んじているか、好(す)きか嫌(きら)いかなど、私(わたし)たちは、毎日(まいにち)がその判断(はんだん)と対応(たいおう)に追(お)われていると言(い)っても過言(かごん)ではありません。
(상대는 우군인지 적인지, 관심을 갖고 있는지 아닌지, 의견이나 제안에 찬성인지 반대인지, 자신을 존중하고 있는지 업신여기고 있는지, 좋아하는지 싫어하는지 등, 우리들은 하루하루가 그 판단과 대응에 쫓기고 있다고 해도 과언이 아닙니다.)

> わたしは[1]自分(じぶん)の栄光(えいこう)を求(もと)めてはいない。[2]それを求(もと)める方(かた)が別(べつ)にある。その方(かた)は、また裁(さば)く方(かた)である。[ヨハネによる福音書 8:50]
> (나는 자신의 영광을 구하고 있지는 않다. 그것을 구하는 분이 따로 있다. 그 분은 또 심판하는 분이다.[8:50])

[1]自分(じぶん)の栄光(えいこう)を求(もと)めてはいない : 자신의 영광을 구하고 있지는 않다. 「求(もと)めてはいない」는 「求(もと)めていない」에 계조사 「は」가 삽입되어 「求(もと)めて」를 강조하고 있다.
　[例]でも、いま、そんなにしんどいほど速(はや)く歩(ある)いてはいない。
　　(그러나 지금 그렇게 힘들 정도로 빠르게 걷고 있지는 않다.)
　　子供(こども)にとって心(こころ)が一番(いちばん)休(やす)まるはずの家庭(かてい)が、そうなってはいない。
　　(어린이로서 마음이 가장 편안해야 할 가정이 그렇게 되어 있지는 않다.)

115

そして、あなたは彼(かれ)を見捨(みす)てはいない。

(그리고 당신은 그를 버려두고 돌보고 있지는 않다.)

彼(かれ)らの生活(せいかつ)、教育(きょういく)そして雇用(こよう)における権利(けんり)を平等(びょうどう)に認(みと)めるほど世論(せろん)の態度(たいど)は成熟(せいじゅく)してはいない。

(그들의 생활, 교육 그리고 고용에 있어서의 권리를 평등하게 인정할 정도 여론의 태도는 성숙되어 있지는 않다.)

厳(きび)しい禁欲(きんよく)は、最後(さいご)の予言者(よげんしゃ)である洗礼者(せんれいしゃ)ヨハネの流(なが)れをくむ教団(きょうだん)でもともと勧(すす)められた方法(ほうほう)ではあるが、すべての信者(しんじゃ)に求(もと)められてはいない。

(엄격한 금욕은 마지막 예언자인 세례 요한의 가르침을 이어받은 교단에서 원래 장려한 방법이지만, 모든 신자에게 요구되어 있지는 않다.)

[2]それを求(もと)める方(かた)が別(べつ)にある。その方(かた)は、また裁(さば)く方(かた)である：그것을 구하는 분이 따로 있다. 그 분은 또 심판하는 분이다. 「求(もと)める方(かた); 구하는 분」「裁(さば)く方(かた); 심판하는 분」에 대해 본 절에서는 경칭이 쓰이고 있지 않은데, 타 번역본에서는 어떻게 전개되고 있는지 살펴보자.

[例]それをお求(もと)めになり、さばきをなさる方(かた)がおられます。[新改訳1970]

(그것을 구하시고 심판을 하실 분이 계십니다.)

わたしの栄光(えいこう)を求(もと)め、裁(さば)きをなさる方(かた)が、ほかにおられる。

(내 영광을 구하고, 심판을 하실 분이 달리 계신다.)[新共同訳1987]

しかしそれを求(もと)め、かつ裁(さば)く方(かた)がある。[前田訳1978]

(그러나 그것을 구하고 또한 심판하는 분이 있다.)

〔それを〕求(もと)め、〔侮辱(ぶじょく)する人々(ひとびと)を〕さばく方(かた)がいる。[岩波翻訳委員会訳1995]

([그것을] 구하고, [모욕하는 사람들을] 심판할 분이 있다.)

[新改訳1970]에서는「さばきをなさる方(かた)がおられます」, [新共同訳1987]에서는「裁(さば)きをなさる方(かた)が、ほかにおられる」와 같이 경칭이 쓰이고 있고, [前田訳1978]에서는「裁(さば)く方(かた)がある」, [岩波翻訳委員会訳1995]에서는「さばく方(かた)がいる」와 같이 비경칭이 사용되고 있다.

よくよく言(い)っておく。もし人(ひと)がわたしの言葉(ことば)を守(まも)るならば、その人(ひと)はいつまでも[1]死(し)を見(み)ることがないであろう」。[ヨハネによる福音書 8:51]
(분명히 말해 둔다. 만일 사람들이 내 말을 지킨다면, 그 사람은 언제까지나 죽음을 겪지 않을 것이다."[8:51])

[1]死(し)を見(み)ることがないであろう: 죽음을 겪지 않을 것이다.「死(し)を見(み)る」는「죽음을 보다 / 죽음을 겪다 / 죽다」의 뜻을 나타낸다.

[例]信仰(しんこう)によって、エノクは死(し)を見(み)ることのないように移(うつ)されました。神(かみ)に移(うつ)されて、見(み)えなくなりました。

(신앙에 의해 에녹은 죽음을 겪지 않도록 옮겨졌습니다. 하나님에게 옮겨져서 보이지 않게 되었습니다.)

死(し)を視(み)ること帰(き)するが如(ごと)し。[대대례(大戴礼) 증자제언(曾子制言) 상(上)]

(죽는 것을 자신의 집에 돌아가는 것처럼 생각하다. 차분하게 죽음을 두려워하지 않는 것을 말하는 것.)

그리고 「死(し)を見(み)ることがない」의 「~ことがない」는 「~하는 일이 없다 → ~하지 않다」와 같이 동사의 부정으로 쓰이고 있다.

[例]しかし、通常(つうじょう)、自分(じぶん)の中心(ちゅうしん)を意識(いしき)することはないし、またその中心(ちゅうしん)が自分(じぶん)の人生(じんせい)に及(およ)ぼしている多大(ただい)な影響(えいきょう)について考(かんが)えることもない。
(그러나 통상 자기의 중심을 의식하지는 않고, 또 그 중심이 자기 인생에 미치는 다대한 영향에 관해 생각하지도 않는다.)

もしも人間(にんげん)に本来(ほんらい)不安(ふあん)なところがないならば、彼(かれ)が一定(いってい)の条件(じょうけん)におかれたからといって、不安(ふあん)に陥(おち)ることはないであろう。
(만일 인간에게 본래 불안한 곳이 없으면, 그가 일정한 조건에 놓였다고 해서 불안에 빠지지는 않을 것이다.)

例(たと)えば、長期(ちょうき)投資(とうし)の処分(しょぶん)などのような偶発的(ぐうはつてき)な活動(かつどう)は、規則的(きそくてき)に繰(く)り返(かえ)されることはないであろう。
(예를 들어, 장기 투자의 처분 등과 같은 우발적인 활동은 규칙적으로 되풀이되지는 않을 것이다.)

ユダヤ人(じん)たちが言(い)った、「あなたが悪霊(あくれい)に取(と)りつかれていることが、今(いま)わかった。アブラハムは死(し)に、[1]預言者(よげんしゃ)たちも死(し)んでいる。それだのに、あなたは、わたしの言葉(ことば)を守(まも)る者(もの)はいつまでも[2]死(し)を味(あじ)わうことがないであろうと、言(い)われる。[ヨハネによる福音書 8:52]
(유대인들이 말했다. "당신이 악령이 들렸다는 것을 지금 알았다. 아브라함이 죽고 예언자들도 죽었다. 그런데도 당신은 내 말을 지키는 사람은 언제까지나 죽음을 경험하지 않을 것이라고 말씀하신다.[8:52])

[1] 預言者(よげんしゃ)たちも死(し)んでいる : 예언자들도 죽었다.「死(し)んでいる」는「死(し)ぬ」에「〜ている」가 접속되어 결과의 상태를 나타낸다.

[例]生命(せいめい)は、生(い)きているときは生(い)きていて、死(し)んだときは死(し)んでいる。

(생명은 살아 있을 때는 살아 있고, 죽었을 때는 죽어 있다.)

店先(みせさき)に紙(かみ)くずが落(お)ちている。この紙(かみ)くずを拾(ひろ)うのは誰(だれ)の役割(やくわり)だろう。

(가게 앞에 휴지가 떨어져 있다. 이 휴지를 줍는 것은 누구의 역할일까?)

A(エー)という男(おとこ)が早朝(そうちょう)、暴風雨(ぼうふうう)の海岸(かいがん)の岩(いわ)の上(うえ)に倒(たお)れている。

(A라는 남자가 이른 아침 폭풍우의 해안의 바위 위에 쓰러져 있다.)

[2] 死(し)を味(あじ)わうことがないであろう : 죽음을 경험하지 않을 것이다.「死(し)を味(あじ)わう」는「죽음을 경험하다」에 상당하는 뜻을 나타내는데, 구어역 신약성서에서는 본 절에 사용된 예가 유일하다.

그러면 타 번역본에서는 어떻게 묘사하고 있는지 살펴보자.

[例]その人(ひと)は決(けっ)して死(し)を味(あじ)わうことがない。[新改訳1970]

(그 사람은 결코 죽음을 경험하지 않는다.)

その人(ひと)は決(けっ)して死(し)を味(あじ)わうことがない。[新共同訳1987]

(그 사람은 결코 죽음을 경험하지 않는다.)

永遠(えいえん)にいたるまで死(し)を味(あじ)わうことは決(けっ)してない。[岩波翻訳委員会訳1995]

(영원에 이를 때까지 죽음을 경험하는 일은 결코 없다.)

永遠(えいえん)に死(し)を味(あじ)わうまい。[前田訳1978]

(영원히 죽음을 경험하는 일은 없을 것이다.)

わたしの言葉(ことば)を守(まも)る者(もの)は永遠(えいえん)に死(し)なない。[塚

本訳1963]

(내 말을 지키는 사람은 영원히 죽지 않는다.)

[新改訳1970][新共同訳1987][岩波翻訳委員会訳1995]에서는「味(あじ)を味(あじ)わうことがない」, [前田訳1978]에서는「死(し)を味(あじ)わうまい」와 같이「死(し)を味(あじ)わう」가 쓰이고 있고,「塚本訳1963]에서는「死(し)なない」와 같이「死(し)ぬ」가 사용되고 있다.

あなたは、わたしたちの父(ちち)[1]アブラハムより偉(えら)いのだろうか。彼(かれ)も死(し)に、預言者(よげんしゃ)たちも死(し)んだではないか。[2]あなたは、いったい、自分(じぶん)をだれと思(おも)っているのか」。[ヨハネによる福音書 8:53]

(당신이 우리 아버지 아브라함보다 위대할까? 그도 죽었고, 예언자들도 죽지 않았느냐? 당신은 도대체 자신을 누구라고 생각하고 있느냐?"[8:53])

[1]アブラハムより偉(えら)いのだろうか : 아브라함보다 위대할까?「偉(えら)いのだろうか」는「偉(えら)い」에 객관적 근거에 기초하여 추측을 나타내는「〜のだろう」와 질문의「〜か」가 접속된 것이다.

[例]日本(にほん)には寝(ね)たきりの高齢者(こうれいしゃ)が30万人(さんじゅうまんにん)以上(いじょう)いる。先進国(せんしんこく)平均(へいきん)の6(ろく)〜7倍(ななばい)もの多(おお)さだ。なぜこんなに多(おお)いのだろうか。

(일본에는 노쇠하거나 병들어 죽 누워 있는 고령자가 30만 명 이상 있다. 선진국 평균의 6, 7배나 많다. 왜 이렇게 많은 것일까?)

何(なに)か、合図(あいず)を送(おく)った方(ほう)がいいのだろうか。それとも向(む)こうから話(はな)しかけてくるのを待(ま)つか。

(무슨 신호를 보내는 것이 좋을까? 그렇지 않으면 상대 쪽에서 말을 걸어오는 것을 기다릴까?)

何(なに)もかも私(わたし)が悪(わる)いのだろうか。私(わたし)は永遠(えいえん)に許(ゆる)されないのだろうか。

(죄다 내가 나쁜 것일까? 나는 영원히 용서받지 못하는 것일까?)

あるいは、オフィスに棲息(せいそく)する人間(にんげん)にとって、どんな空間(くうかん)が望(のぞ)ましいのだろうか。

(혹은 오피스에 서식하는 인간으로서 어떤 공간이 바람직할 것일까?)

[2] あなたは、いったい、自分(じぶん)をだれと思(おも)っているのか: 당신은 도대체 자신을 누구라고 생각하고 있느냐? 「いったい」는 한국어의 「도대체」에 상당하는 부사로, 뒤에 강한 의문이나 책망하는 뜻을 나타내는 표현이 온다.

[例] こんなに悲(かな)しんでいる人(ひと)に、いったい、なにをどう言(い)えばいいんだろう。

(이렇게 슬퍼하는 사람에게 도대체 무엇을 말하면 좋을까?)

だったら、あなたの言(い)う悩(なや)みごとというのは、いったい、どういうことです?

(그러면 당신이 말하는 고민거리라고 하는 것은 도대체 무슨 일입니까?)

それではいったい、われわれは何(なん)のために生(い)きているのか。

(그러면 도대체 우리는 무엇을 위해 살고 있는 것일까?)

物理(ぶつり)メモリは他(た)の質問(しつもん)で分(わ)かるのですが、仮想(かそう)メモリとはいったい、どこにあって、何(なに)を使(つか)っているのか分(わ)かりません。

(물리 메모리는 다른 질문에서 알겠습니다만, 가상 메모리란 도대체 어디에 있고, 무엇을 사용하고 있는지 모르겠습니다.)

彼(かれ)はいったい、どこへ出向(でむ)いたのだろうか。誰(だれ)と会(あ)って、何(なに)をしているのか。

(그는 도대체 어디로 나간 것일까? 누구와 만나 무엇을 하고 있는 것일까?)

> イエスは答(こた)えられた、「[1]わたしがもし自分(じぶん)に栄光(えいこう)を帰(き)するなら、[2]わたしの栄光(えいこう)は、むなしいものである。わたしに栄光(えいこう)を与(あた)える方(かた)は、わたしの父(ちち)であって、[3]あなたがたが自分(じぶん)の神(かみ)だと言(い)っているのは、その方(かた)のことである。[ヨハネによる福音書 8:54]
> (예수께서 대답하셨다. "내가 만일 나에게 영광을 돌린다면 내 영광은 헛된 것이다. 내게 영광을 주는 분은 내 아버지이고, 너희가 너희 하나님이라고 말하고 있는 것은 바로 그 분을 의미한다.[8:54])

[1]わたしがもし自分(じぶん)に栄光(えいこう)を帰(き)するなら、: 내가 만일 나에게 영광을 돌린다면.「自分(じぶん) : 자기 / 자신」은 반사대명사(反射代名詞)로 쓰이고 있는데, 여기에서는「自分(じぶん)＝わたし」와 같이 번역해 둔다.

「栄光(えいこう)を帰(き)する」의「帰(き)する」는 타동사로 쓰이면「돌리다 / ～의 탓으로 하다」에 상당하는 뜻을 나타낸다.

[例]失敗(しっぱい)の責任(せきにん)を彼(かれ)にだけ帰(き)するのは不当(ふとう)だ。
(실패의 책임을 그에게만 돌리는 것은 부당하다.)

しかし、そうした傾向(けいこう)をすべて彼(かれ)自身(じしん)の芸術観(げいじゅつかん)に帰(き)するのは早計(そうけい)である。
(그러나 그런 경향을 모두 그 자신의 예술관에 돌리는 것은 경솔한 생각이다.)

したがって、報告(ほうこく)は過(あやま)ちの原因(げんいん)を個人(こじん)だけに帰(き)するのではなく、医療(いりょう)現場(げんば)全体(ぜんたい)の問題(もんだい)ととらえ、いかに提言(ていげん)をしていくかを考慮(こうりょ)しつつ作成(さくせい)しなければならない。
(따라서 보고는 잘못의 원인을 개인에게만 돌리는 것이 아니라, 의료 현장 전체의 문제로 파악하여 어떻게 제언을 해 나갈 것인지를 고려하면서

작성해야 한다.)

[2] わたしの栄光(えいこう)は、むなしいものである : 내 영광은 헛된 것이다. 「むなしい [空しい]」는 「헛되다 / 허무하다 / 공허하다」의 뜻을 나타내는 형용사이다.

[例] なぜに世(よ)の人(ひと)は、むなしい栄光(えいこう)のために戦(たたか)うのか。

(왜 세상 사람들은 헛된 영광을 위해 싸우는가?)

創造(そうぞう)の嵐(あらし)の中(なか)で、恋愛(れんあい)の焔(ほのお)と成功(せいこう)への空(むな)しい努力(どりょく)に身(み)を焼(や)いている間(あいだ)に、しきりと忠告(ちゅうこく)と教訓(きょうくん)を送(おく)ってくる父親(ちちおや)の手紙(てがみ)の中(なか)にしだいに脅迫(きょうはく)と強制(きょうせい)と無理解(むりかい)が募(つの)ってくる。

(창조의 폭풍우 속에서 연애의 불길과 성공으로의 헛된 노력에 애태우고 번민하고 있는 사이에 빈번히 충고와 교훈을 보내오는 아버지의 편지 속에 점차 협박과 강제와 몰이해가 심해진다.)

こんな空(むな)しい人生(じんせい)なら、生(い)きている意味(いみ)もない。

(이런 허무한 인생이라면 살아 있는 의미도 없다.)

演説(えんぜつ)の内容(ないよう)が空(むな)しい。

(연설 내용이 공허하다.)

[3] あなたがたが自分(じぶん)の神(かみ)だと言(い)っているのは、その方(かた)のことである : 너희가 너희 하나님이라고 말하고 있는 것은 바로 그 분을 의미한다.

「自分(じぶん) : 자기 / 자신」은 반사대명사(反射代名詞)로 쓰이고 있는데, 여기에서는 「自分(じぶん)＝あなたがた」와 같이 번역해 둔다.

그리고 「言(い)っているのは、[その方(かた)]のことである」는 「~{(하)는 / 라는} 것은 ~을 {말하다 / 의미하다}」의 뜻을 나타내는 구문이다.

[例] 原子物理学(げんしぶつりがく)というのは、原子構造論(げんしこうぞうろん)のこ

とである。

(원자물리학이라고 하는 것은 원자구조론을 의미한다.)

精霊(せいれい)というのは、水(みず)とか火(ひ)とか恋心(こいごころ)とかを、この物質界(ぶつりかい)に送(おく)り込(こ)んでいる連中(れんちゅう)のことである。

(정령이라고 하는 것은 물이라든가 불이라든가 연정이라든가를 이 물질계에 보내는 무리를 말한다.)

ここでいう「SOD様(よう)」というのは、文字(もじ)どおり「SODのような作用(さよう)をしてくれる」食品(しょくひん)のことである。

(여기에서 말하는 「SOD様」라는 것은 문자 그대로 「항산화 효소(SOD와 같은 작용을 해 주는」 식품을 말한다.)

あなたがたはその神(かみ)を知(し)っていないが、わたしは知(し)っている。[1]もしわたしが神(かみ)を知(し)らないと言(い)うならば、[2]あなたがたと同(おな)じような偽(いつわ)り者(もの)であろう。しかし、わたしはその方(かた)を知(し)り、その御言(みことば)を守(まも)っている。[ヨハネによる福音書 8:55]
(너희는 그 하나님을 모르지만, 나는 알고 있다. 만일 내가 하나님을 모른다고 말한다면, 너희와 같은 그런 거짓말쟁이일 것이다. 그러나 나는 그 분을 알고, 그 말씀을 지키고 있다.[8:55])

[1]もしわたしが神(かみ)を知(し)らないと言(い)うならば、: 만일 내가 하나님을 모른다고 말한다면. 「〜と言(い)うならば」는 「〜と言(い)う」에 가정조건을 나타내는 「〜ならば」가 접속된 것이다.

[例]しかし細(こま)かい観点(かんてん)で追求(ついきゅう)をすると言(い)うならば、微妙(びみょう)な問題(もんだい)かと想(おも)われます。

(그러나 세세한 관점에서 추구를 한다고 말한다면 미묘한 문제일까 생각됩니다.)

過(す)ぎていることだからわからないと言(い)うならば、これはわからないということで認(みと)めましょう。

(지나간 일이니까 모른다고 말한다면, 이것은 모른다는 것으로 받아들입시다.)

あなたは親(おや)ばなれしたいと言(い)うならば、そういう風(ふう)に包容(ほうよう)できて初(はじ)めて離(はな)れたといえると思(おも)います。

(당신이 부모로부터 자립하고 싶다고 말한다면, 그런 식으로 포용할 수 있어야 비로소 자립했다고 할 수 있다고 생각합니다.)

[2] あなたがたと同(おな)じような偽(いつわ)り者(もの)であろう : 너희와 같은 그런 거짓말쟁이일 것이다. 본 절에서는 이 부분이「偽(いつわ)り者(もの)であろう」와 같이 명사술어문의 추측표현으로 맺고 있는데 타 번역본에서는 어떻게 묘사하고 있는지 살펴보자.

[例] あなた達(たち)と同(おな)じく嘘(うそ)つきになろう。[塚本訳1963]

(너희와 마찬가지로 거짓말쟁이가 될 것이다.)

あなた方(がた)に似(に)てうそつきになろう。[前田訳1978]

(너희와 닮아서 거짓말쟁이가 될 것이다.)

わたしはあなたがたと同様(どうよう)に偽(いつわ)り者(もの)となるでしょう。[新改訳1970]

(나는 너희와 마찬가지로 거짓말쟁이가 되겠지요.)

あなたたちと同(おな)じくわたしも偽(いつわ)り者(もの)になる。[新共同訳1987]

(너희와 마찬가지로 나도 거짓말쟁이가 된다.)

あなたがたと同(おな)じように嘘(うそ)つきになってしまう。[岩波翻訳委員会訳1995]

(너희와 마찬가지로 거짓말쟁이가 되고 만다.)

[塚本訳1963][前田訳1978]에서는「嘘(うそ)つきになろう」, [新改訳1970]에서는「偽(いつわ)り者(もの)となるでしょう」와 같이 동사술어문의 추측 표현이 쓰이고 있고, [新共同訳1987]에서는「偽(いつわ)り者(もの)になる」, [岩波翻訳委員会訳1995]에서는「嘘(うそ)つきになってしまう」와 같이 동사술어문이 사용되고 있다.

> あなたがたの父(ちち)アブラハムは、[1]わたしのこの日(ひ)を見(み)ようとして楽(たの)しんでいた[27]。そしてそれを見(み)て喜(よろこ)んだ」。[ヨハネによる福音書 8:56]
> (너희 아버지 아브라함은 나의 이 날을 보게 될 것이라고 하여 즐거워하고 있었다. 그리고 그것을 보고 기뻐했다."[8:56])

[1]わたしのこの日(ひ)を見(み)ようとして楽(たの)しんでいた : 나의 이 날을 보게 될 것이라고 하여 즐거워하고 있었다.「見(み)ようとして」를「보려고 하여」라고 직역하면 어색하기 때문에「보게 될 것이라고 하여」로 번역해 둔다. 타 번역본의 기술을 살펴보면 다음과 같다.

[例]生(い)きてわたしの日(ひ)、[わたしが来(き)て神(かみ)の契約(けいやく)を成就(じょうじゅ)するその日(ひ)]を見(み)ることを、楽(たの)しみにしていた。[塚本訳1963]

(살아서 나의 날, [내가 와서 하나님의 계약을 성취하는 그 날]을 볼 것을 낙으로 삼고 있었다.)

わたしの日(ひ)を見(み)ることを思(おも)って大(おお)いに喜(よろこ)びました。[新改訳1970]

(나의 날을 볼 것을 생각해서 크게 기뻐했습니다.)

わが日(ひ)を見(み)るのを楽(たの)しみにしていた。[前田訳1978]

---

27) [フランシスコ会訳(1984)]에 의하면, 이 부분은「아마도 아브라함은 이삭 탄생[창세기 17:19, 21:6-8]에 그리스도의 내림(来臨)을 보았다고 하는 의미일 것이다.」라고 주를 달고 있다. 이상은 フランシスコ会聖書研究所(1984)『新約聖書』サンパウロ. p. 337 주(18)에서 인용.

(나의 날을 보는 것을 낙으로 삼고 있었다.)

わたしの日(ひ)を見(み)るのを楽(たの)しみにしていた。[新共同訳1987]

(나의 날을 보는 것을 낙으로 삼고 있었다.)

私(わたし)の日(ひ)を見(み)ることになるというので歓喜(かんき)した。[岩波翻訳委員会訳1995]

(나의 날을 보게 된다고 해서 환희했다.)

そこでユダヤ人(じん)たちはイエスに言(い)った、「あなたは[1]まだ五十(ごじゅう)にもならないのに、アブラハムを見(み)たのか」。[ヨハネによる福音書 8:57]
(그러자 유대인들은 예수에게 말했다. "당신은 아직 50도 안 되었는데 아브라함을 보았느냐?"[8:57])

[1]まだ五十(ごじゅう)にもならないのに、: 아직 50도 안 되었는데.「~にもならない: ~도 안 되다」에 역접의「~のに」가 접속된 것이다.

[例]似(に)ていることを指摘(してき)するだけでは何(なん)の説明(せつめい)にもならないのに、往々(おうおう)にして人(ひと)に満足感(まんぞくかん)を与(あた)える。
(닮은 것을 지적하기만 해서는 아무런 설명도 안 되는데, 왕왕 사람들에게 만족감을 준다.)

あれからまだ何年(なんねん)にもならないのに、世間(せけん)の重苦(おもくる)しい感(かん)じは比較(ひかく)にならないほど濃(こ)くなっていた。
(그때부터 아직 몇 년도 지나지 않았는데, 세상의 무거운 느낌은 비교가 안 될 정도로 짙어졌다.)

イエスは彼(かれ)らに言(い)われた、「よくよくあなたがたに言(い)っておく。[1]アブラハムの生(う)まれる前(まえ)からわたしは、いるのである」。[ヨハネによる福音書 8:58]

(예수께서 그들에게 말씀하셨다. "분명히 말해 둔다. 아브라함이 태어나기 전부터 나는 있는 것이다."[8:58])

[1]アブラハムの生(う)まれる前(まえ)からわたしは、いるのである : 아브라함이 태어나기 전부터 나는 있는 것이다. 본 절에서는 「わたしはいる」와 같이 「いる」동사의 현재로 존재[말씀으로 영원히 아버지[하나님]과 공존하고 있다는 것]을 나타내고 있는데 타 번역본에서는 어떻게 표현하고 있는지 살펴보자.

[例]アブラハムが生(う)まれる前(まえ)から<u>わたしはいる</u>。[前田訳1978]

(아브라함이 태어나기 전부터 나는 있다.)

アブラハムが生(う)まれる前(まえ)から、<u>私(わたし)はいる</u>。[岩波翻訳委員会訳1995]

(아브라함이 태어나기 전부터 나는 있다.)

アブラハムが生(う)まれる前(まえ)から、<u>わたしはいる</u>のです。[新改訳1970]

(아브라함이 태어나기 전부터 나는 있는 것입니다.)

アブラハムが生(う)まれる前(まえ)から、<u>わたしはいたのだ</u>。[塚本訳1963]

(아브라함이 태어나기 전부터 나는 있었던 것이다.)

アブラハムが生(う)まれる前(まえ)から、『<u>わたしはある</u>。』[新共同訳1987]

(아브라함이 태어나기 전부터 나는 있다.)

[前田訳1978][岩波翻訳委員会訳1995][新改訳1970]에서는 구어역과 마찬가지로 「いる」동사가, [塚本訳1963]에서는 「いる」동사의 과거 「いた」가, [新共同訳1987]에서는 「ある」동사가 쓰이고 있다.

そこで彼(かれ)らは石(いし)を取(と)って、[1]イエスに投(な)げつけようとした。しかし、[2]イエスは身(み)を隠(かく)して、[3]宮(みや)から出(で)て行(い)かれた。[ヨハネによる福音書 8:59]

> (그러자 그들은 돌을 들어 예수에게 냅다 던지려고 하였다. 그러나 예수께서는 몸을 숨기고 성전에서 나가셨다.[8:59])

[1] イエスに投(な)げつけようとした : 예수에게 냅다 던지려고 하였다. 「投(な)げつける」는 「投(な)げる」에 강의(強意)의 후항동사 「つける」가 접속된 복합동사로서 ①「냅다 던지다」, ②「메어치다 / 내동댕이치다」, ③「쏘아붙이다」의 뜻을 나타내는데, 본 절에서는 ①의 용법으로 쓰이고 있다.

[例] 近(ちか)くにあった石(いし)を拾(ひろ)い、その盾(たて)に向(む)けて投(な)げつける。
(근처에 있던 돌을 주워서 그 방패를 향해 냅다 던진다.)

庭(にわ)をうろつくネコを見(み)ると、手当(てあ)たり次第(しだい)に石(いし)を投(な)げつける。
(뜰에서 배회하는 고양이를 보자, 손에 잡히는 대로 돌을 냅다 던진다.)

それは、死人(しにん)がやがて死後(しご)の世界(せかい)で蘇(よみがえ)ったとき、その石(いし)をイエス・キリストに投(な)げつけるためだったといわれている。ユダヤ人(じん)はそれほどイエス・キリストを憎(にく)んできたのである。
(그것은 죽은 자가 이윽고 사후 세계에서 살아났을 때, 그 돌을 예수 그리스도에게 냅다 던지기 위해서였다고 일컬어진다. 유대인은 그 만큼 예수 그리스도를 미워해왔던 것이다.)

[2] イエスは身(み)を隠(かく)して : 예수께서는 몸을 숨기고. 「隠(かく)す」는 「숨기다 / 감추다」의 뜻을 나타내는 동사인데 예를 들면 다음과 같다.

[例] だから、身(み)を隠(かく)すには絶好(ぜっこう)の場所(ばしょ)だと思(おも)う。
(따라서 몸을 숨기는 데에는 절호의 장소라고 생각한다.)

大(おお)きな船(ふね)だし、乗組員(のりくみいん)の協力(きょうりょく)があれば、身(み)を隠(かく)すのは簡単(かんたん)だ。

(큰 배이고 승조원의 협력이 있으면, 몸을 숨기는 것은 간단하다.)
彼(かれ)は妻(つま)を促(うなが)して車(くるま)をススキのなかへ隠(かく)す。
(그는 처를 독촉해서 차를 참억새 속에 숨긴다.)
お金(かね)を隠(かく)すわけじゃなくて、出(で)た金(かね)を隠(かく)すということだけれども、お金(かね)を隠(かく)すということになると思(おも)うのです。
(돈을 숨기는 것이 아니라, 나온 돈을 감춘다고 하는 것이지만, 돈을 숨긴다는 것이 된다고 생각합니다.)
真相(しんそう)を隠(かく)しておくことはもうできないし、またわざわざ隠(かく)す必要(ひつよう)もなかった。
(진상을 감추어 두는 것은 이제 불가능하고, 또 일부러 감출 필요도 없었다.)
あの縦(たて)じまのスーツを着(き)た連中(れんちゅう)は、いまひとつ信用(しんよう)できない。いつも失敗(しっぱい)を隠(かく)すことに汲々(きゅうきゅう)としている。
(그 세로 줄무늬의 양복을 입은 무리는 아직 완전히 신용할 수 없다. 언제나 실패를 감추는 데에 급급하다.)
協力者(きょうりょくしゃ)としての正体(しょうたい)を隠(かく)すため、ライコが覆面(ふくめん)をしたのと同様(どうよう)の処置(しょち)だった。
(협력자로서의 정체를 숨기기 위해 라이코가 복면을 한 것과 같은 처치였다.)

[3] 宮(みや)から出(で)て行(い)かれた : 성전에서 나가셨다. 「出(で)て行(い)かれた」는 「出(で)て行(い)く」의 레루형 경어인 「出(で)て行(い)かれる」의 과거형이다.
 [例]イエスはまた海(うみ)べに出(で)て行(い)かれると、多(おお)くの人々(ひとびと)がみもとに集(あつ)まって来(き)たので、彼(かれ)らを教(おし)えられた。[口語訳/マルコによる福音書 2:13]
 (예수께서 다시 바닷가에 나가시자, 많은 사람들이 예수가 계신 곳으로 모였기에 그들을 가르치셨다.)[마가복음 2:13][28]

---

28) 李成圭(2018c) 『일본어 구어역 마가복음의 언어학적 분석 I』 시간의물레. pp. 85-86에서 인용.

イエスが道(みち)に出(で)て行(い)かれると、一人(ひとり)の人(ひと)が走(はし)り寄(よ)り、みまえにひざまずいて尋(たず)ねた、「よき師(し)よ、永遠(えいえん)の生命(せいめい)を受(う)けるために、何(なに)をしたらよいでしょうか」。[口語訳/マルコによる福音書 10:17]

(예수께서 길에 나가시자, 한 사람이 달려와서 앞에 무릎을 꿇고 물었다. "선한 선생님, 영원한 생명을 얻으려면 무엇을 하면 좋을까요?")[마가복음 10:17][29]

---

29) 李成圭(2018c) 『일본어 구어역 마가복음의 언어학적 분석Ⅰ』 시간의물레. pp. 85-86에서 인용.

ヨハネによる福音書
- 第9章 -

《41》[ヨハネによる福音書 9:1 - 9:12]

[1]イエスが道(みち)を通(とお)っておられるとき、[2]生(うま)れつきの盲人(もうじん)を[3]見(み)られた。[ヨハネによる福音書 9:1]
(예수께서 길을 지나가고 계실 때, 태어나면서부터 맹인인 사람을 보셨다.[9:1])

[1]イエスが道(みち)を通(とお)っておられるとき : 예수께서 길을 지나가고 계실 때.「通(とお)っておられる」는「通(とお)っている」의 레루형 경어인데, 구어역 신약성서에서는 본 절의 예가 유일하다.

[2]生(うま)れつきの盲人(もうじん) : 태어나면서부터 맹인인 사람.「生(う)まれつき」는 복합명사로「타고난[선천적인] 것 / 천성」의 뜻을 나타낸다.

　　[例]生(う)まれつき足(あし)が不自由(ふじゆう)で、運動(うんどう)ができない。
　　　(태어나면서부터 다리가 불편해서 운동을 할 수 없다.)
　　子供(こども)は、生(う)まれつき好奇心(こうきしん)の強(つよ)いものであり、大人(おとな)が干渉(かんしょう)しなくても周(まわ)りの環境(かんきょう)を探求(たんきゅう)しようとする。

(어린이는 선천적으로 호기심이 강한 것으로 어른이 간섭하지 않아도 주위 환경을 탐구하려고 한다.)

生(う)まれつき気管支(きかんし)が弱(よわ)く、1日(いちにち)に十本(じゅっぽん)も煙草(たばこ)を吸(す)うと、夜中(よなか)に咳(せき)が出(で)る。
(태어나면서부터 기관지가 약해 하루에 열 개비나 담배를 피우면 밤중에 기침이 난다.)

神(かみ)の供給(きょうきゅう)は私(わたし)たちの生(う)まれつきの才能(さいのう)によって制限(せいげん)されることはありません。
(하나님의 공급은 우리들의 선천적인 재능에 의해 제한받는 일은 없습니다.)

人(ひと)はアダムの罪(つみ)によって、生(う)まれつきの罪人(ざいにん)なのです。
(인간은 아담의 죄에 의해 태어나면서부터 죄인입니다.)

生(う)まれつきの吃音(きつおん)と顔(かお)の醜(みにく)さから嘲笑(ちょうしょう)され、人並(ひとな)みの「人生(じんせい)」というものに希望(きぼう)を持(も)たない私(わたし)。
(태어나면서부터 말을 더듬고 얼굴이 못생겨서 조소당하고 여느 사람과 마찬가지의 인생이라는 것에 희망을 갖지 못하는 나.)

[3] 見(み)られた : 「見(み)られる」는 「見(み)る」의 レル형 경어로 특정형 경어 「ご覧(らん)になる」에 비해 경의도는 낮으나 생산성이 있어 다용된다.
[例] イエスは目(め)をあげて、金持(かねもち)たちが賽銭箱(さいせんばこ)に献金(けんきん)を投(な)げ入(い)れるのを見(み)られ、[口語訳 / ルカによる福音書 21:1]
[과부의 헌금]
(예수께서 눈을 들어, 부자들이 새전함에 헌금을 넣는 것을 보시고,)[누가복음 21:1]

あの映画(えいが)は見(み)られましたか。

(그 영화는 보셨습니까?)

神(かみ)はお造(つく)りになったすべてのものを見(み)られた。

(하나님께서는 만드신 모든 것을 보셨다.)

> 弟子(でし)たちはイエスに尋(たず)ねて言(い)った、「先生(せんせい)、[1]この人(ひと)が生(う)まれつき盲人(もうじん)なのは、[2]だれが罪(つみ)を犯(おか)したためですか。本人(ほんにん)ですか、それともその両親(りょうしん)ですか」。[ヨハネによる福音書 9:2]
> (제자들이 예수에게 물으며 말했다. "선생님, 이 사람이 태어나면서부터 맹인인 것은 누가 죄를 지었기 때문입니까? 본인입니까? 그렇지 않으면 그 부모입니까?"[9:2])

[1]この人(ひと)が生(う)まれつき盲人(もうじん)なのは、: 이 사람이 태어나면서부터 맹인인 것은. [この人(ひと)が生(う)まれつき盲人(もうじん)だ ; 이 사람이 태어나면서부터 맹인이다]와 같은 명사술어문이 형식명사 「〜の」에 접속되어 그 전체가 명사절을 이루고 있다.

[例] 独(ひと)りなのは、あなただけじゃないんだ。

(혼자인 것은 당신뿐만 아니다.)

でも、俗(ぞく)に言(い)う「無呼吸(むこきゅう)症候群(しょうこうぐん)」なのは、旦那(だんな)だけではないようです。

(하지만, 흔히 말하는 「무호흡 증후군」인 것은 남편뿐만 아닌 것 같습니다.)

木造(きづく)りの神社仏閣(じんじゃぶっかく)はみな昔(むかし)のままなのは、有難(ありがた)くもあれば、嬉(うれ)しくもある。

(목조 신사 불각이 모두 옛날 그대로인 것은 고맙기도 하고 기쁘기도 한다.)

ただし、おそらくそれ以上(いじょう)に印象的(いんしょうてき)なのは、毛(もう)と周(しゅう)の前(まえ)でのベトナム側(がわ)の従順(じゅうじゅん)な態度(たいど)

である。
(다만 아마 더 이상 인상적인 것은 모택동과 주은래 앞에서의 베트남 쪽의 고분고분한 태도이다.)

[2]だれが罪(つみ)を犯(おか)したためですか : 「だれが罪(つみ)を犯(おか)した ; 누가 죄를 지었다」에 원인·이유를 나타내는 「～ため」가 접속되어 쓰이고 있다.

[예]自警団(じけいだん)が前歴者(ぜんれきしゃ)を襲(おそ)ったり、その自宅(じたく)に放火(ほうか)したりしたためです。
(자경단이 전력자를 습격하거나 그 집에 방화하거나 했기 때문입니다.)
来客(らいきゃく)のために、手前(てまえ)にもう一台(いちだい)置(お)けるだけのスペースを確保(かくほ)したためです。
(손님을 위해 앞쪽에 또 한 대를 둘 수 정도의 공간을 확보했기 때문입니다.)
また法律学科(ほうりつがっか)を選(えら)ばなかったのは、大学(だいがく)での訴訟法(そしょうほう)の勉強(べんきょう)が面倒(めんどう)だと聞(き)いて敬遠(けいえん)したためであった。
(그리고 법률학과를 선택하지 않은 것은 대학에서의 소송법 공부가 번잡하고 성가시다고 들어서 경원시했기 때문이었다.)

イエスは答(こた)えられた、「[1]本人(ほんにん)が罪(つみ)を犯(おか)したのでもなく、また、その両親(りょうしん)が犯(おか)したのでもない。ただ[2]神(かみ)のみわざが、彼(かれ)の上(うえ)に現(あらわ)れるためである。[ヨハネによる福音書 9:3]
(예수께서 대답하셨다. "본인이 죄를 지은 것도 아니고, 또 그 부모가 지은 것도 아니다. 단지 하나님께서 하시는 일이 그 사람 위에 나타나기 위해서이다.[9:3])

[1] 本人(ほんにん)が罪(つみ)を犯(おか)したのでもなく、: 본인이 죄를 지은 것도 아니고. 「罪(つみ)を犯(おか)した」에 형식명사 「～の」가 접속되면 그 전체가 명사절로 이룬다. 여기에 「～でもない」의 연용중지법 「でもなく、」가 연결되어 「～한 것도 아니고」의 뜻을 나타낸다.

[例] 神(かみ)は生(う)まれてきたのでもなく、死(し)にもしない、不変(ふへん)で、永遠(えいえん)の存在(そんざい)です。

(하나님은 태어난 것이 아니고, 죽지도 않고, 불변하고, 영원한 존재입니다.)

あなたは、誰(だれ)に強要(きょうよう)されたのでもなく、自分(じぶん)で今(いま)の生活(せいかつ)を選(えら)んだ筈(はず)です。

(당신은 누구에게 강요받은 것도 아니고, 스스로 지금의 생활을 선택한 것입니다.)

出生(しゅっしょう)と同時(どうじ)に別(わか)れた親子(おやこ)は、生活(せいかつ)をともにしたのでもなく、また意見(いけん)が一致(いっち)したのでなくとも、親(おや)は子(こ)を求(もと)め子(こ)は親(おや)を求(もと)める、これは血(ち)が血(ち)を呼(よ)び、肉(にく)が肉(にく)を呼(よ)ぶからである。

(출생과 동시에 헤어진 부모 자식은 생활을 함께 한 것도 아니고 또 의견이 일치한 것이 아니더라도 부모는 자식을 찾고 자식은 부모를 찾는다, 이것은 피가 피를 부르고 육이 육을 부르기 때문이다.)

[2] 神(かみ)のみわざが、彼(かれ)の上(うえ)に現(あらわ)れるためである: 하나님께서 하시는 일이 그 사람 위에 나타나기 위해서이다. 「現(あらわ)れるためである」는 「現(あらわ)れる」에 동작의 목적을 나타내는 「～ためである」가 접속된 것이다.

[例] かれが罪(つみ)を犯(おか)したのではないし、かれの両親(りょうしん)が罪(つみ)を犯(おか)したのでもない。かれのうちに神(かみ)のわざが顕(あらわ)れるためである。

(그가 죄를 지은 것은 아니고, 그의 부모가 죄를 지은 것도 아니다. 그 안에

하나님의 일이 나타나기 때문이다.)

ねらいは、一緒(いっしょ)に食事(しょくじ)をしながら実(じつ)は相手(あいて)を観察(かんさつ)するためである。

(목적은 함께 식사를 하면서 실은 상대를 관찰하기 위해서이다.)

僕達(ぼくたち)は一時間(いちじかん)ほど早(はや)めに現場(げんば)に到着(とうちゃく)をした。張(は)り込(こ)みに適(てき)した場所(ばしょ)を調査(ちょうさ)するためである。

(우리들은 한 시간 정도 빨리 현장에 도착을 했다. 잠복하기에 적합한 장소를 조사하기 위해서다.)

> わたしたちは、わたしを遣(つか)わされた方(かた)のわざを、[1]昼(ひる)の間(あいだ)にしなければならない。夜(よる)が来(く)る。すると、[2]だれも働(はたら)けなくなる。[ヨハネによる福音書 9:4]
>
> (우리는 나를 보내신 분의 일을 낮 동안에 해야 한다. 밤이 온다. 그러면 아무도 일할 수 없게 된다.[9:4])

[1]昼(ひる)の間(あいだ)にしなければならない : 낮 동안에 해야 한다. 「しなければならない」는 「する」의 미연형에 의무나 필요를 나타내는 형식인 「~なければならない」가 접속된 것이다.

  [例]今後(こんご)の科学(かがく)技術(ぎじゅつ)の開発(かいはつ)は、地球(ちきゅう)環境(かんきょう)への影響(えいきょう)を十分(じゅうぶん)に考慮(こうりょ)して行(おこ)なわなければならない。

  (앞으로의 과학 기술의 개발은 지구 환경에 대한 영향을 충분히 고려해서 행하지 않으면 안 된다.)

  また、裁判(さいばん)は原則(げんそく)として公開(こうかい)されなければならず、主催者(しゅさいしゃ)である国民(こくみん)の監視(かんし)のもとにおかなけ

ればならない。
(또 재판은 원칙적으로 공개되지 않으면 안 되고, 주최자인 국민의 감시 아래에 두어야 한다.)

収納(しゅうのう)は、保管(ほかん)と利用(りよう)の両面(りょうめん)から考(かん)えなければならない。
(수납은 보관과 이용 양면에서 생각해야 한다.)

聞(き)き手(て)からの質問(しつもん)に対(たい)しては、先入観(せんにゅうかん)をもたず客観的(きゃっかんてき)に受(う)け入(い)れなければならない。
(청자로부터의 질문에 대해서는 선입관을 갖지 않고 객관적으로 받아들이지 않으면 안 된다.)

[2]だれも働(はたら)けなくなる : 아무도 일할 수 없게 된다. 「働(はたら)けなくなる」는 「働(はたら)く」의 가능동사 「働(はたら)ける」의 부정인 「働(はたら)けない」에 「〜くなる」가 접속된 것이다.

[例]勉強(べんきょう)しなくたってできるというのを見(み)せつけたかったのだ。そうなると先生(せんせい)は何(なに)も言(い)えなくなる。
(공부하지 않아도 할 수 있는 것을 여봐란 듯이 보여 주고 싶었다. 그렇게 되면 선생님은 아무 말도 할 수 없게 된다.)

老人(ろうじん)施設(しせつ)では、「転倒(てんとう)すると危(あぶ)ないから」という理由(りゆう)で歩(ある)ける高齢者(こうれいしゃ)にも車(くるま)いすを使用(しよう)させるといったことが、日常(にちじょう)茶飯事(さはんじ)だ。こんなことをすれば、すぐに歩(ある)けなくなる。
(노인 시설에서는 「굴러 넘어지면 위험하니까」이라는 이유로 걸을 수 있는 고령자에게도 휠체어를 사용하게 한다는 것이 일상다반사이다. 이런 일을 하면 금방 걸을 수 없게 된다.)

これでは現在(げんざい)地域(ちいき)で暮(く)らしている障碍者(しょうがいしゃ)

は、すべて暮(く)らせなくなる。

(이렇게 되면 현재 지역에서 살고 있는 장애자는 모두 살 수 없게 된다.)

この世界(せかい)が永久(えいきゅう)に続(つづ)くと考(かんが)えた時(とき)、人間(にんげん)というものは毎日(まいにち)毎日(まいにち)の体験(たいけん)に感激(かんげき)をもてなくなる。

(이 세계가 영구히 계속된다고 생각했을 때, 인간이라는 것은 매일 매일의 체험에 감격할 수 없게 된다.)

温排水(おんはいすい)の問題(もんだい)でございまして、非常(ひじょう)にあったかい水(みず)がたくさん出(で)て魚(さかな)が棲(す)めなくなる。

(온수 배수의 문제로서 몹시 뜨거운 물이 많이 나와서 고기가 살 수 없게 된다.)

TV(ティーブイ)をぼーと見(み)ながら、うたたねする。途中(とちゅう)で目(め)が冴(さ)えて眠(ねむ)れなくなる。

(텔레비전을 멍하니 보면서 선잠을 잔다. 중간에 잠을 깨서 자지 못하게 된다.)

わたしは、[1]この世(よ)にいる間(あいだ)は、世(よ)の光(ひかり)である」。[ヨハネによる福音書 9:5]
(내가 이 세상에 있는 동안은 세상의 빛이다.[9:5])

[1]この世(よ)にいる間(あいだ)は、: 이 세상에 있는 동안은. 여기에서는 <イエス>가 자신의 존재를 「いる」동사로 나타내고 있는데, 타 번역본에서는 어떻게 다루고 있는지 살펴보자.

[例]わたしが世(よ)にいる間(あいだ)、わたしは世(よ)の光(ひかり)です。[新改訳 1970]

(내가 세상에 있는 동안, 나는 세상의 빛입니다.)

わたしは、世(よ)にいる間(あいだ)、世(よ)の光(ひかり)である。[新共同訳1987]
(내가 세상에 있는 동안, 세상의 빛이다.)

世(よ)におる間(あいだ)、わたしは世(よ)の光(ひかり)である。[塚本訳1963]
(세상에 있는 동안, 나는 세상의 빛이다.)

世(よ)にある間(あいだ)わたしは世(よ)の光(ひかり)である。[前田訳1978]
(세상에 있는 동안, 나는 세상의 빛이다.)

世(よ)にある限(かぎ)り、私(わたし)は世(よ)の光(ひかり)である。[岩波翻訳委員会訳1995]
(세상에 있는 한, 나는 세상의 빛이다.)

[新改訳1970][新共同訳1987]에서는「いる」동사가, [塚本訳1963]에서는「おる」동사가, [前田訳1978][岩波翻訳委員会訳1995]에서는「ある」동사가 쓰이고 있다.

> イエスはそう言(い)って、[1]地(ち)につばきをし、そのつばきで、泥(どろ)を作(つく)り、その泥(どろ)を盲人(もうじん)の目(め)に塗(ぬ)って言(い)われた、[ヨハネによる福音書 9:6]
> (예수는 그렇게 말하고 땅을 침을 뱉어 그 침으로 진흙을 만들고 그 진흙을 맹인의 눈에 바르고 말씀하셨다.[9:6])

[1]地(ち)に唾(つばき)をし、その唾(つばき)で、泥(どろ)を作(つく)り、その泥(どろ)を盲人(もうじん)の目(め)に塗(ぬ)って : 땅을 침을 뱉어 그 침으로 진흙을 만들고 그 진흙을 맹인의 눈에 바르고. 본 절에서는「唾(つばき)をし、」[연용중지법],「泥(どろ)を作(つく)り、」[연용중지법],「泥(どろ)を(ぬ)って」[テ형]과 같이 3개의 문이 전개되고 있다.

그리고「唾(つばき)」는「唾(つばき)する」의 형태로 자동사로 쓰이고, 본 절의「唾(つばき)をし、」와같이「〜をする」형태로도 쓰인다.

[例]天(てん)を仰(あお)いで[天(てん)に]唾(つばき)する。

(하늘을 보고 침 뱉다 ; 남을 해치려다가 도리어 자기가 당하는 것의 비유)

또한 구어역 신약성서에서는「唾(つばき)をつける ; 침을 묻히다」,「唾(つばき)をかける ; 침을 뱉다」의 예도 산견된다.

[例]イエスはこの盲人(もうじん)の手(て)をとって、村(むら)の外(そと)に連(つ)れ出(だ)し、その両方(りょうほう)の目(め)に唾(つばき)をつけ、両手(りょうて)を彼(かれ)に当(あ)てて、「何(なに)か見(み)えるか」と尋(たず)ねられた。[口語訳 / マルコによる福音書 8:23]

(예수께서는 맹인의 손을 잡고, 마을 밖으로 데리고 나가, 그 두 눈에 침을 묻히고, 양손을 그에 대고 "무엇인가 보이느냐?"고 물으셨다.)[마가복음 8:23][30]

また彼(かれ)を嘲(あざけ)り、唾(つばき)をかけ、鞭打(むちう)ち、ついに殺(ころ)してしまう。そして彼(かれ)は三日(みっか)の後(のち)に甦(よみがえ)るであろう」。[口語訳 / マルコによる福音書 10:34]

(그리고 그를 조롱하고 침을 뱉고 채찍질하고 마침내 죽여 버린다. 그리고 그는 사흘 후에 부활할 것이다.")[마가복음 10:34][31]

「シロアム[遣(つか)わされた者(もの)、の意(い)]の池(いけ)に行(い)って洗(あら)いなさい」。そこで彼(かれ)は行(い)って洗(あら)った。そして[1]見(み)えるようになって、帰(かえ)って行(い)った。[ヨハネによる福音書 9:7]

("실로암[보내진 사람의 뜻] 연못에 가서 씻어라."그러자 그는 가서 씻었다. 그리고 보이게 되어 돌아갔다.[9:7])

---

30) 李成圭(2019a)『일본어 구어역 마가복음의 언어학적 분석Ⅱ』시간의물레. p. 151에서 인용.
31) [口語訳 / マルコによる福音書 10:34]에서 인용.

[1]見(み)えるようになって : 보이게 되어.「見(み)えるようになる」는「見(み)える」에 자연스러운 상태변화를 나타내는「～ようになる」가 접속된 것이다.
[例]すると、彼(かれ)の耳(みみ)が開(ひら)け、その舌(した)のもつれもすぐ解(と)けて、はっきりと話(はな)すようになった。[口語訳 / マルコによる福音書 7:35]
(그러자, 그의 귀가 열리고 혀가 자유롭게 움직이지 않는 것도 금방 풀려서 똑바로 말하게 되었다.)[마가복음 7:35][32]

イエスは彼(かれ)に目(め)をとめ、慈(いつく)しんで言(い)われた、「あなたに足(た)りないことが一(ひと)つある。帰(かえ)って、持(も)っているものをみな売(う)り払(はら)って、貧(まず)しい人々(ひとびと)に施(ほどこ)しなさい。そうすれば、天(てん)に宝(たから)を持(も)つようになろう。そして、わたしに従(したが)って来(き)なさい」。[口語訳 / マルコによる福音書 10:21]
(예수께서 그를 눈여겨보고, 애정을 담아 말씀하셨다. "너에게 부족한 것이 하나 있다. 돌아가서 가지고 있는 것을 전부 다 팔아서 가난한 사람들에게 베풀어라. 그리 하면 하늘에 보배를 갖게 될 것이다. 그리고 나를 따라 오너라.")[마가복음 10:21][33]

[1]近所(きんじょ)の人々(ひとびと)や、彼(かれ)が[2]もと、乞食(こじき)であったのを[3]見知(みし)っていた人々(ひとびと)が言(い)った、「この人(ひと)は、座(すわ)って[4]乞食(こじき)をしていた者(もの)ではないか」。[ヨハネによる福音書 9:8]
(근처에 사는 사람들과 그가 전에 거지였던 것을 잘 알고 있던 사람들이 말했다. "이 사람은 앉아서 구걸을 하고 있던 사람이 아닌가?"[9:8])

---

32) 李成圭 (2019a)『일본어 구어역 마가복음의 언어학적 분석Ⅱ』시간의물레. p. 115에서 인용.
33) [口語訳 / マルコによる福音書 10:21]에서 인용.

[1] 近所(きんじょ) : 근처. 근방. 또는 이웃집.

[例] 親戚(しんせき)、友達(ともだち)、近所(きんじょ)の人(ひと)など、家族(かぞく)以外(いがい)の人(ひと)とのつきあいはどこで行(おこ)なっていますか。

(친척, 친구, 이웃집 사람들, 가족 이외의 사람과의 교제는 어디에서 하고 있습니까?)

また、近所(きんじょ)の人(ひと)や友人(ゆうじん)、民間(みんかん)のボランティア団体(だんたい)などにも、手助(てだす)けを必要(ひつよう)とする高齢者(こうれいしゃ)の生活(せいかつ)を支(ささ)えていくことが求(もと)められています。

(그리고 이웃 사람이나 친구, 민간 볼런티어 단체 등에도 도움을 필요로 하는 고령자의 생활을 지원해 가는 것이 요구되고 있습니다.)

いまは、お兄(にい)さんと二人(ふたり)で暮(くら)して、近所(きんじょ)の中学生(ちゅうがくせい)の家庭(かてい)教師(きょうし)をしながら、電車(でんしゃ)を四本(よんほん)も乗(の)り継(つ)いで二時間(にじかん)半(はん)もかけて大学(だいがく)へ通(かよ)っている。

(지금은 형과 둘이서 살며, 근처 중학생의 가정교사를 하면서 전철을 4번이나 갈아 타고 2시간 반이나 걸려 대학에 다니고 있다.)

[2] 見知(みし)る : 「見知(みし)る」는 「見(み)る」의 연용형에 「知(し)る」가 결합한 복합동사로 「전에 보아서 알고 있다 / 잘 알고 있다」의 뜻을 나타낸다.

[例] 会(あ)ったことはないが、彼(かれ)の経歴(けいれき)も写真(しゃしん)もよく見知(みし)っている。

(만난 적은 없지만, 그의 경력도 사진도 잘 알고 있다.)

そのサイトで人気(にんき)を得(え)るには、コツがある。簡単(かんたん)なのは、みんなが 見知(みし)っているものを使(つか)うことだ。

(그 사이트에서 인기를 얻는 데에는 요령이 있다. 간단한 것은 모두가 알고 있는 것을 사용하는 것이다.)

この女性(じょせい)は、この一階(いっかい)に住(す)む若(わか)い男性(だんせい)を見知(みし)っていると主張(しゅちょう)したが、彼(かれ)の名前(なまえ)を明(あ)かそうとはしなかった。

(이 여성은 이 일층에 사는 젊은 남성을 알고 있다고 주장했지만 그의 이름을 털어 놓으려고 하지는 않았다.)

[3] もと、; 전에. 「元(もと)」에는 「전의 상태 / 본디 / 본래」와 같은 명사적 용법이 있는데, 본 절에서는 「もと、; 전에」와 같이 부사적 용법으로 쓰인 것이다. 혹은 「もともと; 본디부터 / 원래」의 단축형으로서의 용법이라고 해석할 수도 있다.

[例] ここはもと、侯爵(こうしゃく)婦人(ふじん)が建(た)てた王立(おうりつ)病院(びょういん)だった。

(여기는 원래 후작 부인이 세운 왕립 병원이었다.)

現代(げんだい)では雅語(がご)として歌(うた)などの中(なか)でしか使(つか)われない。「わくらば」はもと、"病葉(わくらば)"で、夏(なつ)、赤(あか)く変色(へんしょく)した葉(は)を言(い)ったらしい。

(현대에서는 아어로서「歌(うた)」등에서밖에 사용되지 않는다.「わくらば」는 원래 "病葉(병엽)"으로 여름에 붉게 변색한 잎을 말했다고 한다.)

[4] 乞食(こじき)をしていた者(もの) : 구걸을 하고 있던 사람.「乞食(こじき)」는「거지 / 비렁뱅이」「비럭질 / 구걸」의 뜻을 나타내는데,「乞食(こじき)をする; 빌어먹다 / 구걸하다」와 같이 동사 형태로도 쓰인다.

[例] 乞食(こじき)も三日(みっか)すれば忘(わす)れられぬ:

(거지도 사흘 하면 그만두지 못한다 ; 습관은 고치기 어렵다는 비유).

親(おや)は苦労(くろう)し子(こ)は楽(らく)をし孫(まご)は乞食(こじき)する。

(부모가 고생해서 쌓아올린 재산은 그 아들 대에서 다 써 버려, 다음 손자 세대가 되면 거지와 같은 가난한 생활이 되고 만다는 것.)

乞食(こじき)をするか、靴紐(くつひも)でも売(う)ればいいかも知(し)れないと思(おも)ったわたしは、日曜新聞(にちようしんぶん)で、ズボンに二千(にせん)ポンド縫(ぬ)い込(こ)んでいる乞食(こじき)の話(はなし)を読(よ)んだのを思(おも)い出(だ)した。

(구걸을 할까, 구두끈이라도 팔면 좋을지도 모른다고 생각한 나는, 일요신문에서 바지 안에 이천 파운드를 넣고 꿰맨 거지의 이야기를 읽은 것을 생각해냈다.)

ある人々(ひとびと)は「その人(ひと)だ」と言(い)い、他(た)の人々(ひとびと)は「いや、ただ[1]あの人(ひと)に似(に)ているだけだ」と言(い)った。しかし、本人(ほんにん)は「わたしがそれだ」と言(い)った。[ヨハネによる福音書 9:9]
(어떤 사람들은 "그 사람이다."라고 하고, 다른 사람들은 "아냐, 단지 그 사람과 닮았을 뿐이다."라고 했다. 그러나 본인은 "내가 바로 그 사람이다."라고 했다.[9:9])

[1]あの人(ひと)に似(に)ているだけだ : 그 사람과 닮았을 뿐이다. 「似(に)る」는 형용사적 동사로 문말에 쓰일 때는 항상 「〜ている」형태를 취한다.
  [例]双子(ふたご)のように似(に)ている。[종지]
    (쌍둥이처럼 닮았다.)
    実際(じっさい)、地球(ちきゅう)の海(うみ)の組成(そせい)と、生物(せいぶつ)の体液(たいえき)の組成(そせい)はよく似(に)ている。[종지]
    (실제로 지구의 바다의 조성과 생물의 체액의 조성은 흡사하다.)
    英国(えいこく)では、性別(せいべつ)を問(と)わず、プレゼントの画一化(かくいつか)もなく、クリスマスに似(に)ている。[종지]
    (영국에서는 성별에 관계없이 선물의 획일화도 없고 크리스마스와 닮았다.)
    すべての働(はたら)きバチは一匹(いっぴき)の女王(じょおう)バチの生(う)んだ

卵(たまご)から生(しょう)じるため、働(はたら)きバチのもつ遺伝子(いでんし)は女王(じょおう)バチや他(た)の働(はたら)きバチのものとよく似(に)ている。[종지]
(모든 일벌은 한 마리의 여왕벌이 낳은 알에서 생기기 때문에 일벌이 가진 유전자는 여왕벌이나 다른 일벌의 것과 흡사하다.)

夕顔(ゆうがお)に似(に)た白(しろ)い花(はな)。[연체수식]
(박(메꽃과의 일년생 만초)과 비슷한 흰 꽃.)
意味(いみ)の似(に)た言葉(ことば)。[연체수식]
(의미가 비슷한 말.)
人類(じんるい)の出現(しゅつげん)と進化(しんか) 人類(じんるい)の祖先(そせん)は、サルによく似(に)た動物(どうぶつ)で、もともとは木(き)の上(うえ)で暮(く)らしていました。[연체수식]
(인류의 출현과 진화 인류의 선조는 원숭이와 흡사한 동물로 원래는 나무 위에서 살고 있었습니다.)
これらをもとに、地球(ちきゅう)を気候帯(きこうたい)に分(わ)けると、同(おな)じ気候帯(きこうたい)の地域(ちいき)には似(に)た形(かたち)や暮(く)らしをする生物(せいぶつ)が見(み)られる。[연체수식]
(이것들을 기준으로 지구를 기후대로 나누면, 같은 기후대의 지역에는 비슷한 형태나 생활을 하는 생물이 보인다.)

親(おや)に似(に)てそそっかしい。[テ형]
(부모를 닮아 덜렁덜렁하다.)
あの声(こえ)を聞(き)いただけで、おれは我(われ)を忘(わす)れてしまうよ。頼(たの)もしい声(こえ)、神(かみ)にも似(に)て、すべての人間(にんげん)を裁(さば)く者(もの)の声(こえ)だ。[テ형]
(그 소리를 듣기만 해도 나는 내 자신을 잊고 만다. 믿음직스러운 목소리,

하나님과도 닮아 모든 인간을 심판하는 사람의 목소리.)

また、日本(にほん)の国名(こくめい)を「ニッポン」と読(よ)むのか、あるいは「ニホン」と読(よ)むのかという問題(もんだい)に似(に)て、二者択一的(にしゃたくいつてき)に決(き)めるのは難(むずか)しいところです。[テ형]

(그리고 일본의 국명을 「Nippon」이라고 읽을 것인가, 혹은 「Nihon」이라고 읽을 것인가 하는 문제와 유사하여 양자택일로 정하는 것은 어려운 점이다.)

そこで人々(ひとびと)は彼(かれ)に言(い)った、「では、[1]おまえの目(め)はどうして開(あ)いたのか」。[ヨハネによる福音書 9:10]
(그러자 사람들은 그에게 말했다. "그럼, 네 눈은 어떻게 보이게 되었느냐?"[9:10])

[1]おまえの目(め)はどうして開(あ)いたのか : 네 눈은 어떻게 보이게 되었느냐?「目(め)が開(あ)く」는「눈이 보이게 되다 / 눈이 뜨다」의 뜻을 나타내는 관용표현이다.
[例]「寝(ね)ている時(とき)に目(め)が開(あ)いてしまっている」なんてことはありませんか?
(「자고 있을 때 눈이 뜨게 된다.」와 같은 것은 없습니까?)
白(しろ)と黒(くろ)の、まだ目(め)が開(あ)いたばかりというような仔猫(こねこ)である。
(흰 색과 검정 색의 아직 눈이 뜬 지 얼마 안 되는 그런 새끼 고양이이다.)
今週(こんしゅう)の日記(にっき)を見(み)ていた人(ひと)なら分(わ)かると思(おも)いますが、激(はげ)しい睡眠不足(すいみんぶそく)ということで、お昼過(ひるす)ぎまで寝(ね)てました。目(め)が開(あ)いた後(あと)も一時間(いちじかん)ほど布団(ふとん)でだらだら。
(이번 주의 일기를 보고 있던 사람이라면 알 것이라고 생각합니다. 극도

의 수면 부족으로 오후까지 자고 있었습니다. 눈을 뜨고 나서도 한 시간 정도 이불 속에서 나오고 않고 있었다.)

> 彼(かれ)は答(こた)えた、「イエスという方(かた)が、泥(どろ)を作(つく)って、わたしの目(め)に塗(ぬ)り、『[1]シロアムに行(い)って洗(あら)え』[2]と言(い)われました。それで、行(い)って洗(あら)うと、見(み)えるようになりました」。
> [ヨハネによる福音書 9:11]
> (그는 대답했다. "예수라는 분께서 진흙을 만들어 내 눈에 바르고 '실로암에 가서 씻어라!'라고 말씀하셨습니다. 그래서 가서 씻었더니 보이게 되었습니다."

[1]シロアムに行(い)って洗(あら)え : 실로암에 가서 씻어라! 「洗(あら)え」는 「洗(あら)う」의 명령형이다.

[2]～と言(い)われました : ～라고 말씀하셨습니다. 「言(い)われました」는 「言(い)う」의 レル형 경어 「言(い)われる」의 정녕체인데, 요한복음에서만 [5:11]과 본 절을 포함하여 2회 출현하고 있다.
   [예]4節(よんせつ)には「神(かみ)はその光(ひかり)をよしと見(み)られた。」と感想(かんそう)を<u>言(い)われました</u>。
   (4절에는 「하나님은 그 빛을 좋다고 보셨다.」라고 감상을 말씀하셨습니다.)
   今(いま)またあなた重大(じゅうだい)なことを<u>言(い)われました</u>ね。若干(じゃっかん)の食(く)い違(ちが)いとはどういうこと、今(いま)までのあなたはそんなこと<u>言(い)われていません</u>よ。
   (지금 또 당신은 중대한 것을 말씀하셨군요. 약간 어긋나는 것이라는 것은 어떤 것인지, 지금까지의 당신은 그런 것을 말씀하시지 않았어요.)

> [1] 人々(ひとびと)は彼(かれ)に言(い)った、「その人(ひと)はどこにいるのか」。彼(かれ)は「知(し)りません」と答(こた)えた。[ヨハネによる福音書 9:12]
> (사람들은 그에게 말했다. "그 사람은 어디에 있느냐?" 그는 "모르겠습니다."라고 대답했다.[9:12])

[1] 人々(ひとびと)は彼(かれ)に言(い)った、「その人(ひと)はどこにいるのか」: 사람들은 그에게 말했다. "그 사람은 어디에 있느냐?" 본 절에서는 「人々(ひとびと)は彼(かれ)に「その人(ひと)はどこにいるのか」言(い)った」와 같은 문에서 「その人(ひと)はどこにいるのか」가 문말로 도치되어 표현되고 있다.

  이 부분을 타 번역본에서는 어떻게 묘사하고 있는지 살펴보자.

[例] 人々(ひとびと)が「その人(ひと)はどこにおるか」とたずねた。[塚本訳1963]

    (사람들이 「그 사람은 어디에 있느냐?」라고 물었다.)

    彼(かれ)らは「その人(ひと)はどこにいるか」とたずねたが、[前田訳1978]

    (그들은 「그 사람은 어디에 있느냐?」라고 물었지만,)

    また彼(かれ)らは彼(かれ)に言(い)った。[新改訳1970]

    (또 그들은 그에게 말했다.)

    彼(かれ)に言(い)った、「その人(ひと)はどこにいるのか」。[岩波翻訳委員会訳1995]

    (그에게 말했다,「그 사람은 어디에 있느냐?」)

    人々(ひとびと)が「その人(ひと)はどこにいるのか」と言(い)うと、[新共同訳1987]

    (사람들이 「그 사람은 어디에 있느냐」라고 말하자,)

((42)) [ヨハネによる福音書 9:13 - 9:34]

> 人々(ひとびと)は、もと[1]盲人(もうじん)であったこの人(ひと)を、[2]パリサイ人(びと)たちのところに連(つ)れて行(い)った。[ヨハネによる福音書 9:13]
> (사람들은 전에 맹인이었던 이 사람을 바리새파 사람들에게 데리고 갔다.[9:13])

[1]盲人(もうじん)であったこの人(ひと)を、: 맹인이었던 이 사람을. 「盲人(もうじん)であった」의「~であった」는 문장체 명사술어인「~である」의 과거형으로 뒤에 오는 명사를 수식·한정하고 있다.

[例]それに長年(ながねん)野党(やとう)であった人(ひと)たちの大臣熱(だいじんねつ)の激(はげ)しさは常人(じょうじん)の想像(そうぞう)を越(こ)えるものがあった。
(그것에 오랫동안 야당이었던 사람들의 대신에 대한 격렬한 열정은 보통 사람들의 상상을 초월하는 것이 있었다.)

第一人者(だいいちにんしゃ)であった人(ひと)がまた第一人者(だいいちにんしゃ)を作(つく)り出(だ)すのは本当(ほんとう)に容易(ようい)ではありません。
(제일인자이었던 사람이 또 제일인자를 만들어내는 것은 정말 용이하지 않습니다.)

このように、かつて健常者(けんじょうしゃ)であった人(ひと)たちが、成人病(せいじんびょう)や交通事故(こうつうじこ)などで、突然(とつぜん)、障碍者(しょうがいしゃ)になる可能性(かのうせい)が高(たか)いのである。
(이와 같이 전에 심신 장애가 없는 사람이었던 사람들이 성인병이나 교통사고 등으로 갑자기 장애자가 될 가능성이 높은 것이다.)

一人(ひとり)一人(ひとり)はいい『父親(ちちおや)』『息子(むすこ)』であった人(ひと)が変(か)わってしまう、変(か)えられてしまうような事(こと)が二度(にど)とあってはいけないと思(おも)います。

(한 사람 한 사람은 좋은『아버지』『아들』이었던 사람이 변화해 버린다, 변화되고 마는 그런 일이 두 번 다시 있어서는 안 된다고 생각합니다.)

[2] パリサイ人(びと)たちのところに連(つ)れて行(い)った : 바리새파 사람들에게 데리고 갔다.「パリサイ人(びと)たちのところ」의「～のところ」는 사람을 장소명사화하는 역할을 한다.

[例]私(わたし)のところへもう二(に)、三回(さんかい)説明(せつめい)に来(き)ております。

(내게 두세 번 설명하러 왔습니다.)

その後(ご)、暗殺者(あんさつしゃ)たちのうち数人(すうにん)が裁判官(さいばんかん)のところへ行(い)って、彼(かれ)らの罪(つみ)を告白(こくはく)し、誰(だれ)が彼(かれ)らを裏切(うらぎ)ったかを探(さぐ)った。

(그 후, 암살자들 중에서 몇 명이 재판관에게 가서 그들의 죄를 고백하고 누가 그들을 배반했는지 탐색했다.)

この点(てん)は最高(さいこう)責任者(せきにんしゃ)である私(わたし)あるいはまた私(わたし)の指名(しめい)しました代理人(だいりにん)が先生(せんせい)のところへお伺(うかが)いをしましてお話(はなし)をすることが筋(すじ)であるというふうに私(わたし)も思(おも)っておるところでございます。

(이 점은 최고 책임자인 저, 혹은 제가 지명한 대리인이 선생님을 찾아뵙고 말씀을 드리는 것이 도리라는 것으로 저도 생각하고 있는 중입니다.)

この名前(なまえ)を変(か)えることにつきましては、これはかねがね直接(ちょくせつ)われわれのところへ初(はじ)めから相談(そうだん)あったわけじゃございませんが、名前(なまえ)を変(か)えたいという希望(きぼう)はございました。

(이 이름을 바꾸는 것에 관해서는 이것은 전부터 직접 우리에게 처음부터 상담이 있었던 것은 아닙니다만, 이름을 바꾸고 싶다는 희망이 있었습니다.)

イエスが泥(どろ)を作(つく)って彼(かれ)の[1]目(め)を開(あ)けたのは、安息日(あんそくにち)であった。[ヨハネによる福音書 9:14]
(예수가 진흙을 만들어 그의 눈을 뜨게 한 것은 안식일이었다.[9:14])

[1]目(め)を開(あ)けたのは、:「目(め)を開(あ)ける」는 한국어의「눈을 뜨다」에 상당하는네, 문맥상 사역의 의미로 사용되고 있다고 판난하여「눈을 뜨게 하다」로 번역해 둔다.

[例]大(おお)きく目(め)を開(あ)けて。彼(かれ)は急(きゅう)に体(からだ)が硬(かた)くなった。
(크게 눈을 떠요. 그는 갑자기 몸이 굳어졌다.)

七時(しちじ)に目覚(めざ)まし時計(どけい)が鳴(な)ったが、ケイトはベルを止(と)めて、八時(はちじ)近(ちか)くまで目(め)を開(あ)けなかった。
(7시에 자명종이 울렸지만 케이트는 벨을 멈추고 8시경까지 눈을 뜨지 않았다.)

しかし、彼女(かのじょ)は生(い)き返(かえ)った。意識(いしき)を取(と)り戻(もど)して目(め)を開(あ)けてみると、そこにいたのは自分(じぶん)の命(いのち)の恩人(おんじん)だった。
(그러나 그녀는 소생했다. 의식을 되찾아 눈을 떠 보니, 거기에 있던 사람은 자신의 생명의 은인이었다.)

目(め)を開(あ)けていると、目線(めせん)をどこにやっていいのかがわからない。歯医者(はいしゃ)さんも目(め)が合(あ)うのは嫌(いや)だろうと思(おも)って、私(わたし)はいつも目(め)を閉(と)じている。
(눈을 뜨고 있으니, 시선을 어디에 두어야 좋을지 모르겠다. 치과 의사 선생님도 눈을 마주치는 것은 싫어할 것이라고 생각해서 나는 언제나 눈을 감고 있다.)

目(め)を閉(と)じていたら、何(なに)をされているかわからないから不安(ふあん)。

まあ、目(め)を開(あ)けていても口元(くちもと)が見(み)られるわけではないし、知識(ちしき)がないからどんな治療(ちりょう)が正解(せいかい)かはわからないけど。
(눈을 뜨고 있으면 무슨 일을 당하고 있을지 몰라 불안하고. 뭐 눈을 뜨고 있어도 입언저리를 볼 수 있는 것은 아니고 지식이 없으니 어떤 치료가 정답인지는 알 수 없지만.)

パリサイ人(びと)たちもまた、「[1]どうして見(み)えるようになったのか」、と彼(かれ)に尋(たず)ねた。彼(かれ)は答(こた)えた、「[2]あの方(かた)がわたしの目(め)に泥(どろ)を塗(ぬ)り、わたしがそれを洗(あら)い、そして見(み)えるようになりました」。[ヨハネによる福音書 9:15]
(바리새파 사람들도 또 "어떻게 보이게 되었느냐?"고 그에게 물었다. 그는 대답했다. "그 분이 내 눈에 진흙을 바르고 내가 그것을 씻으니 보이게 되었습니다."[9:15])

[1]どうして見(み)えるようになったのか : 어떻게 보이게 되었느냐? 「どうして」는 「어떻게」의 뜻으로 통상 뒤에 의문을 나타내는 말을 수반하여 사용된다.
  [例]どうしてわかったの。
    (어떻게 알았어?)
    この問題(もんだい)をどうして解決(かいけつ)したらいいだろう。
    (이 문제를 어떻게 해결하면 좋을까?)
    天皇(てんのう)はどうしてそんなに大(おお)きな力(ちから)を持(も)っていたのかな。
    (천황은 어떻게 그렇게 큰 힘을 가지고 있었을까?)
    どうしてマレーシアには、さまざまな民族(みんぞく)が住むようになったのでしょうか。
    (어떻게 말레시아에는 다양한 민족이 살게 되었을까요?)

[2]あの方(かた)がわたしの目(め)に泥(どろ)を塗(ぬ)り、 : 그 분이 내 눈에 진흙을 바르

고. 「あの方(かた)」의 「あの」는 문맥지시 용법으로 화자와 청자가 화제 대상에 대해 공통의 이해를 가지고 있는 경우에 쓰인 것이다.

[例] ところが、ヘロデはこれを聞(き)いて、「わたしが首(くび)を切(き)ったあのヨハネが甦(よみがえ)ったのだ」と言(い)った。[口語訳 / マルコによる福音書 6:16]
(그런데 헤롯은 이것을 듣고, "내가 목을 벤 바로 그 요한이 살아났구나."라고 말했다.)[마가복음 6:16]³⁴⁾

そこへ、ある人(ひと)がきて知(し)らせた、「行(い)ってごらんなさい。あなたがたが獄(ごく)に入(い)れたあの人(ひと)たちが、宮(みや)の庭(にわ)に立(た)って、民衆(みんしゅう)を教(おし)えています」。[口語訳 / 使徒行伝 5:25]
(그 때, 어떤 사람이 와서 알렸다. "가 보세요. 여러분이 옥에 가둔 그 사람들이 성전 뜰에 서서, 백성을 가르치고 있습니다.") [사도행전 5:25]

あの悪人(あくにん)もやはり人(ひと)の子(こ)だった。
(그 악인도 역시 사람의 자식이었다.)
あの人(ひと)がいないと、どんな場所(ばしょ)も悲(かな)しく思(おも)える。昼(ひる)は夜(よる)のように思(おも)え、炎(ほのお)も氷(こおり)に見(み)える。
(그 사람이 없으면 어떤 장소도 슬프게 생각된다. 낮은 밤처럼 생각되고 불꽃도 얼음처럼 보인다.)

そこで、あるパリサイ人(びと)たちが言(い)った、「その人(ひと)は神(かみ)から来(き)た人(ひと)ではない。安息日(あんそくにち)を守(まも)っていないのだから」。しかし、ほかの人々(ひとびと)は言(い)った、「[1]罪(つみ)のある人(ひと)が、[2]どうしてそのようなしるしを行(おこな)うことができようか」。そして[3]彼(かれ)らの間(あいだ)に分争(ふんそう)が生(しょう)じた。[ヨハネによ

---

34) 李成圭(2019a)『일본어 구어역 마가복음의 언어학적 분석 II』 시간의물레. p. 25에서 인용.

る福音書 9:16]

(그때에 어떤 바리새파 사람들이 말했다. "그 사람은 하나님으로부터 온 사람이 아니다. 안식일을 지키고 있지 않으니까." 그러나 다른 사람들은 말했다. "죄가 있는 사람이 어째서 그와 같은 표적을 행할 수 있을까?" 그래서 그들 사이에 분쟁(대립)이 생겼다.[9:16])

[1] 罪(つみ)のある人(ひと)が : 죄가 있는 사람이. 「罪(つみ)のある人(ひと)」의 「罪(つみ)のある」는 연체수식절로 뒤에 오는 「人(ひと)」를 수식하기 때문에, 절 내의 「〜の」는 주격 역할을 한다.

　[例] 罪(つみ)のない人間(にんげん)と罪(つみ)のある人間(にんげん)を分(わ)けるのが困難(こんなん)なときもあるものですよ。

　(죄가 없는 사람과 죄가 있는 사람을 나누는 것이 곤란할 때도 있는 법이에요.)

　被告人(ひこくにん)は、罪(つみ)のあることが証明(しょうめい)され、判決(はんけつ)が下(くだ)されるまでは、犯罪者(はんざいしゃ)として扱(あつか)われない。

　(피고인은 죄가 있는 것이 증명되고, 판결이 내려질 때까지는 범죄자로 취급받지 않는다.)

[2] どうしてそのようなしるしを行(おこな)うことができようか : 어째서 그와 같은 표적을 행할 수 있을까? 본 절의 「どうして」는 「어찌 하여」 「어째서」에 상당하는 부사로 앞에서 서술한 [9:15]의 「どうして」와는 용법에 있어서 약간 차이가 있다.

　[例] そこでイエスは彼(かれ)らを呼(よ)び寄(よ)せ、譬(たとえ)をもって言(い)われた、「どうして、サタンがサタンを追(お)い出(だ)すことができようか。[口語訳 / マルコによる福音書 3:23]

　(그래서 예수께서는 그들을 가까이 불러들여서 비유로 말씀하셨다. "어찌

하여 사탄이 사탄을 내쫓을 수 있겠는가?)[마가복음 3:23][35]

夜昼(よるひる)、寝起(ねお)きしている間(あいだ)に、種(たね)は芽(め)を出(だ)して育(そだ)っていくが、どうしてそうなるのか、その人(ひと)は知(し)らない。[口語訳 / マルコによる福音書 4:27]
(늘 자고 일어나는 동안에 씨는 싹을 내고 자라지만, 어째서 그렇게 되는지 그 사람은 모른다.)[마가복음 4:27][36]

그리고「行(おこな)うことができようか」의「〜ことができようか」는 가능의「〜ことができる」에 추측의「〜よう」, 그리고 질문의「〜か」가 접속된 것이다.

[例]そこでイエスは彼(かれ)らを呼(よ)び寄(よ)せ、譬(たとえ)をもって言(い)われた、「どうして、サタンがサタンを追(お)い出(だ)すことができようか。[口語訳 / マルコによる福音書 3:23]
(그래서 예수께서는 그들을 가까이 불러들여서 비유로 말씀하셨다. "어찌하여 사탄이 사탄을 내쫓을 수 있겠는가?)[마가복음 3:23][37]

また、人(ひと)はどんな代価(だいか)を払(はら)って、その命(いのち)を買(か)いもどすことができようか。[口語訳 / マルコによる福音書 8:37]
(그리고 사람이 어떤 대가를 지불해서 그 목숨을 되살 수 있겠느냐?)[마가복음 8:37][38]

[3] 彼(かれ)らの間(あいだ)に分争(ふんそう)が生(しょう)じた : 그들 사이에 분쟁(대립)이 생겼다.「分争(ふんそう)が生(しょう)じる ; 분쟁(대립)이 생기다」의「分争

---

35) 李成圭(2018c)『일본어 구어역 마가복음의 언어학적 분석 I』시간의물레. p. 133에서 인용.
36) 李成圭(2018c)『일본어 구어역 마가복음의 언어학적 분석 I』시간의물레. p. 175에서 인용.
37) 李成圭(2018c)『일본어 구어역 마가복음의 언어학적 분석 I』시간의물레. p. 113에서 인용.
38) 李成圭(2019a)『일본어 구어역 마가복음의 언어학적 분석 II』시간의물레. p.170에서 인용.

(ふんそう)」라는 한어에 관해 그 출처를 찾는 것이 용이하지 않다.

1. 일본에서 발행한 국어사전류에서는「分爭」이란 단어가 표제어에도 설명 부분에도 등장하지 않는다. 그 대신「フンソウ」로 검색하면「紛争(ふんそう)」로 나온다. 그런데 검색을 하면「分爭」라는 한자 어휘가 상당히 제한적이지만 등장하는 경우도 있다.

    [例]また明治(めいじ)三十三年(さんじゅうさんねん)一月(いちがつ)、重野(しげの)は「『大日本史(だいにほんし)』の特筆(とくひつ)に就(つ)き私見(しけん)を述(の)ぶ」と題(だい)した講演(こうえん)を行(おこ)ない、南朝正統論(なんちょうせいとうろん)を無用(むよう)の論(ろん)と断(だん)じ、<u>「両帝(りょうてい)分争(ふんそう)」</u>の時代(じだい)は「ただ当時(とうじ)の事実(じじつ)に因(よ)り、両(ふたつ)ながら存(そん)し並(なら)び立(た)つるを穏当(おんとう)なりとせん」と述(の)べていた(『東京(とうきょう)学士院(がくしいん)雑誌(ざっし)』題(だい)二十三(にじゅうさん)編(へん)三号(さんごう))。

    (그리고 메이지 33년 1월 시게노는「『대일본사』의 특필에 관해 사견을 말하다」라는 제하의 강연을 행하고, 남조정통론을 무용의 논이라고 단정하고,「양제 분쟁」의 시대는「다만 당시 사실에 의해 둘 다 존재하고 병립하는 것을 온당하다」고 논하고 있었다.『동경학사회원잡지』제23편 3호).)

2. 한편, [표준국어대사전]에 의하면「분쟁1(分爭) ; 갈려져 다툼(명사)」「분쟁(分爭)하다1 ; 갈려져 다투다」와 같이 나와 있다.

    그러면 타 번역본에서는 해당 부분에 관해 어떻게 서술하고 있는지 살펴보자.

    [例]意見(いけん)が分(わ)かれた。[塚本訳1963]

    (의견이 갈렸다.)

彼(かれ)らの間(あいだ)で意見(いけん)が分(わ)かれた。[新共同訳1987]

(그들 사이에서 의견이 갈렸다.)

彼(かれ)らの間(あいだ)に、分裂(ぶんれつ)が起(お)こった。[新改訳1970]

(그들 사이에 분열이 생겼다.)

彼(かれ)らに分裂(ぶんれつ)がおこった。前田訳1978]

(그들에게 분열이 생겼다.)

彼(かれ)らの間(あいだ)に分裂(ぶんれつ)が生(しょう)じた。[岩波翻訳委員会訳1995]

(그들 사이에 분열이 생겼다.)

또한 구어역 신약성서에서「分争(ふんそう)」는 본 절의 예를 포함하여 총 6회 출현한다.

[例]もしサタンが内部(ないぶ)で対立(たいりつ)し分争(ふんそう)するなら、彼(かれ)は立(た)ち行(ゆ)けず、滅(ほろ)んでしまう。[口語訳 / マルコによる福音書 3:26]

(만일 사탄이 내부에서 대립하고 분쟁을 일으킨다고 한다면 그는 버티지 못하고 망하고 만다.)[마가복음 3:26][39]

こうして、群衆(ぐんしゅう)の間(あいだ)にイエスのことで分争(ふんそう)が生(しょう)じた。[口語訳 / ヨハネによる福音書 7:43]

(이렇게 해서 군중 사이에 예수 일로 분쟁이 생겼다.)[요한복음 7:43][40]

これらの言葉(ことば)を語(かた)られたため、ユダヤ人(じん)の間(あいだ)にまたも分争(ふんそう)が生(しょう)じた。[口語訳 / ヨハネによる福音書 10:19]

---

39) 李成圭(2018c)『일본어 구어역 마가복음의 언어학적 분석 I 』시간의물레. p. 141에서 인용.

40) [口語訳 / ヨハネによる福音書 7:43]에서 인용.

(이런 말씀을 하셨기 때문에, 유대인 사이에 또다시 분쟁이 생겼다.)[요한복음 10:19][41]

さて兄弟(きょうだい)たちよ。わたしたちの主(しゅ)イエス・キリストの名(な)によって、あなたがたに勧(すす)める。みな語(かた)ることを一(ひと)つにし、お互(たが)いの間(あいだ)に<u>分争(ふんそう)</u>がないようにし、同(おな)じ心(こころ)、同(おな)じ思(おも)いになって、堅(かた)く結(むす)び合(あ)っていてほしい。[口語訳/コリント人への第一の手紙 1:10][고린도 교회의 분열상]
(그런데 형제들이여, 우리 주 예수 그리스도의 이름으로 여러분에게 권한다. 모두 말하는 것을 하나로 하고, 여러분 사이에 분쟁이 없도록 하고, 같은 마음과 같은 생각이 되어 굳게 결합해 주었으면 한다.)[고린도전서 1:10]

まず、あなたがたが教会(きょうかい)に集(あつ)まる時(とき)、お互(たが)いの間(あいだ)に<u>分争(ふんそう)</u>があることを、わたしは耳(みみ)にしており、そしていくぶんか、それを信(しん)じている。[口語訳/コリント人への第一の手紙 11:18]
(먼저, 너희가 교회에 모일 때, 서로 간에 분쟁이 있는 것을 나는 듣고 있고 그리고 어느 정도 그것을 믿고 있다.)[고린도전서 11:18]

そこで彼(かれ)らは、もう一度(ど)この盲人(もうじん)に聞(き)いた、「[1]おまえの目(め)を開(あ)けてくれたその人(ひと)を、どう思(おも)うか」。「預言者(よげんしゃ)だと思(おも)います」と彼(かれ)は言(い)った。[ヨハネによる福音書 9:17]
(그러자 그들은 다시 한 번 이 맹인에게 물었다. "네 눈을 뜨게 해 준 그 사람을 어떻게 생각하느냐?" "예언자라고 생각합니다." 라고 그는 말했다.[9:17])

---

41) [口語訳/ヨハネによる福音書 10:19]에서 인용.

[1] おまえの目(め)を開(あ)けてくれたその人(ひと) : 네 눈을 뜨게 해 준 그 사람.「目(め)を開(あ)けてくれた」는「目(め)を開(あ)ける」에 수수표현「〜てくれる」의 과거「〜てくれた」가 접속된 것이다.

[例] 聞(き)きに集(あつ)まってくれた人(ひと)たちは大半(たいはん)が日本語(にほんご)の達人(たつじん)・天才(てんさい)であった。

(듣기 위해 모여 준 사람들은 대부분이 일본어의 달인·천재였다.)

われわれが語(かた)ることのすべては、われわれに何(なに)かを伝(つた)えてくれた人(ひと)、死(し)んでこの世(よ)を去(さ)っていった人(ひと)に対(たい)する、応答(おうとう)だ。

(우리가 이야기하는 모든 것은 우리에게 무엇인가를 전해 준 사람, 죽어서 이세상을 떠나간 사람에 대한 응답이다.)

テレビで紹介(しょうかい)されてから、品切(しなぎ)れ状態(じょうたい)で今度(こんど)いつ入荷(にゅうか)されるかわかりませんが、これを見(み)てくれた人(ひと)だけに教(おし)えてます。

(텔레비전에서 소개되고 나서 품절 상태로 이번에는 언제 입하될지 모르겠습니다만, 이것을 봐 준 사람에게만 가르치고 있습니다.)

相手(あいて)の言(い)ったことで人物(じんぶつ)を判断(はんだん)するなら、「なんとかしましょう」と言(い)ってくれた人(ひと)は、「思(おも)いやりがある人(ひと)」で「頼(たよ)りになる人(ひと)」だということになる。

(상대가 말한 것으로 인물을 판단한다면, 「어떻게든 하겠습니다.」라고 말해 준 사람은 「배려가 있는 사람」으로 「믿을 만한 사람」이라고 말하게 된다.)

ユダヤ人(じん)たちは、彼(かれ)がもと盲人(もうじん)であったが[1]見(み)えるようになったことを、まだ信(しん)じなかった。[2]ついに彼(かれ)らは、目(め)が見(み)えるようになったこの人(ひと)の両親(りょうしん)を呼(よ)んで、[ヨハネによる福音書 9:18]

(유대인들은 그가 전에 맹인이었지만, 보이게 된 것을 아직 믿지 않았다. 마침내 그들은 눈이 보이게 된 이 사람의 부모를 불러,[9:18])

[1] 見(み)えるようになったことを、まだ信(しん)じなかった : 보이게 된 것을 아직 믿지 않았다. 「信(しん)じなかった」는 동사 「信(しん)じる」의 부정 과거인데, 같은 유형의 예를 들면 다음과 같다.

[例] 家族(かぞく)が迷惑(めいわく)するからと言(い)って、ほんとうのことを言(い)わなかった。
(가족에게 폐가 된다고 해서 사실을 말하지 않았다.)

しかし、慎重(しんちょう)な彼(かれ)はこの最後(さいご)のことばを聞(き)かなかった。
(그러나 신중한 그는 이 마지막 말을 듣지 않았다.)

この間(あいだ)、彼(かれ)はそのことを当(とう)の本人(ほんにん)どころか、父(ちち)や母(はは)にもまったく話(はな)さなかった。
(요전에 그는 그 일을 바로 그 장본인커녕 아버지나 어머니에게도 전혀 이야기하지 않았다.)

そして、私(わたし)たちは、問題(もんだい)の時間(じかん)が過(す)ぎるのを待(ま)った。私(わたし)はそんな予言(よげん)を信(しん)じなかった。
(그리고 우리들은 문제의 시간이 지나는 것을 기다렸다. 나는 그런 예언을 믿지 않았다.)

だが、彼(かれ)らは何(なに)も見(み)なかった。見(み)る暇(ひま)がなかった。
(하지만 그들은 아무 것도 보지 않았다. 볼 틈이 없었다.)

[2] ついに : 마침내. 드디어. 결국.

[例] ついに、苦(くる)しげなため息(いき)を長々(ながなが)と吐(は)き出(だ)した。
(마침내 괴로워 보이는 한숨을 길게 토해냈다.)

ついに、人間(にんげん)の声(こえ)でさえも、私(わたし)の気(き)にさわるような状

態(じょうたい)になった。
(마침내 사람 소리조차도 내 기분을 상하는 그런 상태가 되었다.)
石(いし)を拾(ひろ)っていると奥(おく)さんが現(あら)われた。ついに、その気(き)になってくれたようである。
(돌을 줍고 있자, 부인이 나타났다. 드디어 그렇게 할 생각이 된 것 같다.)
ついに、アンコールを求(もと)めて客(きゃく)はステージのピアノの下(した)に集(あつ)まり、楽器(がっき)を手(て)にした楽員(がくいん)たちもピアノのまわりを取(と)り囲(かこ)んだ。
(마침내 앙코르를 청하며 손님들은 무대 피아노 아래로 모여 악기를 손에 든 악원들도 피아노 주위를 둘러쌌다.)

尋(たず)ねて言(い)った、「[1]これが、[2]生(うま)れつき盲人(もうじん)であったと、おまえたちの言(い)っている息子(むすこ)か。それではどうして、[3]いま目(め)が見(み)えるのか」。[ヨハネによる福音書 9:19]
(물으며 말했다. "이 사람이 태어나면서부터 맹인이었다고, 너희가 말하고 있는 아들이냐? 그러면 어떻게 지금 눈이 보이게 되었느냐?"

[1]これが、生(うま)れつき盲人(もうじん)であったと、おまえたちの言(い)っている息子(むすこ)か : 이 사람이 태어나면서부터 맹인이었다고, 너희가 말하고 있는 아들이냐? 이것은 명사술어문「これが~息子(むすこ)か」에「生(うま)れつき盲人(もうじん)であったと、おまえたちの言(い)っている; 태어나면서부터 맹인이었다고, 너희가 말하고 있는」가 삽입된 복문으로「これが」의「これ」는 사물을 나타내는 지시대명사가 인대명사(人代名詞)로 쓰인 것이다.

[2]生(うま)れつき盲人(もうじん)であったと、おまえたちの言(い)っている : 태어나면서부터 맹인이었다고, 너희가 말하고 있는. 이 부분은「おまえたちが生(うま)れつ

き盲人(もうじん)であったと言(い)っている ; 너희가 태어나면서부터 맹인이었다고 말하고 있다」에서「生(う)まれつき盲人(もうじん)であったと」가 문두로 도치된 문이다.

[3]いま目(め)が見(み)えるのか : 지금 눈이 보이게 되었느냐?「目(め)が見(み)える ; 눈이 보이게 되다」의「見(み)える」는 자발동사인데, 가능과 자발의 의미를 겸비하고 있다.
[例]娘(むすめ)の目(め)には彼(かれ)がそう見(み)え、さらには父親(ちちおや)がトリッキーに見(み)えるのか。
(딸의 눈에는 그가 그렇게 보이고, 또한 아버지가 교활하게 보이는가?)
そうか、それで外(そと)が見(み)えるのか。キャンパスを囲(かこ)む高(たか)い頑丈(がんじょう)な塀(へい)はバラバラに壊(こわ)れていました。
(그런가? 그래서 밖이 보이는가? 캠퍼스를 둘러싼 높고 튼튼한 벽은 산산조각으로 부서져 있었습니다.)
では、何(なに)がどのように違(ちが)って見(み)えるのか。まずはEVAの定義(ていぎ)ならびにその特徴(とくちょう)を説明(せつめい)していくことにしよう。
(그럼, 무엇이 어떻게 다르게 보이는가? 우선은 EVA의 정의 및 그 특징을 설명해 나가기로 하자.)

両親(りょうしん)は答(こた)えて言(い)った、「これが[1]わたしどもの息子(むすこ)であること、また生(う)まれつき盲人(もうじん)であったことは[2]存(ぞん)じています。[ヨハネによる福音書 9:20]
(부모는 대답하여 말했다. "이게 저희 아들인 것과 또 태어나면서부터 맹인이었던 것은 알고 있습니다."[9:20])

[1]わたしどもの息子(むすこ)であること : 저희 아들인 것.「わたしども」는「わたし」의

겸양어I로 「わたし」에 겸양을 나타내는 접미사 「ども」가 접속된 것이다. 보다 정중한 말씨로는 「私(わたくし)ども」「手前(てまえ)ども」가 있다.

[例] 霊(れい)はたびたび、この子(こ)を火(ひ)の中(なか)、水(みず)の中(なか)に投(な)げ入(い)れて、殺(ころ)そうとしました。しかし、できますれば、わたしどもをあわれんでお助(たす)けください」。[口語訳 / マルコによる福音書 9:22]
(악령이 여러 번 이 아이를 불 속, 물속에 던져 넣어 죽이려고 했습니다. 그러나 하실 수 있으면 저를 불쌍히 여겨 도와주십시오.")[마가복음 9:22][42]

すなわち、ひとり子(ご)なるキリストが、この世(よ)に来(き)たことによって、わたくしどもは初(はじ)めて生(い)きるようになった。
(즉 독생자인 그리스도가 이 세상에 옴으로써 저희는 처음으로 살게 되었다.)
あの奥様(おくさま)、今日(きょう)あたくしどもへお見(み)えになったんですけど、お気(き)の毒(どく)でなりませんわ!
(그 부인, 오늘 저희에게 오셨습니다만 가엾어서 견딜 수 없어요.)
手前(てまえ)どもも新(あたら)しい事業(じぎょう)に手(て)をつけたばかりで、何(なに)かと出費(しゅっぴ)も嵩(かさ)んでおります。
(저희들도 새 사업에 막 손을 댔습니다만, 여러 가지로 비용도 불어났습니다.)

[2] 存(ぞん)じています : 알고 있습니다. 「存(ぞん)ずる·存(ぞん)じる」는 ①「知(し)る」의 겸양어II(정중어), ②「思(おも)う」의 겸양어II(정중어)이다. 본 절의 「存(ぞん)じています」는 「知(し)っています」의 경어로 쓰인 것으로 더 정중하게 표현할 때에는 「存(ぞん)じております」와 같이 「~ています」 대신에 「~ております」를 사용한다.

---

42) 李成圭(2019a) 『일본어 구어역 마가복음의 언어학적 분석II』 시간의물레. p. 205에서 인용.

1. 「知(し)る」의 겸양어Ⅱ(정중어)

[例]ええ、ええ、あなたがとても鋭(するど)く賢(かしこ)い方(かた)だというのはよく存(ぞん)じています。
(네, 네, 당신이 무척 날카롭고 현명한 분이라는 것은 잘 알고 있습니다.)
石原(いしはら)知事(ちじ)が東京都(とうきょうと)知事(ちじ)でいらっしゃる限(かぎ)り、これは絶対(ぜったい)に反対(はんたい)をされるということをよく存(ぞん)じております。
(이시하라 지사가 도쿄도 지사이신 이상, 이것은 절대로 반대하신다고 하는 것을 잘 알고 있습니다.)
一方(いっぽう)におきまして下請(したうけ)取引(とりひき)の関係(かんけい)というのは非常(ひじょう)に複雑(ふくざつ)でございまして、先生(せんせい)の御指摘(ごしてき)のございましたように、ある場合(ばあい)には親(おや)になり、それが同時(どうじ)に上(うえ)の段階(だんかい)においては下請(したうけ)である、またその親(おや)が下請(したうけ)でありながら、次(つぎ)の段階(だんかい)に対(たい)しては親(おや)になるという関係(かんけい)で、その関係(かんけい)が非常(ひじょう)に複雑(ふくざつ)であることもよく存(ぞん)じております。
(한편, 하청 거래 관계라고 하는 것은 대단히 복잡해서 선생님께서 지적하신 바와 같이 어떤 경우에는 원청이 되고, 그것이 동시에 윗단계에 있어서는 하청이다. 그리고 그 원청이 하청이면서도 다음 단계에 대해서는 원청이 된다고 하는 관계로 그 관계가 대단히 복잡한 것도 잘 알고 있습니다.)
兄(あに)が何(なに)をしているのかなど、わたくし、とんと存(ぞん)じません。
(오빠가 무엇을 하고 있는지 등 저는 전혀 모릅니다.)
それまで私(わたし)は弥山(みせん)というところをまったく存(ぞん)じませんでした。
(그때까지 저는 미센이라는 데를 전혀 몰랐습니다.)

2.「思(おも)う」의 의 겸양어Ⅱ(정중어)

　[例]現在(げんざい)なお捜査中(そうさちゅう)でございますので、今(いま)この段階(だんかい)で見通(みとお)しを明(あき)らかにするということにつきましては、差(さ)し控(ひか)えさせていただきたいと存(ぞん)ずるのでございますが。
　(현재 여전히 수사 중이어서 지금 이 단계에서 전망을 분명히 한다는 것에 관해서는 유보했으면 하는 바입니다.)

　そういうような規制(きせい)緩和(かんわ)ではなく、もう少(すこ)しフェアな意味(いみ)での規制(きせい)緩和(かんわ)というものを考(かんが)えて、それには情報(じょうほう)公開(こうかい)というものを最終的(さいしゅうてき)に押(お)さえていく必要(ひつよう)があるのかな、かように存(ぞん)ずる次第(しだい)でございます。
　(그와 같은 규제 완화가 아니라, 조금 더 공정한 의미에서의 규제 완화라는 것을 생각해서 그것에는 정보 공개라는 것을 최종적으로 확보해 나갈 필요가 있지 않나, 그런 식으로 생각하는 바입니다.)

　あなたを再(ふたた)びわたしの国(くに)にお招(まね)きできて光栄(こうえい)に存(ぞん)じます。今夜(こんや)は是非(ぜひ)わたしと夕食(ゆうしょく)をご一緒(いっしょ)していただけませんか?
　(당신을 다시 우리나라에 초대할 수 있어서 영광스럽게 생각합니다. 오늘밤은 꼭 저와 저녁 식사를 함께 해 주시지 않으시겠습니까?)

　貴店(きてん)におかれましては、益々(ますます)ご盛栄(せいえい)のことと存(ぞん)じます。
　(귀 상점이 더욱 더 번성하시리라고 사료됩니다.)

　御社(おんしゃ)におかれましては、いよいよご繁栄(はんえい)のご様子(ようす)なによりと存(ぞん)じます。
　(귀사가 더욱 더 번창하는 모습을 보게 되어 무척 다행스럽게 생각합니다.)

　近日中(きんじつちゅう)にご挨拶(あいさつ)にお伺(うかが)いしたいと存(ぞん)

じます。
(근일 중에 인사드리러 찾아뵈었으면 하고 생각하고 있습니다.)
首相(しゅしょう)、このたびはご帰国(きこく)、おめでとう存(ぞん)じます。
(수상 각하 금번 무탈하게 귀국하신 것을 축하드립니다.)
重(かさ)ね重(がさ)ねありがたく存(ぞん)じます。今後(こんご)とも何卒(なにとぞ)よろしくお願(ねが)い申(もう)し上(あ)げます。
(거듭 감사하게 생각하고 있습니다. 앞으로도 아무쪼록 잘 부탁드립니다.)
広告(こうこく)担当者(たんとうしゃ)の連絡(れんらく)というのが不十分(ふじゅうぶん)であった結果(けっか)と思(おも)いますが、大変(たいへん)遺憾(いかん)なことだと存(ぞん)じております。
(광고 담당자의 연락이라는 것이 불충분한 결과라고 생각합니다만, 대단히 유감스러운 일이라고 생각하고 있습니다.
そういう一般法(いっぱんほう)の規定(きてい)による救済(きゅうさい)ということでやっていくほかには道(みち)はないというふうに存(ぞん)じております。
(그런 일반법의 규정에 의한 규제라는 것으로 해 나가는 것 이외에는 길은 없다고 그런 식으로 생각하고 있습니다.)

しかし、どうしていま見(み)えるようになったのか、それは知(し)りません。また、だれが[1]その目(め)を開(あ)けて下(くだ)さったのかも知(し)りません。[2]あれに聞(き)いて下(くだ)さい。あれはもう大人(おとな)ですから、自分(じぶん)のことは[3]自分(じぶん)で話(はな)せるでしょう」。[ヨハネによる福音書 9:21]
(그러나 어떻게 지금 보이게 되었는지 그것은 모릅니다. 또 누가 그 눈을 뜨게 해 주셨는지도 모릅니다. 그에게 물어 보세요. 그는 이제 어른이니까, 자신에 관한 일은 직접 이야기할 수 있겠지요.[9:21])

[1]その目(め)を開(あ)けて下(くだ)さったのかも知(し)りません : 그 눈을 뜨게 해 주셨는지도 모릅니다. 「開(あ)けて下(くだ)さった」는 「開(あ)ける」에 수수표현 「〜て下(くだ)さる」의 과거 「〜て下(くだ)さった」가 접속된 것이다.

[例]回答(かいとう)してくださった方(かた)がいたのですが、アカウントがどこにあるのか分(わ)かりません。教(おし)えていただけませんか。

(회답해 주신 분이 있었습니다만, 어카운트가 어디에 있는지 모르겠습니다. 가르쳐 주시지 않겠습니까?)

あるいは慈悲深(じひぶか)い神(かみ)が、彼(かれ)にその手段(しゅだん)を与(あた)えてくださったのかもしれない。

(혹은 자비로운 하나님께서 그에게 그 수단을 주셨는지 모른다.)

忙(いそが)しい中(なか)、私(わたし)の質問(しつもん)に丁寧(ていねい)にいろいろ答(こた)えてくださったので、本当(ほんとう)に私(わたし)は坂戸(さかと)さんに感謝(かんしゃ)の気持(きも)ちでいっぱいです。

(바쁘신 데, 제 질문에 친절하게 여러 모로 대답해 주셔서 정말 저는 사카토 씨에게 모든 것이 감사할 따름입니다.)

[2]あれに聞(き)いて下(くだ)さい : 그에게 물어 보세요. 본 절의 「あれ」는 사물을 나타내는 지시대명사가 3인칭 인대명사(人代名詞)로 전용된 것으로 화자와 청자가 모두 알고 있는 사람을 가리킬 때 쓰인다.

타 번역본에서는 어떻게 표현하고 있는지 살펴보자.

[例]あれに聞(き)いてください。[塚本訳1963]

(그에게 물어 보세요.)

あれに聞(き)いてください。[新改訳1970]

(그에게 물어 보세요.)

あれにたずねてください。[前田訳1978]

(그에게 물어 보세요.)

本人(ほんにん)にお聞(き)きください。[新共同訳1987]

(본인에게 물어 보십시오.)

彼(かれ)にたずねて下さい。[岩波翻訳委員会訳1995]

(그에게 물어 보세요.)

[塚本訳1963][新改訳1970][前田訳1978]에서는 구어역과 마찬가지로 문맥지시의「あれ」가 쓰이고 있고, [新共同訳1987]에서는「本人(ほんにん)」가, [岩波翻訳委員会訳1995]에서는「彼(かれ)」가 사용되고 있다.

[3] 自分(じぶん)で話(はな)せるでしょう : 직접 이야기할 수 있겠지요.「話(はな)せるでしょう」는「話(はな)す」의 가능동사「話(はな)せる」에 추측을 나타내는「～でしょう」가 접속된 것이다.

[例] それがプログラミングの醍醐味(だいごみ)だと言(い)えるでしょう。

(그것이 프로그래밍의 묘미라고 할 수 있겠지요.)

そりゃそうかもしれんが、内部(ないぶ)の人間(にんげん)は出(で)て行(い)けるでしょう。

(그건 그럴지도 모르지만, 내부 인간은 나갈 수 있겠지요.)

マーケット関係者(かんけいしゃ)は、しばらく美味(おい)しい酒(さけ)が飲(の)めるでしょう。

(마켓 관계자는 얼마 동안은 맛있는 술을 마실 수 있겠지요.)

任務(にんむ)を受(う)けて出発(しゅっぱつ)する前(まえ)に一度(いちど)家(いえ)に帰(かえ)れるでしょう。

(임무를 받아 출발하기 전에 한 번 집에 돌아갈 수 있겠지요.)

アメリカの南北(なんぼく)戦争(せんそう)以前(いぜん)の奴隷(どれい)売買(ばいばい)の告知(こくち)など、今(いま)の英語(えいご)の新聞(しんぶん)が読(よ)める人(ひと)は難(なん)なく読(よ)めるでしょう。

(미국 남북전쟁 이전의 노예 매매의 고지 등, 지금의 영어 신문을 읽을 수 있는 사람은 쉽게 읽을 수 있겠지요.)

両親(りょうしん)はユダヤ人(じん)たちを恐(おそ)れていたので、こう答(こた)えたのである。それは、[1]もしイエスをキリストと告白(こくはく)する者(もの)があれば、[2]会堂(かいどう)から[3]追(お)い出(だ)すことに、ユダヤ人(じん)たちが既(すで)に決(き)めていたからである。[ヨハネによる福音書 9:22]
(부모는 유대인들을 무서워하고 있었기 때문에 이렇게 대답한 것이다. 그것은, 만일 예수를 그리스도라고 고백하는 사람이 있으면, 회당에서 내쫓기로 유대인들이 이미 정하고 있었기 때문이다.[9:22])

[1]もしイエスをキリストと告白(こくはく)する者(もの)があれば、: 만일 예수를 그리스도라고 고백하는 사람이 있으면. 본 절에서는 「イエスをキリストと告白(こくはく)する者(もの)」와 같이 「고백하는 사람」의 존재에 관해 「ある」동사의 가정형이 쓰이고 있다. 이 부분을 타 번역본에서는 어떻게 묘사하고 있는지 살펴보자.

[例]イエスを公然(こうぜん)救世主(きゅうせいしゅ)と認(みと)める者(もの)があれば、[塚本訳1963]
(예수를 공공연하게 구세주라고 인정하는 사람이 있으면.)
イエスをキリストであると告白(こくはく)する者(もの)があれば、[新改訳1970]
(예수를 그리스도라고 고백하는 사람이 있으면.)
彼(かれ)のことをキリストだと公言(こうげん)する人(ひと)があれば、[岩波翻訳委員会訳1995]
(그에 관해 그리스도라고 공언하는 사람이 있으면.)
イエスをメシアであると公(おおやけ)に言(い)い表(あらわ)す者(もの)がいれば、[新共同訳1987]
(예수를 메시아라고 공공연하게 말로 표현하는 사람이 있으면.)

[塚本訳1963][新改訳1970][岩波翻訳委員会訳1995]에서는「{者(もの)が·人(ひと)が}あれば」와 같이「ある」가 쓰이고 있고, [新共同訳1987]에서는「者(もの)がいれば」와 같이「いる」가 사용되고 있다.

[2]会堂(かいどう)から追(お)い出(だ)す : 회당에서 내쫓다.「追(お)い出(だ)す」는「追(お)う」의 연용형에 공간상을 나타내는 후항동사「出(だ)す」가 결합한 복합동사인데 예를 들면 다음과 같다.

[例]ホテル側(がわ)の都合(つごう)を優先(ゆうせん)して朝(あさ)10時(じゅうじ)までに客(きゃく)を追(お)い出(だ)す日本(にほん)の旅館(りょかん)やホテルのこうした「常識(じょうしき)」が問題(もんだい)だ.
(호텔 측 사정을 우선해서 아침 10시까지 손님을 내쫓는 일본의 여관이나 호텔의 이러한「상식」이 문제다.)

みなさんが思(おも)ってる程(ほど)不良(ふりょう)入居者(にゅうきょしゃ)を追(お)い出(だ)すのも簡単(かんたん)でなくて、必(かなら)ず訴訟(そしょう)を経(へ)なくてはなりません.
(여러분이 생각하고 있는 정도로 불량 입주자를 내쫓는 것도 간단하지 않고, 반드시 소송을 거치지 않으면 안 됩니다.)

村(むら)にはわたしの家(いえ)がある。羊(ひつじ)もいる。妹(いもうと)夫婦(ふうふ)は、まさかわたしを村(むら)から追(お)い出(だ)すようなことはしないだろう。
(마을에는 내 집이 있다. 양도 있다. 여동생 부부는 설마 나를 마을에서 내쫓는 그런 일은 하지 않겠지.)

悪性(あくせい)。つまり…ガン？私(わたし)はその二文字(ふたもじ)が浮(う)かんだ途端(とたん)、すぐに頭(あたま)から追(お)い出(だ)すことにした。
(악성. 즉 암? 나는 그 두 글자가 떠오른 순간 금방 머리에서 쫓아내기로 했다.)

[3]追(お)い出(だ)すことに、ユダヤ人(じん)たちが既(すで)に決(き)めていたからである : 내쫓기로 유대인들이 이미 정하고 있었기 때문이다. 이 문은 「ユダヤ人(じん)たちが[〜を]既(すで)に追(お)い出(だ)すことに決(き)めている」에서 문의 성분 간의 도치가 이루어진 것이다. 여기에서 「〜ことに決(き)めている」의 예를 들면 다음과 같다.

[例]彼(かれ)は、課長(かちょう)になってからは遅(おそ)くとも11時(じゅういちじ)までに会社(かいしゃ)につくことに決(き)めている。

(그는 과장이 되고 나서는 늦어도 11시까지 회사에 붙어 있는 것으로 하고 있다.)

そうかもしれません。あいつは冷酷(れいこく)な男(おとこ)です。都合(つごう)の悪(わる)い人間(にんげん)やじゃまな人間(にんげん)は殺(ころ)すことに決(き)めている。

(그럴지도 모릅니다. 그 자식은 냉혹한 남자입니다. 자기에게 불리한 인간이나 방해가 되는 인간은 죽이기로 하고 있다.)

でもそれは、朝(あさ)、家(いえ)を出(で)るとき、必(かなら)ず右足(みぎあし)から出(で)ることに決(き)めている人(ひと)や、お掃除(そうじ)がきちんとされていないと何(なに)もかもうまくいかない気(き)がする人(ひと)がいて、そのとおりにしていると安心(あんしん)ということと同(おな)じなんじゃないかなと思(おも)います。

(하지만 그것은 아침에 집을 나올 때, 반드시 오른발부터 나가는 것으로 하고 있는 사람이나 청소가 제대로 되어 있지 않으면 모든 것이 잘 되지 않는 생각이 드는 사람이 있고, 그대로 하고 있으면 안심이라는 것과 같지 않을까 하고 생각합니다.)

彼(かれ)の両親(りょうしん)が「大人(おとな)ですから、あれに聞(き)いて下(くだ)さい」[1]と言(い)ったのは、そのためであった。[ヨハネによる福音書 9:23]

(그의 부모가 "어른이니까, 그에게 물어 보세요."라고 말한 것은 그 때문이었다.[9:23])

[1] ～と言(い)ったのは、そのためであった : ～라고 말한 것은 그 때문이었다. 이 부분은 「～のは、～ためである；～(한) 것은 ～때문이다」유형의 문으로, 결과를 먼저 제시하고 그 원인·이유를 문말에 나타내는 방식이다.

[例] 市場(しじょう)で大(おお)きな変化(へんか)があった時(とき)には、「取引(とりひき)主体(しゅたい)の」リスクと「マーケットの」リスクを明確(めいかく)には区別(くべつ)できなくなるのは、そのためである。
(시장에서 커다란 변화가 있었을 때,「거래 주체의」리스크와「마켓의」리스크를 명확하게는 구별할 수 없게 되는 것은 그 때문이다.)

老年(ろうねん)になると、青春期(せいしゅんき)の感慨(かんがい)や、人生(じんせい)への根源的(こんげんてき)疑問(ぎもん)を思(おも)い返(かえ)す人(ひと)が多(おお)いのは、そのためである。
(노년이 되면, 청춘기의 감회나 인생에 대한 근원적 의문을 다시 생각하는 사람이 많은 것은 그 때문이다.)

私(わたし)が、日本(にほん)の本(ほん)や雑誌(ざっし)に現(あら)われた農地(のうち)問題(もんだい)関係(かんけい)の資料(しりょう)を詳(くわ)しく研究(けんきゅう)することができたのは、こうした方法(ほうほう)をとったためであった。
(내가 일본의 책이나 잡지에 나타난 농지 문제 관계의 자료를 자세히 연구할 수 있었던 것은 이러한 방법을 취했기 때문이다.)

東京(とうきょう)へ戻(もど)ってからもあまり外(そと)を出歩(であ)かないようにしていたのは、一(ひと)つにはそのためであった。
(도쿄에 돌아오고 나서는 별로 밖에 나돌아 다니지 않도록 한 것은, 하나는 그 때문이었다.)

> そこで彼(かれ)らは、盲人(もうじん)であった人(ひと)をもう一度(いちど)呼(よ)んで言(い)った、「[1]神(かみ)に栄光(えいこう)を帰(き)するがよい。あの人(ひと)が罪人(つみびと)であることは、[2]わたしたちにはわかっている」。
> [ヨハネによる福音書 9:24]
> (그러자 그들은 맹인이었던 사람을 다시 한 번 불러 말했다. "하나님께 영광을 돌려라!" 그 사람이 죄인인 것을 우리는 알고 있다." [9:24])

[1]神(かみ)に栄光(えいこう)を帰(き)するがよい : 하나님께 영광을 돌려라!「栄光(えいこう)を帰(き)する ; 영광을 돌리다」의「帰(き)する」는 타동사로 쓰인 것이고,「帰(き)するがよい」의「〜がよい」는「〜하는 것이 좋다」라는 뜻에서「〜하라」와 같이 명령의 뜻을 나타낸다.

　이 부분은 타 번역본에서는 어떻게 다루고 있는지 살펴보자.

[例]神(かみ)に栄光(えいこう)を帰(き)して真実(しんじつ)をいえ。[前田訳1978]
　　(하나님에게 영광을 돌리고 진실을 말해라.)

　　神(かみ)に栄光(えいこう)を帰(き)しなさい。[岩波翻訳委員会訳1995]
　　(하나님에게 영광을 돌려라.)

　　神(かみ)に栄光(えいこう)を帰(き)しなさい。[新改訳1970]
　　(하나님에게 영광을 돌려라.)

　　神(かみ)の前(まえ)で正直(しょうじき)に答(こた)えなさい。[新共同訳1987]
　　(하나님 앞에서 솔직히 대답하라.)

　　本当(ほんとう)のことを言(い)うように![塚本訳1963]
　　(사실 대로 말해라.)

　[前田訳1978]에서는「いえ」와 같이 동사의 명령형이, [岩波翻訳委員会訳1995] [新改訳1970]에서는「帰(き)しなさい」, [新共同訳1987]에서는「答(こた)えなさい」와 같이 부드러운 명령을 나타내는「〜なさい」가, [塚本訳1963]에서는

「言(い)うように」와 같이 「~ように」가 쓰이고 있다.

[2] わたしたちにはわかっている : 우리는 알고 있다. 「わかる」는 가능을 내포하고 있는 자동사로서 「わたしには」의 「~に」는 가능의 주체를 나타낸다.

[例] たとえ口(くち)がきけなくとも、君(きみ)がこれから何(なに)をしようとしているのか私(わたし)にはわかっている。

(설령 말을 하지 못해도 자네가 앞으로 무엇을 하려고 하고 있는지 나는 알고 있다.)

ごまかしたって駄目(だめ)です。わたくしにはわかっているのです。

(속여도 소용없습니다. 나는 알고 있습니다.)

これがどれほど厄介(やっかい)な仕事(しごと)になるか、君(きみ)にはわかっていると思(おも)えないがな。

(이것이 얼마나 성가신 일이 될지, 자네는 알고 있다고 생각되지만.)

そして私(わたし)にはわかっている。病院(びょういん)になんか行(い)っても無駄(むだ)なのだと。だから何(なに)も言(い)わない。

(그리고 나는 알고 있다. 병원 같은 데 가도 소용없다고. 그래서 아무 말도 하지 않겠다.)

すると彼(かれ)は言(い)った、「[1] あの方(かた)が罪人(つみびと)であるかどうか、わたしは知(し)りません。ただ一(ひと)つのことだけ知(し)っています。わたしは盲(めくら)であったが、[2] 今(いま)は見(み)えるということです」。[ヨハネによる福音書 9:25]

(그러자 그는 말했다. "그 분이 죄인인지 어떤지 나는 모릅니다. 다만 한 가지 일만 알고 있습니다. 나는 맹인이었는데, 지금은 보이게 되었다는 것입니다."[9:25])

[1]あの方(かた)が罪人(つみびと)であるかどうか、: 그 분이 죄인인지 어떤지. 「～かどうか」는 「～인지 어떤지」의 뜻을 나타내는데, 본 절에서는 명사술어문에 접속되어 쓰이고 있다.

[例]あなたのお母(かあ)さんが付(つ)き合(あ)っている男性(だんせい)が結婚(けっこん)詐欺(さぎ)であるかどうかはわかりませんが、…。
(당신 어머니가 사귀고 있는 남성이 결혼 사기인지 어떤지는 모르겠습니다만,….)

これがそのまま能率(のうりつ)の問題(もんだい)であるかどうかは、これは十分(じゅうぶん)検討(けんとう)しなきゃいけないというふうに考(かんが)えておりますけれども、…。
(이것이 그대로 능률의 문제인지 어떤지는, 이것은 충분히 검토해야 한다고 그렇게 생각하고 있습니다만,….)

土地(とち)を売却(ばいきゃく)するにあたり、売(う)りにくくなるとか、安(やす)くしないと売(う)れない土地であるかどうかが、その土地(とち)を取引(とりひき)する人(ひと)にとって大切(たいせつ)なことなのです。
(땅을 매각함에 있어 팔기 어렵게 된다든가, 싸게 하지 않으면 팔리지 않는 땅인지 어떤지가 그 땅을 거래하는 사람으로서 중요한 것입니다.)

[2]今(いま)は見(み)えるということです: 지금은 보이게 되었다는 것입니다. 「～ということです」는 「～라는 것입니다」의 뜻으로 설명을 나타내는 구문인데, 본 절에서는 동사에 접속되어 쓰이고 있다.

[例]それは、向上心(こうじょうしん)を持(も)ち、努力(どりょく)することによって、必(かなら)ず人(ひと)は変(か)われるチャンスがあるということです。
(그것은 향상심을 갖고 노력함으로써 반드시 사람은 변할 수 있는 찬스가 있다는 것입니다.)

神(かみ)が「義(ぎ)」なる方(かた)であるとは、神(かみ)が人間(にんげん)に対(た

い)する関係(かんけい)の中(なか)で、常(つね)に正(ただ)しい態度(たいど)を取(と)られるということです。
(하나님이「의」로운 분이라는 것은, 하나님께서 인간에 대한 관계 속에서 항상 올바른 태도를 취하신다는 것입니다.)
農家(のうか)も、事業性(じぎょうせい)を持(も)ち、企業家(きぎょうか)でなければならない時代(じだい)が来(く)るということです。
(농가도 사업성을 가지고 기업가가 아니면 안 되는 시대가 온다는 것입니다.)
この結果(けっか)わかることは、乙社(おつしゃ)のほうが、売上高(うりあげだか)の変動(へんどう)に対(たい)して、営業(えいぎょう)利益(りえき)も大(おお)きく変動(へんどう)するということです。
(이 결과 알 수 있는 것은, 을사 쪽이 매상고의 변동에 대해 영업 이익도 크게 변동한다는 것입니다.)

そこで彼(かれ)らは言(い)った、「[1]その人(ひと)はおまえに何(なに)をしたのか。[2]どんなにしておまえの目(め)を開(あ)けたのか」。[ヨハネによる福音書 9:26]
(그러자 그들은 말했다. "그 사람은 네게 무엇을 했느냐? 어떻게 네 눈을 뜨게 하였느냐?"[9:26])

[1]その人(ひと)はおまえに何(なに)をしたのか : 그 사람은 네게 무엇을 했느냐?「何(なに)をしたのか」의「したのか」는「する」의 과거「した」에 어떤 일의 배후에 있는 이유나 진상을 물을 때 쓰는「〜のか」가 접속된 것이다.
[例]「これで逃(に)げようとしたのか。」と、彼(かれ)がいった。
 (「이것으로 도망치려고 했느냐?」고 그가 말했다.)
「あまり聞(き)いたことはないな。そうか、尾張国(おわりのくに)にはそんな言(い)い伝(つた)えがあったのか。ソロリというのは盗賊(とうぞく)のことか」

177

(「별로 들어 본 적은 없다. 그런가? 오와리 지역에는 그런 구전이 있었는가? 소로리라는 것은 도적을 말하는가?」

「なぜ、母(はは)は死(し)ななければならなかったのか。なぜ、俺(おれ)は負傷(ふしょう)してしまったのか。それを出発点(しゅっぱつてん)から、見直(みなお)してみたかったんだよ」

(「왜 어머니가 죽어야 했는가? 왜 나는 부상을 입고 말았는가? 그것을 출발점에서 다시 생각해 보고 싶었다.」)

[2] どんなにしておまえの目(め)を開(あ)けたのか : 어떻게 네 눈을 뜨게 하였느냐? 「どんなにして」는 「こんなに」계열의 부사인 「どんなに」에 「して」가 접속되어 「어떻게 (해서)」의 뜻을 나타낸다.

[例] ごくごくたまに、外食(がいしょく)はどんなにして作(つく)るかわからないからといって食(た)べない家(いえ)があります。

(아주 드물게 외식은 어떻게 만드는지 알 수 없다고 해서 먹지 않는 집이 있습니다.)

それ以後(いご)、生(い)きる事(こと)に対(たい)し、執着(しゅうちゃく)がなくなりどんなにして死(し)んだらいいかと死(し)ぬことばかり考(かんが)えていました。

(그 후, 사는 것에 대해 집착이 없어지고 어떻게 죽으면 좋을지 죽는 것만 생각하고 있습니다.)

言語(げんご)というものは、いつの世(よ)に、どんなにして始(はじ)められたものか、だれが発明(はつめい)したものか、いずれ、もとは、やはりそれなしに生活(せいかつ)した長(なが)い長(なが)い時代(じだい)をへて、必要(ひつよう)から生(う)まれ、だれが始(はじ)めたとも知(し)れず、こうして使(つか)い慣(なら)されて、平常(へいじょう)はその軽妙(けいみょう)さをも、ありがたさをも、気(き)がつかずにいることではありますが、…。

(언어라는 것은 어느 시대에 어떻게 해서 시작된 것인지 누가 발명한 것

인지, 어쨌든 원래는 역시 그것 없이 생활한 길고 긴 시대를 거쳐 필요에서 만들어져 누가 시작했는지도 모르고 이렇게 사용하는 것에 익숙해져 평소에는 그 경묘함도 고마움도 알지 못하고 있는 것입니다, ….)

彼(かれ)は答(こた)えた、「そのことはもう[1]話(はな)してあげたのに、[2]聞(き)いてくれませんでした。なぜまた聞(き)こうとするのですか。あなたがたも、[3]あの人(ひと)の弟子(でし)になりたいのですか」。[ヨハネによる福音書 9:27]
(그는 대답했다. "그 일은 이미 말씀드렸는데, 들으려고 하지 않았습니다. 왜 다시 들으려고 합니까? 당신들도 그 사람의 제자가 되고 싶은 것입니까?"[9:27])

[1]話(はな)してあげたのに、 : 말씀드렸는데.「話(はな)してあげたのに」는「話(はな)す」에 수수표현「〜てあげる」의 과거「〜てあげた」가 접속되고 그 전체에 역접의「〜のに」가 연결된 것이다.

[例]証拠(しょうこ)のリンクまで貼(は)って親切(しんせつ)丁寧(ていねい)にそれは京都(きょうと)の大学生(だいがくせい)が作(つく)って流(なが)したデマだって<u>教(おし)えてあげたのに</u>、アンチのデタラメな答(こた)えをベストアンサーにしててびっくりしました!
(증거의 링크까지 붙여 친절하고 정중하게 그것은 교토의 대학생이 만들어 유포한 유언비어라고 가르쳐 주었는데, 반대의 엉터리 대답을 베스트 앤서로 해서 깜짝 놀랐습니다.)

せっかく俺(おれ)の気持(きも)ちを思(おも)って、よかれと、わざわざ<u>手(て)をかけ(あるいは金(かね)をかけ)やってあげたのに</u>、俺(おれ)は子供(こども)っぽくごねているだけにしか見(み)えないんだよ。
(모처럼 내 생각을 생각해서, 잘 되리라고, 일부러 시간을 들여(혹은 돈을 들여) 해 주었는데 나는 어린이처럼 투덜거리고 있는 것으로밖에 보이지

않는다.)

[2] 聞(き)いてくれませんでした : 들으려고 하지 않았습니다. 「聞(き)いてくれませんでした」는 「聞(き)く」에 수수표현 「～てくれる」의 정녕체인 「～てくれませんでした」가 접속된 것이다. 일본어의 「～てくれる」는 구체적인 수수 행위뿐만 아니라 심리직인 수수 관계까지 관여하기 때문에 한국어로 번역이 안 되는 경우가 많나.

[例] 先生(せんせい)にも言(い)ったそうなのですが、先生(せんせい)は何(なに)もしてくれませんでした。

(선생님에게도 말했다고 합니다만, 선생님은 아무 것도 해 주지 않았습니다.)

具体的(ぐたいてき)な話(はなし)は何(なに)もしてくれませんでした。それまで私(わたし)は議長(ぎちょう)と下水道(げすいどう)の修復(しゅうふく)や浄水(じょうすい)支援(しえん)の話(はなし)をしていたのに、です。

(구체적인 이야기는 아무 것도 해 주지 않았습니다. 그때까지 저는 의장과 하수도의 복원 및 정수 지원 이야기를 하고 있었는데, 말입니다.)

そこで、どういう部分(ぶぶん)が? と聞(き)き返(かえ)したのですが、答(こた)えてくれませんでした。

(그래서 어떤 부분이? 하고 되물었지만 대답해 주지 않았습니다.)

[3] あの人(ひと)の弟子(でし)になりたいのですか : 그 사람의 제자가 되고 싶은 것입니까? 「弟子(でし)になりたいのですか」의 「なりたいです」는 「なる」에 희망의 정녕체인 「～たいです」가 접속된 것이다.

[例] 海上(かいじょう)自衛隊(じえいたい)の音楽隊(おんがくたい)に入(はい)りたいです。

(해상자위대의 음악대에 들어가고 싶습니다.)

この辺(へん)でレベル上(あ)げと金稼(かねかせ)ぎがしたいです。

(이 쯤에서 레벨을 올리고 돈을 벌고 싶습니다.)

180

既婚(きこん)女性(じょせい)ですが、憧(あこが)れの未婚(みこん)の男性(だんせい)と友達(ともだち)になりたいです。メールしたり、お茶(ちゃ)や食事(しょくじ)に行(い)きたいです。どう思(おも)いますか。
(기혼 여성입니다만, 동경하는 미혼의 남성과 친구가 되고 싶습니다. 메일하거나 차나 식사하러 가고 싶습니다. 어떻게 생각합니까?)

こんな私(わたし)ですが、同(おな)じような経験(けいけん)のある方(かた)、学歴(がくれき)を捨(す)ててフリーター生活(せいかつ)をしている方(かた)など、様々(さまざま)な人(ひと)から話(はなし)を聞(き)きたいです。
(이런 저입니다만, 같은 경험이 있는 분, 학력을 버리고 프리터(프리 아르바이트) 생활을 하고 있는 분 등 여러 사람들로부터 이야기를 듣고 싶습니다.)

最後(さいご)に、総理(そうり)の御意見(ごいけん)もお聞(き)きしたいんです。
(마지막으로 총리의 견해를 듣고 싶습니다.)

要(よう)するに、僕(ぼく)は元気(げんき)でいて、元気(げんき)に仕事(しごと)をしてぽっくり逝(い)きたいんです。
(요컨대 나는 건강하게 있다가 건강하게 일을 하다가 털컥 죽고 싶습니다.)

そういった詳(くわ)しい減量法(げんりょうほう)をご存(ぞん)じの方(かた)がいらっしゃったらお尋(たず)ねしたいんです。
(그런 자세한 감량법을 아시는 분이 계시면 여쭈어 보고 싶습니다.)

そこで[1]彼(かれ)らは彼(かれ)を罵(ののし)って言(い)った、「おまえはあれの弟子(でし)だが、[2]わたしたちはモーセの弟子(でし)だ。[ヨハネによる福音書 9:28]
(그러자 그들은 그에게 욕을 퍼붓고 말했다. "너는 그 사람의 제자지만 우리는 모세의 제자이다."[9:28])

[1]彼(かれ)らは彼(かれ)を罵(ののし)って言(い)った : 그들은 그에게 욕을 퍼붓고 말했다. 「罵(ののし)る」는 「욕을 퍼붓다 / 욕하다」의 뜻인데, 「罵(ののし)って言(い)う」의 예를 살펴보면 다음과 같다.

[例]そこを通(とお)りかかった者(もの)たちは、頭(あたま)を振(ふ)りながら、イエスを<u>罵(ののし)って言(い)った</u>、「ああ、神殿(しんでん)を打(う)ちこわして三日(みっか)のうちに建(た)てる者(もの)よ、[口語訳 / マルコによる福音書 15:29]

(거기를 지나가던 사람들은 머리를 흔들면서 예수를 욕하며 말했다. "아, 성전을 부수고 사흘 만에 짓겠다는 사람아,)[마가복음 15:29][43]

そのまま床(とこ)に座(すわ)っていたので、呂后(りょうこう)が入(はい)って来(き)て大(おお)いに怒(いか)り<u>罵(ののし)って言(い)われた</u>。

(그대로 바닥에 앉아 있었기 때문에 여후가 들어와서 크게 화를 내고, 욕하며 말씀하셨다.)

[2]わたしたちはモーセの弟子(でし)だ : 우리는 모세의 제자이다. 「モーセの弟子(でし)だ」는 명사술어문인데 본 절에서는 보통체 말씨로 쓰이고 있다. 명사술어문의 보통체 말씨는 구두어에서는 여성은 사용하지 않고 남성만 사용하는데, 예를 들면 다음과 같다.

[例]「そいつは<u>大失敗(だいしっぱい)だ</u>。」と葉山(はやま)は頭(あたま)を円(まる)める。

(「그것은 대실패이다.」라고 하야마는 삭발하고 출가한다.)

「よろしい、よくわらったね。こんどは<u>勉強(べんきょう)だ</u>。」

(「좋다, 잘 웃었다. 이번에는 공부다.」)

「全員(ぜんいん)、兵舎(へいしゃ)に帰(かえ)れ。これは<u>命令(めいれい)だ</u>。」

(「전원 병사에 돌아가라. 이것은 명령이다.」)

---

43) [口語訳 / マルコによる福音書 15:29]에서 인용.

マイは、どなりました。「じゃ、けんかだ。」リンゴちゃんが、にらみました。「うん、けんかだ。」(마이는 고함을 쳤다. 「그럼 싸움이다.」링고가 노려보았습니다. 「응, 싸움이다.」)

「スリだ。」と叫(さけ)ぶと「何(なに)もしていない。」と犯行(はんこう)を否認(ひにん)し、押(お)さえている両手(りょうて)を振(ふ)り払(はら)おうとしたが。
(「소매치기다.」라고 외치자, 「아무 것도 안 했어.」라고 범행을 부인하고, 억누르고 있는 양손을 뿌리치려고 했지만.)

> モーセに[1]神(かみ)が語(かた)られたということは知(し)っている。だが、あの人(ひと)がどこから来(き)た者(もの)か、[2]わたしたちは知(し)らぬ。[ヨハネによる福音書 9:29]
> (모세에게 하나님께서 말씀하셨다고 하는 것을 안다. 그러나 그 사람이 어디에서 온 사람인지 우리는 모른다.[9:29])

[1]神(かみ)が語(かた)られた : 하나님께서 말씀하셨다. 「語(かた)られた」는 「語(かた)る」의 레르형 경어 「語(かた)られる」의 과거로 여기에서는 <神(かみ)>를 높이는 데에 사용되고 있다.

[例]神(かみ)は、昔(むかし)は、預言者(よげんしゃ)たちにより、いろいろな時(とき)に、いろいろな方法(ほうほう)で、先祖(せんぞ)たちに語(かた)られたが、[口語訳 / ヘブル人への手紙 1:1]
(하나님께서 옛날에는 예언자들에 의해 여러 번에 걸쳐 여러 가지 방법으로 선조들에게 말씀하셨지만,)[히브리서 1:1]

もしヨシュアが彼(かれ)らを休(やす)ませていたとすれば、神(かみ)はあとになって、ほかの日(ひ)のことについて語(かた)られたはずはない。[口語訳 / ヘブル人への手紙 4:8]

(만일 여호수아가 그들을 쉬게 했다고 하면, 하나님께서는 나중에 다른 날에 관해 말씀하셨을 리가 없다.)[히브리서 4:8]

[2] わたしたちは知(し)らぬ : 우리는 모른다. 「知(し)らぬ」의 「〜ぬ」는 고전어 계열의 부정의 조동사로 본 절에서는 종지형으로 쓰이고 있다.

[例] だがこれが動(うご)いたかどうか、私(わたし)は知(し)らぬ。

(하지만 이것이 움직였는지 어떤지 나는 모른다.)

どんな治療(ちりょう)も彼(かれ)らを救(すく)い出(だ)すことはできない。砂漠(さばく)の中(なか)の石(いし)のように、彼(かれ)らは退屈(たいくつ)を知(し)らぬ。

(어떤 치료도 그들을 구해낼 수는 없다. 사막 속의 돌처럼 그들은 따분함을 모른다.)

私(わたし)は霊魂(れいこん)が不滅(ふめつ)であるかどうかは知(し)らぬ。けれども、日々(ひび)に新(あたら)しい生命(せいめい)が生(う)まれてくることを知(し)っている。

(나는 영혼이 불멸한지 어떤지는 모른다. 하지만, 나날이 새로운 생명이 태어나는 것을 알고 있다.)

そこで彼(かれ)が答(こた)えて言(い)った、「わたしの目(め)を開(あ)けて下(くだ)さったのに、その方(かた)がどこから来(き)たか、[1][2]ご存(ぞん)じないとは、[3]不思議(ふしぎ)千万(せんばん)です。[ヨハネによる福音書 9:30]
(그러자 그는 대답하여 말했다. "내 눈을 뜨게 해 주셨는데, 그 분이 어디에서 왔는지 모르시다니, 이상하기 짝이 없습니다.[9:30])

[1] ご存(ぞん)じないとは、: 「ご存(ぞん)じない」는 「知(し)っている」의 특정형 경어인 「ご存(ぞん)じだ」의 부정으로 「知(し)らない」의 경어로 사용된다.

[例] 人(ひと)にものを教(おし)えるには、たいへん高度(こうど)な技術(ぎじゅつ)が必

要(ひつよう)なことをご存(ぞん)じない。
(남에게 어떤 것을 가르치는 데에는 대단히 고도의 기술이 필요한 것을 모르신다.)

長官(ちょうかん)は何(なに)も、ご存(ぞん)じない。近頃(ちかごろ)はプラハにおられることが多(おお)くて、われわれの仕事(しごと)に関心(かんしん)をなくされたらしい。
(장관은 아무 것도 모르신다. 요즘은 프라하에 계시는 일이 많고 우리의 일에관심을 잃으신 것 같다.)

なるほど。その相手(あいて)の人(ひと)が誰(だれ)なのか、お母(かあ)さんはご存(ぞん)じないのですね?
(음. 그 상대가 누구인지 어머니는 모르십니다.)

先生方(せんせいがた)は、真面目(まじめ)な学問(がくもん)の専門家(せんもんか)であって、日本(にほん)の芸能界(げいのうかい)のことはご存(ぞん)じないと思(おも)います。
(선생님들은 진지한 학문의 전문가로서 일본의 예능계에 관해서는 모르신 것같습니다.)

[2] ご存(ぞん)じないとは, :「〜とは」는 체언이나 용언에 두루 접속되어 화자의 놀라움·분노·감동 등의 기분을 나타내는데, 한국어로는「〜이라니」「〜하다니」에 해당한다.

[例] こともあろうに彼(かれ)が真犯人(しんはんにん)だったとは。
 (하필이면 그가 진범이었다니.)

まさか優勝(ゆうしょう)するとは思(おも)わなかった。
 (설마 우승하리라고는 생각지 않았다.)

あんなに勝手(かって)なことを言(い)うとは、彼(かれ)は全(まった)くリーダーらしくない。

(그렇게 제멋대로 말하다니 그는 전혀 리더답지 않다.)

まさかあんなブスに先(さき)に結婚(けっこん)されるとは、夢(ゆめ)にも思(おも)っていませんでした。

(설마 저런 못생긴 애가 나보다 먼저 결혼할 줄은 꿈에도 생각하지 못했어요.)[44]

妙(みょう)だぞ、二(ふた)つの鍵(かぎ)が二(ふた)つとも合(あ)わないとは、一体(いったい)どうしたわけなのだ。

(이상한데. 2개의 열쇠가 둘 다 맞지 않다니, 도대체 어떻게 된 거야?)

最高(さいこう)に危機的(ききてき)局面(きょくめん)に立(た)ち至(いた)っても、人間(にんげん)は自分(じぶん)の選(えら)ぶべき道(みち)を発見(はっけん)できないとは、どういうことなのだ?

(최고로 위기적 국면에 이르러도 사람은 자기가 선택해야 할 길을 발견할 수 없다니, 어떤 일일까?)

[3] 不思議(ふしぎ)千万(せんばん)です : 이상하기 짝이 없습니다. 「千万(せんばん)」는 「笑止(しょうし)千万(せんばん) ; 가소롭기 짝이 없는 것」「無礼(ぶれい)千万(せんばん) ; 무례하기 짝이 없는 것」「卑怯(ひきょう)千万(せんばん) ; 비겁하기 그지없는 것」「迷惑(めいわく)千万(せんばん) ; 더없이 귀찮은 것」「尤(もっと)も千万(せんばん) ; 지극히 지당한 것」과 같이 접미사적으로 사용되어 「~기 짝이 없는 것 / ~기 그지없는 것」에 상당하는 뜻을 나타낸다.

[例] つまり、経営(けいえい)活動(かつどう)には「千差万別(せんさばんべつ)、<u>不思議(ふしぎ)千万(せんばん)</u>、奇々怪々(ききかいかい)」な側面(そくめん)があるのが現実(げんじつ)の姿(すがた)です。

(즉, 경영 활동에는「천차만별, 이상하기 짝이 없는 것, 기기괴괴」한 측면이 있는 것이 현실의 모습입니다.)

---

44) 李成圭等著(1997)『홍익일본어독해2』홍익미디어. pp. 61-63에서 인용하여 일부 수정함.

脳死(のうし)を認(みと)めるという人(ひと)にとっては、脳死(のうし)は死(し)であるけれども、そうでない人(ひと)にとっては、死(し)ではない―という、まことに<u>不思議(ふしぎ)千万(せんばん)</u>な、空前絶後(くうぜんぜつご)の死(し)の定義(ていぎ)でした。
(뇌사를 인정한다고 하는 사람으로서는 뇌사는 죽음이지만, 그렇지 않은 사람에게는 죽음이 아니라는, 정말 이상하기 짝이 없는 공전절후의 죽음의 정의였습니다.)

わたしたちはこのことを知(し)っています。[1]神(かみ)は罪人(つみびと)の言(い)うことはお聞(き)き入(い)れになりませんが、神(かみ)を敬(うやま)い、そのみこころを行(おこな)う人(ひと)の言(い)うことは、[2]聞(き)き入(い)れて下(くだ)さいます。[ヨハネによる福音書 9:31]
(우리는 이것을 알고 있습니다. 하나님께서는 죄인이 하는 말은 들어주시지 않지만, 하나님을 공경하고 그 뜻을 행하는 사람이 하는 말은 들어주십니다.[9:31])

[1]神(かみ)は罪人(つみびと)の言(い)うことはお聞(き)き入(い)れになりませんが、: 하나님께서는 죄인이 하는 말은 들어주시지 않지만.「お聞(き)き入(い)れになりません」는 복합동사「聞(き)き入(い)れる」의 ナル형 경어인「お聞(き)き入(い)れになる」의 부정 정중체이다.

[例]決(けっ)してそんなことはありません。使君(しくん)には他人(たにん)の言(い)うことを<u>お聞(き)き入(い)れになりませんように</u>。
(절대로 그런 일은 없습니다. 사군께서는 다른 사람이 말하는 것을 들어주시지 않기를 바랍니다.)

타 번역본에서는「聞(き)き入(い)れる」의 レル형 경어인「聞(き)き入(い)れられ

る」로 등장하는 경우도 있다.

[예]神(かみ)は罪(つみ)びとらを<u>聞(き)き入(い)れられない</u>が、神(かみ)をおそれ、そのみ心(こころ)を行(おこな)う人(ひと)は<u>聞(き)き入(い)れられる</u>ことをわれらは知(し)っています。[前田訳1978]

(하나님께서는 죄인들의 말을 들어주시지 않지만, 하나님을 두려워하고 그 마음을 행하는 사람의 말은 들어주시는 것을 우리는 알고 있습니다.)

[2]聞(き)き入(い)れて下(くだ)さいます : 들어주십니다. 「聞(き)き入(い)れて下(くだ)さいます」는 복합동사 「聞(き)き入(い)れる」에 수수표현 「~て下(くだ)さる」의 정녕체인 「~て下(くだ)さいます」가 접속된 것이다.

그런데, 「聞(き)き入(い)れる」가 「들어주다」이고 「~て下(くだ)さいます」도 「~해 주시다」의 뜻을 나타내기 때문에 한국어 번역에서는 그 전체가 언어화되지 않는다.

[예]他(た)の先生方(せんせいがた)は当(あ)たり前(まえ)の事(こと)ですが、敬語(けいご)で丁寧(ていねい)に<u>話(はな)して下(くだ)さいます</u>。

(다른 선생님들은 당연한 일이지만 경어로 정중하게 이야기해 주십니다.)

伯父様(おじさま)って本当(ほんとう)にお顔(かお)が広(ひろ)いのですね。どこでも伯父様(おじさま)のお知(し)り合(あ)いの方(かた)が、<u>よくして下(くだ)さいます</u>。

(큰아버님은 정말 발이 넓습니다. 어디에서도 큰아버님의 지인 분들이 잘 해 주십니다.)

わたしは、キリストと呼(よ)ばれるメシアが来(こ)られることは知(し)っています。その方(かた)が来(こ)られるとき、わたしたちに一切(いっさい)のことを<u>知(し)らせてくださいます</u>。

(저는 그리스도라고 불리는 메시아가 오시는 것을 알고 있습니다. 그 분께서 오실 때 우리에게 모든 것을 알려 주십니다.)

> 生(うま)れつき[1]盲(めくら)であった者(もの)の[2]目(め)を開(あ)けた人(ひ
> と)があるということは、[3]世界(せかい)が始(はじ)まって以来(いらい)、聞
> (き)いたことがありません。[ヨハネによる福音書 9:32]
> (태어나면서부터 맹인이었던 사람의 눈을 뜨게 한 사람이 있다고 하
> 는 것은 세계가 시작되고 나서 지금까지 들은 적이 없습니다.[9:32])

[1] 盲(めくら) : 맹인. 장님. 소경. =「盲人(もうじん)」「盲者(もうしゃ)」

[2] 目(め)を開(あ)けた人(ひと)があるということは、: 눈을 뜨게 한 사람이 있다고 하는 것은. 「目(め)を開(あ)けた人(ひと)がある」와 같이 존재를 「ある」동사를 사용해서 나타내고 있고, 「~ということは」는 한국어의 「~라고 하는 것은」에 해당하는 표현으로 어떤 사항을 인용할 때 쓰인다.

[例] つまり、わたしがあるということは、わたしが何(なん)であるかということよりも先(さ)きなんだ、ということだ。
(즉 내가 존재한다는 것은 내가 무엇인가 라고 하는 것보다도 먼저이라는 것이다.)

三万八千人(さんまんはっせんにん)現在(げんざい)余剰(よじょう)人員(じんいん)があるということは、これは国鉄(こくてつ)の計算(けいさん)でございます。
(3만8천명 현재 잉여 인원이 있다는 것은 이것은 국철의 계산입니다.)

だから、銀行(ぎんこう)に信用(しんよう)があるということは、世間的(せけんてき)にも信用(しんよう)があるという裏付(うらづ)けにもなる。
(따라서 은행에 신용이 있다는 것은 사회 일반에도 신용이 있다는 확증도 된다.)

権威(けんい)があるということは、あなたが望(のぞ)むことを何(なん)でもどんなふうにしてもいいということではない。
(권위가 있다는 것은 당신이 바라는 것을 무엇이든지 어떤 식으로 해도

좋다는 것은 아니다.)

[3] 世界(せかい)が始(はじ)まって以来(いらい)、: 세계가 시작되고 나서 지금까지. 창세로부터 지금까지. 「～て以来(いらい)」는 「～고 나서 지금까지」에 상당하는 뜻을 나타낸다.
　[例] このサービスが始(はじ)まって以来(いらい)、ずっと参加(さんか)しています。
　　(이 서비스가 시작되고 나서 지금까지 죽 참가하고 있습니다.)
　しかし、父(ちち)は母(はは)の病状(びょうじょう)が悪化(あっか)して以来(いらい)、子供(こども)と同(おな)じこの茶(ちゃ)の間(ま)で寝(ね)るようになっていた。
　(그러나 아버지는 어머니의 병 증상이 악화되고 나서 지금까지 아이와 같은 이 거실에서 자게 되었다.)
　五月(ごがつ)に見舞(みま)いに行(い)って以来(いらい)、ご無沙汰(ぶさた)しているが、欲(ほ)しい物(もの)があったら、何(なん)なりと言(い)ってくれとのことです。
　(5월에 병문안하러 가고 나서 지금까지 소식을 전하지 못하고 있습니다만, 필요한 것이 있으면 무엇이든지 말해 달라고 합니다.)

> もしあの方(かた)が[1]神(かみ)から来(き)た人(ひと)でなかったら、[2]何(なに)一(ひと)つできなかったはずです」。[ヨハネによる福音書 9:33]
> (만일 그 분이 하나님으로부터 온 사람이 아니면, 무엇 하나 할 수 없었을 것입니다.[9:33])

[1] 神(かみ)から来(き)た人(ひと)でなかったら、: 하나님으로부터 온 사람이 아니면. 「～でなかったら」는 「～である」의 부정인 「～でない」에 가정조건을 나타내는 「～たら」가 접속된 것이다.
　[例] あいつが犯人(はんにん)でなかったら、一体(いったい)誰(だれ)が犯人(はんにん)なんだね?

(그 놈이 범인이 아니면, 도대체 누가 범인이야?)

いまが昼(ひる)でなかったら、警察(けいさつ)に通報(つうほう)する通行人(つうこうにん)が何人(なんにん)出(で)てもおかしくなかった。

(지금이 낮이 아니면, 경찰에 신고할 통행인이 몇 명 나와도 이상하지 않았다.)

スカートがもうきっちりして、あの年(とし)でなかったら、上級(じょうきゅう)クラスの生徒(せいと)でも通用(つうよう)するほどでした。

(스커트가 꼭 맞고, 그 나이가 아니라면, 상급반 학생이라고 해도 통용될 정도였습니다.)

[2] 何(なに)一(ひと)つできなかったはずです : 무엇 하나 할 수 없었을 것입니다. 「できなかったはずです」는 가능의 「できる」의 부정 과거인 「できなかった」에 당연성의 추론을 나타내는 「~はずだ」의 정녕체인 「~はずです」가 접속된 것이다.

[例] 雄介(ゆうすけ)のほうはそれも知(し)らなかったはずです。

(유스케는 그것도 몰랐을 것입니다.)

当時(とうじ)はそれを知(し)る人(ひと)など、アメリカにはほとんどいなかったはずです。

(당시는 그것을 아는 사람 등은 미국에는 거의 없었을 것입니다.)

消費税(しょうひぜい)を三％(さんパーセント)から五％(ごパーセント)にアップするときに、大蔵省(おおくらしょう)が消費税(しょうひぜい)のもつ逆進性(ぎゃくしんせい)を慎重(しんちょう)に配慮(はいりょ)し、生活(せいかつ)基礎(きそ)部分(ぶぶん)での世界(せかい)の消費税(しょうひぜい)水準(すいじゅん)を的確(てきかく)に判断(はんだん)すれば、食料品(しょくりょうひん)、住宅(じゅうたく)取得(しゅとく)、医療品(いりょうひん)までまるごと五％(ごパーセント)へのアップという判断(はんだん)は、できなかったはずです。

(소비세를 3퍼센트에서 5퍼센트로 인상할 때에, 재무성이 소비세가 지닌

역진성을 신중하게 배려해서 생활기초부분에서의 세계의 소비세 수준을 적확하게 판단하면, 식료품, 주택 취득, 의료품까지 통째로 5퍼센트 인상이라는 판단은 할 수 없었을 것입니다.)

これを聞(き)いて彼(かれ)らは言(い)った、「おまえは[1]全(まった)く[2]罪(つみ)の中(なか)に生(う)まれていながら、わたしたちを教(おし)えようとするのか」。そして彼(かれ)を外(そと)へ追(お)い出(だ)した。[ヨハネによる福音書 9:34]
(이것을 듣고 그들은 말했다. "너는 정말 죄 가운데에 태어났으면서도 우리를 가르치려고 하느냐?" 그리고 그를 밖으로 내쫓았다.[9:34])

[1] 全(まった)く: 정말. 「まったく」는 진술부사로서 뒤에 오는 술어 내용에 따라 의미가 달라진다. 본 절과 같이 ①긍정 술어와 함께 쓰이면 「정말 / 아주 / 완전히」의 뜻을, ②부정 술어와 같이 사용되면 「전혀」의 뜻을 나타낸다.

1.「まったく+긍정 술어」

[例] まったくそのとおりです。
(정말 말씀하신 그대로입니다.)
まったくおっしゃるとおりです。
(정말 말씀하시는 대로입니다.)
彼(かれ)は全(まった)く困(こま)った男(おとこ)だ。
(그는 정말 골치 아픈 남자다.)
二人(ふたり)の学生(がくせい)が試験(しけん)でまったく同(おな)じ答(こた)えを書(か)いたら、教師(きょうし)は一応(いちおう)カンニングを疑(うたが)わざるを得(え)ない。
(두 학생이 시험에서 아주 똑같은 답을 썼다면 교사는 일단 커닝을 의심하지 않을 수 없다.)

2.「まったく＋부정 술어」

[例]これはエンジンの設計(せっけい)とはまったく違(ちが)った難(むずか)しさがあるのです。

(이것은 엔진 설계와는 전혀 다른 어려움이 있습니다.)

「書(しょ)」についてはまったくわかりませんし、「書(しょ)」をやったこともありませんから、まったくだめなのですが。

(서도에 관해서는 전혀 모르고, 서도를 한 적도 없으니 전혀 못합니다.)

何(なに)を言(い)っているのか、もちろんまったく分(わ)からない。

(무슨 말을 하고 있는지 물론 전혀 모르겠다.)

だから、テレビ番組(ばんぐみ)に出演(しゅつえん)したときに、料理(りょうり)のまったくできないという奥(おく)さんがいて、とても驚(おどろ)きました。

(따라서 텔레비전 프로에 출연했을 때, 요리를 전혀 못한다고 하는 부인이 있어 무척 놀랬습니다.)

また、世界(せかい)には、火山(かざん)の活動(かつどう)がまったく起(お)こらない地域(ちいき)もたくさんある。

(그리고 세계에는 화산 활동이 전혀 발생하지 않는 지역도 많이 있다.)

ただし、海溝(かいこう)の位置(いち)とはまったく関係(かんけい)のない場所(ばしょ)に分布(ぶんぷ)している山脈(さんみゃく)もある。

(다만, 해구 위치와는 전혀 관계가 없는 장소에 분포하고 있는 산맥도 있다.)

[2]罪(つみ)の中(なか)に生(う)まれていながら、: 죄 가운데에 태어났으면서도. 「～ながら」에는 동시 진행을 나타내는 순접과 역접의 용법이 있는데, 「生(う)まれていながら」의 「～ながら」는 후자의 용법으로 쓰이고 있다.

[例]イラクはVX(ヴィーエックス)を兵器化(へいきか)していながら、われわれにそれを隠(かく)していました。

(VXガスを兵器化しながらも我々にそれを隠していた。)
ここまで詳(くわ)しく知(し)っていながら、そこだけ知(し)らないなんて理屈(りくつ)が通用(つうよう)するわけがない。
(여기까지 자세히 알고 있으면서도 거기만 모른다고 하다니 핑계가 통할 리가 없다.)

リヨンでは中流(ちゅうりゅう)程度(ていど)の家庭(かてい)に生(う)まれていながら、地元(じもと)の有産(ゆうさん)階級(かいきゅう)で、とりわけ閉鎖的(へいさてき)な一族(いちぞく)の令嬢(れいじょう)と結婚(けっこん)したことも見逃(みのが)してはならない。
(리옹에서는 중류 정도의 가정에 태어났으면서도 그 지역의 유산 계급 중에서 특히 폐쇄적인 일족의 영애와 결혼한 점도 놓쳐서는 안 된다.)

刑事(けいじ)が逆転(ぎゃくてん)する映画(えいが)の行方(ゆくえ)はわかっていながら、思(おも)わず手(て)に汗(あせ)握(にぎ)る。
(형사가 역전하는 영화의 향방은 알고 있으면서도 나도 모르게 손에 땀을 쥔다.)

《(43)》[ヨハネによる福音書 9:35 - 9:41]

イエスは、[1]その人(ひと)が外(そと)へ追(お)い出(だ)されたことを[2]聞(き)かれた。そして彼(かれ)に会(あ)って言(い)われた、「あなたは人(ひと)の子(こ)を信(しん)じるか」。[ヨハネによる福音書 9:35]
(예수께서 그 사람이 밖으로 쫓겨났다는 것을 들으셨다. 그리고 그를 만나 말씀하셨다. "너는 인자를 믿느냐?"[9:35])

[1]その人(ひと)が外(そと)へ追(お)い出(だ)された : 그 사람이 밖으로 쫓겨났다. 「追

(お)い出(だ)された」는 복합동사 「追(お)い出(だ)す」의 수동인 「追(お)い出(だ)される」의 과거이다. 구어역 신약성서에서는 「追(お)い出(だ)される」가 존경으로 쓰인 예는 3회나 등장하는데, 수동으로 쓰인 것은 본 절의 예가 유일하다.

[例]ここから追(お)い出(だ)されるどころか、殺(ころ)されるかもしれない。

　　(여기에서 쫓겨나기는커녕 살해당할지도 모른다.)

　　将来(しょうらい)の家賃(やちん)がきちんと払(はら)っていけるのであれば、追(お)い出(だ)される事(こと)はありません。

　　(미래의 집세를 꼬박 지불해 나갈 수 있다면 쫓겨나갈 일은 없습니다.)

　　また日本(にほん)に戻(もど)らなくても寮(りょう)は休(やす)み中(ちゅう)、追(お)い出(だ)されるので、どこかに滞在(たいざい)するにしてもお金(かね)が要(い)ります。

　　(다시 일본에 돌아오지 않아도 기숙사는 방학 중에는 쫓겨나가기 때문에 어딘가에 체재한다고 하더라도 돈이 필요합니다.)

[2] 聞(き)かれた : 들으셨다. 「聞(き)かれた」는 「聞(き)く」의 레루형 경어 「聞(き)かれる」의 과거인데, 구어역 신약성서에서는 본 절에 쓰인 예가 유일하다.

[例]北海道(ほっかいどう)へ行(い)ったきり、帰(かえ)って来(こ)ない女性(じょせい)の噂(うわさ)を聞(き)かれたこと、ありますか。

　　(홋카이도에 간 채로 돌아오지 않는 여성의 소문을 들으신 것, 있습니까?

　　課長(かちょう)、彼(かれ)が会社(かいしゃ)をやめるということ、もう聞(き)かれましたか。

　　(과장님, 그가 회사를 그만둔다는 것, 이미 들으셨습니까?)

彼(かれ)は答(こた)えて言(い)った、「主(しゅ)よ、[1]それはどなたですか。[2]その方(かた)を信(しん)じたいのですが」。[ヨハネによる福音書 9:36]
(그는 대답하여 말했다. "선생님, 그 사람은 누구십니까? 그 분을 믿고 싶은데요."[9:36])

[1]それはどなたですか : 그 사람은 누구십니까?「それ」는 앞의 절의「人(ひと)の子
(こ) ; 인자」를 가리키는 인대명사(人代名詞)로 쓰이고 있고, 이를 높이기 위해
「どなた」가 사용되고 있다.

　타 번역본에서는 어떻게 다루고 있는지 살펴보자.

[例]人(ひと)の子(こ)とはだれのことですか。[塚本訳1963]

　　(인자란 누구를 말합니까?)

　　それはだれですか、[前田訳1978]

　　(그 사람은 누구입니까?)

　　その方(かた)はどなたでしょうか。[新改訳1970]

　　(그 분은 누구십니까?)

　　その方(かた)はどんな人(ひと)ですか。[新共同訳1987]

　　(그 분은 어떤 사람입니까?)

　　〔その方(かた)はいったい〕誰(だれ)でしょう、[岩波翻訳委員会訳1995]

　　(〔그 분은 도대체〕누구이지요?)

　[塚本訳1963]에서는「人(ひと)の子(こ)」, [前田訳1978]에서는「それ」와 같이 구
어역과 마찬가지로 비경칭이 쓰이고 있고, [新改訳1970][新共同訳1987][岩波
翻訳委員会訳1995]에서는「その方(かた)」와 같이 경칭이 사용되고 있다.

[2]その方(かた)を信(しん)じたいのですが : 그 분을 믿고 싶은데요.「その方(かた)」
도「どなた」와 마찬가지로「人(ひと)の子(こ)」를 가리키고 있다.

　「信(しん)じたいのですが」는「信(しん)ずる·信(しん)じる」에 희망의「～たい」와
감정적 강조를 나타내는「～のですが」가 접속된 것이다.

[例]その言葉(ことば)を信(しん)じたいのですが、たぶん彼(かれ)は今(いま)は私(わ
　　たし)をどうでもいいと思(おも)っているとわかります。

　　(그 말을 믿고 싶은데 아마 그는 지금은 나를 어찌 되든 상관없다고 생각

하고 있다고 이해합니다.)

ギャンブルなどの理由(りゆう)での借金(しゃっきん)ではないし、もう二度(にど)と借金(しゃっきん)しない、と言っているので信(しん)じたいのですが、もうどうしていいのかわかりません。

(도박 등의 이유에서의 빚은 아니고, 두 번 다시 빚을 지지 않겠다고 말하고 있어 믿고 싶습니다만, 이제 어떻게 하고 있는지 모릅니다.)

やはりお金(かね)を貯(た)めるためにはお金(かね)を使(つか)わないことが最大(さいだい)の秘訣(ひけつ)だと言(い)いたいのですが、いまの時代(じだい)の人(ひと)たちは、ただお金(かね)を使(つか)うなと言(い)われても釈然(しゃくぜん)としないでしょう。

(역시 돈을 모으기 위해서는 돈을 쓰지 않는 것이 가장 좋은 비결이라고 말하고 싶습니다만, 지금 시대 사람들은 그냥 돈을 쓰지 말라고 말해도 석연치 않겠지요.)

イエスは彼(かれ)に言(い)われた、「あなたは、[1]もうその人(ひと)に会(あ)っている。[2][3]今(いま)あなたと話(はな)しているのが、その人(ひと)である」。
[ヨハネによる福音書 9:37]
(예수께서 그에게 말씀하셨다. "너는 이미 그 사람을 만났다. 지금 너와 이야기하고 있는 이가 그 사람이다."[9:37])

[1]もうその人(ひと)に会(あ)っている : 이미 그 사람을 만났다. 「もう~会(あ)っている」와 같이 「もう~ている」는 완료를 나타낸다.

[例]侵略(しんりゃく)はもう始(はじ)まっている。

(침략은 이미 시작되었다.)

それはもう生産(せいさん)が終了(しゅうりょう)している。

(그것은 이미 생산이 종료되었다.)

エイリアンはもう地球(ちきゅう)に来(き)ている。
(외계인은 이미 지구에 와 있다.)
おまえはもう許(ゆる)されている。
(너는 이미 용서받았다.)

[2] 今(いま)あなたと話(はな)している : 지금 너와 이야기하고 있다. 「話(はな)している」는 「話(はな)す」에 「～ている」형이 접속되어 현 시점에서의 동작의 진행을 나타낸다.

[例] 今日(こんにち)でも、放射線(ほうしゃせん)障害(しょうがい)や白血病(はっけつびょう)による被爆者(ひばくしゃ)の死亡(しぼう)が続(つづ)いている。
(오늘날도 방사선 장애나 백혈병에 의한 피폭자의 사망이 계속되고 있다.)
彼女(かのじょ)は、島原(しまばら)で小学校(しょうがっこう)の教師(きょうし)をしている。
(그녀는 시마바라에서 초등학교 교사를 하고 있다.)
現在(げんざい)、デンマークは世界(せかい)有数(ゆうすう)の風力(ふうりょく)発電機(はつでんき)生産国(せいさんこく)となり、各国(かっこく)への輸出(ゆしゅつ)も大量(たいりょう)に行(おこ)なわれている。
(현재 덴마크는 세계 유수의 풍력 발전기 생산국이 되어 각국으로의 수출도 대량으로 행해지고 있다.)
家族(かぞく)の性別(せいべつ)役割(やくわり)分担(ぶんたん)に対(たい)する考(かんが)え方(かた)も、今日(こんにち)では大(おお)きく変化(へんか)している。
(가족의 성별 역할 분담에 대한 사고방식도 오늘날에는 크게 변화하고 있다.)

[3] 今(いま)あなたと話(はな)しているのが、 : 지금 너와 이야기하고 있는 이가. 「話(はな)しているのが」의 「～の」는 형식명사로 쓰이고 있는데, 본 절에서는 사람을 가리키고 있다.

[例]このことを実践(じっせん)しているのが、私(わたし)のクライアントのジェフ・ポールだ。
(이 일을 실천하고 있는 사람이 내 고객인 제프 폴이다.)

こうした動(うご)きに一番(いちばん)頭(あたま)を悩(なや)ませているのが、エドアルド・シェワルナゼ・前(ぜん)外相(がいしょう)だ。
(이러한 움직임에 가장 골치를 썩이고 있는 사람이 셰바르드나제 전 외무부장관이다.)

どうだろうな。あいつらのことを覚(おぼ)えているのが、俺(おれ)だけだからじゃないか?
(어떨까? 그 녀석들을 기억하고 있는 것은 나뿐이라서가 아닐까?)

この問題(もんだい)を検証(けんしょう)しているのが、新潟(にいがた)大学(だいがく)の認知心理学者(にんちしんりがくしゃ)・宮崎謙一(みやざきけんいち)である。
(이 문제를 검증하고 있는 이는 니이가타 대학의 인지심리학자 미야자키 겐이치이다.)

いちかばちかのキャスチングボートを握(にぎ)っているのが、ユダヤ人(じん)というやっかいな民族(みんぞく)なのです。
(건곤일척(乾坤一擲)의 캐스팅 보트를 쥐고 있는 것이 유대인이라고 하는 성가신 민족입니다.)

> すると彼(かれ)は、「主(しゅ)よ、信(しん)じます[45]」と言(い)って、[1]イエスを拝(はい)した。[ヨハネによる福音書 9:38]
> (그러자 그는 "주여, 믿습니다."라고 말하고 예수께 몸을 굽혀 절했다.[9:38])

---

45) フランシスコ会訳(1984)では「この信仰表明は初代教会の洗礼式典礼を反映しているようだ」と説明している。이상은 フランシスコ会聖書研究所(1984)『新約聖書』サンパウロ. p. 341 주(7)을 인용하여 번역함.

[1]イエスを拝(はい)した : 예수께 몸을 굽혀 절했다. 「拝(はい)する」는 「몸을 굽혀 절하다」의 뜻을 나타낸다.

[例]ご本尊(ほんぞん)を拝(はい)する。

(본존을 향해 몸을 굽혀 절하다.)

ところが、この人(ひと)がイエスを遠(とお)くから見(み)て、走(はし)り寄(よ)って拝(はい)し、[口語訳 / マルコによる福音書 5:6]

(그런데 이 사람이 예수를 멀리서 보고 뛰어 다가와서 몸을 굽혀 절하며,)
[마가복음 5:6][46]

そこでイエスは言(い)われた、「[1]わたしがこの世(よ)に来(き)たのは、裁(さば)くためである。すなわち、[2]見(み)えない人(ひと)たちが見(み)えるようになり、見(み)える人(ひと)たちが見(み)えないようになるためである」。[ヨハネによる福音書 9:39]

(그러자 예수께서 말씀하셨다. "내가 이 세상에 온 것은 심판하기 위해서이다. 즉 보지 못하는 사람들이 볼 수 있게 되고, 보이는 사람들이 볼 수 없게 되기 위해서이다."[9:39])

[1]わたしがこの世(よ)に来(き)たのは、裁(さば)くためである : 내가 이 세상에 온 것은 심판하기 위해서이다. 이 문은 「わたしは裁(さば)くためにこの世(よ)に来(き)たのである」라는 문을 형식명사 「〜の」를 이용하여 「〜のは、〜ためである」와 같은 강조구문으로 만든 것이다.

[例]その恵(めぐ)みをわたしたちに注(そそ)いでくださるのは、わたしたちが人(ひと)に分(わ)け与(あた)えることによって、これを増(ふ)やすためである。

(그 은혜를 우리에게 쏟아 주시는 것은, 우리가 다른 사람에게 나누어 줌으로써 이것을 늘리기 위해서이다.)

---

46) 李成圭(2018c)『일본어 구어역 마가복음의 언어학적 분석 I』시간의물레. pp. 190-191에서 인용.

私(わたし)がロールズに言及(げんきゅう)したのは、私(わたし)たちが失(うしな)ってしまったものを説明(せつめい)するためである。
(내가 롤스에 언급한 것은, 우리가 잃어버린 것을 설명하기 위해서이다.)
サルトルが「絶対的(ぜったいてき)自由(じゆう)」を主張(しゅちょう)するのは、人間(にんげん)の主体性(しゅたいせい)を強調(きょうちょう)せんがためである。
(사르트르가 「절대적 자유」를 주장하는 것은, 인간의 주체성을 강조하기 위해서이다.)
このように、予算(よさん)の成立(せいりつ)について衆議院(しゅうぎいん)の優位(ゆうい)が認(みと)められているのは、予算(よさん)の迅速(じんそく)な成立(せいりつ)によって国政(こくせい)の円滑(えんかつ)な運営(うんえい)を行(おこ)なうためである。
(이와 같이 예산 성립에 관해 중의원 우위가 인정되고 있는 것은 예산의 신속한 성립에 의해 국정의 원활한 운영을 행하기 위해서이다.)

[2] 見(み)えない人(ひと)たちが見(み)えるようになり、見(み)える人(ひと)たちが見(み)えないようになるためである : 보지 못하는 사람들이 볼 수 있게 되고, 보이는 사람들이 볼 수 없게 되기 위해서이다. 자발동사 「見(み)える」는 가능과 자발을 겸비하고 있다는 점을 고려하여, 여기에서는 「見(み)える」를 가능 즉 「볼 수 있는 상태에 있다」의 뜻으로, 「見(み)えない」는 불가능 즉 「볼 수 없는 상태에 있다」와 같이 번역해 둔다.
 타 번역본에서는 이 부분을 어떻게 묘사하고 있는지 살펴보자.
[例] 盲(めくら)が目明(めあ)きに、目明(めあ)きが盲(めくら)になるために![塚本訳1963]
(소경이 눈뜬 사람이, 눈뜬 사람이 소경이 되기 위해.)
それは、目(め)の見(み)えない者(もの)が見(み)えるようになり、見(み)える者(もの)が盲目(もうもく)となるためです。[新改訳1970]

(그것은 눈이 안 보이는 사람이 볼 수 있게 되고 보이는 사람이 소경이 되기 위해서입니다.)

見(み)えるものが見(み)え、見(み)えぬものが目(め)しいになるために[前田訳1978]

(보이는 사람이 볼 수 있고, 보지 못하는 사람이 소경이 되기 위해서.)

こうして、見(み)えない者(もの)は見(み)えるようになり、見(み)える者(もの)は見(み)えないようになる。[新共同訳1987]

(이렇게 해서 보지 못하는 사람은 볼 수 있게 되고, 볼 수 있는 사람은 볼 수 없게 된다.)

視(み)えない人(ひと)が視(み)えるようになるため、視(み)える人が盲人(もうじん)となるために。[岩波翻訳委員会訳1995]

(보지 못하는 사람이 보이게 되기 위해, 볼 수 있는 사람이 맹인이 되기 위해.)

そこにイエスと一緒(いっしょ)にいたあるパリサイ人(びと)たちが、それを聞(き)いてイエスに言(い)った、「それでは、[1]わたしたちも盲(めくら)なのでしょうか」。[ヨハネによる福音書 9:40]
(거기에 예수와 함께 있던 어떤 바리새파 사람들이 그것을 듣고 예수에게 말했다. "그러면, 우리도 맹인인가요?"[9:40])

[1]わたしたちも盲(めくら)なのでしょうか : 우리도 맹인인가요?「盲(めくら)なのでしょうか」는「盲(めくら)」에 어떤 객관적 근거에 기초하여 추측 판단을 나타내는「～のでしょうか」가 접속된 것이다.

[例]よく日本(にほん)ではお金(かね)の話(はなし)をするのはタブーとされますが、これは世界(せかい)共通(きょうつう)なのでしょうか?
(자주 일본에서는 돈 이야기를 하는 것은 금기가 됩니다만, 이것은 세계 공통일까요?)

私(わたし)は結婚(けっこん)するときに、着物(きもの)は用意(ようい)しませんでした。やっぱり着物(きもの)は用意(ようい)するのが普通(ふつう)なのでしょうか。
(저는 결혼할 때, 기모노는 준비하지 않았습니다. 역시 기모노는 준비하는 것이 보통 일까요?)

カードを使(つか)って、通行(つうこう)すると、時々(ときどき)、カードに通行料(つうこうりょう)が、０円(ゼロえん)と表示(ひょうじ)されます。何(なに)が原因(げんいん)なのでしょうか?
(카드를 사용해서 통행하면, 때때로 카드에 통행료가 0엔이라고 표시됩니다. 무엇이 원인일까요?)

男(おとこ)は、どうやっても言語(げんご)能力(のうりょく)が女(おんな)より下(した)なのでしょうか?脈絡(みゃくらく)の無(な)いことをつらつらと並(なら)べ立(た)てるような会話(かいわ)においては女(おんな)のほうが上(うえ)だと思(おも)いますが、議論(ぎろん)をする能力(のうりょく)に関(かん)しては男(おとこ)のほうが得意(とくい)だと思(おも)います。
(남자는 아무리 해도 언어 능력이 여자보다 아래인가요? 맥락이 없는 것을 줄줄 늘어놓는 그런 대화에 있어서는 여자 쪽이 위라고 생각합니다만, 토론을 하는 능력에 관해서는 남자 쪽이 자신이 있다고 생각합니다.)

私(わたし)は28歳(にじゅうはっさい)女性(じょせい)・独身(どくしん)なのですが、やはりマイナスなのでしょうか?私(わたし)は結婚(けっこん)する気(き)も子供(こども)をつくる気(き)もないのですが、もし、面接(めんせつ)で聞(き)かれた場合(ばあい)はそのことを素直(すなお)に言(い)った方(ほう)がいいのでしょうか。それとも「独身主義(どくしんしゅぎ)です」なんて言(い)うとかえってマイナスにとられてしまったりもするのでしょうか。
(저는 28세 여성·독신입니다만, 역시 마이너스일까요? 저는 결혼할 생각도 아이를 만들 생각도 없습니다만, 만일 면접에서 질문을 받을 경우에는 그 일을 솔직히 말하는 편이 좋을까요? 그렇지 않으면 「독신주의」라고 말

하면 오히려 마이너스로 해석되거나 할까요?)

イエスは彼(かれ)らに言(い)われた、「[1]もしあなたがたが盲人(もうじん)であったなら、[2]罪(つみ)はなかったであろう。[3]しかし、今(いま)あなたがたが『見(み)える』と言(い)い張(は)るところに、あなたがたの罪(つみ)がある。[ヨハネによる福音書 9:41]
(예수께서 그들에게 말씀하셨다. "만일 너희가 맹인이었더라면, 죄는 없었을 것이다. 그러나 지금 너희가 '보인다'고 끝까지 우겨대는 데에 너희 죄가 있다."[9:41])

[1] もしあなたがたが盲人(もうじん)であったなら、: 만일 너희가 맹인이었더라면.「盲人(もうじん)であったなら」는 명사술어의 과거인「盲人(もうじん)であった」에 가정조건을 나타내는「〜なら」가 접속된 것이다.

[例]まるっきり他人(たにん)であったなら、こんなに思(おも)い悩(なや)むこともなく大胆(だいたん)に潮(しお)に近付(ちかづ)くことができただろう。
(전혀 남이었더라면, 이렇게 고민하지 않고 대담하게 시오에게 가까이 갈 수 있었을 것이다.)

もし私(わたし)の車(くるま)の位置(いち)が少(すこ)し前(まえ)であったなら、私(わたし)も無事(ぶじ)ではいられなかったと思(おも)います。
(만일 내 차의 위치가 조금 앞이었더라면, 저도 무사히 있을 수 없었을 것입니다.)

米国(べいこく)が日本(にほん)の友人(ゆうじん)であったならば、なぜ以下(いか)のようなことが起(お)こったのであろうか。
(미국이 일본의 친구이었더라면 왜 이하와 같은 일이 생겼을까?)

[2] 罪(つみ)はなかったであろう : 죄는 없었을 것이다.「罪(つみ)はなかったであろう」

는 형용사문의 과거인「罪(つみ)はなかった」에 추측의「～であろう」가 접속된 것이다.

[例]彼(かれ)ら住民(じゅうみん)にとっては、これ以上(いじょう)の<u>災難(さいなん)はなかったであろう</u>。

(그들 주민으로서는 더 이상의 재난은 없었을 것이다.)

彼(かれ)らの協力(きょうりょく)がなければ、本書(ほんしょ)が再(ふたた)び<u>日(ひ)の目(め)を見(み)ることはなかったであろう</u>。

(그들의 협력이 없으면, 본서가 다시 햇빛을 보게 되는 일은 없었을 것이다.)

[3] しかし、今(いま)あなたがたが『見(み)える』と言(い)張(は)るところに、あなたがたの罪(つみ)がある。: 그러나 지금 너희가 '보인다'고 끝까지 우겨대는 데에 너희 죄가 있다.「言(い)張(は)る」는 복합동사「言(い)い＋張(は)る」로「끝까지 주장하다 / 자기의 주장을 끝까지 버티다 / 우겨대다」의 뜻을 나타낸다.

[例]そして、湯浅映子(ゆあさえいこ)たちの主張(しゅちょう)も、思(おも)い込(こ)みによる錯誤(さくご)だと主張(しゅちょう)でき、夫(おっと)の無実(むじつ)を堂々(どうどう)と<u>言(い)張(は)る</u>ことができるかもしれないのだ。

(그리고 유아사 에이코 등의 주장도 확신에 의한 착각이라고 주장할 수 있고, 남편의 무죄를 당당하게 주장할 수 있을지도 모른다.)

なかには「私(わたし)は寝溜(ねだ)めができる」と<u>言(い)張(は)る人</u>(ひと)はいるでしょうが、それは一種(いっしゅ)の自己暗示(じこあんじ)をかけているようなものであって、医学的(いがくてき)な根拠(こんきょ)はありません。

(그 중에는「나는 미리 잠을 많이 자서 활력을 축적해 둘 수 있다.」고 끝까지 우겨대는 사람은 있겠지만, 그것은 일종의 자기암시를 거는 그런 것이니, 의학적인 근거는 없습니다.)

그리고「言(い)張(は)るところに」의「～ところ」는 구체적인 공간적인 장소로

서가 아니라, 추상적인 장소·장면·범위를 나타내는 용법 중에서 특히 사항이나 내용 등을 의미하는 것으로 쓰이고 있다.

[例]この本(ほん)はぼくが始(はじ)めて買(か)った、哲学(てつがく)に関連(かんれん)する本(ほん)であります。自分(じぶん)を知(し)るためのと言(い)うところに、惹(ひ)かれて買(か)ったような覚(おぼ)えがあります。

(이 책은 내가 처음 산, 철학과 관련된 책입니다. 자기를 알기 위한 것이라고 하는 데에 끌려 산 그런 기억이 있습니다.)

その魅力(みりょく)は、「秩序(ちつじょ)」を脅(おびや)かすほどのエネルギーが解放(かいほう)される空間(くうかん)と時間(じかん)が演出(えんしゅつ)されるところに、見出(みいだ)されるかも知(し)れない。

(그 매력은「질서」를 위협할 정도의 에너지가 해방되는 공간과 시간이 연출되는 곳에 발견될지도 모른다.)

平時(へいじ)の商船(しょうせん)ではこんな危険(きけん)で、一見(いっけん)無茶(むちゃ)とも見(み)える操船(そうせん)は絶対(ぜったい)にしない。経済性(けいざいせい)、安全性(あんぜんせい)を追究(ついきゅう)して運航(うんこう)するところに、海運(かいうん)が成(な)り立(た)っていくからだ。

(평시의 상선에서는 이런 위험하고 일견 어처구니없게 보이는 조선은 절대로 하지 않는다. 경제성, 안전성을 추구해서 운항하는 데에 해운이 성립해 나가기 때문이다.)

그러면, 타 번역본에서는 본 절의 내용이 어떻게 전개되고 있는지 들어보자.

[例]だが今(いま)、『見(み)える』と言(い)うから、あなた達(たち)の罪(つみ)はいつまでもなくならない。[光(ひかり)に来(こ)ようとしないのだから。][塚本訳1963]

(그러나 지금'보인다'고 하니, 너희 죄는 언제까지나 없어지지 않는다.[빛에 오려고 하지 않으니까.])

しかし、あなたがたは今(いま)、『私(わたし)たちは目(め)が見(み)える。』と言(い)

っています。あなたがたの罪(つみ)は残(のこ)るのです。[新改訳1970]

(그러나 너희는 지금'우리는 눈이 보인다'고 말합니다. 너희 죄는 남습니다.)

しかし今(いま)も『われらは見(み)える』というから、あなた方(がた)の罪(つみ)は消(き)えない」と。[前田訳1978]

(그러나 지금도 '우리는 보인다'고 하니, 너희 죄는 사라지지 않는다."고.)

しかし、今(いま)、『見(み)える』とあなたたちは言(い)っている。だから、あなたたちの罪(つみ)は残(のこ)る。[新共同訳1987]

(그러나 지금 '보인다'고 너희는 말하고 있다. 따라서 너희 죄는 남는다.)

しかし今(いま)、自分(じぶん)たちは視(み)えると言(い)っており、あなたがたの罪(つみ)はそのまま留(と)まっている。[岩波翻訳委員会訳1995]

(그러나 지금 자신들은 보인다고 말하고 있고, 너희 죄는 그대로 머물고 있다.)

ヨハネによる福音書
- 第10章 -

《44》 [ヨハネによる福音書 10:1 - 10:6]

> よくよくあなたがたに言(い)っておく。[1][2]羊(ひつじ)の囲(かこ)いに入(はい)るのに、門(もん)からでなく、[3]ほかの所(ところ)から乗(の)り越(こ)えて来(く)る者(もの)は、盗人(ぬすびと)であり、強盗(ごうとう)である。[ヨハネによる福音書 10:1]
>
> (분명히 말해 둔다. 양 우리에 들어가는 데에, 문을 통해서가 아니라, 다른 곳을 통해 타고 넘어 들어가는 사람은 도둑이고 강도이다.[10:1])

[1] 羊(ひつじ)の囲(かこ)い : 양 우리. 「囲(かこ)い」는 「囲(かこ)う ; 둘러싸다」의 연용형이 전성명사화한 것이다.

[2] 羊(ひつじ)の囲(かこ)いに入(はい)るのに : 양 우리에 들어가는 데에. 「入(はい)るのに」의 「~のに」는 경우를 나타내는 용법으로 쓰이고 있는데, 형식명사 「~の」에 용도를 나타내는 격조사 「~に」가 접속된 것이다.

[예] 車(くるま)は郊外(こうがい)で生活(せいかつ)するのに、必要(ひつよう)です。
　　 (차는 교외에서 생활하는 데에 필요합니다.)

この文房具(ぶんぼうぐ)は紙(かみ)に穴(あな)を開(あ)けるのに、便利(べんり)です。
(이 문방구는 종이에 구멍을 뚫는 데에 편리합니다.)
この機械(きかい)は不良品(ふりょうひん)を探(さが)すのに、使(つか)います。
(이 기계는 불량품을 찾는 데에 사용합니다.)
私(わたし)は原稿(げんこう)を書(か)くのに、一切(いっさい)ワープロやパソコンを使用(しよう)せず、旧態然(きゅうたいぜん)とした手書(てが)きを続(つづ)けている。
(나는 원고를 쓰는 데에 일체 워드나 퍼스널 컴퓨터를 사용하지 않고, 구태의연하게 손으로 쓰는 것을 계속하고 있다.)
医学(いがく)をやるのに、工学(こうがく)をやるのに、いったい「古文(こぶん)」なんかどこで必要(ひつよう)になるのだろう、と徒労感(とろうかん)を抱(いだ)く人(ひと)も多(おお)いでしょう。
(의학을 하는 데에, 공학을 하는 데에 도대체「고문」같은 것이 어디에서 필요하게 될 것인가, 하고 헛수고를 느끼는 사람도 많겠지요.)

[3] ほかの所(ところ)から乗(の)り越(こ)えて来(く)る者(もの)は、: 다른 곳을 통해 타고 넘어 들어가는 사람은.「乗(の)り越(こ)えて来(く)る者(もの)は」의「乗(の)り越(こ)える」는 복합동사「乗(の)り+越(こ)える」로서「타고 넘다」「극복하다」의 뜻을 나타낸다.

[例] 区長(くちょう)が鼻水(はなみず)をすすって塀(へい)を乗(の)り越(こ)えていかれるのを見(み)ました。
(구장이 콧물을 훌쩍거리며 담을 타고 넘어 가시는 것을 보았습니다.)
彼(かれ)は、四月(しがつ)の深夜(しんや)に警察(けいさつ)学校(がっこう)の塀(へい)を乗(の)り越(こ)えて脱走(だっそう)しようとした。
(그는 사월 심야에 경찰학교의 담을 타고 넘어 탈주하려고 했다.)

> 門(もん)から入(はい)る者(もの)は、羊(ひつじ)の[1]羊飼(ひつじかい)である。[ヨハネによる福音書 10:2]
> (문으로 들어가는 사람은 양의 목자이다.[10:2])

[1]羊飼(ひつじかい) : 양치기. 목자(牧者).

  [例]さて、この地方(ちほう)で羊飼(ひつじかい)たちが夜(よる)、野宿(のじゅく)しながら羊(ひつじ)の群(む)れの番(ばん)をしていた。[口語訳 / ルカによる福音書 2:8]
  (그런데, 그 지역에서 목자들이 밤에 노숙하면서 양 떼를 지키고 있었다.)
  [누가복음 2:8]

> [1]門番(もんばん)は彼(かれ)のために[2]門(もん)を開(ひら)き、羊(ひつじ)は彼(かれ)の声(こえ)を聞(き)く。そして彼(かれ)は自分(じぶん)の羊(ひつじ)の名(な)を呼(よ)んで[3]連(つ)れ出(だ)す。[ヨハネによる福音書 10:3]
> (문지기는 그를 위해 문을 열고, 양들은 그의 목소리를 듣는다. 그리고 그는 자기 양의 이름을 부르고 이끌고 나간다.[10:3])

[1]門番(もんばん) : 문지기.

[2]門(もん)を開(ひら)き、: 문을 열고. 「門(もん)を開(ひら)く ; 문을 열다」의 「開(ひら)く」는 자타양용동사로 본 절에서는 타동사로 쓰이고 있다.

  [例]マータはさっと携帯(けいたい)電話(でんわ)を開(ひら)き、ボタンを押(お)し始(はじ)めた。
  (마크는 날렵하게 휴대전화를 열고 버튼을 누르기 시작했다.)
  昔(むかし)のボロ駅(えき)は、今(いま)はデパートや専門店(せんもんてん)を開(ひら)き、中(なか)に飲食店街(いんしょくてんがい)やホテルもある高層(こうそう)の駅(えき)ビルになっている。

(옛날의 낡은 역은 지금은 백화점이나 전문점을 열고, 그 중에는 음식점가나 호텔도 있는 고층 역 빌딩으로 되어 있다.)

彼(かれ)らにとって、<u>教科書(きょうかしょ)を開(ひら)き</u>、ノートに黒板(こくばん)に書(か)かれた字(じ)を写(うつ)す授業(じゅぎょう)は「頭(あたま)を使(つか)わない勉強(べんきょう)」なのだそうだ。

(그들에게 교과서를 펼치고 노트에 칠판에 쓰인 글자를 베끼는 수업은「머리를 쓰지 않는 공부」라고 한다.)

休職中(きゅうしょくちゅう)の方(かた)、求職中(きゅうしょくちゅう)の方(かた)に、希望(きぼう)と平安(へいあん)、必要(ひつよう)の満(み)たしの確信(かくしん)が与(あた)えられ、将来(しょうらい)や当面(とうめん)の生活(せいかつ)に憂(うれ)いを感(かん)じ、不足(ふそく)や窮乏(きゅうぼう)を感(かん)じることがないよう、主(しゅ)<u>が天(てん)の窓(まど)を開(ひら)き</u>、日毎(ひごと)の糧(かて)を与(あた)えてください。

(휴직 중이신 분, 구직 중이신 분, 희망과 평안, 필요가 충족된 확신이 주어지고, 장래나 당면 생활에 근심을 느끼고, 부족이나 궁핍을 느끼지 않도록, 주께서 하늘의 창을 열고, 날마다의 식량을 주십시오.)

そして、<u>ドアを開(ひら)くと</u>、美術館(びじゅつかん)の中(なか)に、妙(みょう)なものが動(うご)いているのが見(み)えましたので、急(いそ)いでドアを閉(し)め、ごく細(ほそ)いすきまを残(のこ)して、そこから部屋(へや)の中(なか)をじっと眺(なが)めました。

(그리고 문을 열자, 미술관 안에 묘한 것이 움직이고 있는 것이 보여서, 서둘러 문을 닫고, 매우 좁은 빈틈을 남기고 거기를 통해 방안을 가만히 바라다보았습니다.)

開(あ)く·開(ひら)く·開(あ)ける

[공통된 의미] : 닫혀 있는 것에 빈틈, 헐거움, 그리고 커다란 개방 부분이 생기다. 닫혀 있지 않은 상태가 되다.

[사용법]

〔開(あ)く〕

[例]窓(まど)が開(あ)く。

　　(창이 열리다.)

　　瓶(びん)の蓋(ふた)が開(あ)く。

　　(병뚜껑이 열리다.)

　　隙間(すきま)が開(あ)く。

　　(빈틈이 생기다.)

〔開(ひら)く〕

[例]ドアが開(ひら)く。

　　(문을 열다.)

　　花(はな)が開(ひら)く。

　　(꽃이 피다.)

　　本(ほん)を開(ひら)く。

　　(책을 펴다.)

〔開(あ)ける〕

[例]戸(と)を開(あ)ける。

　　(문을 열다.)

　　蓋(ふた)を開(あ)ける。

　　(뚜껑을 열다.)

[사용상의 구별]

①「開(あ)く」는 자동사,「開(あ)ける」는 타동사,「開(ひら)く」는 자타양용동사로 사용한다.

②「開(あ)く」는 닫혀 있던 것이 접합되어 있는 곳에서 떨어져서 달라붙어 있던 부분에 공간이 생기는 것을 나타낸다. 지금까지 있었던 것이 없어지는 느낌이다.「ふた ; 뚜껑」과 같이 2개로 분리되어 있는 것,「窓(まど) ; 창」과 같이 그 공간과 접해 있는 것에 대해 말한다.「開(あ)ける」는「開(あ)く」한 상태로 하는 뜻.「開(あ)けっぱなし ; 열어 놓은 채로 두는 것」등, 개방적인 비유에도 사용한다.

③「開(ひら)く」는 안에서 밖으로, 안이 보이게 되는 그런 형태로 닫혀 있는 상태가 느슨해지는 것을 말한다.「開(あ)く」가 한 방향의 움직임인 것에 대해, 두 방향 이상의 움직임을 가리키는 경우가 많다.「窓(まど) ; 창」의 경우 등에서,「あく」는「引(ひ)き戸(ど) ; 미닫이 / 가로닫이」,「ひらく」는 바깥쪽으로 미는「開(ひら)き戸(ど) ; 여닫게 된 문」등에 관해 말한다.「観音開(かんのんびら)き ; 좌우 여닫이[한가운데서 좌우로 여는 것]의 문」「アジの開(ひら)き ; 전갱이를 쨰 말린 것」등과 같이, 중심에서 양쪽으로의 움직임에 의해, 안이 보이게 되는 것을 말한다.

④「開(あ)ける」도 동일한 내용의 문에서 사용하는 경우가 많은데,「開(あ)ける」가 덮여 있는 것, 함께 철해 하나로 되어 있는 것을 제거해서 밝게 하는 느낌인 것에 대해,「開(ひら)く」는, 그들을 밖으로 밀거나 접합되어 있는 것에서 떼어내거나 하는 동작을 나타내는 느낌이다.[47]

「開(ひら)く」와「開(あ)ける」의 차이.

예를 들어,「本(ほん) ; 책」은「ひらく」가 쓰이고,「あける」는 약간 부자연스러운

---

47) https://dictionary.goo.ne.jp/thsrs/16355/meaning/m0u/%E9%96%8B%E3%81%8F/에서 인용하여 적의 번역함.

것에 대해「窓(まど);창」은「ひらく」와「あける」둘 다 사용할 수 있다.

그리고「ひらく」의 반대어인「閉(と)じる」,「あける」의 반대어인「閉(し)める」에 관해서도 마찬가지이다.「本(ほん);책」은「閉(と)じる」를 사용하지만,「閉(し)める」는 사용할 수 없다. 한편,「窓(まど)」에 대해서는 둘 다 사용할 수 있다. 따라서「開(あ)ける」와「開(ひら)く」가 모두 가능한 단어도 있지만, 대상어가 다르다고 하기보다,「ひらく·とじる」가 나타내는 행위와「あける·しめる」가 나타내는 행위 사이에 있는 규칙적인 차이에 기인한다고 할 수 있다.

[예]孔雀(くじゃく)が羽(はね)を{開(ひら)いて·閉(と)じて}いる姿(すがた)。
　　(공작이 날개를 {펴고·닫고} 있는 모습.
　× 孔雀(くじゃく)が羽(はね)を{開(あ)けて·閉(し)めて}いる姿(すがた)。

「羽(はね)を開(ひら)く;날개를 펴다」라고 하는 것은 날개를 움직여서 펼치는 것이다. 이와 같이「開(ひら)く」에는 앞에서 설명한 의미에「움직임」과「펴짐」이라는 의미가 포함된다.「本(ほん);책」의 경우도 마찬가지로「표지를 제거해서 안을 볼 수 있게 하다」라는 것보다는「책을 펼치다」라는 행위에 초점이 놓여 있기 때문에「開(あ)ける」가 아니라「開(ひら)く」가 사용된다고 해석된다.[48]

[3] 連(つ)れ出(だ)す : 이끌고 나가다. 데리고 나가다.「連(つ)れ出(だ)す」는「連(つ)れる」에 공간적 이동을 나타내는 후항동사「~出(だ)す」가 결합된 복합동사이다.
　[예]いますぐケイトに電話(でんわ)すれば、あの子(こ)を連(つ)れ出(だ)すお許(ゆる)しがもらえるかもしれない。
　　(지금 곧 케이트에게 전화하면, 그 아이를 데리고 나가는 허가를 받을 수 있을지도 모른다.)

---

48) https://www.alc.co.jp/jpn/article/faq/03/84.html에서 인용하여 적의 번역함.

校長(こうちょう)のところへ出向(でむ)いて、エリザベスを夕食(ゆうしょく)に連(つ)れ出(だ)す許可(きょか)を正式(せいしき)にもらってしまった。
(교장에게 가서 엘리자베스를 저녁 식사에 데리고 나갈 허가를 정식을 받았다.)
子犬(こいぬ)の運動(うんどう)は外(そと)へ連(つ)れ出(だ)すのは、予防(よぼう)接種(せっしゅ)が済(す)み、免疫(めんえき)ができてからにしてあげてください。
(강아지 운동은, 밖으로 데리고 나가는 것은, 예방 접종이 끝나고 면역이 생기고 나서부터 해 주세요.)

自分(じぶん)の羊(ひつじ)をみな[1]出(だ)してしまうと、彼(かれ)は羊(ひつじ)の先頭(せんとう)に立(た)って行(い)く。羊(ひつじ)はその声(こえ)を知(し)っているので、彼(かれ)について行(い)くのである。[ヨハネによる福音書 10:4]
(자기 양을 전부 밖으로 다 내보낸 다음, 그는 양들의 선두에 서서 간다. 양들은 그 음성을 알고 있기 때문에 그를 따라가는 것이다.[10:4])

[1]出(だ)してしまうと、: 밖으로 다 내보낸 다음.「出(だ)してしまう」의「〜てしまう」는 심리적 종결을 나타내는데, 여기에서는「다 〜하다」에 상당하는 의미로 해석해 둔다. 그리고「出(だ)してしまうと」의「〜と」는 기정조건의 용법으로 쓰이고 있다.
[例]重(おも)いテーマでしたが、一気(いっき)に読(よ)んでしまいました。
(무거운 테마이었지만 단숨에 다 읽었습니다.)
家事(かじ)をやってしまうと、もう一日中(いちにちじゅう)他(ほか)にすることはなかった。
(가사 일을 다 하면 더 이상 하루 종일 달리 할 일은 없었다.)
私(わたし)は1日(いちにち)置(お)かずにすぐ食(た)べてしまいましたが、美味(おい)しかったですよ。

(나는 하루 거르지 않고 다 먹었습니다만, 맛있었어요.)

> ほかの人(ひと)には、[1]ついて行(い)かないで[2]逃(に)げ去(さ)る。その人(ひと)の声(こえ)を知(し)らないからである」。[ヨハネによる福音書 10:5]
> (다른 사람은 따라가지 않고 도망간다. 그 사람의 음성을 모르기 때문이다.[10:5])

[1]ついて行(い)かないで : 따라가지 않고.「ついて行(い)く」는 「つく」에 접속조사 「～て」를 매개로 하여 「行(い)く」가 접속된 것인데, 본 절에서는 「ついて行(い)かないで」와 같이 부정의 テ형으로 쓰이고 있다.

[例]私(わたし)、あなたにどこまでもついて行(い)く。だから私(わたし)を離(はな)さないでね、大作(だいさく)くん。

(나는 당신을 끝까지 따라 갈 거야. 그러니 나를 떼어 놓지 말아요, 다이사쿠 씨.)

「料理(りょうり)の方(ほう)は、今(いま)から作(つく)らせますので、先(さき)に店内(てんない)をご案内(あんない)します」店長(てんちょう)が先(さき)に立(た)って歩(ある)き出(だ)すのについて行(い)く。

(「요리는 지금부터 만들게 시킬 테니 먼저 가게 안을 안내해 드리겠습니다.」점장이 앞에 서서 걷기 시작하는 데에 따라 간다.)

[2]逃(に)げ去(さ)る : 도망가다.「逃(に)げ去(さ)る」는 「逃(に)げる」의 연용형에 「去(さ)る」가 결합된 복합동사로 「도망가다 / 멀리 도망치다」에 상당하는 뜻을 나타낸다.

[例]狼(おおかみ)は森(もり)の中(なか)に逃(に)げ去(さ)りましたが、子馬(こうま)は体(からだ)が不自由(ふじゆう)なので動(うご)けずにそのままじっとしていました。

(이리는 숲 속으로 도망쳤습니다만, 망아지는 몸이 불편해서 움직이지 못

하고 그대로 가만히 하고 있었습니다.)

小(ちい)さな教会(きょうかい)が信者(しんじゃ)でいっぱいになった。右側(みぎがわ)には女性(じょせい)が、左側(ひだりがわ)には男性(だんせい)が並(なら)んでいた。「私(わたし)は全(すべ)ての敵(てき)から嘲(あざけ)られた。隣人(りんじん)には軽蔑(けいべつ)され、友(とも)には恐(おそ)れられた。道(みち)で出会(であ)う者(もの)は皆(みな)、私(わたし)から逃(に)げ去(さ)って行(い)く。」
(작은 교회가 신자로 가득 찼다. 오른쪽에는 여성이, 왼쪽에는 남성이 늘어서 있었다. 「나는 모든 적으로부터 조소당했다. 이웃에게는 경멸당하고, 친구는 두려워했다. 길에서 만나는 사람은 모두, 나로부터 도망쳐 간다.」)

ひとつだけ言(い)うなら、自分(じぶん)たちの主(しゅ)であり師(し)である人(ひと)が十字架(じゅうじか)の極刑(きょっけい)につけられたとき、彼(かれ)らはみんな散(ち)りぢりばらばらに逃(に)げ去(さ)ってしまった。
(하나만 말하면, 우리의 주이고 스승인 사람이 십자가의 극형에 처해졌을 때, 그들은 모두 뿔뿔이 흩어져서 도망가고 말았다.)

> イエスは[1]彼(かれ)らにこの比喩(ひゆ)を話(はな)されたが、彼(かれ)らは[2]自分(じぶん)たちにお話(はな)しになっているのが何(なに)のことだか、わからなかった。[ヨハネによる福音書 10:6]
> (예수께서 그들에게 이 비유를 말씀하셨지만, 그들은 자신들에게 말씀하시고 있는 것이 무슨 일이지 이해하지 못했다.[10:6])

[1]彼(かれ)らにこの比喩(ひゆ)を話(はな)されたが、: 그들에게 이 비유를 말씀하셨지만. 「話(はな)された」는 「話(はな)す」의 레루형 경어인 「話(はな)される」의 과거로 <イエス>에 관해 쓰이고 있다.

[例]しかもあからさまに、この事(こと)を話(はな)された。すると、ペテロはイエスをわきへ引(ひ)き寄(よ)せて、諫(いさ)めはじめたので、[口語訳 / マルコによる福音書 8:32]

(게다가 드러내 놓고 이 일을 이야기하셨다. 그러자 베드로가 예수를 옆으로 끌어당겨 간하기 시작했기 때문에,)[마가복음 8:32][49]

これらのことを話(はな)された後(のち)、八日(ようか)ほど経(た)ってから、イエスはペテロ、ヨハネ、ヤコブを連(つ)れて、祈(いの)るために山(やま)に登(のぼ)られた。[口語訳/ルカによる福音書 9:28]
(이런 것을 말씀하신 뒤에, 여드레 정도 지나고 나서, 예수께서는 베드로, 요한, 야고보를 데리고 기도하기 위해 산에 올라가셨다.)[누가복음 9:28]

それから一(ひと)つの譬(たとえ)を話(はな)された、「いちじくの木(き)を、またすべての木(き)を見(み)なさい。[口語訳/ルカによる福音書 21:29]
(그리고 나서 비유를 하나 말씀하셨다. "무화과나무를 그리고 모든 나무를 보아라.)[누가복음 21:29]

[2] 自分(じぶん)たちにお話(はな)しになっているのが : 자신들에게 말씀하시고 있는 것이. 「お話(はな)しになっている」는 「話(はな)す」의 ナル형 경어인 「お話(はな)しになる」에 「~ている」형이 접속된 것으로 <イエス>에 대해 쓰이고 있다.
[예] それから、弟子(でし)たちがイエスに近寄(ちかよ)って来(き)て言(い)った、「なぜ、彼(かれ)らに譬(たとえ)でお話(はな)しになるのですか」。[口語訳/マタイによる福音書 13:10]
(그리고 나서 제자들이 예수에게 다가와서 말했다. "왜 그들에게 비유로 말씀하십니까?")[마태복음 13:10]

そこでイエスは彼(かれ)らに、この譬(たとえ)をお話(はな)しになった、[口語訳/ルカによる福音書 15:3]

---

49) 李成圭(2019a)『일본어 구어역 마가복음의 언어학적 분석Ⅱ』시간의물레. p. 163에서 인용.

(그래서 예수께서는 그들에게 이 비유를 말씀하셨다.)[누가복음 15:3]

自分(じぶん)を義人(ぎじん)だと自任(じにん)して他人(たにん)を見下(みさ)げている人(ひと)たちに対(たい)して、イエスはまたこの譬(たとえ)をお話(はな)しになった。[口語訳 / ルカによる福音書 18:9]
(자신을 의인이라고 자임하고 남을 경멸하는 사람들에 대해 예수께서는 또 이 비유를 말씀하셨다.)[누가복음 18:9]

본 절에서는「話(はな)す」의 레르형 경어「話(はな)される」와 나르형 경어「お話(はな)しになる」가 <イエス>를 높이기 위해 동시에 쓰이고 있다. 발화 행위의 대상에 차등을 두기 위해 구별해서 사용한 것으로도, 혹은 동어 반복을 회피하는 것으로도 이해된다. 그러면, 타 번역본에서는 이 부분을 어떻게 다루고 있는지 살펴보자.

[예] イエスはこのたとえを彼(かれ)らにお話(はな)しになったが、彼(かれ)らは、イエスの話(はな)されたことが何(なん)のことかよくわからなかった。[新改訳1970]
(예수께서는 이 비유를 그들에게 말씀하셨지만, 그들은 예수께서 이야기하신 것이 무슨 일인지 잘 몰랐다.)

イエスはこの譬(たとえ)をパリサイ人(びと)に話(はな)されたが、彼(かれ)らは何(なに)を話(はな)されているのかわからなかった。[塚本訳1963]
(예수께서는 이 비유를 바리새 파 사람에게 이야기하셨지만, 그들은 무엇을 말씀하시고 있는지 몰랐다.)

イエスはこの譬(たとえ)を彼(かれ)らに話(はな)された。しかし彼(かれ)らは何(なに)を話(はな)されているかわからなかった。[前田訳1978]
(예수께서는 이 비유를 그들에게 이야기하셨다. 그러나 그들은 무엇을 말씀하시고 있는지 몰랐다.)

イエスは、このたとえをファリサイ派(は)の人々(ひとびと)に話(はな)されたが、彼

(かれ)らはその話(はなし)が何(なん)のことか分からなかった。[新共同訳1987]
(예수께서는 이 비유를 바리새 파 사람에게 이야기하셨지만, 그들은 그 이야기가 무슨 일인지 몰랐다.)
イエスは彼(かれ)らにこの謎(なぞ)〔めいた譬(たとえ)〕を話(はな)したが、彼(かれ)らは自分(じぶん)たちに語(かた)られたことが何(なん)であるのか知らなかった。[岩波翻訳委員会訳1995]
(예수께서는 그들에게 이 수수께끼 같은 비유를 이야기했지만, 그들은 자신에게 말씀하신 것이 무엇인지 알지 못했다.)

[新改訳1970]에서는「話(はな)す」의 ナル형 경어「お話(はな)しになる」와 レル형 경어「話(はな)される」가 함께 쓰이고 있고, [塚本訳1963][前田訳1978][新共同訳1987]에서는「話(はな)す」의 レル형 경어「話(はな)される」만이, [岩波翻訳委員会訳1995]에서는「語(かた)る」의 レル형 경어「語(かた)られる」만이 사용되고 있다.

《45》[ヨハネによる福音書 10:7 - 10:10]

そこで、イエスはまた言(い)われた、「よくよくあなたがたに言(い)っておく。[1]わたしは羊(ひつじ)の門(もん)である。[ヨハネによる福音書 10:7]
(그러자 예수께서 다시 말씀하셨다. "분명히 너희에게 말해 둔다. 나는 양들의 문이다."[10:7])

[1]わたしは羊(ひつじ)の門(もん)である : 나는 양들의 문이다. 이 부분은 직역한 것인데, 타 번역본을 살펴보면 다음과 같은 기술 내용도 등장한다.
[例]わたしが羊(ひつじ)への門(もん)である。[羊飼(ひつじかい)]はわたしを通(とお)ら

ずに、羊(ひつじ)に近(ちか)づくことはできない。][塚本訳1963]

(내가 양들에게 가는 문이다. [양치기는 나를 통하지 않고 양들에게 가까이할 수 없다.]

わたしは羊(ひつじ)の通(とお)る門(もん)である。[フランシスコ会訳1984]

(나는 양들이 지나는 문이다.)

わたしよりも前(まえ)に来(き)た人(ひと)は、みな盗人(ぬすびと)であり、強盗(ごうとう)である。[1]羊(ひつじ)は彼(かれ)らに聞(き)き従(したが)わなかった。[ヨハネによる福音書10:8]

(나보다도 먼저 온 사람은 모두 도둑이고 강도이다. 양들은 그들의 말을 듣고 따르지 않았다.[10:8])

[1]羊(ひつじ)は彼(かれ)らに聞(き)き従(したが)わなかった : 양들은 그들의 말을 듣고 따르지 않았다. 「聞(き)き従(したが)う」는 성서에 등장하는 말로 「聞(き)く」의 연용형에 「従(したが)う」가 결합된 복합동사인데, 「주의 음성이나 가르침을 듣고 그것에 따르다」의 뜻을 나타낸다.

[例]あなたがたに聞(き)き従(したが)う者(もの)は、わたしに聞(き)き従(したが)うのであり、あなたがたを拒(こば)む者(もの)は、わたしを拒(こば)むのである。そしてわたしを拒(こば)む者(もの)は、わたしをお遣(つか)わしになった方(かた)を拒(こば)むのである」。[口語訳/ルカによる福音書10:16]

(너희 말을 듣고 따르는 사람은 내 말을 듣고 따르는 것이고, 너희를 거부하는 사람은 나를 거부하는 것이다. 그리고 나를 거부하는 사람은 나를 보내신 분을 거부하는 것이다.")[누가복음 10:16]

わたしは門(もん)である。わたしを通(とお)って入(はい)る者(もの)は救(すく)われ、また[1]出入(でい)りし、[2]牧草(ぼくそう)にありつくであろう。[ヨハネに

> よる福音書 10:9]
> (나는 문이다. 나를 통해 들어오는 사람은 구원받고, 다시 들어오고 나가면서 목초를 얻어먹을 것이다.[10:9])

[1] 出入(でい)りし、: 들어오고 나가면서. 「出入(でい)りし、」는 「出入(でい)りする」의 연용 중지법으로, 「出入(でい)りする」는 복합명사 「出(で)＋入(い)り」에 형식동사 「する」가 접속되어 동사화한 것이다.

[例] 怪(あや)しげな男(おとこ)が彼(かれ)の家(いえ)に出入(でい)りしている。

(수상하게 보이는 남자가 그의 집에 들락날락한다.)

しかし、防犯(ぼうはん)カメラによれば、事件(じけん)前後(ぜんご)、英子(ひでこ)の部屋(へや)に出入(でい)りした者(もの)はおりません。

(그러나 방범 카메라에 의하면 사건 전후 히데코 방에 출입한 사람은 없습니다.)

そして文学者(ぶんがくしゃ)、音楽家(おんがくか)、画家(がか)、そして芸術家(げいじゅつか)を応援(おうえん)する名士(めいし)たちが出入(でい)りする芸術(げいじゅつ)サロンとしての色彩(しきさい)を強(つよ)めていったわけです。

(그리고 문학자, 음악가, 화가, 그리고 예술가를 응원하는 명사들이 출입하는 예술 살롱으로서의 색채를 짙게 해 나간 것입니다.)

한편, 「出(で)＋入(はい)り → 出入(ではい)り」라는 복합명사도 가능하고 따라서 「出入(ではい)りする」라는 동사도 성립한다.

[例] ここは出入(ではい)り自由(じゆう)です。

(여기는 출입이 자유입니다.)

あれは子供(こども)が出入(ではい)りするような店(みせ)ではない。

(저것은 아이들이 출입하는 그런 가게가 아니다.)[50]

---

50) 李成圭(2019a)『일본어 구어역 마가복음의 언어학적 분석Ⅱ』시간의물레. p. 43에서 일부 인용.

그리고 「出入(でい)り」는 「出入(ではい)り」에 비해 인간 이외의 것에는 사용하기 어렵다.

또한 「出入(でい)り」「出入(ではい)り」에는
[例]総数(そうすう)で二(に)、三人(さんにん)の{出入(でい)り・出入(ではい)り}がある。
(총수 2,3명의 증감이 있다.)

와 같이 증감의 뜻과,
[例]今月(こんげつ)は決算期(けっさんき)で金(かね)の{出入(でい)り・出入(ではい)り}が激(はげ)しい。
(이번 달은 결산기이어서 돈의 출납이 많다.)

와 같이 지출과 수입이라는 뜻도 있다.

[2] 牧草(ぼくそう)にありつくであろう : 목초를 얻어먹을 것이다. 「ありつく」는 「오랫동안 구했던 것을 겨우 손에 넣다」는 뜻을 나타내는데, 한국어로는 「겨우 ~을 얻게 되다」「우연히 얻어 걸리다」에 상당한다.
[例]良(よ)い学校(がっこう)を卒業(そつぎょう)すると、良(よ)い就職口(しゅうしょくぐち)にありつくことができたので、どこの親(おや)も自分(じぶん)の子供(こども)たちが良(よ)い学校(がっこう)に入(はい)ることを望(のぞ)んでいました。
(좋은 학교를 졸업하면, 좋은 일자리를 얻을 수 있기 때문에 어느 부모 할 것 없이 자기 아이들이 좋은 학교에 들어가는 것을 바라고 있었습니다.)
アメリカでは、労働権(ろうどうけん)という言葉(ことば)は、労働組合(ろうどうくみあい)に反対(はんたい)する意味(いみ)に、言(い)い換(か)えると、仕事(しごと)にありつくには何(なに)も労働組合(ろうどうくみあい)に加入(かにゅう)しなくてもかまわぬという原則(げんそく)を支持(しじ)する意味(いみ)に使(つか)われている。

(미국에서는 노동권이라는 말은 노동조합에 반대하는 의미로 바꿔 말하면 일자리를 얻기 위해서는 굳이 노동조합에 가입하지 않아도 상관없다는 원칙을 지지하는 의미로 쓰이고 있다.)

報道陣(ほうどうじん)が試合前(しあいまえ)の食事(しょくじ)にありつく食堂(しょくどう)に入(はい)って行(い)くと、80歳(はちじゅっさい)の先輩(せんぱい)はチェックのシャツを自然(しぜん)に着(き)こなし、わざわざ食事(しょくじ)を中断(ちゅうだん)して握手(あくしゅ)を求(もと)めに来(き)てくれた。

(보도진이 시합 전의 식사를 얻어먹는 식당에 들어가자, 80세의 선배는 체크 셔츠를 자연스럽게 맵시 있게 입고, 일부러 식사를 중단하고 악수를 청하러 와 주었다.)

盗人(ぬすびと)が来(く)るのは、[1][2]盗(ぬす)んだり、殺(ころ)したり、滅(ほろ)ぼしたりするためにほかならない。[3]わたしが来(き)たのは、羊(ひつじ)に命(いのち)を得(え)させ、豊(ゆた)かに得(え)させるためである。[ヨハネによる福音書 10:10]

(도둑이 오는 것은 바로 훔치거나 죽이거나 멸망시키거나 하기 위해서다. 내가 온 것은 양들에게 생명을 얻게 하고 풍성하게 얻게 하기 위해서이다.[10:10])

[1]盗(ぬす)んだり、殺(ころ)したり、滅(ほろ)ぼしたりする : 훔치거나 죽이거나 멸망시키거나 하다. 본 절에서는 「盗(ぬす)んだり」「殺(ころ)したり」「滅(ほろ)ぼしたり」와 같이 열거를 나타내는

  접속조사 「～たり」가 쓰이고 있다.

「～たり」
1. 접속

「～たり」는 용언(동사, 형용사, 형용동사)과 명사술어에 접속하는데, 접속 방식은 조동사 「～た」와 마찬가지로 5단동사에는 소위 음편형(音便形)에 접속된다.

종별	동사			형용사	형용동사	명사술어
기본형	書(か)く	作(つく)る	読(よ)む	良(よ)い	静(しず)かだ	主婦(しゅふ)だ
「～た」형	書いた	作った	読んだ	良かった	静かだった	主婦だった
「～たり」형	書いたり	作ったり	読んだり	良かったり	静かだったり	主婦だったり

[例] 日曜日(にちようび)はテレビを見(み)たり、本(ほん)を読(よ)んだりする。
(일요일은 텔레비전을 보거나 책을 읽거나 한다.)
きのうは手紙(てがみ)を書(か)いたり、ケーキを作(つく)ったりした。
(어제는 편지를 쓰기도 하고 케이크를 만들기도 했다.)
このごろは暑(あつ)かったり、寒(さむ)かったりする。
(요즈음은 날씨가 덥기도 하고 춥기도 한다.)
1日(いちにち)の売上(うりあげ)は日(ひ)によって多(おお)かったり、少(すく)なかったりする。
(하루 매상은 날에 따라 많거나 적거나 한다.)
コンピューターと言(い)っても、高(たか)かったり、安(やす)かったりいろいろなものがある。
(컴퓨터라고 해도 비싼 것도 있고 싼 것도 있는 등 여러 가지가 있다.)
同(おな)じ十才(じゅっさい)の子供(こども)でも、大(おお)きかったり、小(ちい)さかったりさまざまだ。
(같은 10살이라도 큰 아이가 있는가 하면 작은 아이도 있는 등 다양하다.)
時(とき)によって、上手(じょうず)だったり、下手(へた)だったりする。
(때에 따라 잘 하기도 하고 못 하기도 한다.)

仕事(しごと)は日(ひ)によって、大変(たいへん)だったり、楽(らく)だったりする。
(일은 날에 따라 힘들기도 하고 편하기도 하다.)
納豆(なっとう)は人(ひと)によって、好(す)きだったり、嫌(きら)いだったりする。
(낫토는 사람에 따라 좋아하기도 하고 싫어하기도 한다.)
東京(とうきょう)の中(なか)でも、静(しず)かだったり、賑(にぎ)やかだったり、いろいろなところがある。
(도쿄라고 해도 여러 군데가 있어, 조용한 곳이 있는가 하면, 번화한 곳도 있다.)
お昼(ひる)、弁当(べんとう)だったり、外食(がいしょく)だったりする。
(점심은 도시락이거나 외식이거나 한다.)
帰(かえ)りは、飛行機(ひこうき)だったり、新幹線(しんかんせん)だったりする。
(돌아갈 때는 비행기를 타거나 신칸센을 타거나 한다.)
出席者(しゅっせきしゃ)はサラリーマンだったり、主婦(しゅふ)だったりした。
(출석하는 사람은 샐러리맨이거나 주부였다.)

2. 의미.용법
① 본 절의 「盗(ぬす)んだり、殺(ころ)したり、滅(ほろ)ぼしたりする ; 훔치거나 죽이거나 멸망시키거나 하다」와 같이 두 가지 이상의 동작이나 상태를 적당히 열거한다.

[例] 眠(ねむ)い時(とき)は、たばこを吸(す)ったり、顔(かお)を洗(あら)ったりする。
(졸릴 때는 담배를 피우거나 세수를 하거나 한다.)
食事(しょくじ)の後(あと)は、コーヒーを飲(の)んだり、新聞(しんぶん)を読(よ)んだり、音楽(おんがく)を聞(き)いたりする。
(식사 후에는 커피를 마시거나 신문을 읽거나 음악을 듣거나 한다.)
休(やす)みの日(ひ)には、部屋(へや)の掃除(そうじ)をしたり、車(くるま)を洗(あら)ったり、友(とも)だちに手紙(てがみ)を書(か)いたりする。

(쉬는 날에는 방 청소를 하거나 차를 닦거나 친구에게 편지를 쓰거나 한다.)

② 「〜たり」는 「乗(の)ったり降(お)りたりする ; 내리거나 타거나 합니다」와 같이 서로 반대되는 사항을 열거는 경우에도 쓴다.

[例]試合(しあい)は勝(か)ったり負(ま)けたりする。
　　(시합은 이겼다 졌다 한다.)
　　最近(さいきん)は株(かぶ)を買(か)ったり売(う)ったりする。
　　(요즘은 주식을 샀다 팔았다 한다.)
　　部屋(へや)の空気(くうき)が悪(わる)い時(とき)は、窓(まど)を開(あ)けたり閉(し)めたりする。
　　(방 공기가 나쁠 때는 창을 열었다 닫았다 한다.)
　　課長(かちょう)は何(なに)かを考(かんが)える時(とき)には、席(せき)を立(た)ったり座(すわ)ったりする。
　　(과장님은 무엇인가를 생각할 때에는 자리에서 일어났다 앉았다 한다.)

③ 그리고 다음과 같이 여러 가지 동작이나 상태 중에서 어느 한 가지만을 예로 들고 나머지는 언외(言外)로 돌리는 경우에도 쓰인다.

[例]あの人(ひと)はうそをついたりはしない。
　　(그 사람은 거짓말을 하거나 하지는 않는다.)
　　日曜日(にちようび)には友達(ともだち)と山(やま)に登(のぼ)ったりする。
　　(일요일에는 친구와 산에 오르거나 한다.)
　　ホテルは、部屋(へや)に風呂場(ふろば)がついたりすると、値段(ねだん)が高(たか)くなる。
　　(호텔은 방에 목욕탕이 딸려 있거나 하면 가격이 비싸진다.)[51]

---

51) 李成圭等著(1996)『홍익나가누마 일본어2 해설서』홍익미디어. pp. 71-72에서 인용하여 일부 수정함.

[2] 盗(ぬす)んだり、殺(ころ)したり、滅(ほろ)ぼしたりするためにほかならない : 바로 훔치거나 죽이거나 멸망시키거나 하기 위해서다.

1. 「ほかならない」는 주로 「～にほかならない」의 형태로 쓰여, 「다른 것이 아니다 / 다름 아닌 ～이다 / 바로 ～다 / ～임에 틀림없다」의 뜻을 나타낸다.
   [例] 彼(かれ)の成功(せいこう)は努力(どりょく)の結果(けっか)にほかならない。
       (그의 성공은 다름 아닌 노력의 결과이다.)
       戦争(せんそう)というものは、大量(たいりょう)殺人(さつじん)にほかならない。
       (전쟁이라는 것은 다름 아닌 대량 살인이다.)
       この仕事(しごと)が成功(せいこう)したのは皆(みな)さんのご協力(きょうりょく)の結果(けっか)にほかなりません。
       (이 일이 성공한 것은 다른 아니라 여러분의 협력의 결과가 있었기에 가능했습니다.)
       親(おや)が子供(こども)を叱(しか)るのは子供(こども)を愛(あい)しているからにほかならない。
       (부모가 어린이를 꾸짖는 것은 다름 아니라 어린이를 사랑하고 있기 때문이다.)
       この手紙(てがみ)は私(わたくし)の正直(しょうじき)な気持(きも)ちを申(もう)し上(あ)げたにほかなりません。
       (이 편지는 다름 아닌 저의 정직한 마음을 말씀드린 것뿐입니다.)
       熱帯雨林(ねったいうりん)が消滅(しょうめつ)することは、地球(ちきゅう)の肺(はい)がなくなることにほかならない。
       (열대우림이 소멸하는 것은 다름 아니라 지구의 폐가 없어지는 것이다.)

2. 「ほかならない～」의 형태로 쓰여, 「다른 사람과는 달리 특별한 관계에 있다 / 다름 아닌 ～」의 뜻을 나타낸다. ＝「ほかならぬ」

[例]ほかならない君(きみ)の頼(たの)みでは断(ことわ)れない。

(다름 아닌 자네의 부탁이라면 거절할 수 없다.)

ほかならぬ君(きみ)が窮地(きゅうち)に陥(おちい)っているのに、どうして僕(ぼく)が見(み)て見(み)ぬふりができようか。

(다름 아닌 자네가 궁지에 빠져 있는데도 어찌 내가 보고도 못 본 체 할 수 있을까?)

ネストリウスの異端者(いたんしゃ)らは、聖母(せいぼ)と磔刑(たっけい)の御姿(みすがた)に守(まも)られたほかならぬ我々(われわれ)の正統(せいとう)信仰(しんこう)を批判(ひはん)したのだ。

(네스토리우스 이단자들은 성모와 책형의 모습에 의해 지켜진, 다름 아닌 우리의 정통 신앙을 비판한 것이다.)

ほかならぬ彼(かれ)自身(じしん)の作品(さくひん)のうちに、青年(せいねん)松岡国男(まつおかくにお)の内面(ないめん)の苦悶(くもん)と危機(きき)をほとんど客観的(きゃっかんてき)に書(か)き現(あら)わした記述(きじゅつ)が見出(みいだ)される。

(다름 아닌 그 자신의 작품 속에 청년 마쓰오카 구니오의 내면의 고민과 위기를 거의 객관적으로 써서 나타낸 기술이 발견된다.)

[3] わたしが来(き)たのは、羊(ひつじ)に命(いのち)を得(え)させ、豊(ゆた)かに得(え)させるためである : 내가 온 것은 양들에게 생명을 얻게 하고 풍성하게 얻게 하기 위해서이다. 이 문장은 「わたしは、羊(ひつじ)に命(いのち)を得(え)させ、豊(ゆた)かに得(え)させるために、来(き)たのである」라는 문을 형식명사「～の」를 이용하여 「～のは、～ためである」의 형태로 도치시킨 것이다.

타 번역본에서는 어떻게 묘사하고 있는지 살펴보자.

[例]わたしは[羊(ひつじ)に]命(いのち)を持(も)たせるため、あり余(あま)るほど[の命(いのち)を]持(も)たせるために来(き)たのである。[塚本訳1963]

(나는 [양들에게] 생명을 가지게 하기 위해, 남아돌 정도[의 생명을] 가지게 하기 위해 온 것이다.)

わたしが来(き)たのは、羊(ひつじ)がいのちを得(え)、またそれを豊(ゆた)かに持(も)つためです。[新改訳1970]

(내가 온 것은, 양들이 생명을 얻고 또 그것을 풍성하게 갖기 위해서입니다.)

わたしが来(き)たのは、いのちを得(え)させ、いのちにあり余(あま)らせるためである。[前田訳1978]

(내가 온 것은, 생명을 얻게 하고 생명에 남아돌게 하기 위해서이다.)

わたしが来(き)たのは、羊(ひつじ)が命(いのち)を受(う)けるため、しかも豊(ゆた)かに受(う)けるためである。[新共同訳1987]

(내가 온 것은, 양들이 생명을 받기 위해서, 게다가 풍성하게 받기 위해서이다.)

私(わたし)が来(き)たのは〔人々(ひとびと)が〕命(いのち)を得(え)、豊(ゆた)かに得(え)るためである。[岩波翻訳委員会訳1995]

(내가 온 것은,〔사람들이〕생명을 얻고, 풍성하게 얻기 위해서이다.)

⦅46⦆ [ヨハネによる福音書 10:11 - 10:21]

わたしは[1]よい羊飼(ひつじかい)である。よい羊飼(ひつじかい)は、羊(ひつじ)のために[2]命(いのち)を捨(す)てる。[ヨハネによる福音書 10:11]
(나는 선한 목자이다. 선한 목자는 양을 위해 목숨을 버린다.[10:11])

[1]よい羊飼(ひつじかい) : 좋은 양치기. 선한 목자. 「よい」는 「いい」의 구형(舊形)으로 문어적 말씨인데, 구어역 신약성서에서는 「いいでしょうか[52]」의 「いい」를 제

---

52) すると、一人(ひとり)の人(ひと)がイエスに近寄(ちかよ)って来(き)て言(い)った、「先生(せんせい)、永遠(えいえん)の生命

외하고「よい」만 사용되고 있다.

[2]命(いのち)を捨(す)てる: 목숨을 버리다.

[例]はじめから「命(いのち)を捨(す)てる」という思想(しそう)は、キリスト教圏(きょうけん)には存在(そんざい)しない。
(애초부터「목숨을 버린다」라는 사상은 기독교권에는 존재하지 않는다.)
また、老(お)いていく人生(じんせい)に楽(たの)しみを見出(みいだ)せず、命(いのち)を捨(す)てるしかないと思(おも)い込(こ)む人(ひと)もいます。
(또 늙어가는 인생에 낙을 찾지 못하고 목숨을 버릴 수밖에 없다고 생각하는 사람도 있습니다.)
私達(わたしたち)にだって、学校(がっこう)を離(はな)れれば家族(かぞく)が居(い)るんだ! 親(おや)や兄弟(きょうだい)も居(い)る! 他人(たにん)の為(ため)に命(いのち)を捨(す)てるなんて、そんな事(こと)が出来(でき)るか!
(우리들에게도 학교를 떠나면 가족이 있다. 부모나 형제도 있다. 남을 위해 목숨을 버린다고 하는 그런 것은 할 수 있을까?)

> 羊飼(ひつじかい)ではなく、羊(ひつじ)が自分(じぶん)のものでもない[1]雇人(やといにん)は、[2]狼(おおかみ)が来(く)るのを見(み)ると、[3]羊(ひつじ)を捨(す)てて逃(に)げ去(さ)る。そして、狼(おおかみ)は羊(ひつじ)を奪(うば)い、また[4]追(お)い散(ち)らす。[ヨハネによる福音書 10:12]
> (양치기가 아니고 양이 자기 것도 아닌 고용인은 이리가 오는 것을 보면, 양들을 버리고 도망간다. 그리고 이리는 양들을 빼앗고 그리고 흩어버린다.[10:12])

[1]雇人(やといにん): 고용인. 고용된 사람. 고용한 사람 즉 고용주는「雇(やと)い主

(せいめい)を得(え)るためには、どんなよいことをしたらいいでしょうか」。[口語訳/マタイによる福音書]
(그러자, 한 사람이 예수에게 다가와서 말했다. "선생님, 영원한 생명을 얻기 위해서는 어떤 선한 일을 하면 좋을까요?")
[마태복음 19:16]

(ぬし)」라고 한다.

[例]雇人(やといにん)への報酬(ほうしゅう)は金銭(きんせん)ではなかった。

(고용인에 대한 보수는 금전은 아니었다.)

水(みず)をやりにあがってきた雇人(やといにん)の叫(さけ)び声(ごえ)でそれを知(し)った。

(물을 주러 올라온 고용인의 외침 소리로 그것을 알았다.)

[2]狼(おおかみ) : 이리. 늑대.

[3]羊(ひつじ)を捨(す)てて逃(に)げ去(さ)る : 양들을 버리고 도망가다. 타 번역본에서의 기술을 살펴보자.

[例]羊(ひつじ)をすてて逃(に)げる。[塚本訳1963]

(양들을 버리고 도망가다.)

羊(ひつじ)を置(お)き去(ざ)りにして、逃(に)げて行きます。[新改訳1970]

(양들을 내버려 둔 채 도망갑니다.)

羊(ひつじ)を捨(す)てて逃(に)げる。[前田訳1978]

(양들을 버리고 도망가다.)

羊(ひつじ)を置(お)き去(ざ)りにして逃(に)げる。[新共同訳1987]

(양들을 내버려 둔 채로 하고 도망가다.)

羊(ひつじ)たちをそのままにして逃(に)げてしまうものである。[岩波翻訳委員会訳1995]

(양들을 그대로 하고 도망가 버린다.)

[4]追(お)い散(ち)らす : 쫓아 흩어버리다. 쫓아 해산시키다. 「追(お)う」의 연용형 「追(お)い」에 「散(ち)らす」가 결합한 복합동사.

[例]その人(ひと)が、野犬(やけん)の群(む)れを追(お)い散(ち)らしてくれたようである。

(그 사람이 들개 떼를 쫓아 흩어버린 것 같다.)

チリチリチリ、と偉(えら)そうにベルを鳴(な)らして歩行者(ほこうしゃ)を追(お)い散(ち)らす者(もの)もいる。

(땡땡땡 하고 잘난 체하며 방울 소리를 내며 보행자를 쫓아 흩어버리는 사람도 있다.)

彼(かれ)らを追(お)い散(ち)らした神楽(かぐら)はそこに犬(いぬ)が捨(す)てられているのを見(み)つける。

(그들을 쫓아 흩어버린 가구라는 거기에 개가 버려져 있는 것을 발견한다.)

> [1]彼(かれ)は雇人(やといにん)であって、[2]羊(ひつじ)のことを[3]心(こころ)にかけていないからである。[ヨハネによる福音書 10:13]
> (그는 고용인이어서 양들을 마음에 두고 있지 않기 때문이다.[10:13])

[1]彼(かれ)は雇人(やといにん)であって : 그는 고용인이어서. 「雇人(やといにん)であって」의 「〜であって」는 「〜である」의 テ형으로 여기에서는 원인・이유를 나타낸다.

[例]もしそれが悪(わる)い僕(しもべ)であって、自分(じぶん)の主人(しゅじん)は帰(かえ)りが遅(おそ)いと心(こころ)の中(なか)で思(おも)い、[口語訳 / マタイによる福音書 24:48]

(만일 그가 나쁜 종이어서, 자기 주인은 귀가 늦다고 마음속으로 생각하고,)[마태복음 24:48]

二人(ふたり)とも神(かみ)のみまえに正(ただ)しい人(ひと)であって、主(しゅ)の戒(いまし)めと定(さだ)めとを、みな落度(おちど)なく行(おこな)っていた。[口語訳 / ルカによる福音書 1:6]

(두 사람 모두 하나님 앞에서 의로운 사람이어서, 주의 계명과 규율을 모

두 빠짐없이 행하고 있었다.)[누가복음 1:6]

[2] 羊(ひつじ)のことを : 양들에 관한 것을. 양들을. 「〜のこと」는 한국어의 「〜에 관한 것」에 상당하는데, 어색할 경우에는 굳이 번역하지 않아도 된다.

[例] イエスは御自身(ごじしん)のことを人(ひと)に現(あら)わさないようにと、彼(かれ)らを厳(きび)しく戒(いまし)められた。[口語訳 / マルコによる福音書 3:12]

(예수께서는 자신에 관한 것을 사람들에게 드러내지 않도록 그들을 엄히 야단치셨다.)[마가복음 3:12][53]

この女(おんな)がイエスのことを聞(き)いて、群衆(ぐんしゅう)の中(なか)に紛(まぎ)れ込(こ)み、後(うし)ろから、み衣(ころも)にさわった。[口語訳 / マルコによる福音書 5:27]

(이 여자가 예수에 관한 이야기를 듣고 군중 속에 끼어 들어와서 뒤에서 예수님의 옷에 손을 댔다.)[마가복음 5:27][54]

[3] 心(こころ)にかけていない : 양들을 마음에 두고 있지 않다. 「心(こころ)にかける」는 「마음에 두다 / 잊지 않도록 주의하다」「걱정하다」의 뜻을 나타내는 관용표현이다.

[例] そのときのことだけはね。それからはずっと、君(きみ)の事(こと)を心(こころ)にかけていたよ。

(그 때 일만은. 그러고 나서 죽 자네의 일을 마음에 두고 있었어.)

あなたは彼(かれ)の幸福(こうふく)をずいぶん心(こころ)にかけてくださっているようだわ、島津(しまづ)さん。

(당신은 그의 행복에 무척 신경을 써 주신 것 같아, 시마즈 씨.)

---

53) 李成圭(2018c)『일본어 구어역 마가복음의 언어학적 분석 I』시간의물레. p. 126에서 인용.
54) 李成圭(2018c)『일본어 구어역 마가복음의 언어학적 분석 I』시간의물레. p. 214에서 인용.

いつもお心(こころ)にかけていただき、深(ふか)く感謝(かんしゃ)いたしております。
(늘 신경을 써 주셔서 크게 감사하게 생각하고 있습니다.)

> わたしはよい羊飼(ひつじかい)であって、[1]わたしの羊(ひつじ)を知(し)り、わたしの羊(ひつじ)はまた、わたしを知(し)っている。[ヨハネによる福音書 10:14]
> (나는 선한 목자이어서 내 양을 알고, 내 양들도 또한 나를 안다.[10:14])

[1]わたしの羊(ひつじ)を知(し)り、: 내 양을 알고.「知(し)り、」는「知(し)る」의 연용중지법으로 본 절에서는 앞 뒤 문을 단순 연결시키는 기능을 하고 있다.

[例] 信太郎(しんたろう)はヒデに「ありがとう」と言(い)い、つまらない冗談(じょうだん)を言(い)った。
(신타로는 히데에게「고마워」라고 말하고, 시시한 농담을 말했다.)

一人(ひとり)一人(ひとり)が名前(なまえ)と理由(りゆう)を話(はな)し、質問(しつ)もん)し合(あ)うと、おたがいの考(かんが)えがよく分(わ)かりました。
(한 사람 한 사람이 이름과 이유를 이야기하고, 서로 질문하자, 서로의 생각을 잘 알았습니다.)

最初(さいしょ)に「お知(し)らせ」と表示(ひょうじ)されなければ何度(なんど)かキーを押(お)し、「お知(し)らせ」になったらキーを押(お)して確定(かくてい)します。
(먼저「알림」이라고 표시되지 않으면 몇 번 키를 누르고,「알림」이 되면, 키를 누르고 확정합니다.)

将軍(しょうぐん)たちの中(なか)に、メソポタミア文明(ぶんめい)の歴史(れきし)を知(し)り、バグダッド博物館(はくぶつかん)の価値(かち)を知(し)っている人(ひと)がどれだけいたろうか。
(장군들 중에 메소포타미아 문명의 역사를 알고, 바그다드 박물관의 가치를 알고 있는 사람이 얼마나 있을까?)

> それは[1]ちょうど、[2]父(ちち)がわたしを知(し)っておられ、わたしが父(ちち)を知(し)っているのと同(おな)じである。そして、わたしは羊(ひつじ)のために命(いのち)を捨(す)てるのである。[ヨハネによる福音書 10:15]
> (그것은 마치 아버지께서 나를 아시고 내가 아버지를 아는 것과 같다. 그리고 나는 양들을 위해 목숨을 버린다.[10:15])

[1]ちょうど ～と同(おな)じである : 마치 ～와 마찬가지다. 「ちょうど」는 「まるで」와 마찬가지로 뒤에 추측을 나타내는 「～ようだ」「～みたいだ」「～と同(おな)じだ」와 공기하여 「마치」의 뜻을 나타낸다.

[例]だから、心(こころ)に空洞(くうどう)ができると行動(こうどう)が鈍(にぶ)くなる。ちょうど冬(ふゆ)のどんよりとした空(そら)のようだ。

(따라서 마음에 공동이 생기면 행동이 둔해진다. 마치 겨울의 잔뜩 찌푸린 날씨와 같다.)

ちょうど今日(きょう)から夏祭(なつまつ)りみたいだね。出店(でみせ)も出揃(でそろ)ってゴッタ返(がえ)してる。

(마치 오늘부터 여름 축제 같군. 노점도 전부 나와서 북적거린다.)

着(き)なくなった服(ふく)を利用(りよう)して作(つく)る人形(にんぎょう)で、ちょうど同(おな)じような柄(がら)の服(ふく)があったから作(つく)ってみたんだけど。

(못 입게 된 옷을 이용해서 만든 인형으로, 마치 같은 무늬 옷이 있어서 만들어 본 것인데.)

彼(かれ)の髪(かみ)は真(ま)ん中(なか)が尖(とが)っていて、ちょうど鳥(とり)のとさかみたいだ。人間(にんげん)の身体(しんたい)というのは不思議(ふしぎ)なもので、ちょうどアレルギー反応(はんのう)を起(お)こしたのと同(おな)じように、同(おな)じ個所(かしょ)に障害歴(しょうがいれき)が発生(はっせい)いたします。

(그의 머리카락은 한 가운데가 뾰족해서 마치 새의 볏 같다. 인간의 신체라는 것은 이상한 것으로 마치 알레르기 반응을 일으킨 것과 마찬가지로

같은 곳에 장애력이 발생합니다.)

[2]父(ちち)がわたしを知(し)っておられ、: 아버지께서 나를 아시고. 「知(し)っておられ」는 「知(し)っている」의 レル형 경어 「知(し)っておられる」의 연용중지법으로 「知(し)ており」의 존경표현으로 쓰이고 있다.

[例]それは、父(ちち)がわたしを<u>知(し)っておられ</u>、わたしが父(ちち)を知(し)っているのと同様(どうよう)です。[新改訳1970]
(그것은 아버지가 나를 알고 계시고, 내가 아버지를 알고 있는 것과 마찬가지입니다.)

父上(ちちうえ)がわたしを<u>知(し)っておられ</u>、わたしが父上(ちちうえ)を知(し)っているのと同(おな)じである。[塚本訳1963]
(아버지가 나를 알고 계시고, 내가 아버지를 알고 있는 것과 같다.)

その日(ひ)、その時(とき)は、だれも知(し)らない。天(てん)にいる御使(みつかい)たちも、また子(こ)も知(し)らない、ただ父(ちち)だけが<u>知(し)っておられる</u>。[口語訳/マルコによる福音書 13:32]
(그 날, 그 때는 아무도 모른다. 하늘에 있는 천사들도 또 아들도 모른다. 오직 아버지만이 아신다.)[마가복음 13:32][55]

わたしにはまた、[1]この囲(かこ)いにいない他(た)の羊(ひつじ)がある。[2]わたしは彼(かれ)らをも導(みちび)かねばならない。彼(かれ)らも、わたしの声(こえ)に聞(き)き従(したが)うであろう。そして、ついに一(ひと)つの群(む)れ、一人(ひとり)の羊飼(ひつじかい)となるであろう。[ヨハネによる福音書 10:16]
(나에게는 또 이 우리에 없는 다른 양들이 있다. 나는 그들도 이끌어야 한다. 그들도 내 음성을 듣고 따를 것이다. 그래서 마침내 한 무리,

---

55) [口語訳/マルコによる福音書 13:32]에서 인용.

한 사람의 목자가 될 것이다.[10:16])

[1]この囲(かこ)いにいない他(た)の羊(ひつじ)がある : 이 우리에 없는 다른 양들이 있다. 본 절에서는 「他(た)の羊(ひつじ)」에 대해 「いる」동사의 부정인 「いない」와 「ある」동사가 쓰이고 있다. 구어역 신약성서에서는 「いる」는 구체적이고 개별적인 존재를 나타내고 있고, 「ある」는 존재 유무에 중점이 놓인 경우에 사용되고 있다.

그러면 타 번역본에서는 이 부분을 어떻게 다루고 있는지 살펴보자.

[例]この檻(おり)のものでない、ほかの羊(ひつじ)がある。[塚本訳1963]

(이 우리의 것이 아닌, 다른 양들이 있다.)

この囲(かこ)いに属(ぞく)さないほかの羊(ひつじ)があります。[新改訳1970]

(이 우리에 속하지 않는 다른 양들이 있습니다.)

このおりでないほかの羊(ひつじ)がある。[前田訳1978]

(이 우리가 아닌, 다른 양들이 있다.)

この囲(かこ)いに入(はい)っていないほかの羊(ひつじ)もある。[フランシスコ会訳1984]

(이 우리에 들어 있지 않는, 다른 양들도 있다.)

この囲(かこ)いに入(はい)っていないほかの羊(ひつじ)もいる。[新共同訳1987]

(이 우리에 들어 있지 않는, 다른 양들도 있다.)

この中庭(なかにわ)には属(ぞく)さない他(た)の羊(ひつじ)たちもいる。[岩波翻訳委員会訳1995]

(이 안뜰에는 속하지 않는, 다른 양들도 있다.)

[塚本訳1963][新改訳1970][前田訳1978][フランシスコ会訳1984]에서는 「羊(ひつじ)がある」와 같이 「ある」 동사가, [新共同訳1987][岩波翻訳委員会訳1995]에서는 「羊(ひつじ)もいる」와 같이 「いる」 동사가 쓰이고 있다.

[2]わたしは彼(かれ)らをも導(みちび)かねばならない : 나는 그들도 이끌어야 한다. 본 절에서는 「この囲(かこ)いにいない他(た)の羊(ひつじ)[56]」에 대해 부정칭 인칭 대명사인 「彼(かれ)ら」가 쓰이고 있다.

그리고 「導(みちび)かねばならない」는 「導(みちび)く」에 의무·필요를 나타내는 「〜ねばならない」가 접속된 것이다.

[例] 人(ひと)はすべて火(ひ)で塩(しお)づけられねばならない。[口語訳 / マルコによる福音書 9:49]
(사람은 모두 불로 절여지지 않으면 안 된다.)[마가복음 9:49][57]

あなたがたの間(あいだ)で頭(かしら)になりたいと思(おも)う者(もの)は、すべての人(ひと)の僕(しもべ)とならねばならない。[マルコによる福音書 10:44]
(너희 사이에서 우두머리가 되었으면 하는 사람은 모든 사람의 종이 되어야 한다. [口語訳 / 마가복음 10:44][58])

父(ちち)は、わたしが自分(じぶん)の命(いのち)を捨(す)てるから、[1]わたしを愛(あい)して下(くだ)さるのである。命(いのち)を捨(す)てるのは、[2]それを再(ふたた)び得(え)るためである。[ヨハネによる福音書 10:17]
(아버지께서는 내가 내 목숨을 버리기 때문에 나를 사랑하시는 것이다. 목숨을 버리는 것은 그것을 다시 얻기 위해서이다.[10:17])

[1]わたしを愛(あい)して下(くだ)さるのである : 나를 사랑하시는 것이다. 「愛(あい)して下(くだ)さる」는 「愛(あい)する」에 수수표현 「〜てくれる」의 특정형 경어 「て下(くだ)さる」가 접속된 것인데, 일본어의 「〜て下(くだ)さる」를 직역하면 「〜해 주

---

56) [フランシスコ会訳(1984)]에 의하면, 「「この囲(かこ)いにいない他(た)の羊(ひつじ)」는 아직 그리스도를 믿지 않는 유대인과 이방인을 말한다.」고 되어 있다. 이상은 フランシスコ会聖書研究所(1984) 『新約聖書』 サンパウロ. p. 343의 주(7)의 일부를 인용하여 번역함.
57) 李成圭(2019a) 『일본어 구어역 마가복음의 언어학적 분석 II』 시간의물레. p. 231에서 인용.
58) [マルコによる福音書 10:44]에서 인용.

시다」에 해당하지만, 한국어는 일본에 비해 언어적으로 분화되어 있지 않기 때문에 「~하시다」에 대응하는 경우도 있다. 따라서 본 절의 「愛(あい)して下(くだ)さる」는 「사랑하시다」로 번역해 둔다.

[例]継母(ままはは)さんや義姉(ねえ)さんたちに扱(こ)き使(つか)われている灰(はい)かぶりの私(わたし)を一目(ひとめ)でもご覧(らん)になれば、どうして王子(おうじ)さまがそんな私(わたし)を愛(あい)してくださるでしょう。

(계모나 그쪽 언니들에게 혹사당하고 있는, 재를 뒤집어 쓴 나를 한 번이라도 보시면, 어찌 왕자님이 그런 나를 사랑하실까요?)

「あなた…、お願(ねが)いがあります。わたしを…これまでどおり愛(あい)してくださるのでしたら…、どうか、そよ風(かぜ)とは結婚(けっこん)しないで…。」

(「당신…, 부탁이 있습니다. 나를 지금까지와 마찬가지로 사랑해 주신다면…, 부디 산들바람과 결혼하지 말고….」

[2]それを再(ふたた)び得(え)るためである : 그것을 다시 얻기 위해서이다.

「再(ふたた)び·二度(ふたたび)」는 똑같은 동작이나 상태를 되풀이하는 것을 의미하는데, 부사적으로도 사용되어 「다시 / 재차 / 두 번」에 상당하는 뜻을 나타낸다.

[例]再(ふたた)びこんなこと、するな。

(다시 이런 짓, 하지 마.)

しかし、私(わたし)はもう再(ふたた)び彼(かれ)に話(はな)しかけようとはしなかった。

(그러나, 나는 다시 그에게 말을 걸려고 하지는 않았다.)

再(ふたた)び両国(りょうこく)を、かつてのような緊張(きんちょう)状態(じょうたい)に置(お)くようになれば、お互(たが)いに不幸(ふこう)です。

(다시 양국을 전과 같은 긴장 상태에 두게 되면, 서로 불행입니다.)

本国(ほんごく)を去(さ)ってから再(ふたた)び帰(かえ)らなかった。

(본국을 떠난 다음 다시는 돌아오지 않았다.)

それから一年(いちねん)ほどして義父(ぎふ)が病死(びょうし)、一人(ひとり)残(のこ)った高齢(こうれい)の義母(ぎぼ)と再(ふたた)び同居(どうきょ)するため家(いえ)を購入(こうにゅう)し、再(ふたた)び同居(どうきょ)する。しかし関係(かんけい)はうまくいかず、再(ふたた)び別居(べっきょ)。

(그리고 1년 정도 지나서 장인이 병사하고 혼자 남은 고령의 장모와 다시 동거하기 위해 집을 구입하고, 다시 동거한다. 그러나 관계는 잘 되지 않아, 다시 별거.)

「再(ふたた)び・再(ふたた)び」의 유의어로는 「また」「重(かさ)ねて」가 있다.
[例]またとない好機(こうき)。
(두 번 다시없는 호기.)
注意(ちゅうい)されたばかりなのに、また間違(まちが)えた。
(막 지적을 받았는데, 또 틀렸다.)
重(かさ)ねて次(つぎ)のように言(い)う。
(거듭 다음과 같이 말하다.)
重(かさ)ねて尋(たず)ねる。
(다시 묻다.)

① 「また」는 스스럼없는 구어체에도 쓰이지만, 「再(ふたた)び」「重(かさ)ねて」는 다소 격식을 차리는 말씨이다.
② 「再(ふたた)び言(い)う ; 다시 말하다」는 말하는 행위의 반복으로 동일한 표현을 하는 것이지만, 「重(かさ)ねて言(い)う ; 재차 말하다」는 말하는 행위의 반복이 되며, 반드시 동일한 표현은 아니다.
③ 「また」「再(ふたた)び」는 「また会(あ)いたくない ; 다시 만나고 싶지 않다」「再(ふたた)び会(あ)いたくない ; 다시 만나고 싶지 않다」와 같이 부정문에도 사

용할 수 있지만, 「重(かさ)ねて」는 사용하지 못한다.[59]

> だれかが、[1]わたしからそれを取(と)り去(さ)るのではない。わたしが、自分(じぶん)からそれを捨(す)てるのである。わたしには、それを捨(す)てる力(ちから)があり、またそれを受(う)ける力(ちから)もある。[2]これはわたしの父(ちち)から授(さず)かった定(さだ)めである」。[ヨハネによる福音書 10:18]
> (누군가가 내게서 그것을 가지고 가는 것이 아니다. 내가 스스로 그것을 버리는 것이다. 내게는 그것을 버릴 힘이 있고, 또 그것을 받을 힘도 있다. 이것은 내 아버지로부터 받은 명령이다."[10:18])

[1]わたしからそれを取(と)り去(さ)るのではない : 내게서 그것을 빼앗아 가는 것이 아니다. 「取(と)り去(さ)る」는 「取(と)る」의 연용형에 「去(さ)る」가 결합한 복합동사로 사전류에서는 「없애다 / 제거하다」로 나와 있지만, 여기에서는 전항동사와 후항동사의 각각의 의미가 보존되어 있다는 점을 수용하여 「빼앗아 가다」로 번역한다.

타 번역본에서는 이 부분을 어떻게 기술하고 있는지 살펴보자.

[例]だれもわたしから(力(ちから)ずくで)命(いのち)を取(と)り上(あ)げることはできない。[塚本訳1963]

(아무도 내게서 (강제로) 목숨을 빼앗아 갈 수는 없다.)

だれも、わたしからいのちを取(と)った者(もの)はいません。[新改訳1970]

(아무도 내게서 목숨을 취할 사람은 없습니다.)

何(なに)びともわたしからのいのちを奪(うば)わない。[前田訳1978]

(어떤 사람도 내게서 목숨을 빼앗지 못한다.)

私(わたし)からそれを奪(うば)う者(もの)は誰(だれ)もいない。[岩波翻訳委員会訳1995]

---

59) https://dictionary.goo.ne.jp/thsrs/15030/meaning/m0u/에서 인용하여 적의 번역함.

(내게서 그것을 빼앗을 사람은 아무도 없다.)

だれもわたしから命(いのち)を奪(うば)い取(と)ることはできない。[新共同訳 1987]

(아무도 내게서 목숨을 강제로 빼앗을 수는 없다.)

[2] これはわたしの父(ちち)から授(さず)かった定(さだ)めである : 이것은 내 아버지로부터 받은 명령이다. 「授(さず)かる」는 [신불(神仏)이나 경어적 상위자로부터 돈으로 살 수 없는 소중한 것을 받다]의 뜻을 나타내는 말로, 겸양어I인 「いただく」에 상당한다. 그런데 현대한국어에는 대응하는 겸양표현이 없기 때문에 「父(ちち)から」를 「父(ちち)が」와 같이 경의 발동 주체를 바꿔어 「주시다」로 번역하거나, 아니면 겸양이 반영되어 있지 않은 「받다」로 번역할 수밖에 없는데, 여기에서는 「받다」로 번역해 둔다.

[例] 子供(こども)は作(つく)るものではありません。神様(かみさま)から授(さず)かるものです。

(어린이는 만드는 것이 아닙니다. 하나님께서 점지해 주시는 것입니다.)

本当(ほんとう)に赤(あか)ちゃんは神様(かみさま)から授(さず)かるものだと心(こころ)の底(そこ)から思(おも)えました。

(정말 갓난아이는 하나님께서 점지해 주시는 것이라고 마음속에서 생각되었습니다.)

貧(まず)しい家(いえ)の子供(こども)は、さらに、そのような母(はは)から授(さず)かる何(なに)ものにも代(か)えがたい財宝(ざいほう)を持(も)っている。

(가난한 집의 어린이는 또한 그와 같은 어머니로부터 받는 그 무엇과도 바꿀 수 없는 재보를 가지고 있다.)

「定(さだ)め」는 「결정 / 법규 / 규칙 / 규정」「운명 / 팔자」의 뜻을 나타내는데, 여기에서는 「명령」으로 번역해 둔다. 참고로 타 번역본의 기술을 들면 다음과 같다.

[例](命(いのち)を捨(す)て、また取(と)る)この命令(めいれい)を、わたしは父上(ちちうえ)から受(う)けた。[塚本訳1963]

((목숨을 버리고 또 취하는) 이 명령을 나는 아버지로부터 받았다.)

わたしはこの命令(めいれい)をわたしの父(ちち)から受(う)けたのです。[新改訳1970]

(나는 이 명령을 내 아버지로부터 받았습니다.)

この命令(めいれい)を私(わたし)は自分(じぶん)の父(ちち)から受(う)けたのである[岩波翻訳委員会訳1995]

(이 명령을 나는 내 아버지로부터 받는 것이다.)

わたしはこのいいつけを父(ちち)から受(う)けた。[前田訳1978]

(나는 이 명령을 아버지로부터 받았다.)

これは、わたしが父から受けた掟(おきて)である。[新共同訳1987]

(이것은 내가 아버지에게서 받은 율법이다.)

[1]これらの言葉(ことば)を語(かた)られたため、ユダヤ人(じん)の間(あいだ)に[2]またも分争(ふんそう)が生(しょう)じた。[ヨハネによる福音書 10:19]
(이런 말씀을 하셨기 때문에, 유대인 사이에 또 다시 분쟁(대립)이 생겼다.[10:19])

[1]これらの言葉(ことば)を語(かた)られたため : 이런 말씀을 하셨기 때문에. 「語(かた)られたため」는 「語(かた)る」의 레루형 경어 「語(かた)られる」의 과거 「語(かた)られた」에 원인·이유를 나타내는 「〜ため」가 접속된 것이다.

[例]かつての法話(ほうわ)でも、「イエスの霊(れい)が直々(じきじき)に私(わたし)に入(はい)って語(かた)ったため、それを聴(き)けば、イエスが復活(ふっかつ)したとしか思(おも)えない」というものも、かなりあります。

(이전의 법화에서도「예수의 영이 직접 내게 들어와서 말했기 때문에 그것을 들으면 예수가 부활했다고밖에 생각되지 않는다.」고 하는 것도 상당히 있습니다.)

わたしは五十(ごじゅう)過(す)ぎて小説(しょうせつ)を書(か)き始(はじ)めたため、出発点(しゅっぱつてん)からほぼ自分(じぶん)という者(もの)が出来上(できあ)がっていた。

(나는 50 지나서 소설을 쓰기 시작했기 때문에 출발점부터 거의 자기라고 하는 사람이 만들어져 있었다.)

祖父(そふ)は父(ちち)が高校生(こうこうせい)のうちに亡(な)くなったため、父(ちち)はまだ高校生(こうこうせい)だったうちから祖父(そふ)の会社(かいしゃ)を引(ひ)き継(つ)いだ。

(할아버지는 아버지가 고교생일 때 돌아가셨기 때문에 아버지는 아직 고교생이었을 때부터 할아버지 회사를 이어받았다.)

[2] またも分争(ふんそう)が生(しょう)じた : 또 다시 분쟁(대립)이 생겼다.

「またも[又も]」는 부사「また」를 강조한 말씨로,「다시금 / 또다시」에 상당하는 뜻을 나타낸다. 유의어로는「またまた」「またもは」「またしても」등이 있다.

[例] またも学生用(がくせいよう)の船(ふね)でアメリカへ戻(もど)った.

(또 다시 학생용 배로 미국에 돌아갔다.)

彼(かれ)はまたも、煙草(たばこ)の煙(けむり)を吸(す)い込(こ)んだ。頭(あたま)が少(すこ)しふらふらし、むかつきを覚(おぼ)えた。

(그는 또 다시 담배 연기를 빨아들였다. 머리가 약간 빙빙 돌고 메슥거렸다.)

あの人(ひと)に会(あ)ってしまえば、わたしはまたも、かつて幾度(いくたび)となく繰(く)り返(かえ)された失意(しつい)を、味(あじ)わわねばならぬのではないか。

(그 남자를 만나게 되면 나는 또 다시 전에 몇 번이고 되풀이된 실의를 맛보지 않으면 안 되는 것일까?)

> [1]そのうちの多(おお)くの者(もの)が言(い)った、「彼(かれ)は悪霊(あくれい)に取(と)りつかれて、[2]気(き)が狂(くる)っている。どうして、[3]あなたがたはその言(い)うことを聞(き)くのか」。[ヨハネによる福音書 10:20]
> (그들 중에서 많은 사람들이 말했다. "그는 악령이 들려서 미쳤다. 어째서 너희는 그가 하는 말을 듣느냐?"[10:20])

[1]そのうちの多(おお)くの者(もの)が言(い)った : 그들 중에서 많은 사람들이 말했다. 「そのうちの」는 범위를 한정하는 표현으로 「그 중에서의 / 그 중에서」에 상당하는 뜻을 나타낸다.

[例]そのうちの多(おお)くが大阪(おおさか)市内(しない)に通勤(つうきん)・通学(つうがく)する人々(ひとびと)である。

(그 중에서 많은 것이 오사카 시내의 통근·통학하는 사람들이다.)

ところが、敗戦(はいせん)になってどうだったか。そのうちの多(おお)くの生徒(せいと)たちは帰(かえ)ってこなかった。

(그런데, 패전이 되고 어떻게 되었는가. 그 중에서 많은 학생들은 돌아오지 않았다.)

現在(げんざい)、日本(にほん)で精神(せいしん)障害(しょうがい)で入院(にゅういん)している患者(かんじゃ)の数(かず)は34万人(さんじゅうよんまんにん)ですが、非常(ひじょう)におかしいことに、そのうちの3分(さんぶん)の1(いち)は"社会的(しゃかいてき)入院(にゅういん)"で、症状(しょうじょう)からいうと、入院(にゅういん)を必要(ひつよう)としない人たちです。

(현재, 일본에서 정신 장애로 입원하고 있는 환자 수는 34만 명입니다만, 몹시 이상하게도 그 중에서 3분의 1은 사회적 입원으로 증상에서 보면 입원을 필요로 하지 않는 사람들입니다.)

[2]気(き)が狂(くる)っている : 미쳤다. 「気(き)が狂(くる)う」는 「미치다 / 정신이 이상

해지다」의 뜻을 나타내는 관용표현으로 그 전체가 순간동사적인 의미를 지니고 있다. 그리고「순간동사＋ている」는 한국어의「～어 있다」에 대응하는 경우가 많은데, 동사에 따라서는「気(き)が狂(くる)っている；미쳤다」와 같이 과거형에 번역되는 경우도 있다.

[例] あの男(おとこ)が怖(こわ)い。あれは気(き)が狂(くる)っている。

(그 남자는 무섭다. 그는 미쳤다.)

すでに営業(えいぎょう)は始(はじ)まっている。

(이미 영업은 시작되었다.)

現在(げんざい)はユネスコによる修復(しゅうふく)もほぼ終(お)わっている。

(현재는 유네스코에 의한 복원도 거의 끝났다.)

[3] あなたがたはその言(い)うことを聞(き)くのか : 그가 하는 말을 듣느냐?「その言(い)うこと」의「その」는 ①「その[言(い)うこと]；그 [하는 말]」, 또는 ②「[その[＝彼(かれ)の]言(い)うこと；[그가 하는] 말」로 분석할 수 있는데, 여기에서는 ②로 번역해 둔다.

[例] 二人(ふたり)は、緒方(おがた)夫人(ふじん)が何(なに)を言(い)おうと、一言(ひとこと)だって口答(くちごた)えもしない代(かわ)りに、その言(い)うことに耳(みみ)を貸(か)そうとはしないに違(ちが)いないのである。

(두 사람은 오가타 부인이 무엇을 말하든, 한 마디도 말대답도 하지 않는 대신에 그녀가 말하는 것에 귀를 기울이려고 하지는 않는 것임에 틀림없다.)

ニイチェは、その言(い)うところによれば、哲学(てつがく)とは何(なに)か、哲学(てつがく)とはどういうものでなければならないかにつき、開眼(かいげん)したのは、ショペンハウアーによってであった。

(니체는, 그가 말하는 것에 의하면 철학이란 무엇인가, 철학이란 어떤 것이어야 하는가에 관해 개안한 것은 쇼펜하우어에 의해서였다.)

> 他(た)の人々(ひとびと)は言(い)った、「それは悪霊(あくれい)に取(と)りつかれた者(もの)の言葉(ことば)ではない。悪霊(あくれい)は[1]盲人(もうじん)の目(め)を開(あ)けることができようか」。[ヨハネによる福音書 10:21]
> (다른 사람들은 말했다. "그것은 악령이 들린 사람의 말이 아니다. 악령이 맹인의 눈을 뜨게 할 수 있을까?"[10:21])

[1]他(た)の人々(ひとびと)は言(い)った : 다른 사람들은 말했다. 「他(た)の人々(ひとびと)」는 「다른 사람들」의 뜻으로 번역본에 따라서는 「他(た)の者(もの)たち; 다른 사람들」「ほかの者(もの)たち; 다른 사람들」와 같이 표현한 경우도 있다.

[例]また他(た)の人々(ひとびと)は、役人(やくにん)からキリシタンであるかと質問(しつもん)された時(とき)には、何(なん)と答(こた)えたらよいか、と助言(じょげん)を求(もと)めに来(き)た.

(그리고 다른 사람들은 관리로부터 「기리시탄(16세기 일본에 들어온 가톨릭교, 또는 그 신자)」인가 질문을 받았을 때에는, 무엇이라고 대답하면 좋을까, 하고 조언을 구하러 왔다.)

そして、他(た)の者(もの)たちには賃金(ちんぎん)を割(わ)り増(ま)ししてやったが、こちらの方(ほう)は彼(かれ)らの取(と)り分(ぶん)になったろう。

(그리고 다른 사람들에게는 임금을 할증해서 주었지만, 이쪽은 그들의 몫이 될 것이다.)

「ほかの者(もの)たちを待(ま)ったほうがいいだろう」とわたしは言(い)った。

(「다른 사람들을 기다린 편이 좋겠지」라고 나는 말했다.)

[2]盲人(もうじん)の目(め)を開(あ)けることができようか : 악령이 맹인의 눈을 뜨게 할 수 있을까? 「目(め)を開(あ)けることができようか」는 「目(め)を開(あ)ける」에 가능을 나타내는 「～ことができる」에 추측의 「～よう」와 질문의 「～か」가 접속된 것으로, 「～ことができようか」는 「～ことができるだろうか」의 문장체적 표현이다.

[例]こんな興味津々(きょうみしんしん)たる話(はなし)を、どうして聞(き)き逃(のが)すことができようか。

(이런 흥미진진한 이야기를 어찌 놓칠 수 있을까?)

だが、だれがぼくのやったことを証拠立(しょうこだ)てることができようか。

(그러나 누가 내가 한 것을 입증할 수 있을까?)

目上(めうえ)の人(ひと)を敬(うやま)い、目下(めした)の人(ひと)を助(たす)ける気持(きも)ちがなくてどうして人(ひと)は強(つよ)くなることができようか。

(손윗사람을 존경하고, 손아랫사람을 돕는 기분이 없이 어찌 사람은 강해질 수 있을까?)

《(47)》 [ヨハネによる福音書 10:22 - 10:30]

> そのころ、エルサレムで[1]宮(みや)清(きよ)めの祭(まつり)が行(おこな)われた。時(とき)は冬(ふゆ)であった。[ヨハネによる福音書 10:22]
> (그 무렵, 예루살렘에서 하누카[성전봉헌기념제]가 열렸다. 때는 겨울이었다.[10:22])

[1]宮(みや)清(きよ)めの祭(まつり)が行(おこな)われた : 하누카[성전봉헌기념제]가 열렸다.「宮(みや)清(きよ)めの祭(まつり)」는「하누카」「성전봉헌기념제」인데, 번역본에 따라 표현을 달리하는 경우가 있다.

[例]宮(みや)清(きよ)め祭(まつり)[口語訳(1955)・塚本訳(1963)・新改訳(1970)・前田訳(1978)・岩波翻訳委員会訳(1995)]

(하누카[성전봉헌기념제])

神殿(しんでん)奉献(ほうけん)記念祭(きねんさい)[新共同訳(1987)・フランシスコ会訳(1984)]

(성전봉헌기념제)

하누카[Hanukkah] : 하누카(Hanukkah)는 서기전 2세기, 유대인들이 시리아의 지배에 대항해 반란을 일으키고 예루살렘 성전을 탈환한 것을 기념하면서 시작된 유대교의 중요한 명절이다. 성전을 되찾은 후 유대인들은 이교도의 신상을 지우고 불을 밝혀 신께 성전을 봉헌했다. 이로 인해 하누카는 '봉헌절'이라는 의미를 지니게 됐다. 또 명절이 이어지는 8일 동안, 가지가 아홉 개인 촛대 '하누키아'(hanukkiyah)에 불을 밝히는 것이 가장 중요한 의식이기 때문에 하누카는 '빛의 축제'라고도 한다.

하누카는 히브리력의 아홉 번째 달인 키슬레브 25일에 시작해 8일 동안 계속되며, 그레고리력으로는 11~12월에 해당된다. 이때 고대 서남아시아 지역에서는 동지(冬至)를 매우 중요한 명절로 여겨 그것을 기념하는 축제가 펼쳐지곤 했다. 유대인들의 독립 전쟁이라고 할 수 있는 마카바이오스 전쟁(Maccabean Revolt)으로 성전을 탈환한 서기전 2세기 이후 동지 축제 대신 종교적인 의미를 지닌 하누카 명절을 지키게 됐다고 전해진다.

하누카 기간에는 매일 아침 유대교회당에서 예배가 열린다. 그리고 특별히 '기적들을 위해서'라는 의미의 「알 하니심」(Al Hanisim)과 하느님을 향한 찬송의 시 「할렐」(Hallel)을 낭독한다. 하누카 기간에는 화려하고 거창한 행사를 벌이는 대신 가족들끼리 모여 식사를 하고 선물을 주고받으며 촛대에 불을 밝혀 창가에 놓아둔다.[60] [네이버 지식백과] 하누카 [Hanukkah] (세계의 축제 · 기념일 백과, 다빈치 출판사)

> イエスは、宮(みや)の中(なか)にある[1]ソロモンの廊(ろう)を[2]歩(ある)いておられた。[ヨハネによる福音書 10:23]
> (예수께서 성전 안에 있는 솔로몬 주랑을 걷고 계셨다.[10:23])

---

60) https://terms.naver.com/entry.nhn?docId=2175875&cid=42836&categoryId=42836에서 인용.

[1]ソロモンの廊(ろう) : 솔로몬 행각.

    솔로몬 행각[-行閣 ; Solomon's Colonnade] : 솔로몬 성전 동편에 162개의 원주로 이루어진 주랑. 지붕과 기둥만 있고 벽이 없는 복도인데, 수전절[修殿節 ; feast of dedication]에 예수께서 이 행각에서 가르치셨고(요 10:23), 사도들에 의해 많은 이적이 행해진 곳이기도 하다(행 3:11; 5:12)[61]. [네이버 지식백과] 솔로몬 행각 [-行閣, Solomon's Colonnade] (라이프성경사전, 2006. 8. 15, 생명의말씀사)

[2]歩(ある)いておられた : 걷고 계셨다. 「歩(ある)いておられた」는 「歩(ある)いている」의 레루형 경어인 「歩(ある)いておられる」의 과거로 <예수>를 높이는 데에 쓰이고 있다.
    [例]彼(かれ)らはイエスが海(うみ)の上(うえ)を歩(ある)いておられるのを見(み)て、幽霊(ゆうれい)だと思(おも)い、大声(おおごえ)で叫(さけ)んだ。[口語訳 / マルコによる福音書 6:49]
    (그들은 예수님께서 바다 위를 걷고 계시는 것을 보고, 유령이라고 생각하고 큰소리로 외쳤다. [마가복음 6:49]

    お釈迦(しゃか)さまがお弟子(でし)さん方(がた)と道(みち)を歩(ある)いておられました。
    (석가모니께서 제자 분들과 길을 걷고 계셨습니다.)

するとユダヤ人(じん)たちが、イエスを取(と)り囲(かこ)んで言(い)った、「[1]いつまでわたしたちを不安(ふあん)のままにしておくのか。あなたがキリストであるなら、[2]そうとはっきり[3]言(い)っていただきたい」。[ヨハネによる福音書 10:24]
(그러자 유대인들이 예수를 둘러싸고 말했다. "언제까지 우리를 불안한 채로 내버려 둘 생각이냐? 당신이 그리스도라면 그렇다고 확실히 말해 주세요."[10:24]

---

61) https://terms.naver.com/entry.nhn?docId=2393899&cid=50762&categoryId=51387에서 인용.

[1]いつまでわたしたちを不安(ふあん)のままにしておくのか : 언제까지 우리를 불안한 채로 내버려 둘 생각이냐? 「不安(ふあん)」는 명사성과 형용동사성을 겸비한 말인데, 본문에서는 「不安(ふあん)のまま」와 같이 명사적 용법으로 쓰이고 있다.

[例]不安(ふあん)を抱(いだ)く。

(불안을 느끼다.)

不安(ふあん)な{地位(ちい)·毎日(まいにち)}。

(불안한 {지위·매일})

夜道(よみち)は不安(ふあん)だ。

(밤길은 불안하다.)

「まま」는 형식명사로 「그 상태 그대로[〜채]」「〜대로. 되는 대로 맡기는 것」의 뜻을 나타내는데, 「不安(ふあん)＋まま」로 연결될 때는 「不安(ふあん)のまま」「不安(ふあん)なまま」 둘 다 가능하다.

[例]二人(ふたり)は不安(ふあん)のまま顔(かお)を見合(みあ)わせた。

(두 사람은 불안한 채 얼굴을 마주 보았다.)

不安(ふあん)のまま過(す)ごすのは精神的(せいしんてき)に辛(つら)いでしょうし。

(불안한 채 보내는 것은 정신적으로 힘들겠고요.)

しかし、アンデルセンの気持(きも)ちは不安(ふあん)なままで、結局(けっきょく)は寝(ね)つけなかった。

(그러나 안데르센의 기분은 불안한 채, 결국은 잠들지 못했다.)

『本当(ほんとう)に自分(じぶん)は再就職(さいしゅうしょく)ができるだろうか』と不安(ふあん)なまま年末年始(ねんまつねんし)を過(す)ごしたことを覚(おぼ)えています。

(『정말 나는 재취직을 할 수 있을까?』하고 불안한 채, 연말연시를 보낸 것을 기억하고 있습니다.)

「不安(ふあん)のままにしておくのか」의「〜にしておく」는「〜로 {해 두다·해 놓다}」의 뜻을 나타내는데, 본문에서는「〜로 내버려 두다」로 번역해 둔다.

타 번역본에서는 이 부분을 어떻게 묘사하고 있는지 살펴보자.

[例]いつまで気(き)をもませるのです。[塚本訳1963]

(언제까지 마음을 졸이게 합니다.)

いつまで私たちに気(き)をもませるのですか。[新改訳1970]

(언제까지 우리들에게 마음을 졸이게 합니까?)

いつまでわれらに気(き)をもませるのですか。[前田訳1978]

(언제까지 우리들에게 마음을 졸이게 합니까?)

いつまで、わたしたちに気(き)をもませるのか。[新共同訳1987]

(언제까지 우리들에게 마음을 졸이게 하는가?)

いつまでわれわれの魂(たましい)を中途半端(ちゅうとはんぱ)にしておかれるのか。[岩波翻訳委員会訳1995]

(언제까지 우리 영혼을 중동무이한 상태로 내 버려두시는 것까?)

[2]そうとはっきり言(い)っていただきたい : 그렇다고 확실히 말해 주세요.「そうと言(い)う」는 부사「そう」에 인용을 나타내는 격조사「〜と」그리고「言(い)う」가 접속된 것인데 문법적으로는 일탈(逸脱)된 표현으로 문법적으로「そう言(い)う」나「そうだと言(い)う」와 같이 표현해야 한다.

1.「そう言(い)う」

[例]「機会(きかい)を見(み)て、またにしましょうね」そう言(い)う。

(「기회를 봐서 다시 하겠습니다.」그렇게 말한다.)

その夢(ゆめ)の中(なか)にあらわれる街(まち)に行(い)って、自分(じぶん)は天使(てんし)になるとそう言(い)う。

(그 꿈속에 나타난 거리에 가서 나는 천사가 된다고 그렇게 말한다.)

타 번역본에서는「そう言(い)う」가 쓰이고 있다.

[例]はっきりとそう言(い)ってください。[新改訳1970]

(확실히 그렇게 말해 주십시오.)

はっきりそう言(い)いなさい。[新共同訳1987]

(확실히 그렇게 말해라.)

はっきりそう言(い)ってくれ。[フランシスコ会訳1984]

(확실히 그렇게 말해 줘.)

2.「そうだと言(い)う」

[例]もちろんすべてそうだと言(い)うわけではないのだが。

(물론 모두 그렇다고 말하는 것은 아니지만.)

そのような日本酒(にほんしゅ)をレストランで置(お)かないはずはありません。もちろんどのレストランもそうだと言(い)うわけではありませんが、一流(いちりゅう)と称(しょう)されるところではまず置(お)かれています。

(그와 같은 청주를 레스토랑에서 두지 않을 리는 없습니다. 물론 어느 레스토랑도 그렇다고 말하는 것은 아니지만, 일류라고 불리는 곳에서는 우선 놓여 있습니다.)

[3] 言(い)っていただきたい : 말해 주세요.「～ていただきたい」는「～てもらいたい」의 겸양어I로「～해 주셨으면 하다」에 상당하는 뜻을 나타내는데, 본 절의「言(い)っていただきたい ; 말해 주세요」의 형태로 문을 맺을 경우에는 완곡한 명령 표현이 되는 경우가 많다.

[例]ぜひ買(か)っていただきたい。

(제발 사 주세요.)

皆(みな)さん、長生(ながい)きをしていただきたい。

(여러분, 장수해 주세요.)

そういう現実(げんじつ)を自分自身(じぶんじしん)で体験(たいけん)していただきたい。
(그런 현실을 직접 체험해 보세요.)

> イエスは彼(かれ)らに答(こた)えられた、「わたしは話(はな)したのだが、[1]あなたがたは信(しん)じようとしない。[2]わたしの父(ちち)の名(な)によってしているすべてのわざが、わたしのことを証(あか)している。[ヨハネによる福音書 10:25]
> (예수께서는 그들에게 대답하셨다. "나는 이야기했지만, 너희는 믿으려고 하지 않는다. 내 아버지 이름으로 하고 있는 모든 일이 나에 관해 증명하고 있다."[10:25])

[1]あなたがたは信(しん)じようとしない : 너희는 믿으려고 하지 않는다. 「信(しん)じようとしない」는 「信(しん)ずる·信(しん)じる」의 미연형에 화자의 의지를 나타내는 「～ようとする」의 부정인 「～ようとしない」가 접속된 것이다.

[例]日本人(にほんじん)は自然(しぜん)保護(ほご)について考(かんが)えようとしない。
(일본인은 자연 보호에 관해 생각하려고 하지 않는다.)
即(すなわ)ち、このノートは、あるがままの子供(こども)の存在(そんざい)や思(おも)い、表情(ひょうじょう)を受(う)け入(い)れようとしない。
(즉 이 노트는 있는 그대로의 아이의 존재나 생각, 표정을 받아들이려고 하지 않는다.)

[2]わたしの父(ちち)の名(な)によってしているすべてのわざが : 아버지 이름으로 하고 있는 모든 일이. 「わたしの父(ちち)の名(な)によって」의 「～によって」는 격조사 「～に」에 「よる」의 テ형인 「よって」가 결합된 복합조사로 본 절에서는 수단·방법의 의미로 쓰이고 있다.

[例]文字(もじ)とは有限(ゆうげん)の記号(きごう)によって、無限(むげん)を創出(そうしゅつ)する叡知(えいち)である。
(문자란 유한의 기호에 의해, 무한을 창출하는 예지이다.)
建物(たてもの)を建(た)てるときに、ボーリングによって地下(ちか)の地質(ちしつ)調査(ちょうさ)を行(おこな)う。
(건물을 세울 때에, 천공(시굴)에 의해 지하 지질 소사를 행한다.)
火山(かざん)の噴火(ふんか)などでできた砕屑物(さいせつぶつ)は、河川(かせん)の水(みず)や風(かぜ)によって運(はこ)ばれ、より低(ひく)い場所(ばしょ)で堆積(たいせき)する。
(화산의 분화 등으로 생긴 쇄설물은 하천의 물이나 바람에 의해, 보다 낮은 장소에서 퇴적한다.)

[1]あなたがたが信(しん)じないのは、わたしの羊(ひつじ)でないからである。
[ヨハネによる福音書 10:26]
(너희가 믿지 않는 것은 내 양이 아니기 때문이다.[10:26])

[1]あなたがたが信(しん)じないのは、わたしの羊(ひつじ)でないからである : 너희가 믿지 않는 것은 내 양이 아니기 때문이다. 「〜のは、〜からである」와 같이 결과를 먼저 제시하고 그 원인을 뒤로 돌리는 형식이 쓰이고 있다.
[例]世界(せかい)が私(わたし)を理解(りかい)できないのは、私(わたし)が世界(せかい)をこうやって拵(こしら)えているからである。
(세계가 나를 이해할 수 없는 것은, 내가 세계를 이렇게 해서 만들고 있기 때문이다.)
なぜなら、薩摩(さつま)に最後(さいご)まで徹底的(てっていてき)に反抗(はんこう)したのは、彼(かれ)一人(ひとり)だったからである。
(왜냐하면 사쓰마에 마지막까지 철저하게 반항한 것은 그 사람 혼자였기

때문이다.)
我々(われわれ)が社会(しゃかい)生活(せいかつ)を営(いとな)む上(うえ)で他人(たにん)とのコミュニケーションが可能(かのう)なのは、ものごとについて他人(たにん)との間(あいだ)に様々(さまざま)な暗黒(あんこく)の共通了解(きょうつうりょうかい)があるからである。
(우리가 사회생활을 영위하는 데에 있어서 다른 사람과의 커뮤니케이션이 가능한 것은 사물에 관해 다른 사람과의 사이에 여러 가지 암흑의 공통양해가 있기 때문이다.)

> わたしの羊(ひつじ)はわたしの声(こえ)に聞(き)き従(したが)う。[1]わたしは彼(かれ)らを知(し)っており、彼(かれ)らは[2]わたしについて来(く)る。[ヨハネによる福音書 10:27]
> (내 양들은 내 음성을 듣고 따른다. 나는 그들을 알고 그들은 나를 따라온다.[10:27])

[1]わたしは彼(かれ)らを知(し)っており、: 나는 그들을 알고[알고 있고]. 「知(し)っており、」는 「知(し)っている」의 연용중지법이다. 「～ている」의 연용중지법의 예를 들면 다음과 같다.

[例]そして、イエスのところに来(き)て、悪霊(あくれい)につかれた人(ひと)が着物(きもの)を着(き)て、正気(しょうき)になって座(すわ)っており、それがレギオンを宿(やど)していた者(もの)であるのを見(み)て、恐(おそ)れた。[口語訳 / マルコによる福音書 5:15]
(그리고 예수가 계신 곳에 와서, 악령이 들린 사람이 옷을 입고 제정신이 들어 앉아 있고 그 자가 군단이 안에 들어가 있었던 사람이라는 것을 보고 두려워했다.)[마가복음 5:15][62]

---

62) 李成圭(2018c)『일본어 구어역 마가복음의 언어학적 분석Ⅰ』시간의물레. p. 200에서 인용.

そこで、女(おんな)が家(いえ)に帰(かえ)ってみると、その子(こ)は床(とこ)の上(うえ)に寝(ね)ており、悪霊(あくれい)は出(で)てしまっていた。[口語訳 / マルコによる福音書 7:30]

(그래서 여자가 집에 돌아와 보니, 그 아이는 자리 위에 누워 있고, 악령은 나가고 없었다.)[마가복음 7:30][63]

[2]わたしについて来(く)る : 나를 따라온다. 「ついて来(く)る」는 「つく」에 접속조사 「～て」를 매개로 하여 「来(く)る」가 접속된 것으로, 전체가 단일동사화된 것이다.

[例]万田(まんだ)刑事(けいじ)が渋々(しぶしぶ)うしろからついて来(く)る。

(만다 형사가 마지못해 뒤에서 따라온다.)

中沢(なかざわ)がついて来(く)る。鉄柵(てっさく)を開(ひら)くためだ。

(나카자와가 따라온다. 철책을 열기 위해서이다.)

ハイエナも一定(いってい)の距離(きょり)を保(たも)ってついて来(く)る。

(하이에나도 일정한 거리를 두고 따라온다.)

> わたしは、彼(かれ)らに永遠(えいえん)の命(いのち)を与(あた)える。だから、[1]彼(かれ)らはいつまでも滅(ほろ)びることがなく、また、[2]彼(かれ)らをわたしの手(て)から奪(うば)い去(さ)る者(もの)はない。[ヨハネによる福音書 10:28]
> (나는 그들에게 영원한 생명을 준다. 그러므로 그들은 언제까지나 멸망하지 않고 또 그들을 내 손에서 빼앗아 가는 사람은 없다.[10:28])

[1]彼(かれ)らはいつまでも滅(ほろ)びることがなく、 : 그들은 언제까지나 멸망하지 않고. 「滅(ほろ)びることがなく」는 동사 「滅(ほろ)びる」에 「～ことがなく」가 접속되어 동사의 부정의 의미로 사용되고 있다.

---

63) 李成圭(2019a)『일본어 구어역 마가복음의 언어학적 분석Ⅱ』시간의물레. p. 110에서 인용.

[例]よく聞(き)いておきなさい。これらの事(こと)が、ことごとく起(お)るまでは、この時代(じだい)は滅(ほろ)びることがない。[口語訳/マルコによる福音書 13:30]

(잘 들어 두어라. 이 일들이 모두 일어날 때까지는 이 시대는 멸망하지 않는다.)[마가복음 13:30][64]

天地(てんち)は滅(ほろ)びるであろう。しかしわたしの言葉(ことば)は滅(ほろ)びることがない。[口語訳/マルコによる福音書 13:31]

(하늘과 땅은 없어질 것이다. 그러나 내 말씀은 없어지지 않을 것이다.)[마가복음 13:31][65]

[2] 彼(かれ)らをわたしの手(て)から奪(うば)い去(さ)る者(もの)はない : 그들을 내 손에서 빼앗아 가는 사람은 없다.「奪(うば)い去(さ)る」는「奪(うば)う」의 연용형에「去(さ)る」가 결합된 복합동사로 전항동사와 후항동사의 의미가 모두 보존되어 있는 유형인데 예를 살펴보면 다음과 같다.

[例]尊(とうと)い生命(せいめい)や財産(ざいさん)を無惨(むざん)に奪(うば)い去(さ)る火災(かさい)―。起(お)きてからでは取(と)り返(かえ)しがつきません。

(고귀한 생명이나 재산을 무참하게 빼앗아 가는 화재. 발생하고 나서는 다시 돌이킬 수가 없습니다.)

子(こ)を預(あず)かった獅子(しし)は見守(みまも)っていたが、どうしたことか居眠(いねむ)りをしてしまう。そのすきをねらって鷲(わし)が二匹(にひき)の猿(さる)の子(こ)を奪(うば)い去(さ)る。

(새끼를 맡은 사자는 지켜보고 있지만, 무슨 일인지 앉아서 졸고 만다. 그 틈을 노리고 독수리가 두 마리의 원숭이 새끼를 빼앗아 간다.)

加奈(かな)がタクシーに乗(の)っているあいだに、タクシーに自分(じぶん)の車(くるま)をぶつけるなどして、交通(こうつう)事故(じこ)を装(よそお)い、運転手(うん

---

64) [口語訳/マルコによる福音書 13:30]에서 인용.
65) [口語訳/マルコによる福音書 13:31]에서 인용.

てんしゅと話(はなし)をつけるフリをして加奈(かな)を奪(うば)い去(さ)る。少(すく)なくとも、この二(ふた)つの方法(ほうほう)が考(かんが)えられる。
(가나가 택시를 타고 있는 동안, 택시에 자기 차를 부딪치는 등을 해서 교통사고를 가장해서 운전수와 이야기를 매듭짓는 체하며 가나를 빼앗아 간다. 적어도 이 두 가지방법이 생각된다.)

わたしの父(ちち)がわたしに下(くだ)さったものは、[1]すべてに勝(まさ)るものである。そしてだれも[2]父(ちち)のみ手(て)から、[3]それを奪(うば)い取(と)ることはできない。[ヨハネによる福音書 10:29]
(내 아버지께서 나에게 주신 것은 모든 것보다 뛰어난 것이다. 그리고 아무도 아버지의 손에서 그것을 강제로 빼앗을 수 없다.[10:29])

[1]すべてに勝(まさ)るものである : 모든 것보다 뛰어난 것이다. 「勝(まさ)る」는 「～보다 더 {낫다 / 뛰어나다}」의 뜻을 나타낸다.
[例]聞(き)きしに勝(まさ)る眺(なが)めだな。
(소문으로 들은 것보다 훨씬 나은 전망이다.)
これで自分(じぶん)たちの方(ほう)が数(かず)で勝(まさ)ると分(わ)かったからである。
(이것으로 자기들 쪽이 숫자에 있어서 더 낫다고 알았기 때문이다.)
もちろん経験(けいけん)において勝(まさ)る弁護士(べんごし)のノウハウも大(おお)いに活用(かつよう)させていただいた。
(물론 경험에 있어서 남보다 나은 변호사의 노하우도 크게 활용했다.)
忙(いそが)しさでは、第一線(だいいっせん)記者(きしゃ)に勝(まさ)るとも劣(おと)らない。
(다망한 것에 있어서는 제일선 기자보다 나으면 낫지 못하지 않다.)
女(おんな)の母性(ぼせい)本能(ほんのう)はすべてに勝(まさ)るとされていた定

説(ていせつ)は、この事件(じけん)によって覆(くつがえ)された。

(여자의 모성 본능은 모든 것보다 더 뛰어나다고 되어 있던 정설은 이 사건에 의해 뒤집혔다.)

信(しん)じられないことだがこれだけ兵器(へいき)が発達(はったつ)した近代(きんだい)に、今(いま)だ人(ひと)の意志(いし)の力(ちから)が、どんな兵器(へいき)よりも勝(まさ)ることがあるという事実(じじつ)を母国(ぼこく)の歴史(れきし)は証明(しょうめい)した。

(믿을 수 없는 일이지만, 이 만큼 병기가 발달한 근대에 아직도 사람의 의지력이 어떤 병기보다도 더 뛰어난 것이 있다는 사실을 모국의 역사는 증명했다.)

[2] 父(ちち)のみ手(て) : 아버지의 손. 「み(御)〜」는 존경의 접두사로, 주로 고유어 명사에 붙어 그것이 신불(神仏)·천황(天皇)·귀인(貴人)과 같이 존경해야 할 사람에 속한 것이라는 뜻을 나타낸다. 구어역 신약성서에서는 「御使(みつかい) ; 천사」「御言(みことば) ; (하나님의) 말씀」「主(しゅ)の御名(みな) ; 주의 이름」「御許(みもと) ; (예수님) 곁」「御心(こころ) ; (예수님의) 마음」「主(しゅ)のみ手(て) ; 주의 손」과 같이 사용되고 있다.[66]

[3] それを奪(うば)い取(と)ることはできない : 그것을 강제로 빼앗을 수 없다. 「奪(うば)い取(と)る」는 「奪(うば)う」의 연용형 「奪(うば)い」에 「取(と)る」가 결합된 복합동사로, 「강제로 빼앗다 / 탈취[강탈]하다」의 뜻을 나타낸다.

[例] だれでも、まず強(つよ)い人(ひと)を縛(しば)り上(あ)げなければ、その人(ひと)の家(いえ)に押(お)し入(い)って家財(かざい)を奪(うば)い取(と)ることはできない。縛(しば)ってから初(はじ)めて、その家(いえ)を略奪(りゃくだつ)することができる。[口語訳/ マルコによる福音書 3:27]

---

66) 李成圭(2018c)『일본어 구어역 마가복음의 언어학적 분석Ⅰ』시간의물레. p. 20에서 인용하여 일부 수정.

(그 누구라도 먼저 힘센 사람을 단단히 묶지 않으면 그 사람의 집에 쳐 들어가서 가재를 빼앗을 수 없다. 묶어두고 나서야 비로소 그 집을 약탈할 수 있다.)[마가복음 3:27][67]

政治(せいじ)権力(けんりょく)を握(にぎ)っている連中(れんちゅう)は、私(わたし)の成果(せいか)を奪(うば)い取(と)る権限(けんげん)をもっていた。
(정치권력을 쥐고 있는 무리는 내 성과를 강제로 빼앗을 권한을 가지고 있었다.)

でもね、高瀬(たかせ)くん。実際(じっさい)、どんなことでもして奪(うば)い取(と)るくらいに考(かんが)えてないと、欲(ほ)しいものなんて何(なに)ひとつ手(て)に入(はい)らないのよ。
(하지만, 다카세 군. 실제로 어떤 일을 해서라도 빼앗을 정도로 생각하지 않으면, 원하는 것 등을 무엇 하나 손을 넣을 수 없어.)

わたしと父(ちち)とは一つである[68]」。[ヨハネによる福音書 10:30]
(나와 아버지는 하나이다."[10:30])

⦅48⦆ [ヨハネによる福音書 10:31 - 10:42]

そこでユダヤ人(じん)たちは、[1]イエスを打(う)ち殺(ころ)そうとして、[2]また石(いし)を取(と)り上(あ)げた。[ヨハネによる福音書 10:31]
(그때에 유대인들은 예수를 때려죽이려고 다시 돌을 집어 들었다.[10:31])

---

67) 李成圭(2018c)『일본어 구어역 마가복음의 언어학적 분석Ⅰ』시간의물레. p. 108에서 인용.

68) [フランシスコ会訳(1984)]에 의하면, 「본 절은 내용적으로 [10:24]의 유대인의 질문에 대한 대답이다. 예수는 유대인이 기대하고 있는 정치적 메시아가 아니라 하나님의 아들이다. 즉 아버지(하나님)와 같은 권능을 가지고 있을 뿐만 아니라, 예수의 생명이 본질적으로 또한 신비적으로 하나님의 생명과 동일하다는 것을 의미하고 있다」고 되어 있다. 이상은 フランシスコ会聖書研究所(1984)『新約聖書』サンパウロ. p. 345 주(12)을 인용하여 번역함.

[1]イエスを打(う)ち殺(ころ)そうとして、: 예수를 때려죽이려고. 「打(う)ち殺(ころ)す」는 「打(う)つ」의 연용형 「打(う)ち」에 「殺(ころ)す」가 결합된 복합동사로 「때려죽이다」의 뜻을 나타낸다.

[例]すると、農夫(のうふ)たちは、その僕(しもべ)たちを捕(つか)まえて、一人(ひとり)を袋(ふくろ)だたきにし、一人(ひとり)を殺(ころ)し、もう一人(ひとり)を石(いし)で打(う)ち殺(ころ)した。[口語訳/マタイによる福音書 21:35]
(그러자, 농부들은 그의 종들을 잡아서, 한 사람을 뭇매를 때리고 한 사람을 죽이고, 또 한 사람을 돌로 때려죽였다.)[마태복음 21:35]

ああ、エルサレム、エルサレム、預言者(よげんしゃ)たちを殺(ころ)し、おまえに遣(つか)わされた人(ひと)たちを石(いし)で打(う)ち殺(ころ)す者(もの)よ。ちょうど、めんどりが翼(つばさ)の下(した)にそのひなを集(あつ)めるように、わたしはおまえの子(こ)らを幾(いく)たび集(あつ)めようとしたことであろう。それだのに、おまえたちは応(おう)じようとしなかった。[口語訳/マタイによる福音書 23:37]
(아, 예루살렘아, 예루살렘아, 예언자들을 죽이고, 네게 보낸 사람들을 돌로 때려죽이는 자들이어, 마치 암탉이 날개 아래에 그 병아리를 모으는 것처럼 나는 너의 아이들을 몇 번이나 모으려고 하였을까? 그런데도 너희는 응하려고 하지 않았다.)[마태복음 23:37]

[2]また石(いし)を取(と)り上(あ)げた : 돌을 집어 들었다. 「取(と)り上(あ)げる」는 「取(と)る」의 연용형 「取(と)り」에 「上(あ)げる」가 결합된 복합동사로 ①「집어 들다」②「빼앗다」③「받아들이다」④「문제 삼다」와 같이 다양한 의미를 나타내는데, 본 절에서는 전항동사와 후항동사의 의미가 모두 보존되어 있는 ①의 용법으로 쓰이고 있다.

[例]彼(かれ)は椅子(いす)に座(すわ)って受話器(じゅわき)を取(と)り上(あ)げた。
(그는 의자에 앉아 수화기를 집어 들었다.)

「ああ、ありがとう」豊丸(とよまる)は、スプーンで二(に)、三回(さんかい)かき混(ま)ぜて、カップを取(と)り上(あ)げて一口(ひとくち)飲(の)んだ。
(「아, 고마워.」도요마루는 스푼으로 2, 3번 섞어 컵을 집어 들고 한 모금 마셨다.)

立(た)ち上(あ)がったと思(おも)ったら、テーブルに置(お)いてあるウイスキーの壜(びん)を左手(ひだりて)で取(と)り上(あ)げると、直接(ちょくせつ)口(くち)に含(ふく)みはじめた。

(일어났는가 했더니, 테이블에 놓여 있는 위스키 병을 왼손으로 집어 들고 직접 입에 머금기 시작했다.)

するとイエスは彼(かれ)らに答(こた)えられた、「わたしは、[1]父(ちち)による多(おお)くのよいわざを、[2]あなたがたに示(しめ)した。[3]その中(なか)のどのわざのために、わたしを石(いし)で打(う)ち殺(ころ)そうとするのか」。[ヨハネによる福音書 10:32]

(그러자 예수께서는 그들에게 대답하셨다. "나는 아버지에 의한 선한 일을 많이 너희에게 보여주었다. 그 중에서 어떤 일로 나를 돌로 때려 죽이려고 하느냐?"[10:32])

[1]父(ちち)による多(おお)くのよいわざを、: 아버지에 의한 많은 선한 일을. 아버지에 의한 선한 일을 많이. 「父(ちち)による ; 아버지에 의한」이 뒤의 「わざ」를 수식하고 있고, 그 사이에 「[多(おお)くの][よい+わざ] ; [많은] [선한 일]」과 같은 연체 수식도 있어, 이를 한국어로 그대로 번역하면 부자연스럽다. 타 번역본의 기술 내용을 참조하면 다음과 같다.

[例]父上(ちちうえ)の(命令(めいれい)による)善(よ)い業(わざ)を沢山(たくさん)[塚本訳1963]

(아버지의 (명령에 의한) 선한 일을 많이.)

父(ちち)から出(で)た多(おお)くの良(よ)いわざを、[新改訳1970]

(아버지로부터 나온 많은 선한 일을,)

父(ちち)が与(あた)えてくださった多(おお)くの善(よ)い業(わざ)を[新共同訳1987]

(아버지께서 주신 많은 선한 일을.)

父(ちち)から〔与(あた)えられた〕多(おお)くの良(よ)い業(わざ)を、[岩波翻訳委員会訳1995]

(아버지로부터〔받은〕많은 선한 일을,)

[2]あなたがたに示(しめ)した : 너희에게 보여주었다. 본 절의「示(しめ)す」는「〜に〜を示(しめ)す ; 〜에게 〜을 보이다」와 같이 여격과 목적격을 취하는 3항동사로 쓰이고 있다.

[例]沈黙(ちんもく)によって、私(わたし)は彼(かれ)に肯定(こうてい)の意思(いし)を示(しめ)した。

(침묵에 의해 나는 그에게 긍정의 의사를 표시했다.)

秀吉(ひでよし)は手(て)ずから肴(さかな)を彼(かれ)に与(あた)えるという異例(いれい)の好意(こうい)を示(しめ)した。

(히데요시는 손수 술안주를 그에게 준다고 하는 이례의 호의를 보여주었다.)

招待券(しょうたいけん)をお持(も)ちの方(かた)は入(い)り口(ぐち)でお示(しめ)し下(くだ)さい。

(초대권을 가지고 계신 분은 입구에서 제시해 주십시오.)

投票(とうひょう)の前夜(ぜんや)、何千人(なんせんにん)もの市民(しみん)が騒音(そうおん)の集中(しゅうちゅう)攻撃(こうげき)をしかけ、独裁(どくさい)政権(せいけん)に対(たい)する反抗(はんこう)を示(しめ)した。

(투표 전야, 수 천 명이나 되는 시민이 소음의 집중 공격을 가해 독재정권에 대한 반항을 표시했다.)

[3]その中(なか)のどのわざのために、: 그 중에서 어떤 일로.「～のために」는 원인·이유의 용법으로 쓰이고 있다.

[例]病気(びょうき)のために、寝込(ねこ)んでしまったのだ。

　　　(병으로 자리에 눕고 말았다.)

　　寒(さむ)さのために、一年(いちねん)じゅう地面(じめん)が凍(こお)っている。

　　　(추위 때문에 일 년 내내 땅이 얼어 있다.)

ユダヤ人(じん)たちは答(こた)えた、「[1]あなたを石(いし)で殺(ころ)そうとするのは、[2]よいわざをしたからではなく、[3]神(かみ)を汚(けが)したからである。また、[4]あなたは人間(にんげん)であるのに、自分(じぶん)を神(かみ)としているからである」。[ヨハネによる福音書 10:33]
(유대인들은 대답했다. "당신을 돌로 죽이려고 하는 것은 선한 일을 했기 때문이 아니라, 하나님을 모독했기 때문이다. 또 당신은 사람이면서도 자신을 하나님이라고 하고 있기 때문이다."[10:33])

[1]あなたを石(いし)で殺(ころ)そうとするのは、: 당신을 돌로 죽이려고 하는 것은.「殺(ころ)そうとするのは」는「殺(ころ)す」의 미연형에 화자의 의지를 나타내는「～うとする」가 접속되고, 그 전체를 형식명사「～の」로 받아 명사절을 만들고 이것에 계조사「～は」가 연결되어「[죽이]려고 하는 것은」에 상당하는 뜻을 나타낸다. 된 것이다.

[例]新築(しんちく)の時機(じき)を尋(たず)ねたり、吉日(きちじつ)を選(えら)んで事(こと)を起(お)こそうとするのは、意外(いがい)に男性(だんせい)が多(おお)いのです。

　　(신축 시기를 묻거나 길일을 골라 일을 시작하려고 하는 것은 의외로 남성이 많습니다.)

　　嘘(うそ)をついてまで幸(しあわ)せになろうとするのは、自分勝手(じぶんかって)

だし、この女(おんな)の悪(わる)さにおいては犯罪(はんざい)。

(거짓말을 하면서까지 행복해지려고 하는 것은, 제멋대로이고 이 여자의 못된 점에 있어서는 범죄이다.)

犯罪(はんざい)を社会(しゃかい)からなくそうとするのは間違(まちが)いではありませんが、社会(しゃかい)から一掃(いっそう)しようとか、犯罪(はんざい)のない社会(しゃかい)をつくろうとするのは、間違(まちが)いです。

(범죄를 사회에서 없애려고 하는 것은 틀림없습니다만, 사회에서 일소하려고 한다든가 범죄가 없는 사회를 만들려고 하는 것은 틀림없습니다.)

[2] よいわざをしたからではなく、: 선한 일을 했기 때문이 아니라. 동사의 과거형「よいわざをした」에 원인·이유를 나타내는「~からである」의 부정인「~からでない」의 연용중지법「~からではなく、」가 접속된 것으로 후속의「~からである」과 대비되고 있다.

[例] あれは口座番号(こうざばんごう)を教(おし)えたからではなく、怪(あや)しいメールを開(ひら)いたのが原因(げんいん)です。

(그것은 계좌번호를 가르쳤기 때문이 아니라, 이상한 메일을 연 것이 원인입니다.)

たまたま時代(じだい)の流(なが)れが感動(かんどう)に変(か)わったからではなく、もともと経営(けいえい)にも仕事(しごと)にも感動(かんどう)は必要(ひつよう)である。

(우연히 시대의 흐름이 감동으로 바뀌었기 때문이 아니라, 원래 경영에도 일에도 감동은 필요하다.)

「彼(かれ)の罪(つみ)は、何(なに)をしたからではなく、何(なに)もしなかったことにあった」のである。

(「그의 죄는 무엇을 했기 때문이 아니라, 아무 것도 하지 않은 것에 있는」 것이다.)

[3] 神(かみ)を汚(けが)したからである : 하나님을 모독했기 때문이다.「汚(けが)す」를「汚(よご)す」와 쌍을 이루는 말인데,「소중한 것이나 깨끗한 것을 더럽히다 [모독하다]」의 뜻으로 정신적·도덕적 측면에서 더러움을 가리킨다.

[例]「この人(ひと)は、なぜあんなことを言(い)うのか。それは神(かみ)を汚(けが)すことだ。神(かみ)一人(ひとり)のほかに、だれが罪(つみ)を赦(ゆる)すことができるか」。[口語訳 / マルコによる福音書 2:7]

("이 사람은 어찌하여 저런 말을 하는 것인가? 이것은 하나님을 모독하는 것이다. 하나님 한 사람 이외에 누가 죄를 사할 수 있단 말인가?")[마가복음 2:7][69]

よく言(い)い聞(き)かせておくが、人(ひと)の子(こ)らには、その犯(おか)すすべての罪(つみ)も神(かみ)を汚(けが)す言葉(ことば)も、赦(ゆる)される。[口語訳 / マルコによる福音書 3:28]

(내가 분명코 말해 두지만, 인자(사람)들은 그들이 범하는 죄도 하나님을 모독하는 말도 용서받는다.)[마가복음 3:28][70]

さらに言(い)われた、「人(ひと)から出(で)て来(く)るもの、それが人(ひと)を汚(けが)すのである。[口語訳 / マルコによる福音書 7:20]

(다시 더 말씀하셨다. "사람에게서 나오는 것, 그것이 사람을 더럽히는 것이다.)[마가복음 7:20][71]

「神(かみ)を汚(けが)したからである」의「~たからである」는 동사의 과거형에 원인·이유를 나타내는「~からである」가 접속된 것인데, 본 절에서는 결과를 나타내는 성분을 먼저 제시하고,「~からである」로 문을 맺고 있다.

---

69) 李成圭(2018c)『일본어 구어역 마가복음의 언어학적 분석Ⅰ』시간의물레. p.75에서 인용.
70) 李成圭(2018c)『일본어 구어역 마가복음의 언어학적 분석Ⅰ』시간의물레. p.143에서 인용.
71) 李成圭(2019a)『일본어 구어역 마가복음의 언어학적 분석Ⅱ』시간의물레. p.100에서 인용.

[例]それは権利(けんり)として庶民(しょみん)の一人(ひとり)一人(ひとり)に定着(ていちゃく)したからである。
(그것은 권리로서 서민 한 사람 한 사람에게 정착했기 때문이다.)
その最大(さいだい)の理由(りゆう)は、緊張感(きんちょうかん)をもって既成(きせい)の体制(たいせい)・官僚(かんりょう)と対峙(たいじ)し、転換(てんかん)を図(はか)ろうとしたからである。
(그 최대의 이유는 긴장감을 가지고 기성의 체제·관료와 대치하고, 전환을 꾀했기 때문이다.)

[4]あなたは人間(にんげん)であるのに、自分(じぶん)を神(かみ)としているからである：당신은 사람이면서도 자신을 하나님이라고 하고 있기 때문이다.「人間(にんげん)であるのに；사람이면서도」는 명사술어「人間(にんげん)である」에 역접의「〜のに」가 접속된 것이다.

[例]彼(かれ)の容貌(ようぼう)はもとより話(はな)す言葉(ことば)も全(まった)く日本人(にほんじん)人であるのに、文字(もじ)が全然(ぜんぜん)書(か)けないと言(い)っていた。
(그의 용모는 원래부터 말할 것도 없이 이야기하는 말도 전적으로 일본인인데, 글자를 전혀 못 쓴다고 했다.)
そういう意味(いみ)で、家庭(かてい)というのはあらゆる教育(きょういく)の原点(げんてん)であるのに、従来(じゅうらい)は、問題点(もんだいてん)の指摘(してき)はなされましたけれども、それに対(たい)する対策(たいさく)は必(かなら)ずしも十分(じゅうぶん)ではなかったわけであります。
(그런 의미에서, 가정이라고 하는 것은 모든 교육의 원점인데도 종래에는 문제점의 지적은 이루어졌습니다만, 그것에 대한 대책은 반드시 충분하지 않았던 것입니다.)

> [1]イエスは彼(かれ)らに答(こた)えられた、「あなたがたの律法(りっぽう)に、『[2]わたしは言(い)う、あなたがたは神々(かみがみ)である』と書(か)いてあるではないか。[ヨハネによる福音書 10:34]
> (예수께서 그들에게 대답하셨다. "너희 율법에 '나는 말한다. 너희는 신들이다'라고 쓰여 있지 않느냐?"[10:34])

[1]イエスは彼(かれ)らに答(こた)えられた、: 예수께서 그들에게 대답하셨다. 「答(こた)えられた」는 「答(こた)える」의 레루형 경어인 「答(こた)えられる」의 과거로 <イエス>를 높이는 데에 쓰이고 있다.

[2]わたしは言(い)う、あなたがたは神々(かみがみ)である : 나는 말한다. 너희는 신들이다. 이 부분은 [わたしは言(い)う、「あなたがたは神(かみ)だ、あなたがたは皆(みな)いと高(たか)き者(もの)の子(こ)だ」; 나는 말한다. "너희는 하나님이다. 너희는 가장 높으신 사람의 자식이다"]([시편 82:6])의 전반부에서 인용된 것이다.

  본 절의 내용이 타 번역본에서는 어떻게 전개되고 있는지 살펴보자.

  [例]あなた達(たち)は神(かみ)だ、とわたしは言(い)った。[塚本訳1963]

    (너희는 하나님이다, 라고 나는 말했다.)

  わたしは言(い)った、あなたがたは神(かみ)である。[新改訳1970]

    (나는 말했다, 너희는 하나님이다.)

  あなた方(がた)は神(かみ)であるとわたしはいった。[前田訳1978]

    (너희는 하나님이라고 나는 말했다.)

  わたしは言(い)う。あなたたちは神々(かみがみ)である。[新共同訳1987]

    (나는 말한다. 너희는 신들이다.)

  私(わたし)は言(い)った。あなたがたは神々(かみがみ)である[岩波翻訳委員会訳1995]

    (나는 말했다. 너희는 신들이다.)

> [1]神(かみ)の言(ことば)を託(たく)された人々(ひとびと)が、[2]神々(かみがみ)といわれておるとすれば、(そして[3]聖書(せいしょ)の言(ことば)は、廃(すた)ることがあり得(え)ない)[ヨハネによる福音書 10:35]
> (하나님의 말씀을 맡은 사람들이 신들이라고 일컬어지고 있다고 한다면, (그리고 성서의 말씀이 쓰이지 않게 되는 일은 있을 수 없다) [10:35]

[1]神(かみ)の言(ことば)を託(たく)された人々(ひとびと)が、: 하나님의 말씀을 맡은 사람들이. 「託(たく)された」는 「託(たく)す ; (남에게) 맡기다 / 부탁하다」의 수동 「託(たく)される」의 과거이다

[例]没後(ぼつご)四年目(よねんめ)にあたる一九七七年(せんきゅうひゃくななじゅうななねん)、原稿(げんこう)を託(たく)された息子(むすこ)クリストファーの手によりようやく刊行されるのである。
(사망 후, 4년째에 해당하는 1977년 원고를 맡은 아들 크리스토퍼의 손에 의해 드디어 간행된다.)

女性(じょせい)作家(さっか)たちの夢(ゆめ)と希望(きぼう)を託(たく)された勇敢(ゆうかん)なおてんば少女(しょうじょ)たちは、児童(じどう)小説(しょうせつ)の世界(せかい)でひときわ輝(かがや)きを放(はな)ち、大活躍(だいかつやく)したのだった。
(여성 작가들의 꿈과 희망을 맡은 용감한 말괄량이 소녀들은 아동 소설 세계에서 특히 빛을 발휘하고 대활약했던 것이었다.)

그런데 타 번역본에서는 이 부분이 다음과 같이 서술되고 있다.
[例]この言葉(ことば)をたまわった人(ひと)たち(すなわち御自分(ごじぶん)に代(かわ)って裁判(さいばん)をする者(もの))を、[塚本訳1963]
(이 말을 받은 사람들 (즉 자신을 대신하여 재판을 하는 사람)을,)

神(かみ)のことばを受(う)けた人々(ひとびと)を、[新改訳1970]

(하나님의 말씀을 받은 사람들을,)

神(かみ)の言葉(ことば)を受(う)けた人(ひと)たちが、[新共同訳1987]

(하나님의 말씀을 받은 사람들이,)

神(かみ)の言葉(ことば)をいただいた者(もの)たちが、[フランシスコ会訳1984]

(하나님의 말을 받은 사람들이,)

神のことばを与(あた)えられた人々(ひとびと)が[前田訳1978]

(하나님의 말을 받은 사람들이,)

[2]神々(かみがみ)といわれておるとすれば、: 신들이라고 일컬어지고 있다고 한다면. 「～といわれておる」는 「～という」의 수동인 「～といわれる」에 「～ている」의 겸양어Ⅱ(정중어)인 「～ておる」가 접속된 것에 가정조건을 나타내는 「～なら」가 후접된 것이다.

그리고 이하의 예의 「～といわれておる」의 「～ておる」는 본 절에서의 용법과는 차이가 있다.

[例](1)日本(にほん)での自動販売機(じどうはんばいき)の普及率(ふきゅうりつ)は世界一(せかいいち)といわれておるぞ。

(일본에서의 자동판매기의 보급률은 세계 제1위라고 한다.)

(2)ちなみに自動販売機(じどうはんばいき)のルーツは、紀元前(きげんぜん)のエジプトで、「硬貨(こうか)を入(い)れると聖水(せいすい)が出(で)てくる装置(そうち)」というのが始(はじ)まりといわれておるぞ[72]。

(덧붙여서 말하면, 자동판매기의 루트는 기원전의 이집트로 「경화를 넣으면 성수가 나오는 장치」라고 하는 것이 시작이라고 한다.)

[3]聖書(せいしょ)の言(ことば)は、廃(すた)ることがあり得(え)ない: 성서의 말씀이 쓰

---

72) (1)(2) 「～ておる」는 고풍스럽고 또한 서일본방언적이며 거만한 표현으로 이해된다.

이지 않게 되는 일은 있을 수 없다.「廃(すた)る」는 중세부터 1단동사인「廃(すた)れる」와 병행해서 쓰이고 있는 말로 ①「쓰이지 않게 되다 / 소용없게 되다」, ②「스러지다 / 유행하지 않게 되다 / 쇠퇴하다」의 뜻을 나타내는데, 본 절에서는 ①의 용법으로 번역해 둔다.

[例] 人(ひと)の道(どう)も廃(すた)ってしまった。

 (사람의 도덕도 스러지고 말았다.)

 いつのまにか古(ふる)い習俗(しゅうぞく)が廃(すた)ってしまった。

 (어느 사이에 옛 습속이 스러지고 말았다.)

 働(はたら)かざる者(もの)、食(く)ううべからずってところだね。だから男(おとこ)が廃(すた)るなんて、悠長(ゆうちょう)なこと言(い)ってる暇(ひま)なんかなかったんだよ。

 (일하지 않는 자, 먹어서는 안 된다고 하는 거야. 따라서 남자의 체면이 안 선다고 하는 것, 유장한 말을 하고 있을 여유 같은 것은 없었어.)

그리고 타 번역본에서는「廃(すた)れる」혹은「廃棄(はいき)される」가 쓰이고 있다.

[例] 聖書(せいしょ)がすたれることはあり得(え)ないので[塚本訳1963]

 (성서가 쓰이지 않게 되는 일은 있을 수 없어서)

 聖書(せいしょ)はすたれえないので[前田訳1978]

 (성서는 쓰이지 않게 될 수 없어서)

 聖書(せいしょ)が廃(すた)れることはありえない。[新共同訳1987]

 (성서가 쓰이지 않게 되는 일은 있을 수 없다.)

 聖書(せいしょ)の廃(すた)れることがありえないとすれば、[岩波翻訳委員会訳1995]

 (성서가 쓰이지 않게 되는 일이 있을 수 없다고 하다면,)

 聖書(せいしょ)は廃棄(はいき)されるものではないから、[新改訳1970]

 (성서가 폐기되는 것은 아니니까,)

> [1]父(ちち)が聖別(せいべつ)して、[2]世(よ)に遣(つか)わされた者(もの)が、『わたしは神(かみ)の子(こ)である』と[3]言(い)ったからとて、どうして『あなたは神(かみ)を汚(けが)す者(もの)だ』と言(い)うのか。[ヨハネによる福音書 10:36]
>
> (아버지께서 성별하여 세상에 보내신 사람이 '나는 하나님의 아들이다.' 라고 말했다고 해서, 어째서 '당신은 하나님을 모독하는 사람이다.' 라고 말하느냐?[10:36])

[1]父(ちち)が聖別(せいべつ)して、: 아버지께서 성별하여.

성별[聖別 ; consecration] : 하나님께 대한 예배나 봉사 등 거룩한 목적을 위해 사람이나 사물을 특별히 거룩하게 구별하는 것을 말한다. 사람의 경우 성별된 자들로는 '제사장'(출 29:9; 대상 23:13), '레위인'(민 8:5-6), '나실인'(민 6:2-5), '이스라엘 백성'(출 19:6), '성도'(요 17:23)를 들 수 있다. 또 사물의 경우로는 '첫 열매'(레 27:30), '초태생'(출 13:2, 12; 레 27:26), '십일조'(대하 31:6), '성전'(민 7:1) 등이다. 또한 안식일을 비롯하여 하나님께서 특별히 제정하신 명절들도 거룩하게 구별된 날이다(출 20:8-11). 특별히 신약에서 성도가 세상과 구별하여 그리스도를 닮아가는 삶(행 13:2)이나 거룩하게 되기 위해 애쓰고 기도하는 제반 신앙생활은 모두 성별(성화)을 위함이다(살전 5:23).[73] [네이버 지식백과] 성별 [聖別, consecration] (라이프성경사전, 2006. 8. 15., 생명의말씀사)

[例]一同(いちどう)が主(しゅ)に礼拝(れいはい)を捧(ささ)げ、断食(だんじき)をしていると、聖霊(せいれい)が[天(てん)から]「さあ、バルナバとサウロとを、わたしのために聖別(せいべつ)して、彼(かれ)らに授(さず)けておいた仕事(しごと)に当(あた)らせなさい」と告(つ)げた。[口語訳 / 使徒行伝 13:2]

(일동이 주께 예배를 드리며 단식을 하고 있자, 성령이 [하늘에서] "자, 바나바와 사울을 나를 위해 성별하여 그들에게 맡겨 둔 일을 시키도록 하

---

73) https://terms.naver.com/entry.nhn?docId=2393625&cid=50762&categoryId=51387에서 인용함.

라."라고 전했다.)[사도행전 13:2]

そこは全能(ぜんのう)の神(かみ)が私(わたし)たちのキリスト教(きょう)生活(せいかつ)のために特別(とくべつ)に聖別(せいべつ)して下(くだ)さった実験(じっけん)の場(ば)にほかならない。
(거기는 전능하신 하나님께서 우리들의 기독교 생활을 위해 특별히 성별해 주신 다른 아닌 실험의 장소이다.)
旧約聖書(きゅうやくせいしょ)には、イスラエルの王(おう)たちが聖職者(せいしょくしゃ)や予言者(よげんしゃ)によって聖別(せいべつ)されたことが記(しる)されているため、七五一年(ねん)にフランクの聖職者(せいしょくしゃ)たちもピピンを聖別(せいべつ)した。
(구약성서에는 이스라엘의 왕들이 성직자나 예언자에 의해 성별된 것이 기록되어 있기 때문에 751년에 프랑크의 성직자들도 피핀(Pippin)을 성별했다.)

[2] 世(よ)に遣(つか)わされた者(もの)が、: 세상에 보내신 사람이. 「遣(つか)わされた」는 「遣(つか)わす」의 레르형 경어 「遣(つか)わされる」의 과거로 <父(ちち)>를 높이고 있다.

[3] 言(い)ったからとて、: 말했다고 해서. 「言(い)う」의 과거 「言(い)った」에 원인·이유를 나타내는 「〜からとて」가 접속된 것이다. 「〜から」에는 각종 조사가 붙어서 원인·이유를 나타내는 파생적인 표현도 존재한다.
「〜からとて」는 접속조사 「〜から」에 접속조사 「〜とて」가 붙은 것으로 활용형의 종지형에 접속되는데, 한국어의 「〜라고 해서／〜라고 하더라도 (반드시 〜은 아니다)」에 해당한다. 전건(前件, 종속절)에서 어떤 사항을 사실로서 인정은 하지만, 그것이 반드시 후건(後件, 주절)의 내용의 정당한 이유·근거가 되는 것은 아니라고 하는 관계를 나타내는 데 쓰이는데 뒤의 문장에는 부정,

반어(反語), 금지 표현이 오는 경우가 많다. 이 계열에는 「～からといって」「～からって」도 쓰이는데, 회화체에서는 「～からって」의 형태를 취하는 경우가 많다.

[例] 女性(じょせい)にもてるからとて、いいことばかりじゃありませんよ。

(여성에게 인기가 있다고 해서 좋은 것만은 아니에요.)

つまんないからとて、仕事(しごと)を途中(とちゅう)で投(な)げ出(だ)してはいけません。

(재미없다고 해서 일을 도중에서 그만둬서는 안 됩니다.)

「唯(ただ)の人(ひと)が造(つく)った人(ひと)の世(よ)が住(す)みにくいからとて、越(こ)す国(くに)はあるまい。」

(「보통 사람들이 만든 세상이 살기 어렵다고 해도 이보다 나은 나라는 없을 것이다.」)

「今(いま)となって兄(にい)さんが、お父(とう)さんの前(まえ)へ一言(ひとこと)お詫(わ)びをしたらからとて、それで急(きゅう)に自分(じぶん)というものが立(た)たなくなるわけもないのですから。」

(「이제 와서, 형이 아버님 앞에 와서 한 마디 사과를 한다고 해서 그것으로 갑자기 본인의 체면이 서지 않는 것은 아니니까요.」)[74]

田中(たなか)さん、たとえ結婚(けっこん)ができないからとて、女性(じょせい)なら誰(だれ)でもいいというわけにはいかないでしょう。

(다나카 씨, 설령 결혼을 못한다고 해도 여자라면 누구든지 상관없다고 할 수는 없지 않아요?)

---

[1]もしわたしが父(ちち)のわざを行(おこな)わないとすれば、[2]わたしを信(しん)じなくてもよい。[ヨハネによる福書 10:37]

(만일 내가 아버지의 일을 행하지 않는다고 한다면 나를 믿지 않아도 좋다.[10:37])

---

74) 李成圭·權善和(2006e) 『현대일본어 문법연구Ⅳ』 시간의물레. pp. 217-218에서 인용.

[1]もしわたしが父(ちち)のわざを行(おこな)わないとすれば、: 만일 내가 아버지의 일을 행하지 않는다고 한다면.「行(おこな)わないとすれば」는「行(おこな)わない」에「～とすれば；～라고 한다면」과 같은 형식이 접속되어 가정조건을 나타내고 있다.

[例]「汎用(はんよう)ソフトでできるのではないか」といった、最低限(さいていげん)の常識(じょうしき)さえ働(はたら)かないとすれば、やはり無能(むのう)という他(ほか)はない。
(「범용 소프트로 할 수 있지 않을까」라고 한, 최소한의 상식조차 기능하지 않는다고 하면, 역시 무능이라고 할 수밖에 없다.)

つまり、悲(かな)しまないとすれば、そもそも死者(ししゃ)との間(あいだ)に人格(じんかく)関係(かんけい)がなかったことになります。
(즉 슬프지 않다고 하면, 애초 사자와의 사이에 인격 관계가 없었다는 것이 됩니다.)

その判断(はんだん)がおくれるために転換(てんかん)が進(すす)まないとすれば、その場合(ばあい)には五十三年(ごじゅうさんねん)三月(さんがつ)という期限(きげん)については弾力的(だんりょくてき)に考(かんが)えることもやむを得(え)ないであろう、こういう趣旨(しゅし)のことを申(もう)し上(あ)げたわけであります。
(그 판단이 늦어져서 전환이 진행되지 않는다고 하면, 그 경우에는 53년 3월이라는 기한에 관해서는 탄력적으로 생각하는 것도 어쩔 수 없을 것이다, 이런 취지를 말씀드린 것입니다.)

国(くに)が頼(たよ)りにならないとすれば、結局(けっきょく)自分(じぶん)の身(み)は自分(じぶん)で守(まも)るしかないということです。
(국가가 의지가 되지 않는다고 하면, 결국 자신의 몸은 스스로 지킬 수밖에 없다는 것입니다.)

[2]わたしを信(しん)じなくてもよい: 나를 믿지 않아도 좋다.「信(しん)じなくてもよい」

는 「信(しん)ずる・信(しん)じる」에 「～なくてもいい」의 문장체적 표현 「～なくてもよい」가 접속되어 불필요를 나타낸다.

[例]「です」は使(つか)っても、使(つか)わなくてもよい。
   (「です」는 사용해도 사용하지 않아도 좋다.)
   被告人(ひこくにん)に異議(いぎ)がなければ猶予(ゆうよ)期間(きかん)置(お)かなくてもよい。
   (피고인에게 이의가 없으면 유예 기간 두지 않아도 좋다.)
   そもそもクライアントが提供(ていきょう)されていないシステムは皆無(かいむ)に近(ちか)いので、あまり心配(しんぱい)しなくてもよい。
   (원래 클라이언트가 제공되어 있지 않은 시스템은 전무에 가깝기 때문에 그다지 걱정하지 않아도 좋다.)

しかし、[1]もし行(おこな)っているなら、[2]たといわたしを信(しん)じなくても、わたしのわざを信(しん)じるがよい。[3]そうすれば、[4]父(ちち)がわたしにおり、また、わたしが父(ちち)におることを知(し)って悟(さと)るであろう」。[ヨハネによる福音書 10:38]
(그러나 만일 행하고 있다면 설령 나를 믿지 않아도 내 일을 믿어라. 그렇게 하면 아버지가 내게 있고, 또 내가 아버지에게 있다는 것을 알고 깨달을 것이다.[10:38])

[1]もし行(おこな)っているなら、: 만일 행하고 있다면. 「行(おこな)う」의 「～ている」형인 「行(おこな)っている」에 「もし～なら；만일 ～(하)면」이 접속되어 가정조건을 나타내고 있다.
   [例]それに、もしぼくを相手(あいて)にできると思(おも)っているなら、それは間違(まちが)いだ。
   (게다가 만일 나를 상대로 할 수 있다고 생각하고 있다면 그것은 잘못된

생각이다.)

もしも誤解(ごかい)に基(もと)づいて株価(かぶか)が大幅(おおはば)に下(さ)がっているなら、いずれ(誤解(ごかい)が解(と)け)株価(かぶか)は大幅(おおはば)に上(あ)がるはずだからです。
(만일 오해에 기인하여 주가가 크게 떨어졌다고 하면 언젠가 (오해가 풀려) 주가는 크게 오를 것이기 때문이다.)

今(いま)、立派(りっぱ)な大人(おとな)になっている人(ひと)でも、もし思春期(ししゅんき)のことを記憶(きおく)しているなら、誰(だれ)にも言(い)えないような馬鹿(ばか)なことや、悪(わる)いことをしたことを思(おも)い出(だ)すのではなかろうか。
(지금 훌륭한 어른이 되어 있는 사람도 만일 사춘기를 기억하고 있다면, 누구에게도 말할 수 없는 그런 어처구니없는 일이나 나쁜 일을 한 것을 상기하지 않을까?)

[2] たといわたしを信(しん)じなくても、: 설령 나를 믿지 않아도. 「たとい」는 「설령 / 설사 / 비록」에 해당하는 진술부사로서 뒤에 역접을 나타내는 「〜ても」「〜とも」 등을 수반한다.

[例] たとい愛国号(あいこくごう)がそこにいたとしても、みんなはもうみようとしなかったろう。
(설령 애국호가 거기에 있었다고 하더라도 다들 이제 보려고 하지 않았을 것이다.)

たとい幾分(いくぶん)か農業(のうぎょう)を営(いとな)むとしても、経営(けいえい)の様式(ようしき)がよほど田舎(いなか)の方(ほう)とは違(ちが)っていたかと思(おも)う。
(설령 다소 농업을 경영한다고 하더라도 경영 양식이 상당히 시골 쪽과는 달랐을 것으로 생각한다.)

たとい女(おんな)の寿命(じゅみょう)が伸(の)びたといっても、すべての女(おん

な)の寿命(じゅみょう)が八十(はちじゅう)を越(こ)すというわけではない。

(설령 여자의 수명이 늘었다고 하더라도 모든 여자의 수명이 80을 넘긴다는 것은 아니다.)

[3]そうすれば : 그렇게 하면. 「そうすれば」는 지시부사 「そう; 그렇게」에 「する; 하다」의 가정형 「すれば」가 결합해서 접속사가 된 것이다.

[例]だれも、真新(まあたら)しい布切(ぬのぎ)れを、古(ふる)い着物(きもの)に縫(ぬ)い付(つ)けはしない。もしそうすれば、新(あたら)しい継(つ)ぎは古(ふる)い着物(きもの)を引(ひ)き破(やぶ)り、そして、破(やぶ)れがもっとひどくなる。[口語訳 / マルコによる福音書 2:21]

(어느 누구도 새 천 조각을 낡은 옷에 대고 깁거나 하지는 않는다. 만일 그렇게 하면 새로 대고 기운 데가 낡은 옷을 잡아 째서 더 심하게 찢어지고 만다.)[마가복음 2:21][75]

イエスは彼(かれ)に目(め)をとめ、慈(いつく)しんで言(い)われた、「あなたに足(た)りないことが一(ひと)つある。帰(かえ)って、持(も)っているものをみな[4]売(う)り払(はら)って、貧(まず)しい人々(ひとびと)に施(ほどこ)しなさい。そうすれば、天(てん)に宝(たから)を持(も)つようになろう。そして、わたしに従(したが)って来(き)なさい」。[口語訳 / マルコによる福音書 10:21]

(예수께서 그를 눈여겨보고, 애정을 담아 말씀하셨다. "너에게 부족한 것이 하나 있다. 돌아가서 가지고 있는 것을 전부 다 팔아서 가난한 사람들에게 베풀어라. 그리 하면 하늘에 보배를 갖게 될 것이다. 그리고 나를 따라오너라.")[마가복음 10:21][76]

---

75) 李成圭 (2018c) 『일본어 구어역 마가복음의 언어학적 분석 I』 시간의물레. p. 98에서 인용.

76) [口語訳 / マルコによる福音書 10:21]에서 인용.

しかし、そうすれば、何(なに)かおそろしいことが起(お)こりそうで、出来(でき)なかった。
(그러나 그렇게 하면 무엇인가 무서운 일이 일어날 것 같아서 할 수 없었다.)
もしそうすれば、敵(てき)を傷(きず)つけるよりもはるかに多(おお)く自分自身(じぶんじしん)を傷(きず)つけることになる。
(만일 그렇게 하면 적을 부상 입히는 것보다도 훨씬 많이 자기 자신을 상처 입히게 된다.)
そうすれば、ジェスはわざわざ着替(きが)えに帰(かえ)らなくても職場(しょくば)から直行(ちょっこう)できるし、自分(じぶん)があまり長居(ながい)しちゃいけないことにも気(き)づけるわ。
(그렇게 하면 제스는 일부러 옷을 갈아입으러 돌아가지 않아도 직장에서 직행할 수 있고, 내가 너무 오래 있어서는 안 된다는 것도 알 수 있어.)

[4] 父(ちち)がわたしにおり、また、わたしが父(ちち)におることを : 아버지가 내게 있고, 또 내가 아버지에게 있다는 것. 본 절에서는 존재를 나타내는 데에 「〜が〜におり、〜が〜におる[こと]」와 같이 연용중지법의 「おり、」과 연체형 「おる」가 사용되고 있다. 「〜おり、」「おる」에 관해서는 [요한복음 6:56]에서의 설명을 참조할 것.

そこで、彼(かれ)らはまたイエスを捕(とら)えようとしたが、[1]イエスは彼(かれ)らの手(て)を逃(のが)れて、[2]去(さ)って行(い)かれた。[ヨハネによる福音書 10:39]
(그때, 그들은 다시 예수를 잡으려고 했지만, 예수께서는 그들 손에서 벗어나서 떠나 가셨다.[10:39])

[1] イエスは彼(かれ)らの手(て)を逃(のが)れて、: 예수께서는 그들 손에서 벗어나서. 「逃(のが)れる」는 ①「달아나다 / 도망치다」②「벗어나다 / 피하다 / 면하다」의

뜻을 나타낸다.

[例]主人公(しゅじんこう)が敵(てき)を捕(と)らえようとしたその瞬間(しゅんかん)、彼(かれ)らはするりとその手(て)を逃(のが)れてしまう。
(주인공이 적을 잡으려고 한 그 순간, 그들은 휙 하고 그 손에서 달아나고 만다.)

それから横浜(よこはま)へ、最後(さいご)には首都(しゅと)東京(とうきょう)へと、まるで警察(けいさつ)の追(お)っ手(て)を逃(のが)れる犯罪者(はんざいしゃ)のように住(す)まいを転々(てんてん)としてゆき、それぞれの土地(とち)で新(あら)たな美容整形医(びようせいけいい)に、すがるような思(おも)いで修復(しゅうふく)手術(しゅじゅつ)を依頼(いらい)したのです。
(그리고 요코하마에, 마지막에는 수도 도쿄로 마치 경찰을 추격에서 도망치는 범죄자처럼 거처를 전전해 가며 각지에서 새로운 성형외과 의사에게 매달리는 듯한 생각으로 복원 수술을 의뢰했습니다.)

彼(かれ)は家族(かぞく)とともに、親(した)しいアイヌに助(たす)けられて難(なん)を逃(のが)れた。
(그는 가족과 함께 친한 아이누에게 구조되어 난을 벗어났다.)

このように異(こと)なる取(と)り扱(あつか)いを受(う)ける類似(るいじ)のものが存在(そんざい)するということは、課税(かぜい)を逃(のが)れようとする側(がわ)にしてみれば、またとないチャンスである。
(이와 같이 다른 취급을 받는 유사한 것이 존재한다는 것은 과세에서 벗어나려고 하는 쪽에서 보면 두 번 다시없는 찬스이다.)

人々(ひとびと)が都会(とかい)を逃(のが)れていくときこそ東京(とうきょう)に残(のこ)っていたほうがいい。
(사람들이 도시에서 벗어날 때야 말로 도쿄에 남아 있는 쪽이 낫다.)

もちろん、仮(かり)に借金(しゃっきん)の原因(げんいん)が渡辺(わたなべ)にあっ

たとしても、実際(じっさい)に借(か)りた由実子(ゆみこ)さんが責任(せきにん)を逃(のが)れられるわけではない。

(물론 설령 빚의 원인이 와타나베에 있었다고 해도, 실제로 돈을 빌린 유미코 씨가 책임을 면할 수 있는 것은 아니다.)

[逃げる(にげる)·逃れる(のがれる)·免れる(まぬがれる)]

1. 사용법

〔逃(に)げる〕

　　[例]釣(つ)った魚(さかな)に逃(に)げられる。

　　　　(잡은 고기를 놓치다.)

　　　　人生(じんせい)の試練(しれん)から逃(に)げてはいけない。

　　　　(인생의 시련에서 도망쳐서는 안 된다.)

〔逃(のが)れる〕

　　[例]追跡(ついせき)の手(て)を逃(のが)れる。

　　　　(추적의 손에서 벗어나다.)

　　　〔免(まぬが)れる〕

　　[例]すんでのところで、死(し)を免(まぬが)れた。

　　　　(아슬아슬하게 죽음을 면했다.)

2. 사용상의 구별

　(1)「逃(のが)れる」「免(まぬが)れる」는,「逃(に)げる」에 비해 다소 문장체적이다.

　(2)「逃(に)げる」는 구체적으로 거기에서 벗어나는 뜻인 것에 대해,「逃(のが)れる」「免(まぬが)れる」는 추상적으로 그 일과 관련을 맺지 않는 상태가 되는 뜻을 나타낸다.

　(3)「逃(のが)れる」는 이미 잡히고 만 상태에서 벗어나는 뜻과 잡히기 전에

멀어지는 뜻이 있는데,「逃(に)げる」는 주로 전자,「免(まぬが)れる」는 후자의 의미로 쓰인다.[77]

[2] 去(さ)って行(い)かれた : 떠나 가셨다.「去(さ)って行(い)く」의 レル형 경어인「去(さ)って行(い)かれる」의 과거로 <イエス>를 높이는 데에 쓰이고 있다.

[例] イエスはこれを知(し)って、そこを去(さ)って行(い)かれた。ところが多(おお)くの人々(ひとびと)がついて来(き)たので、彼(かれ)らを皆(みな)いやし、[口語訳 / マタイによる福音書 12:15]
(예수께서 이것을 알고 거기를 떠나 가셨다. 그런데 많은 사람들이 따라 왔기에 그들을 모두 고치고,)[마태복음 12:15]

そして手(て)を彼(かれ)らの上(うえ)に置(お)いてから、そこを去(さ)って行(い)かれた。[口語訳 / マタイによる福音書 19:15]
(그리고 손을 그들 위에 얹고 나서, 거기를 떠나 가셨다.)[마태복음 19:15]

さて、[1]イエスはまたヨルダンの向(む)こう岸(ぎし)、すなわち、ヨハネが初(はじ)めにバプテスマを授(さず)けていた所(ところ)に行(い)き、[2]そこに滞在(たいざい)しておられた。[ヨハネによる福音書 10:40]
(그런데 예수께서는 다시 요단 강 건너편, 즉 요한이 처음 세례를 주었던 곳에 가서 거기에 체재하고 계셨다.[10:40])

[1] イエスは〜所(ところ)に行(い)き、: 예수께서는 〜곳에 가서.「行(い)き、」는「行(い)く」의 연용중지법인데, 본 절에서는 단순 연결의 용법으로 쓰이고 있다.

[例] そして市役所(しやくしょ)に行(い)き、離婚(りこん)手続(てつづ)きの用紙(ようし)に書(か)き込(こ)み、そこで私(わたし)は新(あたら)しい戸籍(こせき)を作(つく)り

---

77) https://dictionary.goo.ne.jp/thsrs/1603/meaning/m0u/에서 인용하여 번역함.

ました。
(그리고 시청에 가서, 이혼 수속의 용지에 써 넣고 거기에서 나는 새 호적을 만들었습니다.)

10万円(じゅうまんえん)くらい使(つか)って好(す)きな会社(かいしゃ)の株(かぶ)を買(か)い、投資(とうし)ゲームに参加(さんか)してはどうでしょう。
(10만 엔 정도 써서 좋아하는 회사의 주식을 사고, 투자 게임에 참가하는 것은 어떨까요?)

当時(とうじ)の日本人(にほんじん)は日本語(にほんご)で話(はな)し、中国語(ちゅうごくご)の書(か)き方(かた)で書(か)いたのである。もし、英語(えいご)がはじめて日本(にほん)に入(はい)った文章(ぶんしょう)だったとするなら、日本(にほん)の古代人(こだいじん)は、話(はな)すときには日本語(にほんご)を使(つか)い、書(か)くのはアルファベットで英文(えいぶん)をつづったはずである。
(당시 일본인은 일본어로 이야기하고 중국어의 서식으로 쓴 것이다. 만일 영어가 처음 일본에 들어온 문장이었다고 한다면, 일본의 고대인은 이야기할 때에는 일본어를 쓰고, 쓰는 것은 알파벳으로 영문을 지었을 것이다.)

[2]そこに滞在(たいざい)しておられた : 거기에 체재하고 계셨다. 「滞在(たいざい)しておられた」는 「滞在(たいざい)している」의 레루형 경어 「滞在(たいざい)しておられる」의 과거로 <イエス>를 높이는 데에 사용되고 있다. 「滞在(たいざい)しておられる」는 구어역 신약성서 중에서 요한복음에만 등장하는데, 본 절의 예를 포함하여 [2:23][10:40][11:54]와 같이 총 3회 쓰이고 있다.

[1]多(おお)くの人々(ひとびと)がイエスのところに来(き)て、互(たが)いに言(い)った、「ヨハネは何(なん)のしるしも行(おこな)わなかったが、[2]ヨハネがこの方(かた)について言(い)ったことは、皆(みな)ほんとうであった」。[ヨハネによる福音書 10:41]

> (많은 사람들이 예수에게 와서 서로 말했다. "요한은 아무런 표적을 행하지 않았지만, 요한이 이 분에 관해 말한 것은 다 사실이었다."[10:41]

[1]多(おお)くの人々(ひとびと)がイエスのところに来(き)て, : 많은 사람들이 예수에게 와서. 「イエスのところ」의 「ところ」는 사람을 장소명사화하는 기능을 하는데 한국어로 부자연스러운 경우, 굳이 번역할 필요는 없다.

[例]約(やく)五年(ごねん)の後(のち)、彼(かれ)は医学部(いがくぶ)在学中(ざいがくちゅう)だつが、再(ふたた)び私(わたし)のところに来(き)て、ぐあいがよくないと話(はな)した。
(약 5년 후, 그는 의학부 재학 중이었지만, 다시 내게 와서 몸이 안 좋다고 이야기했다.)

イエスは立(た)ち上(あ)がって大声(おおごえ)で言(い)われた。『渇(かわ)いている人(ひと)はだれでも、わたしのところに来(き)て飲(の)みなさい。わたしを信(しん)じる者(もの)は、聖書(せいしょ)に書(か)いてあるとおり、その人の内(うち)から生(い)きた水(みず)が川(かわ)となって流(なが)れ出(で)るようになる』
(예수께서 일어나서 큰소리로 말씀하셨다. 『목마른 사람은 누구든지 내게 와서 마셔라. 나를 믿는 사람은 성서에 쓰여 있는 대로 그 사람 속에서 살아 있는 물이 강이 되어 흘러나오게 된다.』)

出(で)かける前(まえ)にクミコは僕(ぼく)のところに来(き)て、ワンピースの背中(せなか)のジッパーをあげてくれと言(い)った。
(나가기 전에 구미코는 내게 와서 원피스 등 지퍼를 올려 달라고 말했다.)

[2]ヨハネがこの方(かた)について言(い)ったことは、 : 요한이 이 분에 관해 말한 것은. 「この方(かた)について言(い)う ; 이 분에 관해 말하다」의 「〜について」는 격조사 「〜に」에 「つく」의 テ형인 「ついて」가 결합된 복합조사로 「〜에 관해 / 〜에 대

해」의 뜻을 나타낸다.

[例]まず経理(けいり)について言(い)えば、全部(ぜんぶ)公開(こうかい)しているし、それこそガラス張(ば)りそのものですよ。

(먼저 경리에 관해 말하면, 전부 공개하고 있어 그야 말로 공명 정대 그 자체입니다.)

本当(ほんとう)は、自分(じぶん)の病気(びょうき)について話(はな)したい。説明(せつめい)されなくとも、自分(じぶん)の病気(びょうき)の進行(しんこう)についてはほとんど知(し)っている。

(사실은 내 병에 관해 이야기하고 싶다. 설명 받지 않아도 내 병의 진행에 관해서는 거의 알고 있다.)

それは君(きみ)、心(こころ)ある日本人(にほんじん)がことごとく心痛(しんつう)する重大(じゅうだい)問題(もんだい)であるが、それについて実(じつ)に、面白(おもしろ)い話(はなし)があるんだよ。

(그것은 자네, 생각 있는 일본인이 모두 걱정하는 중대 문제이지만, 그것에 관해 실은 재미있는 이야기가 있어.)

そして、そこで[1]多(おお)くの者(もの)がイエスを信(しん)じた。[ヨハネによる福音書 10:42]
(그리고 거기에서 많은 사람들이 예수를 믿었다.[10:42])

[1]多(おお)くの者(もの)がイエスを信(しん)じた : 많은 사람들이 예수를 믿었다. 「多(おお)い」는 「～が多(おお)い。; ～가 많다」와 같은 서술 용법은 있지만, 「× 多(おお)い者(もの) ; 많은 사람」과 같이 외심구조(外心構造)에 있어서의 수식 기능이 없기 때문에 「多(おお)くの者(もの)」과 같은 형태를 취한다.

[例]北海道(ほっかいどう)の地名(ちめい)には多(おお)くのアイヌ語(ご)があります。

(홋카이도 지명에는 많은 아이누어가 있습니다.)

園児(えんじ)・児童(じどう)・生徒(せいと)をはじめ、多(おお)くの市民(しみん)が日頃(ひごろ)の成果(せいか)を発表(はっぴょう)しました。
(원아·초등학생·중고생을 비롯해 많은 시민들이 평소의 성과를 발표했습니다.)
これまでのたくさんの出会(であ)いの中(なか)から、多(おお)くの貴重(きちょう)なことを学(まな)ばせていただきました。
(지금까지의 많은 만남 중에서, 덕택에 많은 귀중한 것을 배웠습니다.)
その結果(けっか)、自分自身(じぶんじしん)を含(ふく)め、多(おお)くの人(ひと)たちが、さらに大(おお)きな苦(くる)しみの中(なか)に巻(ま)き込(こ)まれていく。
(그 결과 자기 자신을 포함해 많은 사람들이 더 커다란 고통 속으로 말려들게 된다.)
退学(たいがく)はそれ自体(じたい)従来(じゅうらい)から多(おお)くの困難校(こんなんこう)でみられた問題(もんだい)である。
(퇴학은 그 자체 종래부터 많은 곤란 학교에서 나타난 문제이다.)

ヨハネによる福音書
- 第11章 -

⟪49⟫ [ヨハネによる福音書 11:1 - 11:16]

> さて、[1]一人(ひとり)の病人(びょうにん)がいた。[2]ラザロと言(い)い、マリヤとその姉妹(しまい)マルタの村(むら)ベタニヤの人(ひと)であった。[ヨハネによる福音書 11:1]
> (그런데, 한 사람의 병자가 있었다. 나사로라고 하는데, 마리아와 그 자매 마르다의 마을 베다니 사람이었다.[11:1])

[1]一人(ひとり)の病人(びょうにん)がいた : 한 사람의 병자가 있었다. 본 절에서는 [한 사람의 병자] 존재를「いる」동사로 표현하고 있다. 그럼 타 번역본에서는 어떻게 묘사하고 있는지 살펴보자.

[例]ラザロという一人(ひとり)の病人(びょうにん)があった。[塚本訳1963]
　　(나사로라고 하는 한 사람의 병자가 있었다.)
　　ラザロという病人(びょうにん)があった。[前田訳1978]
　　(나사로라고 하는 병자가 있었다.)
　　ある病人(びょうにん)がいた。[新共同訳1987]
　　(어떤 병자가 있었다.)

[塚本訳1963][前田訳1978]에서는「病人(びょうにん)があった」와 같이「ある」동사가, [新共同訳1987]에서는「病人(びょうにん)がいた」에서는「いる」동사가 사용되고 있다.

[2]ラザロと言(い)い、マリヤとその姉妹(しまい)マルタの村(むら)ベタニヤの人(ひと)であった: 나사로라고 하는데, 마리아와 그 자매 마르다의 마을 베다니 사람이었다.「ラザロと言(い)い、」의「言(い)い、」는 연용중지법으로 전문(前文)을 후속문에 단순 연결시키는 용법으로 쓰이고 있다.

[例]この子は太郎(たろう)と言(い)い、私(わたし)と年(とし)が近(ちか)く、これ以後(いご)親友(しんゆう)となった。
(이 아이는 다로라고 하는데, 나와 나이가 비슷해서 이 후 친우가 되었다.)
白(しろ)いアブラ身(み)のように室温(しつおん)で固体(こたい)のものを"脂(あぶら)"、サラダ油(ゆ)のように液体(えきたい)のものを"油(あぶら)"と言(い)い、両者(りょうしゃ)を合(あ)わせて"油脂(ゆし)"と統一(とういつ)して呼(よ)ぶこともあります。
(흰 비계와 같이 온실에서 고체인 것을 "脂(あぶら)", 샐러드유처럼 액체의 것을 "油(あぶら)"라고 하고, 양자를 합쳐 유지라고 통일해서 부르는 경우도 있습니다.)
こういう人(ひと)を仏教(ぶっきょう)では菩薩(ぼさつ)と言(い)い、儒教(じゅきょう)では君子(くんし)と言(い)うが、それは悪(わる)いことを自己(じこ)に向(む)け、良(よ)いことを他人(たにん)に与(あた)えて自己(じこ)を忘(わす)れて、他人(ひと)のためになることをする人(ひと)であるという。
(이런 사람을 불교에서는 보살이라고 하고, 유교에서는 군자라고 하는데, 그것은 나쁜 것을 자기에게 향하게 하고, 좋은 것을 남에게 주고 자기를 잊고 남에게 유익한 것을 하는 사람이라고 한다.)

> [1]このマリヤは[2]主(しゅ)に香油(こうゆ)を塗(ぬ)り、自分(じぶん)の髪(かみ)の毛(け)で、[3]主(しゅ)の足(あし)を拭(ふ)いた女(おんな)であって、[4]病気(びょうき)であったのは、彼女(かのじょ)の兄弟(きょうだい)ラザロであった。[ヨハネによる福音書11:2]
> (바로 이 마리아가 주에게 향유를 바르고, 자기 머리카락으로 주의 발을 닦은 여자로, 아픈 사람은 그녀의 형제[오빠] 나사로였다.[11:2])

[1]このマリヤは : 바로 이 마리아가. 「この」는 문맥지시 용법으로 쓰인 것으로, 「コ」는 다음과 같이 쓰인다.

1. 「직전 화제 속의 요소(「この人(ひと)…」등」

    [例]山田(やまだ)さんという人(ひと)がいるんだけど、この人(ひと)はとても親切(しんせつ)な人(ひと)だ。

    (야마다 씨라는 사람이 있는데, 이 사람은 무척 친절한 사람이다.)

2. 「이제부터 이야기하려고 하는 요소(「こんな話(はなし)…」등)」

    [例] : [話(はなし)の冒頭(ぼうとう)]実(じつ)は山本(やまもと)さんについて、こんな話(はなし)を聞(き)いたんですが…。[78]

    ([이야기의 모두] 실은 야마모토 씨에 관해 이런 이야기를 들었는데….)

[2]主(しゅ)に香油(こうゆ)を塗(ぬ)り、: 주에게 향유를 바르고. 「塗(ぬ)る」는 「～に～を塗(ぬ)る」와 같이 3항술어인데, 본 절에서는 연용중지법으로 쓰이고 있다.

  [例]祖母(そぼ)は父(ちち)の傷(きず)に軟膏(なんこう)を塗(ぬ)り、打(う)ち身(み)に特製(とくせい)の湿布(しっぷ)を貼(は)り、…。

    (할머니는 아버지의 상처에 연고를 바르고 타박상에 특제의 습포를 붙이고, ….)

---

78) https://nihongokyoiku-shiken.com/japanese-instructional-word-summary/#i-9에서 인용하여 번역함.

それなりに学問(がくもん)経験(けいけん)を積(つ)み、薬草(やくそう)を調合(ちょうごう)し、油(あぶら)を体(からだ)に塗(ぬ)り、さまざまの医術(いじゅつ)を駆使(くし)して治療(ちりょう)を行(おこ)なっていた。

(그 나름대로 학문 경험을 쌓고 약초를 조합해서, 기름을 몸에 바르고, 각종 의술을 구사하여 치료를 행하고 있었다.)

[3] 主(しゅ)の足(あし)を拭(ふ)いた : 주의 발을 닦았다. 「拭(ふ)く」는 「~を拭(ふ)く」와 같이 2항술어인데, 본 절에서는 과거로 쓰이고 있다.

[例] 志朗(しろう)は雑巾(ぞうきん)でダミアンの足(あし)を拭(ふ)いた。

(시로는 걸레로 데미안의 발을 닦았다.)

そう思(おも)いながら、井原(いはら)は素早(すばや)くタオルで手(て)を拭(ふ)いた。

(그렇게 생각하면서 이하라는 재빠르게 타올로 손을 닦았다.)

私(わたし)は軍帽(ぐんぼう)を軍刀(ぐんとう)の上(うえ)に置(お)いてから、ハンケチで顔(かお)を拭(ふ)いた。

(나는 군모를 군도 위에 놓은 다음 손수건으로 얼굴을 닦았다.)

[4] 病気(びょうき)であったのは、: 아픈 것은. 아픈 사람은. 「病気(びょうき)であった」는 형용동사적으로 쓰이고 있는 「病気(びょうき)だ」의 문장체적 말씨인 「病気(びょうき)である」의 과거로 뒤의 형식명사 「~の」를 수식하고 있다.

[例] 何(なに)よりも大事(だいじ)であったのは、息子(むすこ)が順調(じゅんちょう)に出世(しゅっせ)をすることであった。

(무엇보다도 중요한 것은 아들이 순조롭게 출세를 하는 것이었다.)

よりいっそう顕著(けんちょ)であったのは、大都市(だいとし)の膨張(ぼうちょう)であった。

(보다 더욱 현저한 것은 대도시의 팽창이었다.)

それにもう一(ひと)つ重大(じゅうだい)なことは、民衆(みんしゅう)が「好戦的(こう

せんてき)」であったのは、単に「帝国主義的(ていこくしゅぎてき)欲望(よくぼう)」のせいだけではないということだ。

(그것에 또 하나 중대한 것은 민중이「호전적」이었던 것은 단지「제국주의적 욕망」의 탓뿐만 아니라는 것이다.)

> 姉妹(しまい)たちは人(ひと)をイエスのもとに遣(つか)わして、「主(しゅ)よ、[1]ただ今(いま)、[2]あなたが愛(あい)しておられる者(もの)が[3]病気(びょうき)をしています」と[4]言(い)わせた。[ヨハネによる福音書 11:3]
> (자매들은 사람을 예수 곁으로 보내, "주여, 지금 주께서 사랑하시는 사람이 병을 앓고 있습니다."라고 말하게 했다.[11:3])

[1]ただ今(いま) : 지금.「ただ今(いま)」는「지금 / 현재」를 중심으로 다음 3가지 용법을 지니고 있다.

  ①[지금 이 때 / 현재] 본 절에서의 용법은 이것에 해당한다.

    [例]ただ今(いま)の時刻(じこく)は午前(ごぜん)九時(くじ)です。
      (지금 시각은 오전 9시입니다.)
    あいにく、ただ今(いま)満席です。
      (공교롭게도 지금 만석입니다.)
    ただ今(いま)、切(き)れておりますので、ご注文(ちゅうもん)となります。
      (지금 품절이라서 주문을 하셔야 합니다.)
    申(もう)し訳(わけ)ございませんが、お祖父様(じいさま)はただ今(いま)、お電話(でんわ)にお出(で)になれません。
      (죄송합니다만, 할아버지께서는 지금 전화를 받으실 수가 없습니다.)

  ②극히 가까운 과거를 나타낸다. [방금 / 조금 전에 / 이제 막]

    [例]ただ今(いま)の報告(ほうこく)に異議(いぎ)がある。

(방금 전의 보고에 이의가 있다.)

ただ今(いま)帰(かえ)ってきたところです。

(지금 막 돌아왔습니다.)

磯吉(いそきち)はその机(つくえ)に座(すわ)り、「ただ今(いま)、議長(ぎちょう)に選(えら)ばれたました、萩原(はぎわら)磯吉(いそきち)です」と挨拶(あいさつ)すると、一斉(いっせい)に拍手(はくしゅ)が起(お)こった。

(이소키치는 그 책상에 앉아,「지금 막 의장으로 뽑힌, 하기와라 이소키치입니다.」라고 인사하자, 다들 일제히 박수를 쳤다.)

これらのことを彼(かれ)らに話(はな)しておられると、そこに一人(ひとり)の会堂司(かいどうづかさ)が来(き)て、イエスを拝(はい)して言(い)った、「わたしの娘(むすめ)がただ今(いま)死(し)にました。しかしおいでになって手(て)をその上(うえ)においてやって下(くだ)さい。そうしたら、娘(むすめ)は生(い)き返(かえ)るでしょう」。[口語訳 / マタイによる福音書 9:18]

(이러한 일을 그들에게 이야기하고 계실 때, 거기에 지도자 한 사람이 와서, 예수께 엎드려 절하며 말했다. "제 딸이 방금 죽었습니다. 그러나 오셔서 손을 그 위에 얹어 주십시오. 그러면 딸은 살아날 것입니다.")[마태복음 9:18]

③ 극히 가까운 미래를 나타낸다. [지금 곧 / 지금 당장]

[例]ただ今(いま)お持(も)ちします。少々(しょうしょう)お待(ま)ち下さい。

(지금 당장 가지고 오겠습니다. 조금 기다려 주십시오.)

[2]あなたが愛(あい)しておられる者(もの) : 주께서 사랑하시는 사람.「愛(あい)しておられる」는「愛(あい)している」의 レル형 경어로 <イエス=主(しゅ)>를 높이고 있다.「愛(あい)しておられる」는 구어역 신약성서에서 총 8회 등장하고 있는데, 요한복음에서는 <イエス>를 경어 주체가 하여 - 본 절의 예를 포함하여, - [11:3]

[11:5] [11:36] [13:23] [20:2] [21:7] [21:20]과 같이 7회 쓰이고 있고, 야고보서에서 는 <神(かみ)>를 경어 주체로 한 [4:5]가 쓰이고 있다.

야고보서에 쓰인 예를 들면 다음과 같다.

[例]それとも、「神(かみ)は、わたしたちの内(うち)に住(す)まわせた霊(れい)を、妬(ね)たむほどに愛(あい)しておられる」と聖書(せいしょ)に書(か)いてあるのは、むなしい言葉(ことば)だと思(おも)うのか。[口語訳 / ヤコブの手紙 4:5]

(그렇지 않으면 "하나님께서는 우리 속에 살게 한 그 영을, 질투하실 정도로 사랑하신다."라고 성경에 쓰여 있는 것은 헛된 말씀이라고 생각하느냐?)[야고보서 4:5]

[3]病気(びょうき)をしています : 병을 앓고 있습니다. 「病気(びょうき)をする」는 한어 어기 「病気(びょうき)」와 형식동사 「する」 사이에 격조사 「〜を」가 수의적으로 삽입된 것으로, [요한복음 4:46]의 ([3]病気(びょうき)をしている息子(むすこ) : 병을 앓고 있는 아들)을 참조할 것.

[例]また、いつあなたが病気(びょうき)をし、獄(ごく)にいるのを見(み)て、あなたの所(ところ)に参(まい)りましたか』。[口語訳 / マタイによる福音書 25:39]

(또 언제 당신이 병을 앓고 있고 감옥에 있는 것을 보고 당신에게 갔습니까?)[마태복음 25:39]

このことがあってから、ほかに病気(びょうき)をしている島(しま)の人(ひと)たちが、ぞくぞくとやってきて、みな癒(いや)された。[口語訳 / 使徒行伝 28:8]

(이런 일이 일고 나서, 그 밖에 병을 앓고 있는 섬의 사람들이 계속해서 찾아와서 모두 고침을 받았다.)[사도행전 28:8]

[4]言(い)わせた : 말하게 했다. 「言(い)わせた」는 「言(い)う」의 사역 「言(い)わせる」의 과거로 「姉妹(しまい)たち ; 자매들」이 사역 주체로 되어 있다.

[例]そして、彼(かれ)らの弟子(でし)を、ヘロデ党(とう)の者(もの)たちと共(とも)に、イエスのもとに遣(つか)わして言(い)わせた、「先生(せんせい)、わたしたちはあなたが真実(しんじつ)な方(かた)であって、真理(しんり)に基(もとづ)いて神(かみ)の道(みち)を教(おし)え、また、人(ひと)に分(わ)け隔(へだ)てをしないで、だれをも憚(はばか)られないことを知(し)っています。[口語訳／マタイによる福音書 22:16]

(그리고 그들 제자를, 헤롯당 사람들과 함께 예수에게 보내서 말하게 했다. "선생님, 저희는 선생님이 진실한 분이고, 진리에 입각하여 하나님의 길을 가르치고, 또 사람에게 차별하지 않고 아무도 꺼려하지 않는다는 것을 알고 있습니다.)[마태복음 22:16]

晩餐(ばんさん)の時刻(じこく)になったので、招(まね)いておいた人(ひと)たちのもとに僕(しもべ)を送(おく)って、『さあ、おいでください。もう準備(じゅんび)ができましたから』と言(い)わせた。[口語訳／ルカによる福音書 14:17]
(만찬 시간이 되어서, 초대해 둔 사람들에게 종을 보내 '자 오십시오. 이제 준비가 다 되었으니.' 하고 말하게 했다.)[누가복음 14:17]

「二桁(ふたけた)の数(かず)の引(ひ)き算(ざん)」で、以下(いか)のように補助(ほじょ)計算(けいさん)を書(か)かせた場合(ばあい)は「補助(ほじょ)計算(けいさん)まで全部(ぜんぶ)」読(よ)ませる。言(い)わせる場合(ばあい)は「一(ひと)つずつ区切(くぎ)った」「分(わ)けて」言(い)わせる。
(「두 자리 수의 뺄셈」에서는 다음과 같이 보조 계산을 쓰게 한 경우에는, 「보조 계산까지 전부」읽힌다. 말하게 할 경우에는 「하나씩 끊은」「나눠서」말하게 한다.)

> イエスはそれを聞(き)いて言(い)われた、「[1]この病気(びょうき)は死(し)ぬほどのものではない。それは[2]神(かみ)の栄光(えいこう)のため、また、神(かみ)の子(こ)がそれによって[3]栄光(えいこう)を受(う)けるためのものである」。[ヨハネによる福音書 11:4]
> (예수께서 그것을 듣고 말씀하셨다. "이 병은 죽을 정도의 것은 아니다. 그것은 하나님의 영광을 위해, 또 하나님의 아들이 그것에 의해 영광을 받기 위한 것이다."[11:4])

[1]この病気(びょうき)は死(し)ぬほどのものではない : 이 병은 죽을 정도의 것은 아니다.「死(し)ぬほどのものではない」의「~ほど」는「대략적인 정도」를 나타내는 용법으로 쓰인 것이다.

 [例]食事(しょくじ)というほどのものではなく、ちょっとしたおやつ代(が)わりのお菓子(かし)だ。
 (식사라고 할 정도의 것은 아니고 별거 아닌 간식 대용의 과자다.)
 すなわち、真剣勝負(しんけんしょうぶ)は彼(かれ)らにとって驚(おどろ)くほどのものではなかったのである。
 (즉 진검 승부는 그들에게 놀랄 정도의 것은 아니었던 것이다.)
 水道水(すいどうすい)はなんとなくわかりましたが、わざわざ買(か)って飲(の)むほどのものではない、という結論(けつろん)になったのですが、皆(みな)さん本当(ほんとう)にわかるんですか?
 (수돗물은 이럭저럭 이해했습니다만, 일부러 사서 마실 정도의 것이 아니라는 결론이 됐습니다만, 여러분 정말 압니까?)

[2]神(かみ)の栄光(えいこう)のため、: 하나님의 영광을 위해.「神(かみ)の栄光(えいこう)のため」는「명사＋の＋ため」의 형태로 목적을 나타내는 데에 쓰이고 있다.

 [例]最初(さいしょ)に取(と)り上(あ)げるべきは、やはり、アメリカの始祖(しそ)、ピュー

リタンだろう。一神(かみ)の栄光(えいこう)のため、聖書(せいしょ)にもとづく国家(こっか)をうち建(た)てる。
(최초로 다루어야 할 것은 역시 미국의 시조, 퓨리턴(청교도)일 것이다. - 하나님의 영광을 위해, 성서에 근거한 국가를 세운다.)

<u>神(かみ)の栄光(えいこう)のため</u>、キリスト教(きょう)信仰(しんこう)の増進(ぞうしん)のため、およびわが国王(こくおう)と祖国(そこく)の名誉(めいよ)のために、ヴァージニアの北部(ほくぶ)地方(ちほう)における最初(さいしょ)の植民地(しょくみんち)を創設(そうせつ)せんとして航海(こうかい)を企(くわだ)てたものであるが。
(하나님의 영광을 위해, 기독교 신앙의 증진을 위해, 및 우리 국왕과 조국의 명예를 위해, 버지니아 북부 지방에 있어서의 최초의 식민지를 창설하려고 하여 항해를 계획한 것이지만.)

[3]栄光(えいこう)を受(う)けるためのものである : 영광을 받기 위한 것이다.「受(う)けるためのもの」는「동사＋ため＋の＋もの」의 형태로 목적을 나타낸다.

[例]英(えい)BBCテレビは、ミサイルは民間機(みんかんき)や米(べい)大統領(だいとうりょう)<u>専用機(せんようき)を狙(ねら)うためのものだった</u>可能性(かのうせい)があると伝(つた)えたが、FBIはこれを否定(ひてい)した。
(영국 BBC 텔레비전은 미사일은 민간기나 미국 대통령 전용기를 노리기 위한 것이었을 가능성이 있다고 전했지만, FBI는 이것을 부정했다.)

下水(げすい)や排水(はいすい)設備(せつび)を整(ととの)えたのも、マラリアの媒介者(ばいかいしゃ)である蚊(か)を絶滅(ぜつめつ)し<u>白人(はくじん)の命(いのち)を救(すく)うためのものだった</u>。
(하수나 배수 설비를 정비한 것도 말라리아 매개자인 모기를 절멸하여 백인의 생명을 구하기 위한 것이었다.)

つまり、癌(がん)の手術(しゅじゅつ)には二(ふた)つの目的(もくてき)があり、一(ひと)つは癌(がん)の治療(ちりょう)を目指(めざ)すもの、もう一(ひと)つは、<u>患者(か

んじゃ)の苦痛(くつう)を取(と)るためのもの。

(즉 암 수술에는 두 가지 목적이 있고, 하나는 암의 치료를 목적으로 하는 것, 또 다른 하나는 환자의 고통을 없애기 위한 것.)

イエスは、マルタとその姉妹(しまい)とラザロとを[1]愛(あい)しておられた。[ヨハネによる福音書 11:5]

(예수께서는 마르다와 그 자매와 나사로를 사랑하셨다.[11:5])

[1]愛(あい)しておられた : 사랑하고 계셨다. 사랑하셨다. 「愛(あい)しておられた」는 「愛(あい)している」의 레루형 경어 「愛(あい)しておられる」의 과거로 예를 들면 다음과 같다.

[例]撮影(さつえい)は、先生(せんせい)の原点(げんてん)であり、ずっと愛(あい)しておられた故郷(こきょう)(山口県(やまぐちけん)岩国市(いわくにし))の生家(せいか)を中心(ちゅうしん)に、一年間(いちねんかん)かけて行(おこ)なわれました。

(촬영은 선생님의 원점이며, 죽 사랑하셨던 고향(야마구치현 이와쿠니시)의 생가를 중심으로 1년에 걸쳐 행해졌습니다.)

「失礼(しつれい)ですが、奥村(おくむら)さんはご結婚(けっこん)は」
(「실례지만, 오쿠무라 씨는 결혼은?」)

「しています」
(「했습니다.」)

「お子(こ)さんは」
(「자제 분은?」)

「娘(むすめ)が一人(ひとり)」
(「딸이 하나.」)

「それでも宇賀神(うがじん)さんを愛(あい)しておられた」

(「그래도 우가진 씨를 사랑하셨다.」)
「ええ、そうです。ですからね、里見(さとみ)さんが『宇賀神(うがじん)さんとのおつきあいは長(なが)いんですか』と聞(き)かれたときは、いきなり私(わたし)らの関係(かんけい)を見抜(みぬ)かれたのかと思(おも)いましたよ」
(「네 그렇습니다. 그래서 사토미 씨가 『우가진 씨와의 교제는 깁니까?』라는 물으셨을 때는, 갑자기 우리들의 관계를 간파하셨는가? 하고 생각했어요.)

[1]ラザロが病気(びょうき)であることを聞(き)いてから、[2]なお二日(ふつか)、そのおられた所(ところ)に[3]滞在(たいざい)された。[ヨハネによる福音書 11:6]
(나사로가 병을 앓고 있다는 것을 듣고 나서도 여전히 이틀이나 그 계신 곳에 체재하셨다.[11:6])

[1]ラザロが病気(びょうき)であることを聞(き)いてから、: 나사로가 병을 앓고 있다는 것을 듣고 나서. 「病気(びょうき)であること」는 「病気(びょうき)だ」의 문장체적 말씨인 「病気(びょうき)である」가 뒤의 형식명사 「〜こと」를 수식하고 있다.
[例]また、近年(きんねん)一般(いっぱん)に、症状(しょうじょう)の全身的(ぜんしんてき)で曖昧(あいまい)な慢性(まんせい)疾患(しっかん)の病気(びょうき)の中(なか)で占(し)める比重(ひじゅう)が大(おお)きくなって、健康(けんこう)であることと病気(びょうき)であることとの区別(くべつ)がいっそう付(つ)けがたくなった。
(그리고 근년 일반적으로 증상이 전신적이며 애매한 만성 질환의 질병 중에서 점하는 비중이 커져서 건강한 것과 병을 앓고 있는 것의 구별을 한층 하기가 어렵게 되었다.)

그리고 「聞(き)いてから」는 「聞(き)く」에 순차동작을 나타내는 복합조사 「〜てから」가 접속된 것이다.

[例]節子(せつこ)の話(はなし)を聞(き)いてから、山尾(やまお)は、二人(ふたり)に会(あ)っている。

(세쓰코의 이야기를 듣고 나서 야마오는 두 사람을 만났다.)

母親(ははおや)に仕事(しごと)のことを話(はな)してから、有香(ゆか)は少(すこ)しほっとしたようだ。

(어머니에게 일에 관해 이야기하고 나서, 유카는 조금 안심한 것 같다.)

[2] なお二日(ふつか) : 여전히 이틀이나. 「なお」는 「やはり」와 마찬가지로 한국어의 「역시 / 여전히 / 아직」의 용법이 있는데, 여기에서는 「[聞(き)いてから、]なお二日(ふつか)」를 [듣고 나서도] 여전히 이틀이나」로 번역해 둔다.

[例]昼(ひる)なお暗(くら)い森(もり)の中(なか)という感(かん)じでしょうか。空気(くうき)も澄(す)んでいます。

(낮에도 여전히 어두운 숲속이라는 느낌일까요? 공기도 맑습니다.)

あるいは逆(ぎゃく)に五本(ごほん)なかったりする子供(こども)たちが、成人(せいじん)も含(ふく)めて今(いま)でもなお様々(さまざま)な偏見(へんけん)や社会的(しゃかいてき)な差別(さべつ)の中(なか)で傷(きず)ついている現実(げんじつ)があるということです。

(혹은 역으로 5개가 없거나 하는 아이들이 성인을 포함해서 지금도 여전히 갖가지 편견이나 사회적인 차별 속에서 상처입고 있는 현실이 있다는 것입니다.)

老(お)いるまでにどれだけの出世(しゅっせ)を遂(と)げたかが人物(じんぶつ)の評価(ひょうか)基準(きじゅん)となり、老(お)いてもなお「若(わか)さ」を失(うしな)わないことが価値(かち)とされていった。

(늙을 때까지 얼마나 출세를 이루었는가가 인물 평가 기준이 되고, 늙고 나서도 여전히 「젊음」을 잃지 않는 것이 가치로 되었다.)

[3]滞在(たいざい)された : 체재하셨다.「滞在(たいざい)された」는「滞在(たいざい)する」의 レル형 경어「滞在(たいざい)される」의 과거로 <イエス>를 높이는 데에 쓰이고 있다.

[例]海外(かいがい)にしばらく滞在(たいざい)される方(かた)は、市役所(しやくしょ)で「海外(かいがい)転出(てんしゅつ)」の手続(てつづ)きをします。当然(とうぜん)、健康保険(けんこうほけん)も年金(ねんきん)もかけなくてもよいです。
(해외에 오랫동안 체재하시는 분은 시청에서「해외 전출」수속을 합니다. 당연히 건강보험도 연금도 들지 않아도 됩니다.)

masato氏(し)は某(ぼう)大学(だいがく)の教授(きょうじゅ)でいらっしゃいます。専門(せんもん)分野(ぶんや)は、日本民俗学(にほんみんぞくがく)・宗教学(しゅうきょうがく)。私(わたし)の住(す)む町(まち)にも、ご研究(けんきゅう)のために長(なが)らく滞在(たいざい)されていた事(こと)があるそうです。
(마사토 씨는 모 대학 교수이십니다. 전문 분야는 일본민속학·종교학. 내가 사는 도시에도 연구를 위해 오랫동안 체재하신 일이 있다고 합니다.)

彼(かれ)は、大阪(おおさか)総領事(そうりょうじ)として四年間(よねんかん)、駐日大使(ちゅうにちたいし)として九年間(くねんかん)、計(けい)十三(じゅうさん)年間(ねんかん)日本(にほん)に滞在(たいざい)された。
(그는 오사카 총영사로서 4년간, 주일대사로서 9년간 합계 13년간 일본에 체재하셨다.)

それから弟子(でし)たちに、「[1]もう一度(ど)ユダヤに行(い)こう」と言(い)われた。[ヨハネによる福音書 11:7]
(그리고 나서 제자들에게 "다시 한 번 유대에 가자"고 말씀하셨다. [11:7])

[1]もう一度(ど)ユダヤに行(い)こう : 다시 한 번 유대에 가자.「行(い)こう」는「行(い)

く」의 미연형에「〜う」가 접속되어 제안이나 권유를 나타낸다.

[例]善(よ)いことはすすんで実行(じっこう)し、思(おも)ったことをはっきり言(い)おう。

(좋은 것은 스스로 실행하고 생각한 것을 확실히 말하자.)

秋雪(あきゆき)が歩(ある)けるようになったら、二人(ふたり)で海(うみ)を見(み)に行(い)こう。

(아키모토가 걸을 수 있게 되면, 둘이서 바다를 보러 가자.)

宮本(みやもと)、今日(きょう)はもっと飲(の)もうよ。

(미야모토, 오늘은 더 마시자.)

やば、もうこんな時間(じかん)だ。早(はや)く寝(ね)よう。

(아이고, 벌써 시간이 이렇게 됐나. 일찍 자자.)

それをやめよう。梅原(うめはら)さん、私(わたし)は、そんなものを当(あ)てにしているのじゃない。きれいにやめよう。

(그것은 그만두자. 우메하라 씨, 나는 그런 것을 믿고 있는 게 아냐. 깨끗하게 그만두자.)

弟子(でし)たちは言(い)った、「先生(せんせい)、ユダヤ人(じん)らが、[1]先(さき)ほどもあなたを[2]石(いし)で殺(ころ)そうとしていましたのに、また[3]そこに行(い)かれるのですか」。[ヨハネによる福音書 11:8]

(제자들이 말했다. "선생님, 유대인들이 조금 전에도 선생님을 돌로 죽으려고 했는데, 다시 거기에 가시는 것입니까?"[11:8])

---

[1]先(さき)ほども : 조금 전에도. 「先(さき)ほど」는 「さっき」의 정중어인데 본 절에서는 「先(さき)ほども ; 조금 전에도」의 형태로 제자들이 <イエス>에게 사용하고 있다.

[例]いえ、先(さき)ほども警察(けいさつ)関係(かんけい)の方(かた)が見(み)えまして、ホステスたちに、一通(ひととお)りの話(はなし)を聞(き)いていったんですが。

(아뇨. 조금 전에도 경찰 관계자 분께서 오셔서, 호스티스들에게 대강의 이야기를 듣고 갔습니다만.)

<u>先(さき)</u>ほども所轄(しょかつ)の警察署長(けいさつしょちょう)が飛(と)んでやってきました。極秘裏(ごくひり)に捜査網(そうさもう)を張(は)ってくださるそうです。
(조금 전에도 관할 경찰서장이 달려 왔습니다. 극비리에 수사망을 쳐 주신다고 합니다.)

<u>先(さき)</u>ほども同(おな)じ質問(しつもん)をしましたが、要点(ようてん)を書(か)き忘(わす)れました。男(おとこ)の人(ひと)に質問(しつもん)です。自分(じぶん)のことを好(す)きだという女(おんな)の子(こ)がいます。
(조금 전에도 같은 질문을 했습니다만, 요점을 쓰는 것을 잊었습니다. 남성에게 질문합니다. 자기를 좋아한다고 하는 여자가 있습니다.)

[2] 石(いし)で殺(ころ)そうとしていましたのに、: 돌로 죽으려고 했는데. 「殺(ころ)そうとしていました」는 「殺(ころ)す」의 미연형에, 화자의 의지를 나타내는 「〜うとする」에 「〜ている」의 정녕체 표현인 「〜ていました」가 접속된 것으로 대화문에서 <イエス>에게 경의를 나타내기 위해 사용되고 있다.

[例] 本気(ほんき)で<u>行(い)こうとしていました</u>。ホテルも予約(よやく)したし、道(みち)も探(さが)したし。しか〜し…。祖母(そぼ)の一周忌(いっしゅうき)でした。
(정말 가려고 했습니다. 호텔도 예약했고, 길도 찾았고, 그러나. 할머니의 1주기이었습니다.)

私(わたし)は手術(しゅじゅつ)をした翌日(よくじつ)から集中治療室(しゅうちゅうちりょうしつ)で<u>立(た)とうとしていました</u>。
(나는 수술을 한 다음 날부터 집중치료실에서 일어나려고 했습니다.)

そして、そこの石(いし)の上(うえ)で<u>眠(ねむ)ろうとしていました</u>。
(그리고 거기 돌 위에서 자려고 했습니다.)

그리고「殺(ころ)そうとしていましたのに」는 정녕체 표현인「〜ていました」에 역접의 접속조사「〜のに」가 후접하여 쓰이고 있다.

[例]つい三(さん)、四日前(よっかまえ)まで健康(けんこう)そのもので、全身(ぜんしん)に体力(たいりょく)と気力(きりょく)を張(は)らせていましたのに。
(바로 3, 4일 전까지 건강 그 자체로 전신에 체력과 기력이 넘쳐 있었는데.)
奥田(おくだ)夫人(ふじん) ― この方(かた)は結婚(けっこん)なさっていると思(おも)っていましたのに。
(오쿠다 부인 - 이 분은 결혼하셨다고 생각하고 있었는데.)
私(わたし)としては期待(きたい)はずれだわ。推理作家(すいりさっか)・朝比奈耕作(あさひなこうさく)ならではの名回答(めいかいとう)を待(ま)ち望(のぞ)んでいましたのに。
(나로서는 기대 밖이야. 추리작가·아사히 고사쿠가 아니면 할 수 없는 명회답을 고대하고 있었는데.)

[3] そこに行(い)かれるのですか : 거기에 가시는 것입니까?「行(い)かれるのですか」는「行(い)く」의 レル형 경어인「行(い)かれる」에 어떤 일의 배후에 있는 이유나 진상을 요구하는「〜のですか」가 접속되어 「정말로 가실 생각입니까?」의 뜻을 나타내고 있다.

[例]じゃ、カピタンは、どの人(ひと)がいちばんきれいと思(おも)われるのですか。
(그럼 카피탄(江戸(えど) 시대, 長崎(ながさき) 등에 있었던 네덜란드 상관(商館)의 장)은 누가 가장 예쁘다고 생각하십니까?)
「行(い)かれるのですか?」彼女(かのじょ)は微動(びどう)だにせず僕(ぼく)のその言葉(ことば)を聞(き)き流(なが)した。
(「가시는 것입니까?」그녀는 미동조차 안 하고 내 그 말을 건성으로 들었다.)
鳥肌実(とりはだ みのる)の講演会(こうえんかい)は有名(ゆうめい)な方(かた)がたくさん来(こ)られるのですか?

(도리하다 미노루의 강연회는 유명한 분들이 많이 오십니까?)

あなたは、今日(きょう)これから何(なに)をされるのですか。

(당신은 오늘 지금부터 무엇을 하십니까?)

> イエスは答(こた)えられた、「[1]一日(にち)には十二時間(じかん)あるではないか。[2]昼間(ひるま)歩(ある)けば、[3]人(ひと)はつまずくことはない。この世(よ)の光(ひかり)を見(み)ているからである。[ヨハネによる福音書 11:9]
> (예수께서 대답하셨다. "하루에는 12시간이나 있지 않느냐? 낮에 걸으면 사람은 걸려서 넘어지지 않는다. 이 세상의 빛을 보고 있으니까."[11:9]

[1]一日(にち)には十二時間(じかん)あるではないか : 하루에는 12시간이나 있지 않느냐? 후속절의 내용을 감안하여 「一日(いちにち)には十二時間(じかん)あるではないか、(昼(ひる)が)」로 해석할 경우에는 「하루에는 12시간이나 있지 않느냐?, 낮이」가 된다.

타 번역본에서 다음과 같이 「昼間(ひるま)が十二時間(じゅうにじかん) ; 낮이 12시간」으로 되어 있다.

[예] 昼間(ひるま)は十二時間(じゅうにじかん)あるではないか。[塚本訳1963·前田訳1978·新共同訳1987]

(낮은 12시간이나 있지 않느냐?)

昼間(ひるま)は十二時間(じゅうにじかん)あるでしょう。[新改訳1970]

(낮은 12시간이나 있지요?)

十二時間(じゅうにじかん)が昼(ひる)に属(ぞく)しているではないか。[岩波翻訳委員会訳1995]

(12시간이 낮에 속해 있지 않느냐?)

그리고「ある」에는「[무게·높이·깊이·넓이·거리·시간·기간 등이] 얼마큼 되다」의 뜻을 나타내는 용법이 있다.

[例] 俺(おれ)は今(いま)、体重(たいじゅう)が85(はちじゅうご)キロある。ダイエットはするべきなのだろうか。

(나는 지금 체중이 85킬로나 된다. 다이어트는 해야 할 것인가?)

その付近(ふきん)の標高(ひょうこう)は1537(せんごひゃくさんじゅうなな)メートルある。

(그 부근의 표고는 1537미터나 된다.)

ノールウェーで最大(さいだい)のソグネフィヨルドは、水深(すいしん)が深(ふか)い処(ところ)では数百(すうひゃく)メートルある。

(노르웨이에서 최대의 송네피오르는 수심이 깊은 곳에서는 수백 미터나 된다.)

排水量(はいすいりょう)が2千5百(にせんごひゃく)トンの木造船(もくぞうせん)で、全長(ぜんちょう)が約(やく)70(ななじゅう)メートル、幅(はば)が約(やく)16(じゅうろく)メートルある。

(배수량이 2천5백 톤의 목조선으로 전장이 약 70미터, 폭이 약 16미터나 된다.)

バスの配車(はいしゃ)は7時(しちじ)10分(じゅっぷん)の予定(よてい)。まだ30分(さんじゅっぷん)ある。

(버스의 배차는 7시 10분 예정. 아직 30분이나 남아 있다.)

決行(けっこう)まであと五日(いつか)ある。それまでに考(かんが)えるのよ。あなたと二人(ふたり)なら、なんとかできる。

(결행까지 앞으로 5일이나 남아 있다. 그때까지 생각해. 당신과 둘이라면, 어떻게든 할 수 있다.)

八月(はちがつ)まであと四ヶ月(よんかげつ)ある。がんばれば、きっとできる。できるできるできるできる。絶対(ぜったい)頑張(がんば)るんだ。

(8월까지 앞으로 4개월 남아 있다. 노력하면 틀림없이 할 수 있다. 할 수 있다. 할 수 있다. 할 수 있다. 반드시 노력해라.)

[2]昼間(ひるま)歩(ある)けば、: 낮에 걸으면. 「歩(ある)けば」는 「歩(ある)く」의 가정형으로 가정조건을 나타내고 있다. 동사의 가정형의 예를 들면 다음과 같다.

[例]腕(うで)をよく使(つか)って歩(ある)けば、全身(ぜんしん)運動(うんどう)に近(ちか)い効果(こうか)も生(う)むのだ。

(팔을 잘 사용해서 걸으면, 전신 운동에 가까운 효과도 낸다.)

人間(にんげん)はこの内(うち)なる神(かみ)と共(とも)に歩(あゆ)めば、いかなる困難(こんなん)といえども乗(の)り越(こ)えていくことができるのです。

(인간은 이 안에 있는 하나님과 함께 걸으면 어떤 곤란이라고 하더라도 극복해 나갈 수 있습니다.)

いや、あの場所(ばしょ)に行(い)けば、だれでも見(み)られる。ほんとに立派(りっぱ)なお墓(はか)だった。

(아니, 그 장소에 가면 누구든지 볼 수 있다. 정말 멋진 무덤이었다.)

こちらが思(おも)っていることを話(はな)せば、自分(じぶん)の思(おも)っていることも話(はな)してくれるのではないか。

(이쪽이 생각하고 있는 것을 이야기하면 내가 생각하고 있는 것도 이야기해 주지 않을까?)

[3]人(ひと)はつまずくことはない : 사람은 걸려서 넘어지지 않는다. 「つまずくことはない」의 「〜ことはない」는 「걸려서 넘어지는 일은 없다 → 걸려서 넘어지지 않다」와 같이 동사의 부정으로 쓰이고 있다.

[例]兄弟(きょうだい)を愛(あい)する者(もの)は、光(ひかり)におるのであって、つまずくことはない。[口語訳/ヨハネの第一の手紙 2:10]

(형제를 사랑하는 사람은 빛 안에 있어서, 걸려서 넘어지지 않는다.)[요한

일서 2:10]

雨(あめ)が降(ふ)り、洪水(こうずい)が押(お)し寄(よ)せ、風(かぜ)が吹(ふ)いてその家(いえ)に打(う)ちつけても、倒(たお)れることはない。岩(いわ)を土台(どだい)としているからである。[口語訳/マタイによる福音書 7:25]
(비가 내리고, 홍수가 밀려오고, 바람이 불어서, 그 집에 부딪혀도 무너지지 않는다. 바위를 토대로 삼고 있기 때문이다.)[마태복음 7:25]

しかし、[1]夜(よる)歩(ある)けば、つまずく。その人(ひと)のうちに、光(ひかり)がないからである」。[ヨハネによる福音書 11:10]
(그러나 밤에 걸으면 걸려 넘어진다. 그 사람 안에 빛이 없기 때문이다.[11:10])

[1]夜(よる)歩(ある)けば、つまずく: 밤에 걸으면 걸려 넘어진다. 여기에서「歩(ある)けば」는 가정조건으로 쓰이고 있다.

[例]簡単(かんたん)に言(い)えば、一瞬(いっしゅん)でもよいから、我(われ)を忘(わす)れて生(い)きたかったのである。
(간단히 말하면, 한 순간이라도 좋으니, 자신을 잊고 살고 싶었다.)

それぞれのソフトに特徴(とくちょう)がありますので、本屋(ほんや)で初心者(しょしんしゃ)が本(ほん)を買(か)えば、ある程度(ていど)の知識(ちしき)は身(み)につくと思(おも)います。
(각각의 소프트에 특징이 있으니, 책방에서 초심자가 책을 사면, 어느 정도의 지식은 쌓인다고 생각합니다.)

ドイツには"森(もり)が死(し)ねば、人(ひと)も死(し)ぬ"という諺(ことわざ)があってね。まさに人類(じんるい)の危機(きき)を感(かん)じたなあ。
(독일에는 "숲이 죽으면 사람도 죽는다."라는 속담이 있어. 정말 인류의

위기를 느꼈다.)

> そう言(い)われたが、それからまた、彼(かれ)らに言(い)われた、「[1]わたしたちの友(とも)ラザロが眠(ねむ)っている。[2]わたしは彼(かれ)を起(お)こしに行(い)く」。[ヨハネによる福音書 11:11]
> (그렇게 말씀하셨지만, 그러고 나서 다시 그들에게 말씀하셨다. "우리의 친구 나사로가 잠자고 있다. 내가 그를 깨우러 가겠다."[11:11]

[1]わたしたちの友(とも)ラザロが眠(ねむ)っている : 우리의 친구 나사로가 잠자고 있다. 「眠(ねむ)っている」는 「眠(ねむ)る」에 「〜ている」가 접속되어 동작의 진행을 나타낸다.

[例]すでに彼(かれ)は意識(いしき)を失(うしな)って眠(ねむ)っている。
(이미 그는 의식을 잃고 잠자고 있다.)

それでも、彼女(かのじょ)はまだ眠(ねむ)っている。目(め)を開(あ)けたまま眠(ねむ)っている。
(그래도 그녀는 아직 잠자고 있다. 눈을 뜬 채 잠자고 있다.)

アレキサンドリアまで二時間(にじかん)もあるので、ぐっすり寝(ね)ている人(ひと)も多(おお)い。
(알렉산드리아까지 2시간이나 남아 있어서, 푹 자고 있는 사람도 많다.)

[2]わたしは彼(かれ)を起(お)こしに行(い)く : 내가 그를 깨우러 가겠다. 「彼(かれ)を起(お)こしに行(い)く ; [그를 깨우]러 가다」는 동작의 목적을 나타내는 구문이다.

[例]私(わたし)はそのシティーに乗(の)ってスーパーマーケットに買(か)い物(もの)に行(い)く。
(나는 그 컴퓨터 제어 무인 소형 전기 자동차를 타고 슈퍼마켓에 장을 보러 간다.)

その日(ひ)、朝食(ちょうしょく)になかなか起(お)きてこないので、起(おこ)しに行(い)ったんです。
(그 날, 조식에 좀처럼 일어나 오지 않아서 깨우러 갔습니다.)
休日(きゅうじつ)だというのに、長女(ちょうじょ)は朝(あさ)から部活(ぶかつ)に出(で)かけていった。
(휴일이라고 하는데, 장녀는 아침부터 동아리 활동을 하러 나갔다.)

すると弟子(でし)たちは言(い)った、「主(しゅ)よ、[1]眠(ねむ)っているのでしたら、[2]助(たす)かるでしょう」。[ヨハネによる福音書 11:12]
(그러자 제자들은 말했다. "주님, 잠자고 있는 것이라면, 살아나겠지요?"[11:12])

[1]眠(ねむ)っているのでしたら、: 잠자고 있는 것이라면. 「眠(ねむ)っている」에 화자의 확신을 나타내는 「〜のです」계열의 가정조건 형식인 「〜のでしたら」가 접속된 것이다.
[例]お金(かね)が余(あま)っているのでしたら、もっと他(ほか)の事(こと)に使(つか)いましょう。
(돈이 남아 있으면, 다른 일에 더 사용합시다.)
いま考(かんが)えているのでしたら、大至急(だいしきゅう)に実施(じっし)する必要(ひつよう)があると思(おも)いますが。
(지금 생각하고 있다면, 아주 서둘러서 실시할 필요가 있다고 생각합니다만.)
時間(じかん)の余裕(よゆう)がなくストレスが溜(た)まると解(わか)っているのでしたら、今(いま)にでも変(か)えていいと思(おも)いますけど。
(시간의 여유가 없고 스트레스가 쌓인다고 알고 있다면 지금이라도 바꾸면 좋을 것 같습니다만.)

[2]助(たす)かるでしょう : 살아나겠지요? 「助(たす)かる」는 본 절에서는 「살아나다」의 뜻으로 쓰이고 있고, 뒤에 추측의 「でしょう」가 후접된 것이다.

[例]しきりに願(ねが)って言(い)った、「わたしの幼(おさな)い娘(むすめ)が死(し)にかかっています。どうぞ、その子(こ)がなおって助(たす)かりますように、おいでになって、手(て)をおいてやってください」。[口語訳 / マルコによる福音書 5:23]
(계속 간청하며 말했다. "제 어린 딸이 막 죽어가고 있습니다. 부디 이 아이가 병에서 나아서 살아나도록, 오셔서 손을 얹어 주십시오.")[마가복음 5:23]

ただちに手術(しゅじゅつ)を行(おこ)なえば、助(たす)かるかもしれません。
(당장 수술을 하면, 살지도 모릅니다.)

するとね、自分(じぶん)は死(し)ぬけど、親友(しんゆう)の命(いのち)は助(たす)かるわ。
(그러면, 자신은 죽지만, 친우의 목숨은 구할 수 있어.)

イエスは[1]ラザロが死(し)んだことを言(い)われたのであるが、弟子(でし)たちは、[2]眠(ねむ)って休(やす)んでいることを指(さ)して言(い)われたのだと思(おも)った。[ヨハネによる福音書 11:13]
(예수께서는 나사로가 죽었다는 것을 말씀하신 것인데, 제자들은 잠들어 쉬고 있는 것을 가리키고 말씀하신 것이라고 생각했다.[11:13])

[1]ラザロが死(し)んだことを言(い)われたのであるが、: 나사로가 죽었다는 것을 말씀하신 것인데. 「ラザロが死(し)んだことを言(い)われた」에 어떤 사실이 틀림없다고 주장하는 「~のである」가 접속된 것이다.

[例]ところで最近(さいきん)気(き)づいたのであるが、私(わたし)の部屋(へや)に来(き)て、このビデオに気(き)づく客(きゃく)というのは、一様(いちよう)に同(おな)じ反応(はんのう)を示(しめ)すのである。

(그런데 요즘 알게 된 것인데, 내 방에 와서, 이 비디오를 알아차린 손님이라는 것은 한결같이 같은 반응을 보인다는 것이다.)

そして一月(ひとつき)ほどして退院(たいいん)になったのであるが、今度(こんど)は病院(びょういん)の先生(せんせい)の方(かた)が、茅(かや)君(くん)を脅(おど)かしたらしい。「肺炎(はいえん)の病後(びょうご)は、慎重(しんちょう)を期(き)する必要(ひつよう)がある。

(그리고 한 달 정도 지나서 퇴원하게 되었는데, 이번에는 병원 선생님이 가야 군에게 겁을 준 것 같다.「폐렴을 앓고 난 후에는 신중을 기할 필요가 있다.)

それは聖(せい)なる洗礼(せんれい)の門(もん)を通(とお)らずには得(え)られないことを承知(しょうち)していたのであるが、それと同時(どうじ)に、我(われ)らのキリシタンの教(おし)えには次(つぎ)のような何(なん)らかの便宜(べんぎ)とか現世的(げんせてき)な利益(りえき)があると認(みと)め、それらのことが彼(かれ)の心(こころ)を動(うご)かしていたことも事実(じじつ)であった。

(그것은 성스러운 세례의 문을 통하지 않고는 얻을 수 없는 것을 알고 있었지만, 그것과 동시에 우리들 기리시탄(室町(むろまち) 시대 후기에 일본에 들어온 가톨릭교의 일파)의 가르침에는 다음과 같은 어떤 편의라든가 현세적인 이익이 있다고 믿고, 그것들이 그의 마음을 움직이고 있었다는 것도 사실이었다.)

[2] 眠(ねむ)って休(やす)んでいることを指(さ)して言(い)われたのだ : 잠들어 쉬고 있는 것을 가리키고 말씀하신 것이다.「眠(ねむ)って休(やす)んでいることを指(さ)して言(い)われた」에 어떤 사실이 틀림없다고 확언하는「~のだ」가 접속된 것이다.
[예] 彼女(かのじょ)の予想(よそう)通(どお)り、美(うつく)しい容姿(ようし)と十九歳(じゅうくさい)という若(わか)さに、ルドルフは興味(きょうみ)を持(も)ったのだ。
(그녀의 예상대로 아름다운 용자와 19세라는 젊음에 루돌프는 흥미를 가졌던 것이다.)

『ああ。ちょっと思(おも)うところあってね、今回(こんかい)の件(けん)から俺(おれ)は手(て)を退(しりぞ)こうかなと』確(たし)かに城崎(きのさき)ははっきりとそう言(い)ったのだ。

(『아, 좀 생각하는 데가 있어서, 이번 건에서 나는 손을 뗄까?』하고 틀림없이 기노사키는 확실히 그렇게 말했던 것이다.)

探検隊(たんけんたい)は、そして星(ほし)の位置(いち)がいつもと、わずかだが違(ちが)っていることを確(たし)かめたのだった。アインシュタインの重力理論(じゅうりょくりろん)が証明(しょうめい)されたのだ。

(탐험대는 그리고 별의 위치가 언제와는 약간이지만 다르다는 것을 확인한 것이었다. 아인슈타인의 중력이론이 증명된 것이다.)

するとイエスは、[1]あからさまに彼(かれ)らに言(い)われた、「[2]ラザロは死(し)んだのだ。[ヨハネによる福音書 11:14]
(그러자 예수께서는 숨기지 않고 사실대로 그들에게 말씀하셨다. "나사로는 틀림없이 죽었다.[11:14])

[1]あからさまに彼(かれ)らに言(い)われた、: 숨기지 않고 사실대로 그들에게 말씀하셨다. 「あからさま」는 형용동사로 「명백한 것 / 분명한 것 / 노골적인 것」에 상당하는 뜻을 나타낸다.

[例]黒川(くろかわ)を助手(じょしゅ)にしてゴーストハンターが企画(きかく)しているのは、あからさまな犯罪(はんざい)行為(こうい)だった。

(구로카와를 조수로 해서 고스트 헌터가 기획하고 있는 것은 분명한 범죄 행위였다.)

こうした関西(かんさい)経済界(けいざいかい)にとって、満州事変(まんしゅうじへん)をきっかけに日本(にほん)があからさまな大陸(たいりく)侵略(しんりゃく)を開始(かいし)し、「満州国(まんしゅうこく)」をデッチ上(あ)げたことは、起死回生

(きしかいせい)の道(みち)とみえた。
(이런 간사이 경제계로서 만주사변을 계기로 일본이 노골적인 대륙 침략을 개시해서 「만주국」을 날조한 것은 기사회생의 길로 보였다.)
十年(じゅうねん)ぐらい前(まえ)までは、弁護士(べんごし)という職業(しょくぎょう)は、あからさまな金儲(かねもう)けとは距離(きょり)のある社会的(しゃかいてき)名望(めいぼう)も高(たか)い立派(りっぱ)な職業(しょくぎょう)とみなされていました。
(10년 정도 전까지는 변호사라는 직업은 분명히 돈벌이와는 거리가 있는 사회적 명성도 높은 훌륭한 직업으로 간주되고 있었습니다.)

본 절에서는「あからさまに言(い)われた ; 숨기지 않고 사실대로 말씀하셨다」와 같이 연용형으로 쓰이고 있다.
[例]あからさまに言(い)うならば、夏場(なつば)には早朝(そうちょう)四時(よじ)過(す)ぎにはもう、病者(びょうしゃ)の訪(とぶら)いを受(う)けた。
(숨기지 않고 사실대로 말한다면, 여름철에는 아침 일찍 4시가 지나면 정말, 환자의 방문을 받았다.)
警察(けいさつ)は、あからさまに圧力(あつりょく)をかけなくとも、容疑者(ようぎしゃ)から自白(じはく)を引(ひ)き出(だ)せる有利(ゆうり)な立場(たちば)にある。
(경찰은 노골적으로 압력을 가하지 않더라도 용의자로부터 자백을 끌어낼 수 있는 유리한 입장에 있다.)
皇后(こうごう)が今(いま)までにいろいろと話(はなし)を聞(き)いたが、あんなことをあからさまに話(はな)したのは長岡(ながおか)さんが初(はじ)めてだと笑(わら)いながらおっしゃったという。
(황후가 지금까지 여러 가지 이야기를 물었지만, 그런 일을 노골적으로 이야기한 것은 나가오카 씨가 처음이라고 웃으면서 말씀하셨다고 한다.)

[2]ラザロは死(し)んだのだ : 나사로는 틀림없이 죽었다. 「死(し)んだのだ」는 「死(し)ぬ」의 과거 「死(し)んだ」에 어떤 사실이 틀림없다고 단언하는 「〜のだ」가 접속된 것이다.

[例]私(わたし)は彼女(かのじょ)より劣(おと)っている。私(わたし)は彼女(かのじょ)より価値(かち)がない。彼(かれ)は私(わたし)より彼女(かのじょ)を選(えら)んだのだ。
(나는 그녀보다 못하다. 나는 그녀보다 가치가 없다. 그래서 그는 나보다 그녀를 선택한 것이다.)

そう、塚原(つかはら)は死(し)んだのだ。死(し)んだという話(はなし)を聞(き)いた。宗孝(むねたか)は葬儀(そうぎ)に行(い)ってない。それどころか葬儀(そうぎ)自体(じたい)が行(おこ)なわれた。
(맞아. 쓰카하라는 죽었다. 죽었다고 하는 이야기를 들었다. 무네타카는 장례식에 가지 않았다. 그 뿐 아니라 장례식 자체가 행해졌다.)

彼(かれ)は辛抱強(しんぼうづよ)い。彼女(かのじょ)と一緒(いっしょ)にいてそれを学(まな)んだのだ。彼(かれ)には、彼女(かのじょ)が彼(かれ)の弱(よわ)いところを見(み)るのが嫌(きら)いなことがわかっている。
(그는 참을성이 강하다. 그녀와 함께 있어 그것을 배웠다. 그에게는 그녀가 그의 약한 데를 보는 것이 싫다는 것을 알고 있다.)

そして、わたしが[1]そこに居合(いあ)わせなかったことを、あなたがたのために喜(よろこ)ぶ。それは、あなたがたが[2]信(しん)じるようになるためである。では、[3]彼(かれ)のところに行(い)こう。[ヨハネによる福音書 11:15]
(그리고 내가 거기에 있지 않았던 것을 너희를 위해 기뻐한다. 그것은 너희가 믿게 되기 때문이다. 그럼, 그에게 가자.[11:15])

[1]そこに居合(いあ)わせなかったことを : 거기에 있지 않았던 것. 「居合(いあ)わせる」는 「居(い)る」의 연용형에 「合(あ)わせる」가 결합한 복합동사로 「마침 그 자리

에 있다」의 뜻을 나타낸다.

[例]たまたま事件(じけん)の現場(げんば)に居合(いあ)わせた。

　　(우연히 사건 현장에 있었다.)

　　しかし、私(わたし)の泊(と)まった民宿(みんしゅく)に居合(いあ)わせた四人(よにん)の中学生(ちゅうがくせい)たちは、全員(ぜんいん)が賛成(さんせい)だという。

　　(그러나 내가 묵은 민박집에 함께 있었던 4명의 중학생들은 전원이 찬성이라고 한다.)

　　警備(けいび)本部(ほんぶ)となった会議室(かいぎしつ)に居合(いあ)わせる捜査員(そうさいん)を気(き)にして、小田(おだ)は声(こえ)をひそめた。

　　(경비 본부가 된 회의실에 있는 수사원을 걱정해서 오다는 목소리를 낮추었다.)

　　ただ、仮(かり)に事故(じこ)証明(しょうめい)がない場合(ばあい)でも、事故(じこ)現場(げんば)に居合(いあ)わせた第三者(だいさんしゃ)の証言(しょうげん)などによって、事故(じこ)が本当(ほんとう)にあったことを証明(しょうめい)できれば、保険料(ほけんりょう)が支払(しはら)われることもあります。

　　(다만 가령 사고 증명이 없는 경우라도 사고 현장에 있던 제3자의 증언 등에 의해 사고가 정말 있던 것을 증명할 수 있으면 보험료가 지급되는 경우도 있습니다.)

[2] 信(しん)じるようになるためである : 믿게 되기 때문이다. 「信(しん)じるようになるためである」는 「信(しん)じる」에 자연스러운 상태변화를 나타내는 「〜ようになる」가 접속된 것에 다시 목적을 나타내는 「〜ためである」가 후접된 것이다.

　　[例]残(のこ)っている人々(ひとびと)も、わたしの名(な)を唱(とな)えているすべての異邦人(いほうじん)も、主(しゅ)を尋(たず)ね求(もと)めるようになるためである。

　　[口語訳 / 使徒行伝 15:17]

　　(남은 사람들도, 내 이름을 크게 외치고 있는 모든 이방인도, 주를 찾고 구

하게 되기 때문이다.)[사도행전 15:17]

異邦人(いほうじん)もあわれみを受(う)けて神(かみ)を崇(あが)めるようになるためである。「それゆえ、わたしは、異邦人(いほうじん)の中(なか)であなたに賛美(さんび)を捧(ささ)げ、また、御名(みな)を褒(ほ)め歌(うた)う」と書(か)いてあるとおりである。[口語訳 / ローマ人への手紙 15:9]
(이방인도 동정을 받아, 하나님을 우러러 받들게 되기 때문이다. "그러므로 나는 이방인 중에서 주께 찬양을 드리고 또 주의 이름을 찬미한다."고 쓰여 있는 대로이다.)[로마서 15:9]

律法(りっぽう)による自分(じぶん)の義(ぎ)ではなく、キリストを信(しん)じる信仰(しんこう)による義(ぎ)、すなわち、信仰(しんこう)に基(もとづ)く神(かみ)からの義(ぎ)を受(う)けて、キリストのうちに自分(じぶん)を見出(みいだ)すようになるためである。[口語訳 / ピリピ人への手紙 3:9]
(율법에 의한 자신의 의가 아니라, 그리스도를 믿는 믿음에 의한 의, 즉 믿음에 기초한 하나님으로부터의 의를 받아, 그리스도 안에 자신을 발견하게 되기 때문이다.)[빌립보서 3:9]

[3] 彼(かれ)のところに行(い)こう : 그에게 가자. 「行(い)こう」는 「行(い)く」의 미연형에 의지·권유·추량의 「〜う」가 접속된 것으로 본 절에서는 제안이나 권유의 용법으로 쓰이고 있다.
  [例]「今日(きょう)は飲(の)もう。とことん飲(の)もう」と言(い)って困(こま)ったように笑(わら)った。
  (「오늘은 마시자. 끝까지 마시자.」라고 하며 난처한 듯, 웃었다.)
  「急(いそ)いで帰(かえ)ろう。もうすぐ12時(じゅうにじ)だよ」とうさぎが言(い)います。
  (「서둘러 돌아가자. 벌써 곧 12시야.」라고 토끼가 말립니다.)

説明(せつめい)するときは、聞(き)く人(ひと)のほうを見(み)て話(はな)そう。
(설명할 때는 듣는 사람 쪽을 보며 이야기하자.)

すると[1]デドモと呼(よ)ばれている[2]トマスが、仲間(なかま)の弟子(でし)たちに言(い)った、「わたしたちも行(い)って、[3]先生(せんせい)と一緒(いっしょ)に死(し)のうではないか」。[ヨハネによる福音書 11:16]
(그러자 디두모라고 불리는 도마가 동료 제자들에게 말했다. "우리도 가서 선생님과 함께 죽지 않겠느냐?"[11:16])

[1]デドモ : 디두모.

디두모[Didymus] : '쌍둥이'란 뜻. 예수님의 제자 도마의 별칭(요 11:16; 20:24; 21:2). [네이버 지식백과] 디두모 [Didymus] (라이프성경사전, 2006. 8. 15., 생명의말씀사)[79]

[2]トマス : 도마.

도마[Thomas] : '쌍둥이'란 뜻. 예수님의 12제자 가운데 한 사람(마 10:3). 헬라 이름은 '디두모'(요 11:16; 20:24; 21:2). 주님과 더불어 고난 받는 것을 두려워하지 않을 정도로 복음의 열정이 있었다(요 11:16). 예수께서 십자가에 달리시기 전에 도마가 영생의 처소로 가는 길을 물었을 때, 예수께서는 '당신이 곧 길이요 진리요 생명'임을 가르쳐 주셨다(요 14:1-6).

하지만 예수께서 십자가 처형 후 사흘만에 부활하셨을 때, 도마는 눈으로 보지 않고는 주님의 부활을 믿지 못할 정도로 의심 많고 믿음이 부족했었다(요 20:24-25). 현대 영어에서 관용적으로 사용되는 'doubting Thomas'(의심 많은 도마)는 예수님의 부활 소식을 듣고서도 주님의 손과 허리의 못 자국과 창 자국을 손으로 만져보고 눈으로 확인해야 믿겠다고 말한 도마의 고백에서 유래된

---

79) https://terms.naver.com/entry.nhn?docId=2391657&cid=50762&categoryId=51387에서 인용.

표현이다.

한편, 그 일이 있은 지 8일 뒤 그 앞에 나타나신 예수님을 보고 그는 비로소 바른 신앙 고백을 할 수 있었다(요 20:28). 그 후 도마는 예수께서 제자들을 만나러 갈릴리 해변으로 찾아가셨을 때 그분을 뵈었고(요 21:1-14), 그분의 승천을 직접 목격했으며, 또 주의 제자들이 중심이 된 다락방의 기도 모임에도 참석했었다(행 1:9-13). 전승에 의하면, 후에 이란 북부 파르디안 혹은 인도까지 가서 복음을 전한 것으로 전해진다(Eusebius).[80] [네이버 지식백과] 도마 [Thomas] (라이프성경사전, 2006. 8. 15., 생명의말씀사)

[3] 先生(せんせい)と一緒(いっしょ)に死(し)のうではないか : 선생님과 함께 죽지 않겠느냐? 「死(し)のうではないか」는 「死(し)ぬ」의 미연형에 제안이나 권유를 나타내는 「～う」가 접속된 「死(し)のう」에, 다시 부정 의문 형태의 「～ではないか」가 후접한 것이다.

[例] これから二人(ふたり)で組頭(くみがしら)のところへ行(い)って話(はな)そうではないか。
(이제부터 둘이서 조장에게 가서 이야기하지 않겠는가?)
ともに天下(てんか)泰平(たいへい)を、大(おお)いに楽(たの)しもうではないか。
(함께 천하태평을 크게 즐기지 않겠는가?)
自分(じぶん)の過去(かこ)を清算(せいさん)して、すっきりした気持(きも)ちで青色申告者(あおいろしんこくしゃ)になろうではないか。
(자기 과거를 청산해서 개운한 기분으로 녹색신고자가 되지 않겠는가?)
法律(ほうりつ)の知識(ちしき)を身(み)につけ、それを武器(ぶき)に、自分(じぶん)を守(まも)り、幸福(こうふく)を追求(ついきゅう)していこうではないか。
(법률 지식을 몸에 익혀 그것을 무기로 자신을 지키고 행복을 추구해 나가지 않겠는가?)

---

80) https://terms.naver.com/entry.nhn?docId=2391461&ref=y&cid=50762&categoryId=51387에서 인용.

⟨50⟩ [ヨハネによる福音書 11:17 - 11:27]

> さて、[1]イエスが行(い)ってごらんになると、[2]ラザロはすでに四日間(よっかかん)も[3]墓(はか)の中(なか)に置(お)かれていた。[ヨハネによる福音書 11:17]
> (그런데 예수께서 가 보시니, 나사로는 이미 나흘이나 무덤 안에 놓여 있었다.[11:17])

[1]イエスが行(い)ってごらんになると、: 예수께서 가 보시니. 「行(い)ってごらんになると」의 「~と」는 발견의 용법으로 쓰이고 있다. 그리고 「行(い)ってごらんになる」의 「~てごらんになる」는 「~てみる」의 특정형 경어로 <イエス>를 높이는 데에 사용되고 있다.

[例]たとえば郵便(ゆうびん)のことを考(かんが)えてごらんになればいい。
　　(예를 들어 우편에 관해 생각해 보시면 된다.)
　　三年前(さんねんまえ)にお帰(かえ)りになった時(とき)に、昔(むかし)の思(おも)い出(で)の土地(とち)を歩(ある)いてごらんにならなかったんですか?
　　(3년 전에 돌아가셨을 때에 옛날 추억의 땅을 걸어 보시지 않았습니까?)
　　お嬢様(じょうさま)、その熱心(ねっしん)さで、少(すこ)し勉強(べんきょう)の方(ほう)もなさってごらんになると、たちまち首席(しゅせき)になれますよ。
　　(아가씨, 그 열심히 하는 태도로 조금 공부도 하셔 보시면 당장 수석이 될 수 있어요.)

[2]ラザロはすでに四日間(よっかかん)も : 나사로는 이미 나흘이나. 「四日間(よっかかん)も」의 「~も」는 의외성을 나타내는 용법으로 쓰이고 있는데, 한국어의 「~이나」에 해당한다.

[例]雪(ゆき)が二日間(ふつかかん)も降(ふ)り続(つづ)いた。

(눈이 이틀이나 계속 내렸다.)
よく四日間(よっかかん)も生(い)きていたものだ。
(용케도 나흘이나 살아 있었군.)
私(わたし)はこのままでは、三日間(みっかかん)も待(ま)ち続(つづ)けたことも無駄(むだ)になると思(おも)い、横断歩道(おうだんほどう)を走(はし)りました。
(나는 이 대로로는 사흘이나 계속 기다린 깃도 소용이 없다고 생각하고 횡단보도를 달렸습니다.)

[3]墓(はか)の中(なか)に置(お)かれていた : 무덤 안에 놓여 있었다.「置(お)かれる」는「置(お)く」의 수동으로 본 절에서는「置(お)かれていた」와 같이「~ていた」형으로 쓰이고 있다.

[例]バケツや桶(おけ)があちこちに置(お)かれていた。
(양동이와 물통이 여기저기 놓여 있었다.)
すでにコーヒーとトースト、それにゆで卵(たまご)はテーブルに置(お)かれていた。
(이미 커피와 토스트, 게다가 삶은 계란은 테이블에 놓여 있었다.)
私道(しどう)には極東(きょくとう)の会社(かいしゃ)のファミリー·カーが置(お)いてあり、家(いえ)の脇(わき)にはバイクが三台(さんだい)、きちんと並(なら)べて置(お)かれていた。
(사도에는 극동 회사의 패밀리 카가 놓여 있고, 집 옆에는 오토바이가 3대, 가지런히 줄서 놓여 있었다.)

[1]ベタニヤはエルサレムに近(ちか)く, [2]二十五丁(にじゅうごちょう)ばかり離(はな)れたところにあった。[ヨハネによる福音書 11:18]
(베다니는 예루살렘에서 가깝고 약 3킬로 정도 떨어진 곳에 있었다.[11:18])

[1]ベタニヤはエルサレムに近(ちか)く、: 베다니는 예루살렘에서 가깝고. 「~は~に近(ちか)い」의 문형으로 「어떤 장소가 어디에 가깝다」라는 뜻을 나타낸다.
   [例]有楽町(ゆうらくちょう)なら日比谷(ひびや)に近(ちか)い。
       (유라쿠초는 히비야에 가깝다.)
       市内(しない)北部(ほくぶ)にあり、鼓楼(ころう)に近(ちか)く、ソ連(れん)大使館(たいしかん)からもさほど遠(とお)くはない。
       (시내 북부에 있어, 고루(鼓樓)에 가깝고 소련대사관에서도 그다지 멀지는 않다.)

[2]二十五丁(にじゅうごちょう): 町[丁](ちょう)는 거리의 단위인데 「一丁(いっちょう)」는 60間(ろくじゅっけん)으로 약 109미터에 해당한다. 따라서 二十五丁(にじゅうごちょう)는 2,725미터로 약 3킬로에 상당한다.

> 大(おお)ぜいのユダヤ人(じん)が、[1]その兄弟(きょうだい)のことで、[2]マルタとマリヤとを慰(なぐさ)めようとして来(き)ていた。[ヨハネによる福音書 11:19]
> (많은 유대인들이 그 형제 일로 마르다와 마리아를 위로하려고 와 있었다.[11:19])

[1]その兄弟(きょうだい)のことで、: 그 형제 일로. 「兄弟(きょうだい)のことで」의 「~こと」는 추상적인 의미를 나타내는 형식명사인데 여기에서는 「~ことで」로 쓰여 「~일로」에 상당하는 뜻을 나타내고 있다.
   [例]というのは、ヘロデは先(さき)に、自分(じぶん)の兄弟(きょうだい)ピリポの妻(つま)ヘロデヤのことで、ヨハネを捕(とら)えて縛(しば)り、獄(ごく)に入(い)れていた。[口語訳 / マタイによる福音書 14:3]
       (그 이유는, 헤롯은 일찍이 자기 형제 빌립의 아내 헤로디아 일로, 요한을 붙잡아다가 묶어서, 감옥에 집어넣었다.)[마태복음 14:3]

金(かね)などを云々(うんぬん)するのはわれわれ世俗(せぞく)のことで、天皇(てんのう)はそんなことにはまったく無縁(むえん)な超越的(ちょうえつてき)な存在(そんざい)だと思(おも)っていた。

(돈 등을 운운하는 것은 우리 세속의 일로 천황은 그런 것에는 전혀 무연의 초월적인 존재라고 생각하고 있었다.)

[2]マルタとマリヤとを慰(なぐさ)めようとして来(き)ていた : 마르다와 마리아를 위로하려고 와 있다. 「慰(なぐさ)める」에, 화자의 의지를 나타내는 「～ようとする」의 テ형에 다시 「来(き)ていた」가 후접하여 쓰이고 있다. 「慰(なぐさ)めようとする」의 예를 들면 다음과 같다.

[例]自分自身(じぶんじしん)を慰(なぐさ)めようとする彼女(かのじょ)の態度(たいど)や、まだ隠(かく)し事(ごと)がある様子(ようす)も気(き)に入(い)らない。

(자기 자신을 위로하려고 하는 그녀의 태도나 또 비밀이 있는 모습도 마음에 들지 않는다.)

試験(しけん)に負(ま)けたから運(うん)だと逃(に)げる。その制度(せいど)を憎(にく)む。それで自分(じぶん)の心(こころ)を慰(なぐさ)めようとする。これを最(もっと)も女々(めめ)しい卑怯者(ひきょうもの)だと云(い)うのだ

(시험에 졌다고 해서 운이라고 도망친다. 그 제도를 미워한다. 그래서 자신의 마음을 위로하려고 한다. 이것을 가장 사내답지 않는 비겁한 사람이라고 하는 것이다.)

マルタは[1]イエスが来(こ)られたと聞(き)いて、[2]出迎(でむか)えに行(い)ったが、マリヤは家(いえ)で座(すわ)っていた。[ヨハネによる福音書 11:20]
(마르다는 예수께서 오셨다는 것을 듣고 맞이하러 갔지만 마리아는 집에서 앉아 있었다.[11:20])

[1] イエスが来(こ)られたと聞(き)いて、: 예수께서 오셨다는 것을 듣고.「来(こ)られた」는「来(く)る」의 레루형 경어인「来(こ)られる」의 과거로 <イエス>의 행위에 관해 쓰이고 있다.

[例]初(はじ)めて来(こ)られた方(かた)には、その場(ば)でカードをお作(つく)りします。
(처음 오신 분에게는 그 자리에서 카드를 만들어 드립니다.)
それから、イエスはまたツロの地方(ちほう)を去(さ)り、シドンを経(へ)てデカポリス地方(ちほう)を通(とお)り抜(ぬ)け、ガリラヤの海(うみ)べに来(こ)られた。[口語訳 / マルコによる福音書 7:31]
(그리고 나서 예수께서는 두로 지역을 떠나 시돈을 거쳐 데가볼리 지역을 통과하여 갈릴리의 바닷가에 오셨다.)[마가복음 7:31][81]

イエスは、その場所(ばしょ)に来(こ)られたとき、上(うえ)を見上(みあ)げて言(い)われた、「ザアカイよ、急(いそ)いで下(お)りて来(き)なさい。きょう、あなたの家(いえ)に泊(と)まることにしているから」。[口語訳 / ルカによる福音書 19:5]
(예수께서 그 곳에 오셨을 때, 위를 쳐다보시고 말씀하셨다. "삭개오야, 어서 내려오너라. 오늘 네 집에 묵기로 했으니까?")[누가복음 19:5]

[2] 出迎(でむか)えに行(い)ったが、: 맞이하러 갔지만.「出迎(でむか)える」는「出(で)る」의 연용형에「迎(むか)える」가 결합된 복합동사로 본 절에서는 동작의 목적을 나타내는 구문「~に行(い)く」에 쓰이고 있다.

[例]母校(ぼこう)から世界(せかい)チャンピオンになって帰郷(ききょう)した喜(よろこ)びから職員(しょくいん)が出迎(でむか)えに行(い)った、その後(うし)ろからそっと付(つ)いていった26歳(にじゅうろくさい)だった。
(모교에서 세계 챔피언이 되어서 귀향한 기쁨에서 직원이 맞이하러 갔다, 그 뒤로부터 슬며시 따라 간 26세였다.)

---

81) 李成圭(2019a)『일본어 구어역 마가복음의 언어학적 분석Ⅱ』시간의물레. p112에서 인용.

1993年(せんきゅうひゃくきゅうじゅうさんねん)3月(さんがつ)、娘(むすめ)と再会(さいかい)した。空港(くうこう)に出迎(でむか)えに行(い)った私(わたし)はみっともないほど情(なさ)けない顔(かお)をしていたにちがいない。
(1993년 3월, 딸과 재회했다. 공항에 맞이하러 간 나는 보기 흉할 정도로 한심한 얼굴을 하고 있었음에 틀림없다.)
ところがあいにく、彼(かれ)は病気(びょうき)で伏(ふ)せており、彼女(かのじょ)まで彼(かれ)を出迎(でむか)えに行(い)くことができなかった。
(그런데 공교롭게도 그는 병으로 앓아누워 있었고, 그녀까지 그를 맞이하러 갈 수 없었다.)

マルタはイエスに言(い)った、「主(しゅ)よ、[1]もしあなたがここにいて下(くだ)さったなら、[2]わたしの兄弟(きょうだい)は死(し)ななかったでしょう。[ヨハネによる福音書 11:21]
(마르다는 예수에게 말했다. "주님, 만일 주님께서 여기에 있어 주셨더라면, 제 형제는 죽지 않았을 텐데요.[11:21])

[1]もしあなたがここにいて下(くだ)さったなら、: 만일 주님께서 여기에 있어 주셨더라면. 「いて下(くだ)さったなら」는 「いる」에 수수표현 「~て下(くだ)さる」의 과거인 「~て下(くだ)さった」가 접속하고 그 전체에 가정조건을 나타내는 「~なら」가 후접한 것이다.

[2]わたしの兄弟(きょうだい)は死(し)ななかったでしょう: 제 형제는 죽지 않았을 텐데요. 「死(し)ななかったでしょう」는 「死(し)ぬ」의 부정 과거 「死(し)ななかった」에 추측을 나타내는 「でしょう」가 접속된 것으로 이때의 「でしょう」는 유감을 나타내는 「でしょうに」에 상당하는 뜻을 나타낸다.
[例]主(しゅ)よ、もしここにいてくださいましたら、わたしの兄弟(きょうだい)は死(し)な

なかったでしょうに。

(주여, 만일 여기에 있어 주셨으면, 제 형제는 죽지 않았을 텐데요.)

あなたが通(かよ)ってくださったなら、その通(かよ)い路(じ)の芝草(しばくさ)もあんなに生(は)えなかったでしょうに。

(당신이 지나가 주셨다면, 그 다니는 길의 식물도 저렇게 나지 않았을 텐데요.)

しかし、[1]あなたがどんなことをお願(ねが)いになっても、[2]神(かみ)はかなえて下(くだ)さることを、[3]わたしは今(いま)でも存(ぞん)じています」。[ヨハネによる福音書11:22]

(그러나, 주님께서 어떤 것을 부탁하셔도 하나님께서는 이루어 주실 것을 저는 지금도 알고 있습니다."[11:22])

[1]あなたがどんなことをお願(ねが)いになっても : 주님께서 어떤 것을 부탁하셔도. 「お願(ねが)いになっても」는 「願(ねが)う」의 ナル형 경어인 「お願(ねが)いになる」에 역접의 「~ても」가 접속된 것으로 <イエス>를 높이기 위해 쓰이고 있다. 구어역 신약성서에서 「お願(ねが)いになる」가 쓰인 것은 본 절에서의 예가 유일하다. 타 번역본에서도 동일한 형태가 쓰이고 있다.

[例]あなたがお願(ねが)いになることなら、[塚本訳1963]

(주님께서 부탁하시는 것이라면,)

あなたが神(かみ)にお願(ねが)いになることは[前田訳1978]

(주님이 하나님께 부탁하시는 것은,)

あなたが神(かみ)にお願(ねが)いになることは[新共同訳1987]

(주님이 하나님께 부탁하시는 것은,)

あなたが神(かみ)にお願(ねが)いになることはなんでも、[岩波翻訳委員会訳1995]

(주님이 하나님께 부탁하시는 것은 무엇이든지,)

[2]神(かみ)はかなえて下(くだ)さることを : 하나님께서는 이루어 주실 것을.「かなえて下(くだ)さる」는「かなえる ; 뜻대로 하게 하다 / 이루어 주다 / 들어주다」에 수수표현「～て下(くだ)さる」가 접속된 것으로 <神(かみ)>의 행위에 관해 사용되고 있다.

[例]神(かみ)はあなたを愛(あい)する者(もの)たちのためには、すべての出来事(できごと)を働(はたら)かせて益(えき)としてくださるのです。

(하나님께서는 당신을 사랑하는 사람들을 위해서는 모든 일을 작용시켜 유익하게 해 주십니다.)

そして、より積極的(せっきょくてき)に札幌(さっぽろ)市民(しみん)の皆(みな)さんが一人(ひとり)でも多(おお)く参加(さんんか)し、楽(たの)しさを共有(きょうゆう)してくださるような努力(どりょく)をしています。

(그리고 보다 적극적으로 삿포로 시민 여러분이 한 사람이라도 많이 참가하고 즐거움을 공유해 주시는 그런 노력을 하고 있습니다.)

[3]わたしは今(いま)でも存(ぞん)じています : 저는 지금도 알고 있습니다.「存(ぞん)じる」는「知(し)る」「思(おも)う」의 겸양어Ⅱ(정중어)인데, 본 절의「存(ぞん)じています」는「知(し)っています」의 정중표현으로 쓰이고 있다. 그리고「存(ぞん)じています」보다 더 정중한 표현에는「存(ぞん)じております」가 있다.

[例]そのように、存(ぞん)じています。

(그렇게 알고 있습니다.)

ええ、ええ、あなたがとても鋭(するど)く賢(かしこ)い方(かた)だというのはよく存(ぞん)じています。

(네, 네, 당신이 무척 예리하고 현명한 분이라는 것은 잘 알고 있습니다.)

存(ぞん)じています。ときおり、新聞(しんぶん)や雑誌(ざっし)に顔写真(かおじゃしん)が掲載(けいさい)されますものね。有名人(ゆうめいじん)でいらっしゃるから…。

(알고 있습니다. 때때로 신문이나 잡지에 얼굴 사진이 게재되지요. 유명인이시니까요.)

金利(きんり)三(さん)％を下回(したまわ)る低利(ていり)融資(ゆうし)について大変(たいへん)強(つよ)い御要望(ごようぼう)があることはよく存(ぞん)じております。
(금리 3퍼센트를 하회하는 저금리 융자에 관해 대단히 강한 요망이 있는 것을 잘 알고 있습니다.)

> イエスはマルタに言(い)われた、「[1]あなたの兄弟(きょうだい)は蘇(よみがえ)るであろう」。[ヨハネによる福音書 11:23]
> (예수께서 마르다에게 말씀하셨다. "네 형제는 살아날 것이다." [11:23])

[1]あなたの兄弟(きょうだい)は蘇(よみがえ)るであろう : 네 형제는 살아날 것이다. 「蘇(よみがえ)るであろう」는 「蘇(よみがえ)る」에 추측의 조동사 「〜だろう」의 문장체적 표현인 「〜であろう」가 접속된 것이다. 타 번역본에서는 어떻게 표현하고 있는지 살펴보자.

[例]あなたの兄弟(きょうだい)は<u>蘇(よみがえ)るであろう</u> [岩波翻訳委員会訳1995]
　　(네 형제는 살아날 것이다.)

あなたの兄弟(きょうだい)は<u>よみがえります</u>。[新改訳1970]
　　(네 형제는 살아납니다.)

あなたの兄弟(きょうだい)は<u>生(い)き返(かえ)る</u>。[塚本訳1963]
　　(네 형제는 되살아난다.)

あなたの兄弟(きょうだい)は<u>復活(ふっかつ)する</u>[前田訳1978]
　　(네 형제는 부활한다.)

あなたの兄弟(きょうだい)は<u>復活(ふっかつ)する</u>[新共同訳1987]
　　(네 형제는 부활한다.)

[岩波翻訳委員会訳1995]에서는 구어역과 마찬가지로「蘇(よみがえ)るであろう」가 쓰이고 있고, [新改訳1970]에서는「よみがえります」, [塚本訳1963]에서는「生(い)き返(かえ)る」, [前田訳1978][新共同訳1987]에서는「復活(ふっかつ)する」와 같이 단정표현으로 등장하고 있다.

> マルタは言(い)った、「[1]終(おわ)りの日(ひ)の[2]蘇(よみがえ)りの時(とき) [3]蘇(よみがえ)ることは、存(ぞん)じています」。[ヨハネによる福音書 11:24]
> (마르다는 말했다. "마지막 날 부활 때 다시 살아나는 것은 알고 있습니다."[11:24])

[1]終(おわ)りの日(ひ) : 마지막 날.「終(お)わり」는「終(お)わる」의 연용형이 전성명사화한 것으로「終(おわ)りの日(ひ)」는「마지막 날」의 뜻을 나타낸다.

[2]蘇(よみがえ)りの時(とき) : 부활 때.「蘇(よみがえ)り」는「蘇(よみがえ)る」의 연용형이 전성명사화한 것으로「다시 살아나는 것 / 부활」의 의미를 나타낸다.

[3]蘇(よみがえ)ることは、: 다시 살아나는 것.

　본 절에 관해 타 번역본에서는 어떻게 다루고 있는지 살펴보면 다음과 같다.

[例]最後(さいご)の日(ひ)の復活(ふっかつ)の時(とき)に生(い)き返(かえ)ることは、知(し)っています。[塚本訳1963]

(마지막 날의 부활 때에 살아나는 것을 알고 있습니다.)

私(わたし)は、終(お)わりの日(ひ)のよみがえりの時(とき)に、彼(かれ)がよみがえることを知(し)っております。[新改訳1970]

(나는 마지막 날의 부활 때에 그가 살아날 것을 알고 있습니다.)

終(おわ)りの日(ひ)、蘇(よみがえ)りの時(とき)に彼(かれ)が蘇(よみがえ)ることになっているのは、私(わたし)にはわかっています。[岩波翻訳委員会訳1995]

(마지막 날, 부활 때에 그가 살아나게 되어 있는 것은 나는 알고 있습니다.)
終(お)わりの日(ひ)の復活(ふっかつ)の時(とき)に復活(ふっかつ)することは存(ぞん)じております。[前田訳1978]
(마지막 날의 부활 때에 부활하는 것은 알고 있습니다.)
終(お)わりの日(ひ)の復活(ふっかつ)の時(とき)に復活(ふっかつ)することは存(ぞん)じております。[新共同訳1987]
(마지막 날의 부활 때에 부활하는 것을 알고 있습니다.)

[塚本訳1963]에서는「生(い)き返(かえ)る」가, [新改訳1970][岩波翻訳委員会訳1995]에서는「蘇(よみがえ)る」가, [前田訳1978][新共同訳1987]에서는「復活(ふっかつ)する」가 쓰이고 있다.

イエスは彼女(かのじょ)に言(い)われた、「[1]わたしは蘇(よみがえ)り、命(いのち)である。わたしを信(しん)じる者(もの)は、[2]たとい死(し)んでも生(い)きる。[ヨハネによる福音書 11:25]
(예수께서 그녀에게 말씀하셨다. "나는 부활이고 생명이다. 나를 믿는 사람은 설령 죽어도 산다."[11:25])

[1]わたしは蘇(よみがえ)り、命(いのち)である : 나는 부활이고 생명이다. 타 번역본에서의 기술을 살펴보면 다음과 같다.

[例]私(わたし)は甦(よみがえ)りであり、命(いのち)である。[岩波翻訳委員会訳1995]
　　(나는 부활이고, 생명이다.)
　　わたしは、よみがえりです。いのちです。[新改訳1970]
　　(나는 부활입니다. 생명입니다.)
　　わたしは復活(ふっかつ)であり、命(いのち)である。[前田訳1978]
　　(나는 부활이고 생명이다.)

わたしは復活(ふっかつ)であり、命(いのち)である。[新共同訳1987]
(나는 부활이고 생명이다.)
わたしが復活(ふっかつ)だ、命(いのち)だ。[塚本訳1963]
(내가 부활이다. 생명이다.)

[2]たとい死(し)んでも生(い)きる：설령 죽어도 산다. 「たとい」는 뒤에 역접을 나타내는 「～ても」「～とも」 등을 수반하는데, 본 절에서는 「たとい死(し)んでも；설령 죽어도」와 같이 「～ても」가 쓰이고 있다.

また、[1]生(い)きていて、わたしを信(しん)じる者(もの)は、[2]いつまでも死(し)なない。あなたはこれを信(しん)じるか」。[ヨハネによる福音書11:26]
(또 살아 있으면서 나를 믿는 사람은 언제까지나 죽지 않는다. 너는 이것을 믿느냐?[11:26])

[1]生(い)きていて、：살아 있으면서. 「生(い)きていて」는 「生(い)きる」에 「～ている」가 접속한 「生(い)きている」의 テ형으로 한국어의 「살아 있으면서」에 상당하는 뜻을 나타낸다.
  타 번역본에서는 「生(い)きて」로 나와 있는 것과 「生(い)きていて」로 표현되고 있는 것으로 나누어진다.
[例]生(い)きていて[新改訳1970·前田訳1978·新共同訳1987]
    (살아 있으면서도.)
    生(い)きて [岩波翻訳委員会訳1995]
    (살면서.)

[2]いつまでも死(し)なない：언제까지나 죽지 않는다. 본 절에서는 「死(し)なない」와 같이 동사의 부정이 쓰이고 있는데, 타 번역본에서는 「死(し)なない」 계열과

「死(し)ぬことはない」계열로 나누어져 있다.

[例] 永遠(えいえん)に死(し)なない。[塚本訳1963]

　　(영원히 죽지 않는다.)

　　永遠(えいえん)に死(し)ぬことはない。[フランシスコ会訳1984]

　　(영원히 죽지는 않는다.)

　　決(けっ)して死(し)ぬことはない。[前田訳1978·新共同訳1987]

　　(결코 죽지는 않는다.)

　　いつまでも死(し)ぬことがない。[岩波翻訳委員会訳1995]

　　(언제까지나 죽지 않는다.)

　　決(けっ)して死(し)ぬことがありません。[新改訳1970]

　　(결코 죽지 않습니다.)

マルタはイエスに言(い)った、「主(しゅ)よ、信(しん)じます。あなたが[1]この世(よ)に来(き)たるべきキリスト、[2]神(かみ)の御子(みこ)であると[3]信(しん)じております」。[ヨハネによる福音書 11:27]
(마르다가 예수에게 말했다. "주님, 믿습니다. 주님이 장차 이 세상에 오실 그리스도, 하나님의 아드님이신 것을 믿고 있습니다."[11:27])

[1]この世(よ)に来(き)たるべきキリスト、: 장차 이 세상에 오실 그리스도. 「来(き)たるべき」는 「来(き)たる」에 「べき」가 결합한 연체사로, 「다음에 오는 / 요 다음의」의 뜻을 나타낸다.

[例]来(き)たるべき大会(たいかい)に備(そな)える。

　　(다가오는 대회에 대비한다.)

　　人間(にんげん)の進化(しんか)における「技術上(ぎじゅつじょう)の」段階(だんかい)は完成(かんせい)され、次(つぎ)に来(き)たるべき段階(だんかい)は、神々(かみがみ)の特権(とっけん)を脅(おびや)かすことによって、人間化(にんげん

か)というよりもむしろ神化(しんか)を意味(いみ)する精神的(せいしんてき)自律(じりつ)を乞(こ)い求(もと)めるところに行(い)かざるをえない。
(인간의 진화에 있어서의 「기술상의」 단계는 완성되고, 그리고, 다음 단계는 신들의 특권을 위협함으로써 인간화라는 것보다도 오히려 신화를 의미하는 정신적 자율을 빌고 구하는 데에 가지 않으면 안 된다.)

必(かなら)ずその百倍(ひゃくばい)を受(う)ける。すなわち、今(いま)この時代(じだい)では家(いえ)、兄弟(きょうだい)、姉妹(しまい)、母(はは)、子(こ)および畑(はたけ)を迫害(はくがい)と共(とも)に受(う)け、また、来(き)たるべき世(よ)では永遠(えいえん)の生命(せいめい)を受(う)ける。[口語訳 / マルコによる福音書 10:30]
(반드시 그 100배를 받는다. 즉 지금 이 시대에서는 집, 형제, 자매, 어머니, 자식 및 밭을 박해와 함께 받고, 그리고 다음에 오는 세상에서는 영원한 생명을 받는다.)[마가복음 10:30][82]

[2] 神(かみ)の御子(みこ) : 하나님의 아드님. 「御子(みこ)」는 「子(こ)」에 존경의 접두사 「御(み)」가 접속되어 본 절에서는 그리스도를 높이기 위해 쓰이고 있다.

[3] 信(しん)じております : 믿고 있습니다. 「信(しん)じております」의 「~ております」는 「~ています」의 겸양어Ⅱ(정중어)이다.
  [例] 彼(かれ)から話(はなし)は聞(き)いております。
    (그로부터 이야기를 듣고 있습니다.)
  どこの銀行(ぎんこう)かは知(し)りませんが、銀行(ぎんこう)から融資(ゆうし)を受(う)けていたことは、知(し)っております。
    (어디 은행인지는 모르지만, 은행으로부터 융자를 받았다는 것은 알고 있습니다.)

---

82) [口語訳 / マルコによる福音書 10:30]에서 인용.

桜井(さくらい)はただ今(いま)、出(で)かけております。

(사쿠라이는 지금 외출하고 없습니다.)

⟨⟨51⟩⟩ [ヨハネによる福音書 11:28(제2권) - 11:37]

> マルタはこう言(い)ってから、帰(かえ)って姉妹(しまい)のマリヤを呼(よ)び、「[1]先生(せんせい)がおいでになって、[2]あなたを呼(よ)んでおられます」と[3]小声(こごえ)で言(い)った。[ヨハネによる福音書 11:28]
> (마르다는 이렇게 말한 다음, 돌아와서 자매인 마리아를 불러 "선생님께서 오셔서 너를 부르고 계신다."라고 작은 소리로 말했다.[11:28])

[1]先生(せんせい)がおいでになって、: 선생님께서 오셔서. 「おいでになる」는 「居(い)る・行(い)く・来(く)る」의 특정형 경어인데, 본 절에서는 「来(く)る」의 경어로 사용되고 있다. 「おいでになる」는 「来(く)る」의 レル형 경어 「来(こ)られる」에 비해 경의도가 높다.

[例] 彼(かれ)は宣(の)べ伝(つた)えて言(い)った、「わたしよりも力(ちから)のある方(かた)が、後(あと)からおいでになる。わたしはかがんで、そのくつのひもを解(と)く値(ね)うちもない。[口語訳 / マルコによる福音書 1:7]

(그는 선포하며 말했다. "나보다도 능력이 있는 분께서 나중에 오신다. 나는 몸을 굽혀 신발 끈을 풀 자격도 없다.)[마가복음 1:7][83]

しきりに願(ねが)って言(い)った、「わたしの幼(おさな)い娘(むすめ)が死(し)にかかっています。どうぞ、その子(こ)がなおって助(たす)かりますように、おいでになって、手(て)をおいてやってください」。[口語訳 / マルコによる福音書 5:23]

---

83) 李成圭(2018c)『일본어 구어역 마가복음의 언어학적 분석 I 』시간의물레. p.16에서 인용.

(계속 간청하며 말했다. "제 어린 딸이 막 죽어가고 있습니다. 부디 이 아이가 병에서 나아서 살아나도록, 오셔서 손을 얹어 주십시오.")[마가복음 5:23][84]

[2]あなたを呼(よ)んでおられます : 너를 부르고 계신다. 「呼(よ)んでおられます」는 「呼(よ)んでいる」의 레루형 경어 「呼(よ)んでおられる」의 정녕체인데, 본 절에서는 「呼(よ)んでおられます」가 여성어에서 사용되고 있다는 점을 고려하여 「부르고 계시다」와 같이 문말을 보통체로 번역해 둔다. 「~ておられます」의 예를 들면 다음과 같다.

[例]神様(かみさま)は、聖書(せいしょ)の中(なか)に、希望(きぼう)のメッセージを示(しめ)しておられます。
(하나님께서는 성서 속에 희망의 메시지를 보여주고 계십니다.)
23歳(にじゅうさんさい)独身(どくしん)の女性(じょせい)で、両親(りょうしん)と一緒(いっしょ)に住(す)んでおられます。
(23세 독신 여성으로 부모와 함께 살고 계십니다.)
命(いのち)や財産(ざいさん)、家族(かぞく)や家屋(かおく)などはこの世(よ)の社会(しゃかい)の支配者(しはいしゃ)に従順(じゅうじゅん)であるべきだと、神様(かみさま)は望(のぞ)んでおられます。
(목숨과 재산, 가족과 가옥 등은 이 세상 사회의 지배자에 복종해야 한다고 하나님께서는 바라고 계십니다.)

[3]小声(こごえ)で言(い)った : 작은 소리로 말했다. 「小声(こごえ)」는 복합명사[「小(こ)＋声(こえ)」]로 「{작은 / 낮은} (목)소리」의 뜻을 나타낸다. ↔「大声(おおごえ) ; 큰 소리」

[例]横(よこ)から鈴木(すずき)刑事(けいじ)が、小声(こごえ)で言(い)った。

---

84) 李成圭(2018c)『일본어 구어역 마가복음의 언어학적 분석 I』시간의물레. p.207에서 인용.

(옆에서 스즈키 형사가 작은 소리로 말했다.)
「仕事(しごと)か」と、小声(こごえ)で訊(き)いた。
(「일하고 있는 거야?」라고 작은 소리로 물었다.)

> これを聞(き)いたマリヤはすぐ[1]立(た)ち上(あ)がって、[2]イエスのもとに行(い)った。[ヨハネによる福音書 11:29]
> (이 말을 듣고 마리아는 금방 일어나서 예수 곁에 갔다.[11:29])

[1]立(た)ち上(あ)がって、: 일어나서.「立(た)ち上(あ)がる」는「立(た)つ」의 연용형에 「上(あ)がる」가 결합한 복합동사이다.

  [例]鈴木(すずき)首相(しゅしょう)が立(た)ち上(あ)がってすぐに口(くち)を切(き)った。
  (스즈키 수상이 일어나서 곧 말을 꺼냈다.)
  僕(ぼく)がそう言(い)うと彼女(かのじょ)は、ゆっくりと立(た)ち上(あ)がって僕(ぼく)を見下(みお)ろした。
  (내가 그렇게 말하자 그녀는 천천히 일어나서 나를 내려다보았다.)

[2]イエスのもとに行(い)った : 예수 곁에 갔다.「イエスのもと」의「〜もと[下·許]」는 장소명사로「〜의 곁」의 뜻을 나타낸다.

  [例]そこで、ユダヤ全土(ぜんど)とエルサレムの全住民(ぜんじゅうみん)とが、彼(かれ)のもとにぞくぞくと出(で)て行(い)って、自分(じぶん)の罪(つみ)を告白(こくはく)し、ヨルダン川(がわ)でヨハネからバプテスマを受(う)けた。[口語訳 / マルコによる福音書 1:5]
  (그러자 유대 전 지방과 예루살렘의 모든 주민이 그가 있는 곳으로 속속 나아가, 자기들의 죄를 고백하고 요단강에서 요한에게서 세례를 받았다.)
  [마가복음 1:5][85]

---

85) 李成圭(2018c)『일본어 구어역 마가복음의 언어학적 분석Ⅰ』시간의물레. p. 12에서 인용.

しかし、イエスはお許(ゆる)しにならないで、彼(かれ)に言(い)われた、「あなたの家族(かぞく)のもとに帰(かえ)って、主(しゅ)がどんなに大(おお)きなことをしてくださったか、またどんなに哀(あわ)れんでくださったか、それを知(し)らせなさい」。
[口語訳 / マルコによる福音書 5:19]
(그러나 예수께서는 허락하지 않으시고 그에게 말씀하셨다. "네 가족 곁에 돌아가서 주께서 얼마나 큰일을 해 주셨는지 또 얼마나 너를 측은하게 여기셨는지 그것을 알려라.")[마가복음 5:19][86]

イエスはまだ村(むら)に、[1]入(はい)って来(こ)られず、[2]マルタがお迎(むか)えしたその場所(ばしょ)に[3]おられた。[ヨハネによる福音書 11:30]
(예수께서는 아직 마을에 들어오지 않으시고 마르다가 맞이한 그 장소에 계셨다.[11:30])

[1]入(はい)って来(こ)られず、: 들어오지 않으시고. 「入(はい)って来(こ)られず」는 「入(はい)って来(く)る」의 レル형 경어 「入(はい)って来(こ)られる」에 부정의 「〜ず」가 접속된 것으로 <イエス>를 높이기 위해 쓰이고 있다.

[2]マルタがお迎(むか)えした : 마르다가 맞이했다. 「お迎(むか)えした」는 「迎(むか)える」의 겸양어I인 「お迎(むか)えする」의 과거인데 <イエス>를 높이기 위해 쓰이고 있다. 「お〜する」에 의한 겸양어I의 예를 들면 다음과 같다.

[例]あなたの心(こころ)には、イエスをお迎(むか)えする部屋(へや)がありますか？ 私(わたし)の心(こころ)の内(うち)に、私(わたし)の心(こころ)の内(うち)に、私(わたし)の心(こころ)の内(うち)に来(き)てください、イエスさま。今日(きょう)、おいでください。

(당신 마음에는 예수를 맞이할 방이 있습니까? 내 마음 속에, 내 마음 속

---

86) 李成圭(2018c)『일본어 구어역 마가복음의 언어학적 분석Ⅰ』시간의물레. p. 204에서 인용.

에, 내 마음 속에 오세요, 예수님. 오늘 오십시오.)
受信(じゅしん)の際(さい)は、お送(おく)りした受診券(じゅしんけん)を必(かなら)ずお持(も)ちください。
(수신할 때는 보내 드린 수진권을 반드시 가지고 오세요.)
お客(きゃく)さまのことは、お見送(みおく)りしたら忘(わす)れ、お出迎(でむか)えしたら思(おも)い出(だ)す ― 私(わたし)はそのように心(こころ)がけてまいりました。
(손님에 관해서는 배웅하면 잊어버리고 마중하면 생각이 난다. - 나는 그렇게 명심해 왔습니다.)

[3] おられた : 계셨다. 「おられた」는 「いる」의 レル형 경어 「おられる」의 과거로 <イエス>를 높이고 있다.
   [例] その時(とき)、先生(せんせい)は書斎(しょさい)におられた。
   (그 때, 선생님께서는 서재에 계셨다.)
   主(しゅ)がともにおられてヨセフを成功(せいこう)させた。
   (주께서 함께 계셔 요셉을 성공시켰다.)
   寺田(てらだ)寅彦(とらひこ)先生(せんせい)のお弟子(でし)さんに中谷(なかたに)吉郎(きちろう)という物理学者(ぶつりがくしゃ)がおられた。
   (데라다 도라히코 선생님의 제자 분 중에 나카타니 기치로라고 하는 물리학자가 계셨다.)

マリヤと一緒(いっしょ)に家(いえ)にいて彼女(かのじょ)を慰(なぐさ)めていたユダヤ人(じん)たちは、[1]マリヤが急(いそ)いで立(た)ち上(あ)がって出(で)て行(い)くのを見(み)て、[2]彼女(かのじょ)は墓(はか)に泣(な)きに行(い)くのであろうと思(おも)い、[3]そのあとからついて行(い)った。[ヨハネによる福音書 11:31]
(마리아와 함께 집에 있으면서 그녀를 위로하고 있던 유대인들은 마

> 리아가 급히 일어나서 나가는 것을 보고, 그녀는 무덤에 울러 가는 것
> 이라고 생각하고 그 뒤에서 따라갔다.[11:31])

[1]マリヤが急(いそ)いで立(た)ち上(あ)がって : 마리아가 급히 일어나서. 「急(いそ)いで」는 「急(いそ)ぐ; 서두르다」의 テ형인데, 본 절의 「急(いそ)いで」는 부사화하여 쓰인 것으로 간주된다.

[例] 松井(まつい)さんは、何(なに)を思(おも)いついたのか、急(いそ)いで車(くるま)に戻(もど)りました。
(마쓰이 씨는 무슨 생각이 들었는지 서둘러 차로 돌아갔습니다.)

私(わたし)は突然(とつぜん)恐(おそ)ろしくなり、急(いそ)いで弁当(べんとう)を片付(かたづ)け、車(くるま)が通(とお)る上(うえ)の道路(どうろ)まで後(うし)ろも見(み)ずに一気(いっき)に駆(か)け上(あ)がりました。
(나는 갑자기 무서워져서, 서둘러 도시락을 치우고 차가 다니는 위쪽 도로까지 뒤도 안 보고, 단숨에 뛰어 올라갔습니다.)

[2]彼女(かのじょ)は墓(はか)に泣(な)きに行(い)くのであろうと思(おも)い、: 그녀는 무덤에 울러 가는 것이라고 생각하고. 「墓(はか)に泣(な)きに行(い)く」는 동작의 목적을 나타내는 구문인데, 장소를 의미하는 성분 「墓(はか)」에 「〜へ」가 아니라 「〜に」가 쓰이고 있는 점이 특징적이다.

[例] ホームセンターに虫籠(むしかご)と網(あみ)を買(か)いに行(い)く。
(홈 센터에 우는 벌레를 기르는 벌레장과 그물을 사러 간다.)

子(こ)の保険証(ほけんしょう)を持(も)って、下記(かき)の場所(ばしょ)に受取(うけと)りに来(き)てください。
(아이 보험증을 가지고, 다음 장소에 받으러 와 주세요.)

お金(かね)が足(た)りなくて家(いえ)に取(と)りに帰(かえ)って来(き)た。
(돈이 부족해서 집에 가지러 돌아왔다.)

140万円(ひゃくよんじゅうまんえん)の毛皮(けがわ)のコートを店(みせ)で勧(すす)められて、クレジットで買(か)ったのですが、家(いえ)に帰(かえ)ってみたら、あまりよくありません。高(たか)くて払(はら)えないと思(おも)い、店(みせ)に返(かえ)しに行(い)ったら断(ことわ)られてしまいました。

(140만 엔 모피 코트를 가게에서 사라는 권유를 받고, 신용카드로 샀습니다만, 집에 돌아와서 보니, 별로 좋지 않았습니다. 비싸서 돈을 낼 수 없다고 생각해서 가게에 돌려주려고 갔더니 거절당하고 말았습니다.)

[3] そのあとからついて行(い)った : 그 뒤에서 따라갔다. 「そのあとから」의 「あと」를 공간적 의미로 해석하여 직역하면 「그 뒤에서」가 된다.

[例] 男(おとこ)の子(こ)が二人(ふたり)、そのあとから追(お)い掛(か)けてくる。

(남자 아이가 두 명, 그 뒤에서 뒤쫓아 온다.)

女(おんな)が先(さき)に立(た)ち、そのあとから大男(おおおとこ)がついてくる。

(여자가 먼저 서고, 그 뒤에서 몸집이 큰 사나이가 따라온다.)

男(おとこ)二人(ふたり)もそのあとから登(のぼ)っていくと、そこにはまだ火曜日(かようび)の夕餉(ゆうげ)のテーブルが置(お)かれたままだった。

(남자 2명도 그 뒤에서 올라가자, 거기에는 아직 화요일 저녁식사 테이블이 놓인 채였다.)

타 번역본에서는 이 부분을 어떻게 다루고 있는지 살펴보자.

[例] あとについて行(い)った。[塚本訳1963]

(뒤를 따라 갔다.)

ついて行(い)った。[前田訳1978]

(따라 갔다.)

彼女(かのじょ)について行(い)った。[新改訳1970]

(그녀를 따라 갔다.)

彼女(かのじょ)について行(い)った。[岩波翻訳委員会訳1995]

(그녀를 따라 갔다.)

後(あと)を追(お)った。[新共同訳1987]

(뒤를 쫓았다.)

マリヤは、[1]イエスのおられる所(ところ)に行(い)って[2]お目(め)にかかり、[3]その足(あし)もとにひれ伏(ふ)して言(い)った、「[4]主(しゅ)よ、もしあなたがここにいて下(くだ)さったなら、わたしの兄弟(きょうだい)は死(し)ななかったでしょう」。[ヨハネによる福音書 11:32]
(마리아는 예수께서 계신 곳에 가서 만나 뵙고 그 발아래 넙죽 엎드리고 말했다. "주님, 만일 주님께서 여기에 있어 주셨더라면, 제 형제는 죽지 않았을 텐데요."[11:32])

[1]イエスのおられる所(ところ)に行(い)って : 예수께서 계신 곳에 가서. 「おられる」는 「いる」의 레르형 경어로 <イエス>를 높이는 데에 쓰이고 있다.

　[例]ところが、群衆(ぐんしゅう)のために近寄(ちかよ)ることができないので、イエスのおられるあたりの屋根(やね)をはぎ、穴(あな)をあけて、中風(ちゅうぶ)の者(もの)を寝(ね)かせたまま、床(とこ)をつりおろした。[口語訳/マルコによる福音書 2:4]
　(그러나 군중 때문에 가까이 갈 수가 없어서 예수께서 계신 주위의 지붕을 걷어 내고 구멍을 뚫고 중풍에 걸린 사람을 누인 채로 자리를 매달아 내렸다.)[마가복음 2:4][87]

先生(せんせい)ご自身(じしん)、あるいは先生(せんせい)のおられた東大(とうだい)病院(びょういん)では、その頃(ころ)、血友病(けつゆうびょう)患者(かんじゃ)に対(たい)してどんな治療(ちりょう)をしておられましたか。

---

87) 李成圭(2018c)『일본어 구어역 마가복음의 언어학적 분석Ⅰ』시간의물레. p. 72에서 인용.

(선생님 자신, 혹은 선생님께서 계셨던 동경대학 병원에서는 그 무렵 혈우병 환자에 대해 어떤 치료를 하고 계셨습니까?)
　例(たと)えば、総理(そうり)が大好(だいす)きだと言(い)っては失礼(しつれい)ですけれども、ブッシュさんのおられるアメリカもイギリスも全部(ぜんぶ)高速道路(こうそくどうろ)は無料(むりょう)なんです。
　(예를 들어, 총리를 몹시 좋아한다고 말하면 실례이지만, 부시 씨가 계신 미국도 영국도 전부 고속도로는 무료입니다.)

[2] お目(め)にかかり、: 만나 뵙고. 「お目(め)にかかり、」는 「会(あ)う」의 특정형 겸양어I「お目(め)にかかる」의 연용 중지법이다.
　「お目(め)にかかる」는 「会(あ)う」의 일반형인 「お会(あ)いする」보다 경의도가 높으며, 구어역 신약성서에서 총 4회 쓰이고 있는데, 다음의 예를 제외하고 나머지 3개는 요한복음에서 등장한다.
　[例]それで、だれかが「あなたの母上(ははうえ)と兄弟(きょうだい)がたが、お目(め)にかかろうと思(おも)って、外(そと)に立(た)っておられます」と取次(とりつ)いだ。
　　　[口語訳 / ルカによる福音書 8:20]
　　　(그래서 누군가가 "선생님의 어머니와 형제분들이 만나 뵈려고 생각해서, 밖에 서 계십니다" 하고 전했다.)[누가복음 8:20]

[3] その足(あし)もとにひれ伏(ふ)して : 그 발아래에 넙죽 엎드리고. 「ひれ伏(ふ)す [平伏(ひれふ)す]」는 「부복하다 / 넙죽 엎드리다」의 뜻을 나타낸다.
　[例]そこへ、会堂司(かいどうづかさ)のひとりであるヤイロという者(もの)が来(き)て、イエスを見(み)かけると、その足(あし)もとにひれ伏(ふ)し、[口語訳 / マルコによる福音書 5:22]
　　　(거기로 회당장 중의 한 사람인 야이로라는 자가 와서, 예수를 만나자, 그

발아래에 넙죽 엎드리고,)[마가복음 5:22][88]

[4]主(しゅ)よ、もしあなたがここにいて下(くだ)さったなら、わたしの兄弟(きょうだい)は死(し)ななかったでしょう: 주님, 만일 주님께서 여기에 있어 주셨더라면, 제 형제는 죽지 않았을 텐데요. 이 부분은 [11:21]에서「마르다가 예수에게 말한 내용」과 일치한다.

> イエスは、彼女(かのじょ)が泣(な)き、また、彼女(かのじょ)と一緒(いっしょ)に来(き)たユダヤ人(じん)たちも[1]泣(な)いているのをごらんになり、[2]激(はげ)しく感動(かんどう)し、また[3]心(こころ)を騒(さわ)がせ、そして言(い)われた、[ヨハネによる福音書 11:33]
> (예수께서는 그녀가 울고 또 그녀와 함께 온 유대인들도 울고 있는 것을 보시고, 격하게 감동하고, 또 마음의 동요를 느끼고 그래서 말씀하셨다.[11:33])

[1]泣(な)いているのをごらんになり、: 울고 있는 것을 보시고.「ごらんになり」는「見(み)る」의 특정형 경어「ごらんになる」의 연용중지법이다. 그리고 본 절은「[泣(な)き、][ごらんになり、][感動(かんどう)し、][騒(さわ)がせ、]」와 같이 연용중지법으로 문을 연결하고 있다.

[例]このたびは「お知らせ」をご覧(らん)になり、ご連絡(れんらく)くださいましてありがとうございます。
(이번에는「공고」를 보시고, 연락해 주셔서 감사합니다.)
洗面(せんめん)用品(ようひん)売(う)り場(ば)に色々(いろいろ)と便利(べんり)な物(もの)を売(う)っていますので、一度(いちど)ご覧(らん)になり、お宅(たく)の洗面台(せんめんだい)に合(あ)った工夫(くふう)をされると良(よ)いと思(おも)います。

---

88) 李成圭(2018c)『일본어 구어역 마가복음의 언어학적 분석Ⅰ』시간의물레. p. 207에서 인용.

(세면 용품 매장에 여러 가지 편리한 물건을 팔고 있으니, 한 번 보시고 댁의 세면대에 맞는 궁리를 하시면 좋을 것 같습니다.)

[2] 激(はげ)しく感動(かんどう)し、: 격하게 감동하고. 이 부분에 관해 타 번역본에서는 대략 「마음에 분노를 느끼다」「마음속으로 한탄하며」에 상당하는 것으로 묘사되어 있다.

[例] (その不信仰(ふしんこう)を)心(こころ)に憤(いきどお)り、[塚本訳1963]

((그 불신앙을) 마음에 분노를 느끼고,)

霊(れい)の憤(いきどお)りを覚(おぼ)え、[新改訳1970]

(영의 분노를 느끼고,)

心(こころ)になげき、[前田訳1978]

(마음속으로 한탄하며,)

心(こころ)に憤(いきどお)りを覚(おぼ)え、[新共同訳1987]

(마음에 분노를 느끼며,)

心(こころ)の深(ふか)いところで憤(いきどお)りを覚(おぼ)え、[岩波翻訳委員会訳1995]

(마음속 깊은 곳에서 분노를 느끼고,)

[3] 心(こころ)を騒(さわ)がせ、: 마음의 동요를 느끼고. 「心(こころ)を騒(さわ)がせる」는 「心(こころ)が騒(さわ)ぐ ; 마음이 설레다 / 동요하다」의 사역으로 「마음의 동요를 느끼다」에 상당하는 뜻을 나타낸다. 그럼 이 부분을 타 번역본에서는 어떻게 묘사하고 있는지 살펴보자.

[例] 興奮(こうふん)して、[塚本訳1963]

(흥분해서,)

心(こころ)の動揺(どうよう)を感(かん)じて、[新改訳1970]

(마음의 동요를 느끼고,)

激(げき)して[いわれた]、[前田訳1978]

(격해져서 [말씀하셨다])

興奮(こうふん)して、[新共同訳1987]

(흥분해서,)

かき乱(みだ)され、[岩波翻訳委員会訳1995]

(어지러워져서,)

「彼(かれ)をどこに置(お)いたのか」。彼(かれ)らはイエスに言(い)った、「主(しゅ)よ、来(き)て、[1]ごらん下(くだ)さい」。[ヨハネによる福音書 11:34]
("그를 어디에 두었느냐?" 그들은 예수에게 말했다. "주님, 와서 보십시오."[11:34])

[1]ごらん下(くだ)さい : 보십시오. 본 절의 「ごらん下(くだ)さい」는 「見(み)る」에 부드러운 명령의 「~なさい」가 접속된 「見(み)なさい」의 특정형 경어로 쓰인 것이다.
[例]ぜひ、家族(かぞく)みんなでご覧(らん)ください。

(꼭 가족 다 같이 보십시오.)

詳(くわ)しくは、申込書(もうしこみしょ)と一緒(いっしょ)に配布(はいふ)する募集(ぼしゅう)案内(あんない)をご覧(らん)ください。

(자세한 것은 신청서와 함께 배포하는 모집 안내를 보시기 바랍니다.)

担当(たんとう)検事(けんじ)の指示(しじ)によるものです。ここに、正式(せいしき)の書面(しょめん)がありますので、ご覧(らん)ください。

(담당 검사의 지시에 의한 것입니다. 여기에 정식 서면이 있으니 보십시오.)

イエスは[1]涙(なみだ)を流(なが)された。[ヨハネによる福音書 11:35]
(예수께서는 눈물을 흘리셨다.[11:35])

[1]涙(なみだ)を流(なが)された : 눈물을 흘리셨다. 「涙(なみだ)を流(なが)された」는 「涙(なみだ)を流(なが)す」의 레루형 경어 「涙(なみだ)を流(なが)される」의 과거인데, 이 표현은 구어역 신약성서에서 본 절에서만 쓰이고 있다.

[例]はじめてウェディングドレスをお召(め)しになったとき、涙(なみだ)を流(なが)されるお嬢(じょう)さんはとても多(おお)いんですよ。
(처음 웨딩드레스를 입으셨을 때, 눈물을 흘리시는 따님은 무척 많습니다.)
「こんなに泣(な)いたのは初(はじ)めてです」と言(い)いながら、母(かあ)さんは面接(めんせつ)のたびにポロポロ涙(なみだ)を流(なが)されました。
(「이렇게 많이 운 것은 처음입니다」라고 말하면서, 어머니는 면접을 할 때마다 눈물을 뚝뚝 흘리셨습니다.)
『夢二(ゆめじ)を父(ちち)にもつ者(もの)同士(どうし)でありながら、あなたには日(ひ)が当(あ)たりすぎている』とおっしゃって、涙(なみだ)を流(なが)されました。
(『유메지를 아버지로 갖는 사람끼리이면서도 당신에게는 볕이 너무 많이 들어』라고 말씀하시며, 눈물을 흘리셨습니다.)

するとユダヤ人(じん)たちは言(い)った、「ああ、[1]なんと彼(かれ)を愛(あい)しておられたことか」。[ヨハネによる福音書 11:36]
(그러자 유대인들은 말했다. "아, 얼마나 그를 사랑하셨는가!"[11:36])

[1]なんと彼(かれ)を愛(あい)しておられたことか : 얼마나 그를 사랑하셨는가! 「~ことか」는 ①[정말 ~라고 서술할 때 사용한다], ②[화자의 불만이 함의되는 경우가 많다], ③[독백조로 사용하거나 누구와 대화중에 발화하는 경우에도 그 사람이라고 하기 보다도 독백조적인 사용이 많다]의 의미를 지니고 있는데, 본 절에서는 「なんと~ことか」로 사용되어 감탄문으로 사용되고 있다.
　그럼 여기에서 「~ことか」의 예를 들면 다음과 같다.
[例]彼(かれ)は時(とき)が経(た)つのはなんと早(はや)いことかとつくづく考(かんが)

えた。

(그는 시간이 지나가는 것이 얼마나 빠른 것인지 곰곰이 생각했다.)

平和(へいわ)が戻(もど)ってきたということは、国民(こくみん)にとってどんなにうれしいことか。

(평화가 돌아왔다고 하는 것은 국민으로서 얼마나 기쁜 일인가?)

出産後(しゅっさんご)、また働(はたら)ける職場(しょくば)がないと言(い)う事(こと)がどんなにひどいことか。

(출산 후, 또 일할 수 있는 직장이 없다는 것이 얼마나 가혹한 일인가?)

大好(だいす)きな人(ひと)に好(す)きって伝(つた)えられることがどんなに幸(しあわ)せなことか。

(몹시 좋아하는 사람에게 좋아한다고 전할 수 있는 것이 얼마나 행복한 일인가?)

自分(じぶん)は正(ただ)しいと思(おも)うことが、どんなに傲慢(ごうまん)なことか。

(자기가 바르다고 생각하는 것이 얼마나 오만한 일인가?)

真綿(まわた)で首(くび)を絞(し)めるような今(いま)の運営(うんえい)の方針(ほうしん)がどれだけ残酷(ざんこく)なことか。[89]

(풀솜으로 목을 조르는(에두른 말로 남을 책망하거나 괴롭혀서 은근히 골탕을 먹이는 것의 비유 표현) 것과 같은 지금의 운영 방침이 얼마나 잔혹한 일인가?)

何度(なんど)注意(ちゅうい)したことか。

(몇 번 주의를 주었는가?)

3人(さんにん)の子供(こども)を教育(きょういく)するには、どれだけお金(かね)が掛(か)かることか。

(3명의 아이를 교육하는 데에는 얼마나 돈이 드는 것일까?)

---

[89] https://jn1et.com/kotoka/에서 인용하여 일부 보완 수정하여 적의 번역함.

> しかし、彼(かれ)らのある人(ひと)たちは言(い)った、「あの盲人(もうじん)の目(め)を開(あ)けたこの人(ひと)でも、[1]ラザロを死(し)なせないようには、できなかったのか」。[ヨハネによる福音書 11:37]
> (그러나 그들 중 어떤 사람들은 말했다. "바로 그 맹인의 눈을 뜨게 한 이 사람도 나사로를 죽게 하지 않게 할 수 없었는가?"[11:37])

[1]ラザロを死(し)なせないようには、できなかったのか : 나사로를 죽게 하지 않게 할 수 없었는가? 「死(し)なせない」는 「死(し)ぬ」의 사역인 「死(し)なせる」의 부정인데, 책임이나 유발의 용법으로 쓰이고 있다.

[例]子供(こども)の親(おや)をすぐ死(し)なせるのは理(り)にかなわないと学(まな)びました。
　(아이의 부모를 금방 죽게 하는 것은 이치에 맞지 않는다고 배웠습니다.)

だから、神(かみ)は自分(じぶん)の独(ひと)り子(ご)であるイエスキリストをこの地上(ちじょう)に誕生(たんじょう)させ十字架(じゅうじか)にかけて死(し)なせることによって全人類(ぜんじんるい)のすべての罪(つみ)の刑罰(けいばつ)を身代(みがわ)りに負(お)わせて死(し)なせ3日後(みっかご)に復活(ふっかつ)させる。
　(따라서 하나님은 자기의 독생자인 예수 그리스도를 이 지상에 탄생시켜 십자가에 걸어 죽게 함으로써 전 인류의 모든 죄의 형벌을 대신 지우고, 죽게 하여 사흘 후에 부활시킨다.)

彼女(かのじょ)を死(し)なせる訳(わけ)にはいかない。彼女(かのじょ)にはまだまだやるべき事(こと)が、そして希望(きぼう)が必(かなら)ず在(あ)る筈(はず)である。
　(그녀를 죽게 할 수는 없다. 그녀에게는 아직도 해야 할 일이 그리고 희망이 반드시 있을 것이다.)

그리고 「死(し)なせない」에 대해 타 번역본에서는 어떻게 표현하고 있는지 살펴보자.

[例]あの人(ひと)を死(し)なせないでおくことはできなかったのか。[新改訳1970]

(그 사람을 죽게 하지 내버려 둘 수 없었는가?)

このラザロが死(し)なないように出来(でき)なかったのか[塚本訳1963]

(이 나사로가 죽지 않게 할 수 없었는가?)

ラザロが死(し)なないようにはできなかったのか[前田訳1978]

(나사로가 죽지 않게 할 수는 없었는가?)

ラザロが死(し)なないようにはできなかったのか[新共同訳1987]

(나사로가 죽지 않게 할 수는 없었는가?)

この人を死(し)なないようにはできなかったのか[岩波翻訳委員会訳1995]

(이 사람을 죽지 않게 할 수는 없었는가?)

[新改訳1970]에서는「死(し)なせない」와 같이 사역이 쓰이고 있고, [塚本訳1963][前田訳1978][新共同訳1987][岩波翻訳委員会訳1995]에서는「死(し)なない」와 같이 동사의 부정이 사용되고 있다.

[사역(문)의 의미·용법]

사역이란 본래 상대나 제3자에게 어떤 행위를 할 것을 명령하거나, 요구하거나, 또는 그 행위를 하게끔 만드는 것을 의미한다. 일본어의 사역표현을 나타내는「～せる·～させる」의 의미·용법을 구체적으로 살펴보면 다음과 같다.

일본어의 사역표현은 사역주와 피사역주가 어떤 관련을 맺고 있느냐 하는 관점, 즉 사역주가 상대에게 직접 명령이나 요구를 하고 있는지, 아니면 간접적인 관련을 가지고 있는지에 따라 다음과 같이 몇 가지 단계로 나누어 볼 수 있다.

1. 사역(使役)

사역은 사역주가 피사역주에게 어떤 행위를 할 것을 명령하거나 요구하는 경우로 이때는 사역주의 적극적인 관여를 나타낸다.

[例]上司(じょうし)は部下(ぶか)に責任(せきにん)を取(と)らせて、辞表(じひょう)を出(だ)させた。

(상사는 부하에게 책임을 지우고 사표를 내게 했다.)

子供(こども)にニンジンとかナスとかピーマンなど野菜(やさい)を食(た)べさせるのが大変(たいへん)です。

(아이에게 당근이라든가 가지라든가 피만 같은 야채를 먹이는 것이 힘듭니다.)

사역에는 직접 「그렇게 하라」고 명령하는 것은 아니지만 어떤 일을 해서 기대대로의 결과가 되게끔 하는 것을 나타내는 경우도 있다.

[例]最近(さいきん)は人工的(じんこうてき)に雨(あめ)を降(ふ)らせる方法(ほうほう)があります。

(최근에는 인공적으로 비를 내리게 하는 방법이 있습니다.)

あいつはいつもお世辞(せじ)を言(い)って上司(じょうし)を喜(よろこ)ばせるからね。

(그 녀석은 언제나 아첨을 해서 상사를 기쁘게 하니까 말이야.)

2. 허가(許可)·방임(放任)

「~せる·~させる」에는 원래 당사자의 힘만으로는 이룰 수 없는 일을 사역주가 허가한 결과, 일이 당사자의 뜻대로 실현되는 것을 나타내는 용법이 있는데 이를 [허가]라고 한다.

[例]女(おんな)の子(こ)を一人(ひとり)で外国(がいこく)に留学(りゅうがく)させるのは危(あぶ)ないですよ。

(여자 아이를 혼자서 외국에 유학 보내는 것은 위험해요.)

西田君(にしだくん)の希望(きぼう)を受(う)け入(い)れて、彼(かれ)に三ヶ月

(さんかげつ)の休暇(きゅうか)を取(と)らせました。
(니시다 군의 희망을 받아드려 그에게 3개월의 휴가를 받도록 했습니다.)

이 용법 중에는 상대방의 행위를 묵인한다기보다는 오히려 [방임]한다고 하는 용법이 있다.
[例]彼(かれ)はもう酔(よ)っぱらっているんだから、言(い)わせておけよ。
(그는 이미 술에 취했으니까, 하고 싶은 대로 말하게 내버려 둬.)
もう子供(こども)じゃないんだから、好(す)きなようにさせたらいいんじゃない。
(이제 아이가 아니니까, 하고 싶은 대로 하게 하면 되지 않아.)

3. 책임(責任)·유발(誘発)
「〜せる·〜させる」에는 의도적으로 그렇게 한 것은 아니지만 결과적으로 바람직하지 못한 사태를 초래했다고 하는 뜻을 나타내는 용법이 있는데 이를 [책임] 또는 [유발]이라고 한다.
[例]人(ひと)を悲(かな)しませるようなことはもうやめてください。
(남을 슬프게 하는 그런 짓은 이제 그만두세요.)
そんなつもりはなかったんだけど、ついうっかりして、彼女(かのじょ)を泣(な)かせてしまいました。
(그럴 생각은 없었는데 그만 잘못해서 그녀를 울게 만들고 말았습니다.)

이 용법에서 자신의 책임 하에서 마땅히 해야 할 일을 하지 않는 바람에 나쁜 결과를 초래하게 되었다고 하는 [부주의]라는 용법이 파생된다.
[例]事情(じじょう)が分(わ)かっていたら、彼(かれ)を自殺(じさつ)させずにすんだのに。
(사정을 알고 있었더라면 그가 자살하게 하지 않아도 됐을 텐데.)

4. 타동사화(他動詞化)

사역형은「行(い)く」「働(はたら)く」「休(やす)む」「来(く)る」「休(やす)む」등과 같이 대응하는 타동사가 없는 자동사(절대자동사)에 대해서는 타동사 상당의 기능을 한다.

[例]部下(ぶか)をあまり働(はたら)かせないで、たまには休(やす)ませたほうがいいですよ。

(부하에게 너무 일을 시키지 말고 가끔은 쉬게 하는 게 좋아요.)

今(いま)は何(なに)よりもまず、物価(ぶっか)を安定(あんてい)させなければなりません。

(지금은 무엇보다도 우선 물가를 안정시키지 않으면 안 됩니다.)[90]

([52]) [ヨハネによる福音書 11:38 - 11:44]

イエスは[1]また激(はげ)しく感動(かんどう)して、[2]墓(はか)に入(はい)られた。それは洞穴(ほらあな)であって、そこに[3]石(いし)が填(は)めてあった。[ヨハネによる福音書 11:38]

(예수께서는 다시 격하게 감동하여, 무덤에 들어가셨다. 그것은 동굴인데 거기에 돌이 박혀 있었다.[11:38])

[1]また激(はげ)しく感動(かんどう)して、: 다시 격하게 감동하여. 이 표현은 [11:33]에 이미 등장한 것으로, 이 부분에 관해 타 번역본에서는 어떻게 다루고 있는지 살펴보자.

[例]またも心(こころ)に憤(いきどお)りながら、[塚本訳1963]

(또 다시 마음속으로 분노하면서,)

---

90) 李成圭等著(1996)『홍익나가누마 일본어3 해설서』홍익미디어. pp.229-230에서 인용하여 일부 수정함.

またも心(こころ)のうちに憤(いきどお)りを覚(おぼ)えながら、[新改訳1970]

(또 다시 마음속에 분노를 느끼면서,)

またも心(こころ)になげいて、[前田訳1978]

(또 다시 마음속으로 한탄하면서,)

再(ふたた)び心(こころ)に憤(いきどお)りを覚(おぼ)えて、[新共同訳1987]

(다시금 마음속에 분노를 느끼며,)

自(みずか)らのうちに再(ふたた)び憤(いきどお)りを感(かん)じながら、[岩波翻訳委員会訳1995]

(자신 속에 다시금 분노를 느끼면서,)

またもやきっとなり[91]、[フランシスコ会訳1984]

(또 다시 안색이 굳어지고,)

[2] 墓(はか)に入(はい)られた : 무덤에 들어가셨다. 「入(はい)られた」는 「入(はい)る」의 レル형 경어 「入(はい)られる」의 과거로 <イエス>의 행위에 대해 쓰이고 있다.

[例] イエスがまた会堂(かいどう)に入(はい)られると、そこに片手(かたて)のなえた人(ひと)がいた。[口語訳 / マルコによる福音書 3:1]

(예수께서 다시 회당에 들어가시자, 거기에 한쪽 손이 마비된 사람이 있었다.)[마가복음 3:1][92]

イエスが群衆(ぐんしゅう)を離(はな)れて家(いえ)に入(はい)られると、弟子(でし)たちはこの譬(たとえ)について尋(たず)ねた。[口語訳 / マルコによる福音書 7:17]

(예수께서 군중을 떠나 집에 들어가시자, 제자들은 이 비유에 관해 물었다.)[마가복음 7:17]

---

91) [フランシスコ会訳(1984)]에 의하면「きっとなる ; {태도가 / 안색이} 갑자기 {엄해지다 / 굳어지다}」는 직역하면, 「영 안에서 분개하다」. 「분개하다」라는 동사는 [마태복음 9:30] [마가복음 1:43, 14:6]에도 보이는데 그 기본적 의미는 말의 어조 등에 따라 분노나 감동을 나타내는 것, 혹은 「엄하게 명령하는」것이다. 이상은 フランシスコ会聖書研究所(1984)『新約聖書』サンパウロ. p. 349 주(7)에서 일부 인용.

92) 李成圭(2018c)『일본어 구어역 마가복음의 언어학적 분석Ⅰ』시간의물레. p. 111에서 인용.

[3]石(いし)が填(は)めてあった：돌이 박혀 있었다. 돌로 막혀 있었다.「填(は)める」는「끼우다 / 끼다 /수갑을 채우다 / 박다」등을 나타내고,「填(は)めてある」는 타동사인「填(は)める」에「〜てある」가 접속되어 결과의 상태를 실현한다.

이 부분이 타 번역본에서는 어떻게 표현되고 있는지 살펴보자.

[例] 入口(いりぐち)に石(いし)を置いて(ふさいで)あった。[塚本訳1963]

(입구에 돌이 놓여(막혀) 있었다.)

石(いし)がそこに立(た)てかけてあった。[新改訳1970]

(돌이 거기에 기대어 세워 놓여 있었다.)

石(いし)でふさいであった。[前田訳1978]

(돌로 막혀 있었다.)

石(いし)でふさがれていた。[新共同訳1987]

(돌로 막혀 있었다.)

その入(い)り口(ぐち)のところに石(いし)が置(お)かれていた。[岩波翻訳委員会訳1995]

(그 입구에 돌이 놓여 있었다.)

イエスは言(い)われた、「[1]石(いし)を取(と)りのけなさい」。死(し)んだラザロの姉妹(しまい)マルタが言(い)った、「主(しゅ)よ、[2]もう臭(くさ)くなっております。[3]四日(よっか)も経(た)っていますから」。[ヨハネによる福音書 11:39]
(예수께서 말씀하셨다. "돌을 치워라!" 죽은 나사로의 자매 마르다가 말했다. "주님, 벌써 고약한 냄새가 납니다. 나흘이나 지났으니까요."[11:39])

[1]石(いし)を取(と)りのけなさい：돌을 치워라!「取(と)りのける·取(と)り除(の)ける」는「取(と)る」의 연용형에「のける」가 결합한 복합동사로「없애다 / 치우다 / 제거하다」의 뜻을 나타낸다.

[예]岩(いわ)を取(と)り除(の)けて耕作(こうさく)可能(かのう)な土壌(どじょう)の層(そう)を作(つく)ることによって土地(とち)の耕地(こうち)としての能力(のうりょく)を増大(ぞうだい)させる、という。

(돌을 치우고, 경작 가능한 토양의 층을 만듦으로써 땅의 경지로서의 능력을 중대시킨다고 한다.)

その他(ほか)食(た)べられる物(もの)は何(なん)でも取(と)り除(の)けておいて、自分自身(じぶんじしん)のためにうまい食事(しょくじ)を作(つく)った。

(그 밖에 먹을 수 있는 것은 무엇이든지 치워 두고 자기 자신을 위해 맛있는 식사를 만들었다.)

[2]もう臭(くさ)くなっております : 벌써 고약한 냄새가 납니다. 「臭(くさ)くなっております」는 「臭(くさ)い : 고약한 냄새가 나다 / 구리다」에 상태변화를 나타내는 「~なる」가 접속되고, 다시 여기에 「~ております」가 후접한 것이다.

[예]洞穴(ほらあな)の構造(こうぞう)は漏斗状(ろうとじょう)で奥(おく)へゆくほど広(ひろ)く大(おお)きくなっております。

(동굴의 구조는 깔때기 모양으로, 안쪽으로 갈수록 넓고 커집니다.)

少(すこ)し明(あか)るくなっております。今日(きょう)も暑(あつ)い1日(いちにち)になりますよ。

(조금 밝아집니다. 오늘도 더운 하루가 됩니다.)

負担(ふたん)が極(きわ)めて重(おも)くなっておりますので、補助(ほじょ)単価(たんか)の見直(みなお)しを検討(けんとう)すべきだというふうに思(おも)うわけです。

(부담이 극히 무거워져서 보조 단가의 재고를 검토해야 한다는 식으로 생각합니다.)

[3]四日(よっか)も経(た)っていますから : 나흘이나 지났으니까요. 「経(た)っています」는 순간동사 「経(た)つ ; 지나다 / 경과하다」로 「~ている」가 접속하면 결과 상태

를 나타내는데, 한국어로는 「~었다」와 같이 과거형에 대응하는 경우가 있다.

[例]その保険(ほけん)に入(はい)って何年(なんねん)くらい経(た)っていますか?

(그 보험에 들어간 지 몇 년 정도 지났습니까?)

もう十何年(じゅうなんねん)も経(た)っていますが、私(わたし)も母(はは)を失(うしな)いました時(とき)には、やはりとても大変(たいへん)でした。

(벌써 십 몇 년이나 지났습니다만, 저도 어머니를 잃었을 때에는 역시 무척 힘들었습니다.)

調(しら)べてみますけど、五十年(ごじゅうねん)も経(た)っていますから、当時(とうじ)と今(いま)と、お屋敷(やしき)の状態(じょうたい)が同(おな)じかどうかもわからないし…。

(조사해 보겠습니다만, 50년도 지났기 때문에, 당시와 지금과, 저택의 상태가 같은지 어떤지도 모르고….)

イエスは彼女(かのじょ)に言(い)われた、「[1]もし信(しん)じるなら[2]神(かみ)の栄光(えいこう)を見(み)るであろうと、あなたに言(い)ったではないか」。
[ヨハネによる福音書 11:40]
(예수께서 그녀에게 말씀하셨다. "만일 믿는다면 하나님의 영광을 볼 것이라고 너에게 말하지 않았느냐?"[11:40])

---

[1]もし信(しん)じるなら: 만일 믿는다면.「もし~なら; 만일 ~이라면」로 가정조건을 나타내고 있다.

[例]もし御縁(ごえん)がありましたなら、いつの日(ひ)か、また、お目(め)にかかりましょう。

(만일 인연이 있으면, 언젠가 다시 만나 뵙겠지요.)

もし結核(けっかく)なら、移(うつ)らないようにしなければならない。

(만일 결핵이라면, 옮지 않도록 해야 한다.)

[2]神(かみ)の栄光(えいこう)を見(み)るであろうと、: 하나님의 영광을 볼 것이라고.
본 절에서는「神(かみ)の栄光(えいこう)を見(み)る」와 같이「見(み)る」가 쓰이고 있는데, 타 번역본에서는 어떻게 표현하고 있는지 살펴보자.

[例]あなたは神(かみ)の栄光(えいこう)を見(み)る、と[新改訳1970]

(너는 하나님의 영광을 본다, 고)

神(かみ)の栄光(えいこう)を見(み)ることになると、[岩波翻訳委員会訳1995]

(하나님의 영광을 보게 된다고,)

神(かみ)の栄光(えいこう)が見(み)えよう、[前田訳1978]

(하나님의 영광이 보일 것이다.)

神(かみ)の栄光(えいこう)が見(み)られると、[塚本訳1963]

(하나님의 영광을 볼 수 있다고,)

神(かみ)の栄光(えいこう)が見(み)られると、[新共同訳1987]

(하나님의 영광을 볼 수 있다고,)

人々(ひとびと)は石(いし)を取(と)りのけた。すると、[1]イエスは目(め)を天(てん)に向(む)けて言(い)われた、「父(ちち)よ、[2]わたしの願(ねが)いをお聞(き)き下(くだ)さったことを[3]感謝(かんしゃ)します。[ヨハネによる福音書 11:41]
(사람들은 돌을 치웠다. 그러자, 예수께서는 하늘을 우러러보고 말씀하셨다. "아버지이시여, 제 부탁을 들어주신 것을 감사드립니다."[11:41])

[1]イエスは目(め)を天(てん)に向(む)けて言(い)われた、: 예수께서는 하늘을 우러러보고 말씀하셨다.「目(め)を天(てん)に向(む)けて」를 직역하면,「눈을 하늘에 향하게 하고」가 되지만, 여기에서는「하늘을 우러러보고」로 번역해 둔다.

[2]わたしの願(ねが)いをお聞(き)き下(くだ)さったことを : 제 부탁을 들어주신 것을.

「お聞(き)き下(くだ)さった」는「聞(き)く」에 수수표현「お～下(くだ)さる」가 접속된「お聞(き)き下(くだ)さる」의 과거로 <父(ちち)>를 높이는 데에 쓰이고 있다.

[例]御使(みつかい)たちが彼(かれ)らを離(はな)れて天(てん)に帰(かえ)ったとき、羊飼(ひつじかい)たちは「さあ、ベツレヘムへ行(い)って、主(しゅ)がお知(し)らせ下(くだ)さったその出来事(できごと)を見(み)て来(こ)ようではないか」と、互(たが)いに語(かた)り合(あ)った。[口語訳 / ルカによる福音書 2:15]
(천사들이 그들을 떠나 하늘로 올라갔을 때, 목자들은 "자, 베들레헴으로 가서, 주께서 알려 주신 그 일을 보고 오지 않겠는가?"하고 서로 이야기했다.)[누가복음 2:15]

そして、続(つづ)けざまに次(つぎ)のようにお話(はな)しくださったのです。
(그리고 계속해서 다음과 같이 이야기해 주셨습니다.)
われわれは待(ま)つのみ！あの方(かた)は蘇(よみがえ)り、われわれを迎(むか)えにおいでになる。ほかの従者(じゅうしゃ)のだれよりも、われわれをお褒(ほ)めくださるであろう！
(우리들은 기다릴 뿐. 그 분은 살아나서 우리를 맞이하러 오신다. 다른 종자 누구보다도 우리를 칭찬해 주실 것이다!)

[3]感謝(かんしゃ)します : 감사드립니다. 일본어의「感謝(かんしゃ)する」는 문어적 말씨로 한국어의「감사하다」에 비해 딱딱한 느낌을 수반하다.
[例]そこでイエスは群衆(ぐんしゅう)に地(ち)に座(すわ)るように命(めい)じられた。そして七(なな)つのパンを取(と)り、感謝(かんしゃ)してこれを裂(さ)き、人々(ひとびと)に配(くば)るように弟子(でし)たちに渡(わた)されると、弟子(でし)たちはそれを群衆(ぐんしゅう)に配(くば)った。[口語訳 / マルコによる福音書 8:6]
(그래서 예수께서는 군중에게 땅에 앉도록 명하셨다. 그리고 빵 7개를 손에 들고, 감사를 드리고 이것을 떼어서 사람들에게 나누어 주도록 제자들

에게 건네시자, 제자들은 그것을 군중에게 나누어 주었다.)[마가복음 8:6][93]

また、杯(さかずき)を取(と)り、感謝(かんしゃ)して彼(かれ)らに与(あた)えられると、一同(いちどう)はその杯(さかずき)から飲(の)んだ。[マルコによる福音書 14:23]
(그리고 술잔을 들어 감사드리고 그들에게 주시자, 일행은 그 잔으로 마셨다.)[마가복음 14:23]

[1]あなたがいつでも[2]わたしの願(ねが)いを聞(き)き入(い)れて下(くだ)さることを、よく知(し)っています。しかし、[3]こう申(もう)しますのは、そばに立(た)っている人々(ひとびと)に、あなたがわたしを遣(つか)わされたことを、[4]信(しん)じさせるためであります」。[ヨハネによる福音書 11:42]
(아버지께서 언제나 제 부탁을 들어주시는 것을 잘 알고 있습니다. 그러나 이렇게 말씀드리는 것은 곁에 서 있는 사람들에게 아버지께서 저를 보내신 것을 믿게 하기 위해서입니다.[11:42])

[1]あなた : 아버님. 구어역 신약성서에서는 경어적 하위자인 <イエス>가 상위자인 <父(ちち)>에게도 「あなた」라는 인칭대명사를 사용하는 것이 특징적이다.

[2]わたしの願(ねが)いを聞(き)き入(い)れて下(くだ)さることを、 : 제 부탁을 들어주시는 것을. 「聞(き)き入(い)れて下(くだ)さる」는 복합동사 「聞(き)き入(い)れる」에 수수표현 「~て下(くだ)さる」가 접속된 것으로 <父(ちち)>를 높이는 데에 쓰이고 있다.

[例]それ以来(いらい)四十年(よんじゅうねん)、いつも神(かみ)がそばにいて、私(わたし)を導(みちび)いてくださることを実感(じっかん)しています。
(그 이후 40년, 항상 하나님께서 옆에 있어, 나를 이끌어 주시는 것을 실감

---

93) 李成圭(2019a)『일본어 구어역 마가복음의 언어학적 분석Ⅱ』시간의물레. p. 130에서 인용.

하고 있습니다.)

今後(こんご)、他(た)の私鉄(してつ)や航空会社(こうくうがいしゃ)でも、このような音声(おんせい)で案内(あんない)をしてくださることを期待(きたい)しています。
(앞으로 다른 사철이나 항공회사도 이와 같은 음성으로 안내를 해 주실 것을 기대하고 있습니다.)

あなたが私(わたし)の心(こころ)を満(み)たし、あなたご自身(じしん)のゆえに、私(わたし)を富(と)める者(もの)としてくださることを感謝(かんしゃ)いたします。12月(じゅうにがつ)24日(にじゅうよっか)神(かみ)が御子(みこ)を世(よ)に遣(つか)わされたのは、世(よ)を裁(さば)くためではなく、御子(みこ)によって、この世(よ)が救(すく)われるためである。
(주님께서 내 마음을 채우고 주 자신으로 인하여 나를 부유한 사람으로 해 주시는 것에 감사드리고 있습니다. 12월 24일 하나님께서 아들을 세상에 보내주신 것은 세상을 심판하기 위해서가 아니라, 아들에 의해 이 세상이 구원받기 위해서이다.)

[3]こう申(もう)しますのは、: 이렇게 말씀드리는 것은. 「申(もう)します」는 「言(い)う」의 겸양어Ⅱ인 「申(もう)す」의 정녕체인데, 본 절에서는 뒤에 오는 형식명사 「〜の」를 수식하고 있다.

  [例]新規(しんき)入国者(にゅうこくしゃ)と申(もう)しますのは、再入国者(さいにゅうこくしゃ)を除(のぞ)いた入国者(にゅうこくしゃ)でございます。
  (신규 입국자라고 하는 것은, 재입국자를 제외한 입국자입니다.)

  なお、御案内(ごあんない)のとおり、この四十八年(よんじゅうはちねん)と申(もう)しますのは、新(あたら)しい施業(しぎょう)方法(ほうほう)を導入(どうにゅう)した年(とし)でございますので、…。
  (또한 안내드린 바와 같이 이 48년이라고 하는 것은 새 시업 방법을 도입한 해이기 때문에,….)

確(たし)かに、大都市(だいとし)におきます信用組合(しんようくみあい)の経営(けいえい)と申(もう)しますのは、非常(ひじょう)に厳(きび)しい環境(かんきょう)に置(お)かれている、これは事実(じじつ)でございます。
(확실히, 대도시에 두는 신용조합의 경영이라는 것은 대단히 엄중한 환경에 놓여있다, 이것은 사실입니다.)

[4]信(しん)じさせるためであります : 믿게 하기 위해서입니다. 「信(しん)じさせる」는 「信(しん)じる」에 사역의 「～させる」가 접속된 것이다.
  [例]なぜ、自由(じゆう)を感(かん)じさせるためには複雑(ふくざつ)なルールに従(したが)わなければならないのだろうか。
  (왜 자유를 느끼게 하기 위해서는 복잡한 규칙을 따르지 않으면 안 되는 것일까?)
  しかし、私(わたし)には勇気(ゆうき)がなかったのです。それをやめさせるために、行動(こうどう)するだけの勇気(ゆうき)が。
  (그러나 내게는 용기가 없었습니다. 그것을 그만두게 하기 위해 행동할 만한 용기가.)
  そこで付(つ)く利子(りし)は四(よん)パーセントだったが、エチオピアが国民(こくみん)を食(た)べさせるためにアメリカから借(か)りていた金(かね)の利子(りし)は一二(じゅうに)パーセントだった。
  (거기에서 붙는 이자는 4퍼센트였지만, 에티오피아가 국민을 먹이게 위해 미국에서 빌렸던 돈의 이자는 12퍼센트였다.)

[1]こう言(い)いながら、大声(おおごえ)で「ラザロよ、出(で)て来(き)なさい」と[2]呼(よ)ばわれた。[ヨハネによる福音書 11:43]
(이렇게 말하면서, 큰소리로 "나사로야, 나오너라!"라고 부르셨다.[11:43])

[1]こう言(い)いながら、: 이렇게 말하면서. 「～ながら」는 동시진행과 같은 순접을 나타내거나 혹은 역접을 나타내는데, 본 절에서는 순접의 용법으로 쓰이고 있다.

[例]「言葉(ことば)や表現(ひょうげん)の違(ちが)い」ということを考(かんが)えながら、次(つぎ)の文章(ぶんしょう)を読(よ)みましょう。
(「말이나 표현의 차이」라는 것을 생각하면서 다음 문장을 읽읍시다.)
ところが、残雪(ざんせつ)は、油断(ゆだん)なく地上(ちじょう)を見下(みお)ろしながら、群(む)れを率(ひき)いてやって来(き)ました。
(그런데 잔설은 방심 없이 지상을 내려다보면서 무리를 이끌고 찾아왔습니다.)
おじいさんは、腰(こし)を下(お)ろして一息(ひといき)入(い)れながら、美(うつく)しい眺(なが)めにうっとりしていました。
(할아버지는 앉아서 한숨을 돌리면서 아름다운 전망에 넋을 잃고 있었습니다.)

[2]呼(よ)ばわれた : 부르셨다. 「呼(よ)ばわれた」는 「呼(よ)ばう」의 レル형 경어 「呼(よ)ばわれる」의 과거로 <イエス>를 높이는 데에 쓰이고 있다.

すると、死人(しにん)は[1]手足(てあし)を布(ぬの)で巻(ま)かれ、[2]顔(かお)も顔覆(おお)いで包(つつ)まれたまま、出(で)てきた。イエスは人々(ひとびと)に言(い)われた、「[3]彼(かれ)をほどいてやって、[4]帰(かえ)らせなさい」。[ヨハネによる福音書 11:44]
(그러자, 죽은 사람은 손발을 천으로 감겨 있고, 얼굴도 얼굴 덮개로 싸인 채, 나왔다. 예수께서는 사람들에게 말씀하셨다. "그를 풀어 주어서 돌아가게 해라!"[11:44])

[1]手足(てあし)を布(ぬの)で巻(ま)かれ、: 손발을 천으로 감겨 있고. 「布(ぬの)で巻(ま)かれ」는 「布(ぬの)で巻(ま)く」의 수동으로 연용중지법으로 쓰이고 있다.

[예]彼(かれ)は両手(りょうて)を前(まえ)で組(く)み、そこは布(ぬの)で巻(ま)かれている。
(그는 양손을 앞에서 깍지를 끼고, 거기는 천으로 감겨 있다.)
ぼくが気(き)がついたとき、頭(あたま)には何重(なんじゅう)にも繃帯(ほうたい)が巻(ま)かれ、担架(たんか)の上(うえ)で揺(ゆ)れていた。
(내가 정신을 차렸을 때 머리에는 몇 겹이나 붕대가 감기고 들것 위에서 흔들리고 있었다.)

[2]顔(かお)も顔(かお)覆(おお)いで包(つつ)まれたまま、: 얼굴도 얼굴 덮개로 싸인 채. 「顔(かお)覆(おお)い」는 복합명사로 「얼굴 덮개」의 뜻을 나타내고, 「顔(かお)覆(おお)いで包(つつ)まれた」는 「顔(かお)覆(おお)いで包(つつ)む」의 수동의 과거인데, 뒤에 오는 형식명사 「〜まま」를 수식하고 있다.

[예]大手(おおて)書店(しょてん)でコミックを買(か)いました。棚(たな)にあったものでビニールで包(つつ)まれています。
(대형 서점에서 코믹스(comics)를 샀습니다. 선반에 있던 것으로 비닐로 싸여 있습니다.)
カニの缶詰(かんづめ)を開(あ)けると、中(なか)の身(み)は必(かなら)ず半透明(はんとうめい)の白(しろ)い紙(かみ)で包(つつ)まれている。
(게 통조림을 열면, 안의 살은 반드시 반투명의 흰 종이로 싸여 있다.)
すでに遺体(いたい)は白(しろ)いシートで包(つつ)まれており、パトカーが二台(にだい)と救急車(きゅうきゅうしゃ)がそれを隠(かく)すかのように駐車(ちゅうしゃ)している。
(이미 시신은 흰 시트로 싸여 있고, 패트롤 카(순찰차) 2대와 구급차가 그것을 감추는 것처럼 주차해 있다.)

[3]彼(かれ)をほどいてやって、: 그를 풀어 주어서. 「ほどいてやって」는 「ほどく」에 수

수표현「〜てやる」가 접속되어 テ형으로 쓰이고 있다.

[例]傷(きず)の手当(てあ)てをしてやって、こいつを追(お)い出(だ)せ!

(상처 처치를 해 주고, 이놈을 쫓아내라!)

おれは名前(なまえ)を教(おし)えてやって、電子工学(でんしこうがく)の方面(ほうめん)で仕事(しごと)してる、といった。

(나는 이름을 가르쳐 주고, 전자공학의 방면에서 일하고 있다고 말했다.)

彼(かれ)は子供(こども)たちに親切(しんせつ)に接(せっ)し、旅(たび)や冒険(ぼうけん)の話(はなし)、ロシアの民話(みんわ)などを話(はな)してやって、彼(かれ)らの人気者(にんきもの)になった。

(그는 아이들에게 친절하게 접하고, 여행이나 모험 이야기, 러시아의 민화 등을 이야기해 주고, 그들에게 인기 있는 사람이 되었다.)

[4]帰(かえ)らせなさい : 돌아가게 해라!「帰(かえ)らせなさい」는「帰(かえ)る」의 사역인「帰(かえ)らせる」에 부드러운 명령을 나타내는「〜なさい」가 접속된 것이다.

[例]そして民(たみ)のほかの者(もの)はすべて自分(じぶん)の家(いえ)に帰(かえ)らせなさい。

(그리고 백성 이외의 사람은 모두 자기 집에 돌아가게 해라.)

そこで"いや、子供(こども)にはもっとひもじい思(おも)いをさせなさい"と私(わたし)はアメリカの金持(かねも)ちの子育(こそだ)ての話(はなし)をしてやるんです。

(그래서 "아니, 아이에게는 더 배고픈 생각을 하게 해라"고 나는 미국 부자의 양육의 이야기를 해 줍니다.)

いつまでさぼってんですか。ほらガラスふき、ガラスふき。終(お)わってない人(ひと)は、早(はや)く終(お)わらせなさい。

(언제까지 게으름을 피우고 있습니까? 이봐 유리 닦기, 유리를 닦기. 끝나지 않은 사람은 빨리 끝내도록 해라.)

怒(いか)りは、なるべく早(はや)く過(す)ぎ去(さ)らせなさい。なぜなら、あなたが

腹(はら)を立(た)てることは、悪魔(あくま)に強力(きょうりょく)な足場(あしば)を
与(あた)えることになるからです。
(분노는 되도록 빨리 지나가도록 해라. 왜냐하면 당신이 화를 내는 것은
악마에게 강력한 디딜 곳을 주게 되기 때문입니다.)

《53》[ヨハネによる福音書 11:45 - 11:53]

> [1]マリヤのところに来(き)て、[2]イエスのなさったことを見(み)た多(おお)くの
> ユダヤ人(じん)たちは、イエスを信(しん)じた。[ヨハネによる福音書 11:45]
> (마리아에게 와서 예수께서 하신 일을 본 많은 유대인들은 예수를 믿
> 었다.[11:45])

[1]マリヤのところに来(き)て、: 마리아에게 와서.「マリヤのところ」의「のところ」는 사람
을 장소명사화하는 기능을 한다.

[例]彼(かれ)は医学部(いがくぶ)在学中(ざいがくちゅう)だが、再(ふたた)び私(わ
たし)のところに来(き)て、ぐあいがよくないと話(はな)した。
(그는 의학부 재학 중이었지만, 다시 내게 와서 몸 상태가 좋지 않다고 이
야기했다.)

そうしてから、わたしのところに来(き)て、わたしにしたがうがよい。
(그렇게 하고 나서 내게 와서 나를 따라라.)

ある日(ひ)、編集者(へんしゅうしゃ)という本物(ほんもの)の悪魔(あくま)が僕(ぼ
く)のところに来(き)て、悪魔(あくま)になれと言(い)った。『悪魔(あくま)の辞典(じ
てん)』の執筆者(しっぴつしゃ)になれと言(い)うのである。
(어느 날, 편집자라는 진짜 악마가 내게 와서 악마가 되라고 했다.『악마
사전』의 집필자가 되라고 말하는 것이다.)

[2]イエスのなさったこと : 예수께서 하신 일.「なさった」는「する」의 특정형 경어「なさる」의 과거인데,「なさる」는「する」의 레루형 경어「される」에 비해 경의도가 높다. 본 절의「イエスのなさった」는 <イエス>를 <신적 예수>로 간주하고 있는 결과라고 해석한다.

[例]彼(かれ)らは、ひとかたならず驚(おどろ)いて言(い)った、「この方(かた)のなさった事(こと)は、何(なに)もかも、すばらしい。耳(みみ)の聞(きこ)えない者(もの)を聞(きこ)えるようにしてやり、口(くち)のきけない者(もの)をきけるようにしておやりになった」。[口語訳 / マルコによる福音書 7:37]
(그들은 적잖이 놀라서 말했다. "이 분께서 하신 일은 죄다 훌륭하다. 귀가 들리지 않는 사람을 듣게 해 주고, 말을 못하는 사람을 말할 수 있게 해 주셨다.")[마가복음 7:37][94]

彼(かれ)らがお上(かみ)のなさる政治(せいじ)に積極的(せっきょくてき)に意思(いし)表示(ひょうじ)し、具体的(ぐたいてき)行動(こうどう)に出(で)たのは日比谷事件(ひびやじけん)について二度目(にどめ)だった。
(그들이 정부에서 하시는 정치에 적극적으로 의사 표시하고 구체적 행동으로 나온 것은 히비야 사건에 이어 두 번째였다.)

しかし、そのうちの数人(すうにん)が[1]パリサイ人(びと)たちのところに行(い)って、[2]イエスのされたことを告(つ)げた。[ヨハネによる福音書 11:46]
(그러나 그 중에서 몇 명이 바리새파 사람들에게 가서 예수께서 하신 것을 알렸다.[11:46])

[1]パリサイ人(びと)たちのところに行(い)って、: 바리새파 사람들에게 가서.「パリサイ人(びと)たちのところ」의「のところ」는 사람을 장소명사화하는 역할을 한다.

---

94) 李成圭 (2019a)『일본어 구어역 마가복음의 언어학적 분석Ⅱ』시간의물레. p. 106에서 인용.

[例]今日(きょう)の午後(ごご)に彼(かれ)が君(きみ)のところに行(い)って、君(きみ)のためになにができるか調(しら)べることになっている。
(오늘 오후에 그가 자네에게 가서, 자네를 위해 무엇을 할 수 있을지 조사하게 되어 있다.)
女(おんな)の子(こ)は古株風(ふるかぶふう)のオバサン店員(てんいん)のところに行(い)って何事(なにごと)か相談(そうだん)している。
(여자는 고참 풍의 아줌마 점원에게 가서 무슨 일인가 의논하고 있다.)
癩病(らいびょう)患者(かんじゃ)のように本当(ほんとう)に社会(しゃかい)から疎外(そがい)されている人(ひと)たちのところに行(い)って、その人(ひと)たちに「良(よ)い知(し)らせ」を告(つ)げたのです。
(나병 환자처럼 정말 사회에서 소외되어 있는 사람들에게 가서 그 사람들에게「좋은 소식」을 전했습니다.)

[2] イエスのされたこと : 예수께서 하신 것. 「された」는 「する」의 레ル형 경어 「される」의 과거인데, 「される」는 「する」의 특정형 경어인 「なさる」보다 경의도는 낮다. 본 절의 「イエスのされた」는 <イエス>를 <인간 예수>로 대우하고 있는 것을 보여준다.

[例]それは人(ひと)の心(こころ)の中(なか)に入(はい)るのではなく、腹(はら)の中(なか)に入(はい)り、そして、外(そと)に出(で)て行(い)くだけである」。イエスはこのように、どんな食物(しょくもつ)でも清(きよ)いものとされた。[口語訳 / マルコによる福音書 7:19]
(그것은 사람 마음속에 들어가는 것이 아니라, 뱃속에 들어가 그리고 밖으로 나갈 뿐이다."예수께서는 이와 같이 어떤 음식도 깨끗한 것으로 하셨다.)[마가복음 7:19][95]

---

95) 李成圭(2019a)『일본어 구어역 마가복음의 언어학적 분석Ⅱ』시간의물레. p. 98에서 인용.

小西(こにし)さんのされたように、本(ほん)を語(かた)ることも、話(はな)し上手(じょうず)になる近道(ちかみち)かもしれない。

(고니시 씨가 하신 것처럼, 책을 이야기하는 것도 말을 잘 하는 지름길일지도 모른다.)

そこで、祭司長(さいしちょう)たちとパリサイ人(びと)たちとは、[1]議会(ぎかい)を召集(しょうしゅう)して言(い)った、「この人(ひと)が多(おお)くのしるしを行(おこな)っているのに、[2]お互(たがい)は何(なに)をしているのだ。[ヨハネによる福音書 11:47]

(그래서 대제사장과 바리새파 사람들은 의회를 소집해서 말했다. "이 사람은 많은 표적을 행하고 있는데, 우리는 무엇을 하고 있는 것인가?"[11:47])

[1]議会(ぎかい)を召集(しょうしゅう)して言(い)った、: 의회를 소집해서 말했다. 「議会(ぎかい)」에 대해 「最高(さいこう)法院(ほういん); 최고 법원」[塚本訳1963·新共同訳1987·岩波翻訳委員会訳1995]으로 나와 있는 번역본도 있다.[96]

[2]お互(たがい)は何(なに)をしているのだ : 우리는 무엇을 하고 있는 것인가? 「お互(たがい)」는 「互(たがい)」의 미화어로 「서로 / 쌍방 / 모두 각자」의 뜻을 나타내고 있는데, 여기에서는 「우리는」으로 번역해 둔다. 그리고 타 번역본에서는 이 부분을 어떻게 다루고 있는지 살펴보자.

[例]どうしよう。[前田訳1978]

(어떻게 하지.)

---

96) [フランシスコ会訳(1984)]에는「衆議会(しゅうぎかい)」로 표현되고 있는데, 이에 의하면「유대인의 자치기관. 예수 시대에는 행정과 사법의 권한을 갖는 의회이었다. 율법에 관한 최고법정으로서 사형을 포함한 판결을 내리는 권한을 가지고 있었지만, 최종적으로는 로마 총독의 재단(裁斷)을 청하지 않으면 안 되었던 같다」고 설명하고 있다. 이상은 フランシスコ会聖書研究所(1984)『新約聖書』サンパウロ. p. 351 주(9)에서 인용하여 번역함.

どうすればよいだろう、[塚本訳1963]

(어떻게 하면 좋을까?)

どうすればよいか。[新共同訳1987]

(어떻게 하면 좋을까?)

われわれは何(なに)をしているのか。[新改訳1970]

(우리는 무엇을 하고 있는 것인가?)

われわれはいったい何(なに)をしているのだ。[岩波翻訳委員会訳1995]

(우리는 도대체 무엇을 하고 있는 것이냐?)

もし[1]このままにしておけば、みんなが彼(かれ)を信(しん)じるようになるだろう。[2]そのうえ、[3]ローマ人(じん)がやってきて、わたしたちの土地(とち)も人民(じんみん)も[4]奪(うば)ってしまうであろう」。[ヨハネによる福音書 11:48]
(만일 이대로 내버려 두면 모두가 그를 믿게 될 것이다. 게다가 로마인이 찾아와서 우리들 땅도 백성도 빼앗아 버릴 것이다.[11:48])

[1]このままにしておけば、: 이대로 해 두면. 이대로 내버려 두면. 「[[この][まま]+に](이대로)[して+おけば](해 두면)」와 같이 「しておけば」는 「する」에 접속조사 「～て」를 매개로 하여 보조동사 「おく」가 결합한 「しておく」가 가정조건으로 쓰인 것이다.

[例]明日(あした)1日(いちにち)家(いえ)でじっとしておけば、回復(かいふく)するかと思(おも)います。

(내일 하루 집에서 가만히 있게 하면, 회복하지 않을까 생각됩니다.)

今(いま)からその予定(よてい)土地(とち)を購入(こうにゅう)しておけば、土地(とち)騰貴(とうき)利益(りえき)が確保(かくほ)されるというのである。

(지금부터 그 예정 토지를 구입해 두면, 지가 등귀 이익이 확보된다는 것입니다.)

前日(ぜんじつ)から準備(じゅんび)をしておけば、次(つぎ)の日(ひ)をスムーズにはじめ、規律(きりつ)を持(も)った時間(じかん)を過(す)ごすことができる。
(전날부터 준비해 두면 다음 날을 순조롭게 시작해서 규율 있는 시간을 보낼 수 있다.)

[2]そのうえ、: 게다가. 「そのうえ・その上(うえ)」는 연체사 「その」에 형식명사 「うえ・上(うえ)」가 결합하여 만들어진 연어(連語)인데 접속사적으로 쓰여, 「게다가 / 더구나 / 또한」의 뜻을 나타낸다.

[例]その上(うえ)、あなたがたの頭(あたま)の毛(け)までも、みな数(かぞ)えられている。恐(おそ)れることは ない。あなたがたは多(おお)くのすずめよりも、まさった者(もの)である。[口語訳 / ルカによる福音書 12:7]
(게다가 너희 머리카락까지도 모두 세고 있다. 두려워하지 마라. 너희는 많은 참새보다도 더 낫은 사람이다.)[누가복음 12:7]

そのうえ、彼(かれ)は、主(しゅ)ご自身(じしん)の栄光(えいこう)が現(あら)われるため、また、わたしたちの好意(こうい)を示(しめ)すために、骨(ほね)を折(お)って贈(おく)り物(もの)を集(あつ)めているわたしたちの同伴者(どうはんしゃ)として、諸教会(しょきょうかい)から選(えら)ばれたのである。[口語訳 / コリント人への第二の手紙 8:19]
(게다가 그는 주 자신의 영광이 나타나기 위해, 또 우리의 호의를 보이기 위해, 애써서 선물을 모으고 있는 우리의 동반자로서 여러 교회로부터 뽑힌 것이다.)[고린도후서 8:19]

[3]ローマ人(じん)がやってきて、: 로마인이 찾아와서. 「やってくる[遣って来る]」는 「やる[遣る]」에 접속조사 「〜て」를 매개로 하여 보조동사 「くる」가 결합한 것인데, 전체적으로 단일동사화하여 「찾아오다 / 다가오다」의 뜻을 나타낸다.

[例]白黒(しろくろ)の水玉(みずたま)模様(もよう)の服(ふく)を着(き)たある中年(ちゅうねん)の女性(じょせい)は、マイケルがやってくるのを見(み)て目(め)を疑(うたが)った。
(흑백의 물방울무늬의 옷을 입은 어떤 중년 여성은 마이켈이 찾아오는 것을 보고 눈을 의심했다.)
夜(よ)が明(あ)け、ミルクの配達女(はいたつおんな)がキッチンのドアへやってくるのをじっと起(お)きて待(ま)っていたくない。
(날이 새고 우유 배달을 하는 여자가 부엌문에 다가오는 것을 가만히 일어나서 기다리고 있고 싶지 않다.)
ある夏(なつ)の日(ひ)に、一人(ひとり)の青年(せいねん)ハンスが、ここに療養中(りょうようちゅう)の従兄(いとこ)を見舞(みま)いにやってくる。
(어느 여름날에 청년 한스가 여기에 요양 중의 종형을 병문안하러 찾아온다.)

[4] 奪(うば)ってしまうであろう : 빼앗아 버릴 것이다. 「奪(うば)ってしまう」는 「奪(うば)う」에 심리적 종결을 나타내는 「～てしまう」가 결합된 것으로 「다 빼앗다 / 빼앗아 버리다」에 상당하는 뜻을 나타낸다.

[例]一晩(ひとばん)で読(よ)んでしまう面白(おもしろ)いお話(はなし)でも、訳(やく)すとなれば、何ヵ月(なんかげつ)かはかかるのです。
(하룻밤에 읽어 버리는 재미있는 이야기라도 번역하게 되면 몇 개월은 걸립니다.)
その人(ひと)を好(す)きにならなければしないような行動(こうどう)もやってしまう。
(그 사람을 좋아하게 되지 않으면 하지 않는 그런 행동도 하고 만다.)
電子(でんし)メールを受診(じゅしん)直後(ちょくご)に処理(しょり)せずにそのままにしておくと、うっかり忘(わす)れてしまうことがある。
(전자 메일을 수신 직후, 처리하지 않고 그대로 내버려 두면, 깜빡 잊어버리는 일이 있다.)

> 彼(かれ)らのうちの一人(ひとり)で、その年(とし)の大祭司(だいさいし)であった[1]カヤパが、彼(かれ)らに言(い)った、「あなたがたは、[2]何(なに)もわかっていないし、[ヨハネによる福音書 11:49]
> (그들 중의 한 사람으로 그 해의 대제사장이었던 가야바가 그들에게 말했다. "당신들은 아무것도 모르고,[11:49])

[1]カヤパ: 가야바.

　　가야바[Caiaphas] : '억압'이란 뜻. 대제사장 안나스의 사위로, 예수님 당시의 대제사장. 원래 대제사장은 아론의 자손들에게로 계승되며 종신직이었지만 로마 지배 하에서는 일반 관직처럼 정치적인 배려에 의해 임명도 되고 해임도 되며, 심지어는 매관매직되기도 하였다. 가야바는 A.D. 18-36년까지 대제사장 직책을 맡았다. 하지만 생존해 있던 안나스는 여전히 대제사장으로 불리며 일종의 '명예(전직) 대제사장'으로 남아 있었다.

　　가야바는 죽은 나사로를 살리신 예수님을 많은 유대인들이 믿고 따르자(요 11:45-46), 바리새인들과 더불어 공회로 모였을 때, 예수님에 대한 적개심과 살해 의도를 드러내기도 하였다(요 11:41-53). 얼마 후 예수님은 체포되어 안나스(요 18:12-23)와 가야바에게 심문을 받은 후(요 18:24-27), 빌라도에게 인계되었다. 가야바는 예수님 사후에도 베드로와 요한을 체포하는 등 사도들을 핍박했다(행 4:6-7). 아무튼 가야바는 외교와 행정에 능통했지만 결국 수리아 주재 로마 총독 비텔리우스(Vitellius)에 의해 해임되고 말았다(A.D. 36년).[97] [네이버 지식백과] 가야바 [Caiaphas] (라이프성경사전, 2006. 8. 15., 생명의말씀사)

[2]何(なに)もわかっていないし、: 아무것도 모르고. 「～し」는 전후 2개의 문을 대등한 관계로 열거, 나열해서 그것을 이유로 제시하는 기능을 하는데, 본 절과 같이 여러 가지 이유 중에서 어느 한 가지만을 예로 들고 나머지는 언외(言外)로

---

97) https://terms.naver.com/entry.nhn?docId=2389896&cid=50762&categoryId=51387에서 인용.

돌리는 용법도 있다.

[例]彼(かれ)のことはまだよく<u>わからないし</u>、好(す)きだと感(かん)じたことはないんです。

(그에 관해서는 아직 잘 모르고, 좋다고 느낀 적은 없습니다.)

しかし、われわれが世界(せかい)を動(うご)かすことはできないし、世界(せかい)を支配(しはい)することもできない。

(그러나 우리가 세계를 움직일 수는 없고, 세계를 지배할 수도 없다.)

最初(さいしょ)の休(やす)み時間(じかん)というのは机(つくえ)に座(すわ)ったまま動(うご)けないものだ。誰(だれ)とも喋(しゃべ)れないし、行(い)き付(つ)けの休憩(きゅうけい)場所(ばしょ)もない。

(첫 휴식 시간이라고 하는 것은 책상에 앉은 채, 움직일 수 없는 것이다. 누구와도 이야기할 수 없고, 자주 다니는 장소도 없다.)

一人(ひとり)の人(ひと)が[1]人民(じんみん)に代(かわ)って死(し)んで、[2]全国民(ぜんこくみん)が[3]滅(ほろ)びないようになるのがわたしたちにとって得(とく)だということを、[4]考(かんが)えてもいない。[ヨハネによる福音書 11:50]
(사람 한 명이 백성을 대신하여 죽어, 모든 백성이 멸망하지 않게 되는 것이 우리에게 득이라는 것을 생각하고 있지도 않다.[11:50])

[1]人民(じんみん)に代(かわ)って死(し)んで、: 백성을 대신하여 죽어.「人民(じんみん)」에 대해 타 번역본에서는「民(たみ)[塚本訳1963·新改訳1970·前田訳1978·新共同訳1987·岩波翻訳委員会訳1995]」가 쓰이고 있다.

[2]全国民(ぜんこくみん) : 모든 백성. 타 번역본에서는「全国民(ぜんこくみん) ; 모든 백성」[塚本訳1963·前田訳1978],「国民(こくみん)全体(ぜんたい) ; 백성 전체」[新改訳1970·新共同訳1987],「民族(みんぞく)全体(ぜんたい) ; 민족 전체」[岩波翻訳委

員会訳1995]」와 같이 다양하게 표현되고 있다. 그러나 예수가 있었던 시기에 국민이나 민족이라는 개념이 성립되었다고 보기는 어려울 것으로 이해된다.

[3] 滅(ほろ)びないようになる : 멸망하지 않게 되다. 「滅(ほろ)びる」의 부정 「滅(ほろ)びない」에 자연스러운 상태변화를 나타내는 「～ようになる」가 접속된 것이다.

[例] 気分(きぶん)よく過(す)ごすことができるようになる。人間関係(にんげんかんけい)で"イライラ""くよくよ"しないようになる。

(기분 좋게 지낼 수 있게 된다. 인간관계에서 안달복달하거나, 끙끙 고민하지 않게 된다.)

誰(だれ)がトイレに行(い)ったのかまでわかるんですから、自分(じぶん)を隠(かく)せないようになる。

(누가 화장실에 갔는지까지는 모르니 자신을 감출 수 없게 된다.)

[4] 考(かんが)えてもいない : 생각하고 있지도 않다. 「考(かんが)えていない」에 조사 「～も」가 삽입되어 의미를 강조하고 있다.

[例] 彼(かれ)は二年前(にねんまえ)にクビになったと聞(き)いた。それからグラウンドにも顔(かお)を出(だ)していないし、会(あ)ってもいない。

(그는 2년 전에 해고되었다고 들었다. 그리고 운동장에도 얼굴을 내 밀지 않고 만나지도 않았다.)

しかし、一人(ひとり)じゃないし、武装(ぶそう)してもいない。

(그러나 혼자가 아니고 무장하고 있지도 않다.)

だいいち自分自身(じぶんじしん)、人(ひと)からそんなふうに挨拶(あいさつ)されることを期待(きたい)してもいない。

(무엇보다도 자기 자신, 남에게 그런 식으로 인사 받는 것을 기대하고 있지도 않다.)

> このことは彼(かれ)が[1]自分(じぶん)から言(い)ったのではない。彼(かれ)はこの年(とし)の大祭司(だいさいし)であったので、[2]預言(よげん)をして、イエスが国民(こくみん)のために、[ヨハネによる福音書 11:51]
> (이것은 그(가야바)가 직접 말한 것이 아니다. 그는 이 해의 대제사장이었기에 예언을 해서 예수가 백성을 위해, [11:51])

[1]自分(じぶん)から言(い)ったのではない : 그(가야바)가 직접 말한 것이 아니다. 이 부분을 타 번역본에서는 어떻게 표현하고 있는지 살펴보면 다음과 같다.

  [例]カヤパが自分(じぶん)から言(い)ったのではない。[塚本訳1963]

    (가야바가 직접 말한 것은 아니다.)

  彼(かれ)が自分(じぶん)から言(い)ったのではなくて、[新改訳1970]

    (그가 직접 말한 것이 아니라,)

  彼(かれ)はこれを自分(じぶん)から言(い)ったのではなく、[岩波翻訳委員会訳1995]

    (그는 이것을 직접 말한 것이 아니라,)

  自分(じぶん)からいったのではなく、[前田訳1978]

    (직접 말한 것이 아니라,)

  カイアファが自分(じぶん)の考(かんが)えから話(はな)したのではない。[新共同訳1987]

    (가야바가 자신의 생각으로부터 이야기한 것은 아니다.)

[2]預言(よげん)をして、イエスが国民(こくみん)のために、: 예언을 해서 예수가 백성을 위해. 이 부분은 타 번역본의 기술을 보면 이동(異同)이 보인다.

  [例]イエスが国民(こくみん)のために死(し)なねばならぬことを、(自分(じぶん)では)それと気付(きづ)かずに、神(かみ)の予言者(よげんしゃ)として)予言(よげん)したのである。[塚本訳1963]

(예수가 백성을 위해 죽어야 하는 것을 (자신은 그것이라고 알아차리지 않고 하나님의 예언자로서) 예언한 것이다.)

イエスが国民(こくみん)のために死(し)のうとしておられること、[新改訳1970]

(예수가 백성을 위해 죽으려고 하시는 것을,)

予言(よげん)して、イエスが民(たみ)のために死(し)なれようということ、[前田訳1978]

(예언해서 예수가 백성을 위해 죽으시려고 한다는 것,)

予言(よげん)して、イエスが国民(こくみん)のために死(し)ぬ、と言(い)ったのである。[新共同訳1987]

(예언해서 예수가 백성을 위해 죽는다, 고 말한 것이다.)

イエスがこの民族(みんぞく)のために死(し)ぬことになるのを予言(よげん)したのである。[岩波翻訳委員会訳1995]

(예수가 이 민족을 위해 죽게 되는 것을 예언한 것이다.)

[1]ただ国民(こくみん)のためだけではなく、また[2]散在(さんざい)している神(かみ)の子(こ)らを一つに集(あつ)めるために、[3]死(し)ぬことになっていると、言(い)ったのである。[ヨハネによる福音書11:52]
(단지 백성을 위해서뿐만 아니라, 또 산재되어 있는 하나님의 자녀들을 하나로 모으기 위해 죽게 되어 있다고 말한 것이다.[11:52])

[1]ただ国民(こくみん)のためだけではなく、: 단지 백성을 위해서뿐만 아니라.「〜だけではなく」는「〜뿐만 아니라」의 뜻을 나타낸다.

  [例]<u>自己(じこ)保存(ほぞん)のためだけではなく</u>、これはユダヤ人(じん)のアイディアであった。

    (자기 보존을 위해서뿐만 아니라, 이것은 유대인의 아이디어였다.)

    彼(かれ)は、<u>自分(じぶん)の商(あきな)いのためだけではなく</u>、迅速(じんそく)な

通商(つうしょう)で日本(にほん)各地(かくち)の人々(ひとびと)の暮(くら)しを豊(ゆた)かにすることを考(かんが)えていた。
(그는 자기 장사를 위해서뿐만 아니라, 신속한 통상으로 일본 각지의 사람들의 생활을 풍요롭게 하는 것을 생각하고 있었다.)

これは未来(みらい)に発生(はっせい)する新(あら)たな危機(きき)に対処(たいしょ)するためだけではなく、未来(みらい)の発展(はってん)の能力(のうりょく)を高(たか)めるためでもある。
(이것은 미래에 발생하는 새로운 위기에 대처하기 위해서뿐만 아니라 미래 발전의 능력을 높이기 위해서이기도 하다.)

[2] 散在(さんざい)している神(かみ)の子(こ)らを一つに集(あつ)めるために、: 산재되어 있는 하나님의 자녀들을 하나로 모으기 위해. 「散在(さんざい)する」는 한어동사로 한국어의 「산재하다 / 산재되다」에 대응한다.

[例] そこには、今(いま)の日本(にほん)社会(しゃかい)の空気(くうき)に散在(さんざい)する「何(なに)か」がある。
(거기에는 지금의 일본 사회의 공기에 산재하는 「무엇인가」가 있다.)

ロッキー山脈(さんみゃく)には、高(たか)く切(き)り立(た)った山々(やまやま)に囲(かこ)まれた壮大(そうだい)な湖(みずうみ)があちらこちらに散在(さんざい)する。
(로키 산맥에는 높게 깎아지른 듯이 솟아 있는 산들로 에워싸인, 장대한 호수가 여기저기 산재한다.)

私(わたし)たちの一行(いっこう)は最初(さいしょ)の夜(よる)を、原野(げんや)の中(なか)に散在(さんざい)している小集落(しょうしゅうらく)の一(ひと)つに於(お)いて迎(むか)えました。
(우리 일행은 최초의 밤을 들판 속에 산재되어 있는 작은 취락의 하나에서 맞이했습니다.)

さらに行(い)くと、現地人(げんちじん)の村(むら)が散在(さんざい)している。

(더 가면 현지인의 마을이 산재되어 있다.)

그리고 이 부분에 관해 타 번역본에서는 어떻게 다루고 있는지 살펴보자.

[例](世界中(せかいじゅう)に)散(ち)らばっている(今(いま)はまだ異教人(いきょうじん)である)神(かみ)の子(こ)たちを、一(ひと)つに集(あつ)めるために。[塚本訳1963]

((온 세상에) 흩어져 있는 (지금은 아직 이교도인) 하나님의 자녀들을 하나로 모으기 위해)

散(ち)らされている神(かみ)の子(こ)たちを一(ひと)つに集(あつ)めるためにも[新改訳1970]

(흩어져 있는 하나님의 자녀들을 하나로 모으기 위해서도,)

散(ち)っている神(かみ)の子(こ)らをひとつに集(あつ)めるためであることを[前田訳1978]

(흩어져 있는 하나님의 자녀들을 하나로 모으기 위한 것을,)

散(ち)らされている神(かみ)の子(こ)たちを一(ひと)つに集(あつ)めるためにも死(し)ぬ、[新共同訳1987]

(흩어져 있는 하나님의 자녀들을 하나로 모으기 위해서도 죽는,)

散(ち)らされている神(かみ)の子供(こども)たちをも一(ひと)つに集(あつ)めるために[岩波翻訳委員会訳1995]

(흩어져 있는 하나님의 자녀들도 하나로 모으기 위해서,)

[3]死(し)ぬことになっていると、: 죽게 되어 있다고.「~ことになっている」는「~하기로 되어 있다」의 뜻으로 규칙이나 사회 습관, 예정 등을 나타낼 때 쓴다.

[例]18歳(じゅうはっさい)未満(みまん)はこのディスコには入(はい)れないことになっている。

(18세 미만은 이 디스코에는 들어올 수 없게 되어 있다.)

車(くるま)に乗(の)る時(とき)は、シートベルとをしなくてはいけないことになっている。
(차를 탈 때는 안전벨트를 하지 않으면 안 되게 되어 있다.)
館内(かんない)ではものを食(た)べたり、たばこを吸(す)ったりしてはいけないことになっている。
(관내에서는 음식을 먹거나 담배를 피우거나 해서는 안 되게 되어 있다.)
5時(ごじ)に新宿(しんじゅく)にあるホテルで村山(むらやま)さんに会(あ)うことになっている。
(5시에 신주쿠에 있는 호텔에서 무라야마 씨를 만나기로 되어 있다.)
日本(にほん)ではお正月(しょうがつ)に家族(かぞく)みんなで新年(しんねん)を祝(いわ)うことになっている。
(일본에서는 설날에 가족 모두가 신년을 축하하게 되어 있다.)[98]

彼(かれ)らはこの日(ひ)から[1]イエスを殺(ころ)そうと相談(そうだん)した。[ヨハネによる福音書 11:53]
(그들은 이 날부터 예수를 죽이려고 의논했다.[11:53])

[1]イエスを殺(ころ)そうと相談(そうだん)した : 예수를 죽이려고 의논했다. 「相談(そうだん)する」는 한어동사인데 한국어로는 「의논하다」에 대응한다.
  [例]パリサイ人(びと)たちは出(で)て行(い)って、すぐにヘロデ党(とう)の者(もの)たちと、なんとかしてイエスを殺(ころ)そうと相談(そうだん)しはじめた。[口語訳 / マルコによる福音書 3:6]
  (바리새파 사람들은 나가서 곧 바로 헤롯 지지파 사람들과 어떻게 해서라도 예수를 죽이려고 의논하기 시작했다.)[마가복음 3:6][99]

---

98) 李成圭等著(1996)『홍익나가누마 일본어2 해설서』홍익미디어. pp. 285-286에서 인용하여 일부 수정함.
99) 李成圭(2018c)『일본어 구어역 마가복음의 언어학적 분석Ⅰ』시간의물레. p. 119에서 인용.

ところで、主(しゅ)イエスは、ここであらわになった人(ひと)びとの殺意(さつい)に対(たい)して、力(ちから)をもって抵抗(ていこう)はなさいませんでした。「イエスを殺(ころ)そうと相談(そうだん)した」とありました。
(그런데 주 예수께서는 여기에서 노골적으로 드러난 사람들의 살의에 대해 힘으로 저항은 하시지 않았습니다. 「예수를 죽이려고 의논했다.」고 되어 있었습니다.)

((54)) [ヨハネによる福音書 11:54 - 11:57]

[1]そのためイエスは、もはや公然(こうぜん)と[2]ユダヤ人(じん)の間(あいだ)を歩(ある)かないで、そこを出(で)て、荒野(あらの)に近(ちか)い地方(ちほう)のエフライムという町(まち)に[3]行(い)かれ、そこに弟子(でし)たちと一緒(いっしょ)に[4]滞在(たいざい)しておられた。[ヨハネによる福音書 11:54]
(그래서 예수께서는 더 이상 공공연하게 유대인 사이를 걷지 않고, 거기를 떠나 광야에 가까운 지역인 에브라임이라는 도시에 가셔서 거기에 제자들과 함께 체재하고 계셨다.[11:54])

[1]そのため : 「そのため」는 연체사 「その」에 형식명사 「ため」가 결합해서 접속사화한 말로 한국어의 「그래서 / 그 때문에」에 해당한다.

 [例]これに対(たい)して、「山(やま)に」の場合(ばあい)は目的地(もくてきち)を表(あらわ)す。そのため、小(ちい)さな山(やま)であっても、ヘリコプターで登(のぼ)っても、「山(やま)に」ということができる。
 (이것에 대해 「산에」의 경우는 목적지를 나타낸다. 그래서 작은 산이라도, 헬리콥터로 올라가도 「산에」라고 할 수 있다.)

 私(わたし)の母(はは)は学校(がっこう)へ行(い)けなかったために長(なが)いこと

字(じ)が読(よ)めなかった。そのため、知(し)らない土地(とち)でバスや電車(でんしゃ)に乗(の)り降(お)りするときには驚異的(きょういてき)なカンを働(はたら)かせていた。

(내 어머니는 학교에 가지 못했기 때문에 오랫동안 글자를 읽을 수 없었다. 그래서 모르는 지역에서 버스나 전철을 타고 내릴 때에는 경이적인 감을 활용하고 있었다.)

[2] ユダヤ人(じん)の間(あいだ)を歩(ある)かないで、: 유대인 사이를 걷지 않고. 「歩(ある)かないで」는 「歩(ある)く」의 부정 「歩(ある)かない」의 テ형으로 단순 연결을 나타낸다.

[例] そうした体内(たいない)センサーが、歩(ある)かないで閉(と)じこもり生活(せいかつ)を続(つづ)けているうちに、壊(こわ)れてしまうのである。

(그런 체내 센서가, 걷지 않고 은둔 생활을 계속하고 있는 사이에 망가져 버린다.)

夜(よる)は歩(ある)かないで、タクシーを使(つか)うよう勧(すす)めるが、どこに行(い)っても強盗(ごうとう)に遭(あ)うのは都会(とかい)生活(せいかつ)の一部分(いちぶぶん)なのだ。

(밤에는 걷지 않고, 택시를 사용하도록 권하지만, 어디를 가도 강도를 만나는 것은 도시 생활의 일부분이다.)

[3] 行(い)かれ、: 가셔서. 「行(い)く」의 레루형 경어인 「行(い)かれる」의 연용중지법으로 <イエス>에 대해 쓰이고 있다.

[例] さて、イエスはガリラヤの海(うみ)べを歩(ある)いて行(い)かれ、シモンとシモンの兄弟(きょうだい)アンデレとが、海(うみ)で網(あみ)を打(う)っているのをごらんになった。彼(かれ)らは漁師(りょうし)であった。 [口語訳 / マルコによる福音書 1:16]

(그런데 예수께서 갈릴리 바닷가를 걸어가시다가, 시몬과 시몬의 형제 안드레가 바다에서 그물을 치고 있는 것을 보셨다. 그들은 어부였다.)[마가복음 1:16][100]

[4]滞在(たいざい)しておられた : 체재하고 계셨다. 「滞在(たいざい)しておられた」는 「滞在(たいざい)している」의 레르형 경어 「滞在(たいざい)しておられる」의 과거로 <イエス>를 높이기 위해 사용되고 있다.

[예]本誌(ほんし)は朝日(あさひ)にも取材(しゅざい)を申(もう)し込(こ)んだが、「まず、霍見(つるみ)先生(せんせい)が今回(こんかい)日本(にほん)に滞在(たいざい)しておられる間(あいだ)に直接(ちょくせつ)お目(め)にかかってご説明(せつめい)したい。それまでは(週刊現代(しゅうかんげんだい)の)取材(しゅざい)は受(う)けられません」(広報室(こうほうしつ))という答(こた)えが返(かえ)ってきた。
(본지는 아사히에도 취재를 신청했지만, 「먼저 쓰루미 선생님께서 이번에 일본에 체재하고 계신 동안에 직접 만나 뵙고 설명 드리고 싶다. 그때까지는 (주간현대의) 취재는 받을 수 없습니다.」(홍보실)이라는 회답이 돌아왔다.)

さて、ユダヤ人(じん)の[1]過越(すぎこし)の祭(まつり)が近(ちか)づいたので、多(おお)くの人々(ひとびと)は[2]身(み)を清(きよ)めるために、祭(まつり)の前(まえ)に、地方(ちほう)からエルサレムへ上(のぼ)った。[ヨハネによる福音書 11:55]
(그런데, 유대인의 유월절이 다가와서, 많은 사람들이 몸을 정결하기 위해, 유월절 전에 지방에서 예루살렘으로 올라갔다.[11:55])

[1]過越(すぎこし)の祭(まつ)り : 유월절. 오순절. 페사흐[Passover].

---

100) 李成圭(2018c)『일본어 구어역 마가복음의 언어학적 분석Ⅰ』시간의물레. p. 24에서 인용.

페사흐[Pessah]는 이집트에서 노예 생활을 하던 이스라엘 민족이 모세의 인도로 이집트를 벗어난 출애굽 사건을 기념하는 날이다. 유월절(逾越節)이라고도 하며 오순절(五旬節), 초막절(草幕節)과 함께 유대교의 3대 명절 중 하나로 불리는 페사흐는 이스라엘 민족의 희망과 구원에 관한, 유대교에서 가장 중요한 축제다. 유대 달력으로 1월인 니산(Nisan)월 14번째 날에 시작해 7일 동안 이어지는데, 그레고리력으로는 보통 3월 말에서 4월 사이에 해당한다.[101]

[2]身(み)を清(きよ)める: 몸을 깨끗하게 하다. 몸을 정결하다.

人々(ひとびと)は[1]イエスを捜(さが)し求(もと)め、宮(みや)の庭(にわ)に立(た)って互(たが)いに言(い)った、「あなたがたはどう思(おも)うか。イエスは[2]この祭(まつり)に来(こ)ないのだろうか」。[ヨハネによる福音書 11:56]
(사람들은 예수를 찾다가 성전 뜰에 서서 서로 말했다. "너희는 어떻게 생각하느냐? 예수는 이 명절에 오지 않을까?"[11:56])

[1]イエスを捜(さが)し求(もと)め、: 예수를 찾다가. 「捜(さが)し求(もと)める」는 「捜(さが)す」의 연용형에 「求(もと)める」가 결합된 복합동사로 「찾아서 손에 넣으려고 하다」「얻으려고 찾다」의 뜻을 나타내는데, 본 절에서는 「찾다」로 번역해 둔다.
　[例]彼女(かのじょ)もまた、真田(さなだ)を捜(さが)し求(もと)めて、あちらこちらと歩(ある)き廻(まわ)ったらしい。
　　(그녀도 또 사나다를 찾으며 여기저기 돌아다닌 것 같다.)
　私(わたし)たちは、自分(じぶん)たちの周(まわ)りにいる人々(ひとびと)のうちに、神(かみ)を捜(さが)し求(もと)め続(つづ)けるように求(もと)められている。

---

101) [네이버 지식백과] 페사흐 [Passover] (세계의 축제·기념일 백과, 다빈치 출판사)에서 인용. https://terms.naver.com/entry.nhn?docId=2076176&cid=42836&categoryId=42836

(우리들은 자기들 주위에 있는 사람들 안에 하나님을 계속 찾도록 요구되고 있다.)

自分(じぶん)の時間(じかん)とエネルギーを注(そそ)ぎ込(こ)めるもの、そして、楽(たの)しみながらずっと続(つづ)けていけるものを捜(さが)し求(もと)めるのです。
(자기 시간과 에너지를 쏟아 넣을 수 있는 것, 그리고 즐기면서 죽 계속해 나갈 수 있는 것을 얻으려고 찾는 것입니다.)

[2]この祭(まつり)に来(こ)ないのだろうか : 이 명절에 오지 않을까? 「来(こ)ないのだろうか」는 「来(く)る」의 부정인 「来(こ)ない」에 객관적 근거에 기초하여 추측 판단을 나타내는 「のだろうか」가 접속된 것이다.
[例]もう生(い)きていても何(なん)の楽(たの)しみもないから、早(はや)くお迎(むか)えが来(こ)ないのだろうか。
(더 이상 살아 있어도 아무런 낙도 없으니 빨리 부처가 정토(淨土)로 부르러 오지 않을까?)
この場合(ばあい)、十字軍(じゅうじぐん)というのはどこから誰(だれ)のために来(く)るのだろうか、来(こ)ないのだろうか。
(이 경우, 십자군이라는 것은 어디에서 누구를 위해 오는 것일까? 오지 않을 것일까?)
「このおじいさんとおばあさんには、子供(こども)や家族(かぞく)はいないのだろうか」と、疑問(ぎもん)に思(おも)った子供(こども)たちも多(おお)いと思(おも)う。
(「이 할아버지와 할머니에게는 아이와 가족은 없는 것일까?」하고 의문스럽게 생각한 아이들도 많을 것 같다.)

祭司長(さいしちょう)たちとパリサイ人(びと)たちとは、イエスを捕(とら)えようとして、その[1]居所(いどころ)を知(し)っている者(もの)があれば[2]申(もう)し出(で)よ、という[3]指令(しれい)を出(だ)していた。[ヨハネによる福音書 11:57]

(대제사장들과 바리새파 사람들은 예수를 붙잡으려고 해서, 그가 있는 곳을 아는 사람이 있으면 신고하라는 지시를 내렸다.[11:57])

[1]居所(いどころ) : 거처. 있는 곳.「居所(いどころ)」는「居(い)る」의 연용형「居(い)」에「所(ところ)」가 결합한 복합명사이다.
　[例]彼(かれ)の居所(いどころ)を捜(さが)してくれてありがとう。
　　　(그가 있는 곳을 찾아 주어서 고마워.)
　　　失踪(しっそう)事件(じけん)であれば、失踪者(しっそうしゃ)の居所(いどころ)を突(つ)き止(と)め、彼(かれ)または彼女(かのじょ)を連(つ)れ戻(もど)すと、以前(いぜん)の平穏(へいおん)さ(秩序(ちつじょ))が戻(もど)ってくる。
　　　(실종 사건이면, 실종자가 있는 곳을 알아내서 그 또는 그녀를 데리고 돌아오면, 이전의 평온함(질서)이 돌아온다.)

[2]申(もう)し出(で)よ、: 신고하라.「申(もう)し出(で)る」는「申(もう)す」의 연용형「申(もう)し」에「出(で)る」가 결합한 복합동사로「의견·요구·사실 등을 스스로 말하다 / 신청하다 / 신고하다」의 뜻을 나타낸다. 그리고「申(もう)し出(で)よ」는「申(もう)し出(で)る」의 문장체 명령형이다.
　[例]自分(じぶん)も行(い)こうと申(もう)し出(で)る。
　　　(자기도 가겠다고 요청하다.)
　　　高瀬(たかせ)が関西商会(かんさいしょうかい)の社長(しゃちょう)との面談(めんだん)を申(もう)し出(で)ると、すんなり会(あ)ってくれた。
　　　(다카세가 간사이상회의 사장과의 면담을 신청하자, 쉽게 만나 주었다.)
　　　「申(もう)し出(で)る」というのはお客(きゃく)さんを下(した)に見(み)た言(い)い方(かた)で、この場合(ばあい)正(ただ)しい敬語(けいご)ではないということはわかるのですが、じゃあ何(なん)て言(い)うのが正(ただ)しいのですか? 教(おし)えてください。

(「申(もう)し出(で)る ; 신청하다」라고 하는 것은 손님을 아래로 본 말씨로, 이 경우 올바른 경어가 아니라는 것은 압니다만, 그럼 무엇이라고 말하는 것이 맞는 것입니까? 가르쳐 주십시오.)

「申(もう)す」は謙譲語(けんじょうご)でも、「申(もう)し込(こ)む」は、謙譲語(けんじょうご)ではありません。よって「お申(もう)し込(こ)み下(くだ)さい」は問題(もんだい)ありません。ただし「申(もう)し出(で)る」が謙譲語(けんじょうご)かどうかは意見(いけん)が分(わ)かれるところです。辞書(じしょ)によっては謙譲語(けんじょうご)として扱(あつか)われていないこともあります。しかし「お申(もう)し出(で)下(くだ)さい」という表現(ひょうげん)を気(き)にする人(ひと)もいますので、「お申(もう)し付(つ)け下(くだ)さい」という言(い)い方(かた)をすればよいでしょう。
(「申(もう)す ; 말하다」는 경양어이지만, 「申(もう)し込(こ)む ; 신청하다」는 겸양어가 아닙니다. 따라서 「신청해 주십시오.」는 문제없습니다. 다만, 「申(もう)し出(で)る ; 신청하다」가 겸양어인지 어떤지는 의견이 갈려 있습니다. 사전에 따라서는 겸양어로 다루어지지 않는 것도 있습니다. 그러나 「お申(もう)し出(で)下(くだ)さい ; 신청해 주십시오.」라는 표현을 신경 쓰는 사람도 있으니, 「お申(もう)し付(つ)け下(くだ)さい ; 하명해 주십시오.」라는 말씨를 쓰면 되겠지요.)

[3] 指令(しれい)を出(だ)していた : 지시를 내렸다. 「指令(しれい)」는 「지령 / 지시」에 상당하는 뜻을 나타내는 한어이다.
  [例] 彼(かれ)が指令(しれい)を出(だ)すよりも先(さき)に、管制官(かんせいかん)は動(うご)き出(だ)していた。
  (그가 지시를 내리는 것보다도 먼저 관제관은 움직이기 시작했다.)
  たとえば、新幹線(しんかんせん)は、あるレベル以上(いじょう)の地震(じしん)が発生(はっせい)すると即座(そくざ)に停止(ていし)するよう自動的(じどうてき)に

<u>指令(しれい)を出(だ)す</u>。

(예를 들어 신칸센은 어떤 레벨 이상의 지진이 발생하면, 곧 바로 정지하도록 자동적으로 지시를 내린다.)

部分(ぶぶん)スト：企業内(きぎょうない)労働組合(ろうどうくみあい)が戦術的(せんじゅつてき)見地(けんち)から、同(おな)じ事業所内(じぎょうしょない)の一部(いちぶ)の職場(しょくば)や従業員(じゅぎょういん)だけに<u>スト指令(しれい)を出(だ)す</u>こと。一部(いちぶ)ストとの違(ちが)いに注意(ちゅうい)。

(부분 파업：기업 내 노동조합이 전술적 견지에서 같은 사업소내의 일부 직장이나 종업원에게만 파업 지시를 내리는 것. 일부 파업과의 차이에 주의.)

그리고 타 번역본에서는「命令(めいれい)を出(だ)していた ; 명령을 내렸다」[塚本訳1963·新改訳1970·新共同訳1987·岩波翻訳委員会訳1995]로 표현되고 있다.

색인

■ 한국어

ㄱ

가능 201
가능의 주체 175
가야바[Caiaphas] 373
가정조건 278, 357
강의(强意)의 후항동사 「つける」 129
강제로 빼앗다 / 탈취[강탈]하다 261
결과의 상태 355
경어적 하위자인 <イエス> 360
경어 주체 295
경우 208
경의도 343
경칭 69
고전어 계열 184
공간적 의미 62
공간적 이동 214
과거의 경험 83
구체적인 수수 행위 180
기정조건 11, 215

ㄷ

단일동사화 258, 371
당연성의 추론 191
당위성 70
대구법 66
동사의 부정 308
동사의 부정의 의미 258
동사＋ため＋の＋もの 298

동작의 목적 136, 310
동작의 진행 91, 310

ㅁ

명령 174
명사술어 182
명사술어문의 추측표현 125
명사＋の＋ため 297
[무게·높이·깊이·넓이·거리·시간·기간 등이] 얼마큼 되다 307
무의지성 동사 77
문맥지시 용법 154, 291
문맥지시의 용법 96
문어적 말씨 359

ㅂ

반사대명사(反射代名詞) 122, 123
발견의 용법 321
방금 / 조금 전에 / 이제 막 293
보조동사 77
복문 162
복합동사 61, 111, 143, 171, 188, 195, 205, 209, 216, 242, 259, 263, 316, 384, 386
복합명사 106, 108, 132, 336, 364, 386
복합조사 255, 286
복합조사화 72
부사화 340
부정의 조동사 184
부주의 352
분열문(分裂文) 48
분쟁1(分爭) 157
불가능 201

ㅅ

사역(使役) 350
사역(문)의 의미·용법 350
사용법 56, 283
사용상의 구별 58, 283
상위자인 <父(ちち)> 360
서술 용법 287
성별[聖別 ; consecration] 274
수단·방법의 의미 255
수수표현「〜てあげる」179
수수표현「〜て下(くだ)さる」188
수수표현「〜てくれる」160, 180
수수표현「〜てやる」364
순간동사+ている 247
순접 193
순접의 용법 363
시간적 의미 62
심리적인 수수 관계 180
심리적 종결 215

ㅇ

〜어 있다 247
역접 127, 193
역접의 접속조사 305
연어(連語) 371
연용중지법 344
연체수식절 내의 주격 62
완료 197
외심구조(外心構造) 287
원인·이유의 용법 266
의무나 필요를 나타내는 형식 137
의외성 321
<인간 예수> 368
인대명사(人代名詞) 162, 168, 196
인칭대명사 360
일탈(逸脫)된 표현 253

ㅈ

자발동사 163
자타양용동사 210
장소명사화 151, 286, 366, 367
전건(前件, 종속절) 275
전성명사화 107, 208
접속사화 381
접속조사 110
접속조사「〜たり」224
제안이나 권유 303
제안이나 권유의 용법 318
존경의 접두사「み」12
주격 155
중위(中位) 경어 78
지금 곧 / 지금 당장 294
지금 이 때 / 현재 293

ㅊ

책임(責任)·유발(誘発) 352
최고위 경어 78
추상적인 장소·장면·범위를 나타내는 용법 206

ㅌ

타동사화(他動詞化) 353
특정형 경어 133

ㅍ

페사흐[Pessah] 384

ㅎ

하누카[Hanukkah] 250
한어동사 378, 380

391

항상적 상태 106
～해 주셨으면 하다 254
허가(許可)·방임(放任) 351
형식명사 300
형식명사「～の」134, 136
형용사적 동사 145
화자의 추론(推論) 101
회화체 276
후건(後件, 주절) 275
후항동사「得(う)る」109

■ 숫자

❷

2항술어 292

❸

3항동사 265
3항술어 291

■ 일본어

あ

「愛(あい)している」의 레루형 경어 294, 299
愛(あい)しておられる 294, 299
「会(あ)う」의 일반형 343
「会(あ)う」의 특정형 겸양어I 343
証(あか)してくださる 51
あからさま 314
あからさまに言(い)われた 315
開(あ)く 212

開(あ)けて下(くだ)さった 168
上(あ)げてしまった 74
開(あ)ける 212
暑(あつ)かったり、寒(さむ)かったりする 225
あなた 360
あなたがたの父(ちち)であるならば 100
あなたがたは神々(かみがみ)である 270
あの 154
あの人(ひと)に似(に)ているだけだ 145
「洗(あら)う」의 명령형 148
洗(あら)え 148
「ありません」의 겸양어II(정중어) 36
ある 238, 307
「ある」동사 189
「歩(ある)いている」의 레루형 경어 251
歩(ある)いておられる 251
あるいは 63
歩(ある)かないで 382
「歩(ある)く」의 가정형 308
歩(ある)けば 308
あれ 168

い

居合(いあ)わせる 316
言(い)い続(つづ)ける 28
言(い)い張(は)る 205
言(い)う 56
「言(い)う」의 겸양어II 361
「言(い)う」의 사역 295
「言(い)う」의 레루형 경어 83, 148
言(い)うべき 70
<イエス> 78, 217, 218, 284, 285, 304, 321, 327, 368
<イエス=主(しゅ)> 294
イエスのところ 286
イエスのなさったこと 367
イエスのもと 337
家(いえ)にいる者(もの)ではない 86

行(い)かれる 10, 305, 382
行(い)かれるのですか 305
行(い)き 284
「行(い)く」의 연용중지법 284
「行(い)く」의 レル형 경어 10, 305, 382
行(い)こう 302, 318
急(いそ)いで 340
いったい 121
一丁(いっちょう) 323
言(い)っている 123
偽(いつわ)り 107
偽(いつわ)り者(もの) 108
偽(いつわ)り者(もの)であろう 125
偽(いつわ)りを言(い)う 107
いて下(くだ)さったなら 326
居所(いどころ) 386
いない 238
命(いのち)の光(ひかり)をもつ 39
命(いのち)を捨(す)てる 231
「いる」동사 289
「いる」의 レル형 경어 78, 339, 342
「居(い)る·行(い)く·来(く)る」의 특정형 경어 335
言(い)わせる 295
言(い)われました 148
言(い)われる 83, 148

う

上(うえ)から来(き)た者(もの)である 65
受(う)けるためのもの 298
うそをついたりはしない 227
うち 62
打(う)ち殺(ころ)す 21, 263
打(う)ち殺(ころ)せ 21
奪(うば)い去(さ)る 259
奪(うば)い取(と)る 261
奪(うば)ってしまう 372
生(う)まれつき 132

生(う)まれていながら 193

え

栄光(えいこう)を帰(き)する 122, 174
得(え)させる 82
偉(えら)いのだろうか 120
「得(え)る」의 사역 82

お

お会(あ)いする 343
追(お)い出(だ)される 195
追(お)い出(だ)される 195
追(お)い出(だ)す 171
「追(お)い出(だ)す」의 수동 195
追(お)い散(ち)らす 232
おいでになる 78, 335
狼(おおかみ) 232
多(おお)くの者(もの) 287
[多(おお)くの][よい+わざ] 264
お帰(かえ)りなさい 38
置(お)かれる 322
お聞(き)き入(い)れになる 187
お聞(き)き下(くだ)さる 359
置(お)き去(さ)り 79
置(お)き去(ざ)り 79
「置(お)く」의 수동 322
お〜下(くだ)さる 359
行(おこな)っている 92, 278
行(おこな)わないとすれば 277
教(おし)えていた 55
「教(おし)えている」의 レル형 경어 12
教(おし)えておられる 12
教(おし)えて下(くだ)さった 76
押(お)し殺(ころ)す 22
「お〜する」에 의한 겸양어I 338
お互(たがい) 369

393

お〜なさい 37
お願(ねが)いになる 327
お話(はな)しになる 218
お迎(むか)えする 338
お目(め)にかかる 343
「思(おも)う」의 겸양어Ⅱ(정중어) 164
重(おも)んじている 114
重(おも)んずる 114
おられます 78
おられる 78, 339, 342
「おられる」의 정녕체 78
終(おわ)りの日(ひ) 330

か

「書(か)いている」의 레ル형 경어 27
書(か)いておられる 27
帰(かえ)らせる 365
「帰(かえ)る」의 사역 365
〜が多(おお)い 287
顔(かお)覆(おお)い 364
顔(かお)覆(おお)いで包(つつ)まれた 364
屈(かが)める 26
書(か)き続(つづ)けられる 31
「書(か)き続(つづ)ける」의 레ル형 경어 31
隠(かく)す 129
囲(かこ)い 208
重(かさ)ねて 241
語(かた)っている 91
語(かた)っているのに 110
語(かた)ってきた 95
語(かた)られる 56, 58, 80, 183, 244
語(かた)る 56
「語(かた)る」의 레ル형 경어 56, 58, 80, 183, 244
〜かどうか 176
〜が〜におり、〜が〜におる[こと] 281
<神(かみ)> 78, 295, 328
噛(か)み殺(ころ)す 22

神(かみ)の栄光(えいこう)のため 297
神(かみ)の栄光(えいこう)を見(み)る 358
神(かみ)の言葉(ことば)に聞(き)き従(したが)うが 111
神(かみ)の御子(みこ) 334
カヤパ 373
〜がよい 174
〜からって 276
〜からである 267
〜からでない 267
〜からではなく 267
〜からといって 276
〜からとて 275
彼(かれ)ら 239
彼(かれ)を起(お)こしに行(い)く 310
軽(かろ)んじている 114
軽(かろ)んずる 114
姦淫(かんいん) 14
考(かんが)えてもいない 375
感謝(かんしゃ)する 359
姦通(かんつう) 14

き

聞(き)いたまま 71
聞(き)いてくれませんでした 180
議会(ぎかい) 369
気(き)が狂(くる)う 246
気(き)が狂(くる)っている 247
聞(き)かれる 195
聞(き)き入(い)れて下(くだ)さいます 188
聞(き)き入(い)れて下(くだ)さる 360
聞(き)き入(い)れられる 187
聞(き)き入(い)れる 188, 360
「聞(き)き入(い)れる」의 ナル형 경어 187
「聞(き)き入(い)れる」의 レル형 경어 187
聞(き)き従(したが)う 111
聞(き)き従(したが)わなかった 221

「聞(き)く」의 レル형 경어 195
来(き)たるべき 333
兄弟(きょうだい)のことで 323
近所(きんじょ) 143

く

「来(く)る」의 レル형 경어 325, 335

け

汚(けが)す 268

こ

子(こ) 93
口実(こうじつ)を得(え)る 26
告白(こくはく)する者(もの)があれば 170
国民(こくみん)全体(ぜんたい) 374
小声(こごえ) 336
御心(こころ) 261
心(こころ)が騒(さわ)ぐ 345
心(こころ)にかける 234
心(こころ)に適(かな)う 79
心(こころ)を騒(さわ)がせる 345
ございません 36
乞食(こじき) 144
乞食(こじき)をする 144
「ご存(ぞん)じだ」의 부정 184
ご存(ぞん)じない 184
ご存(ぞん)じないとは 185
答(こた)えられる 270
「答(こた)える」의 レル형 경어 270
～こと 300
～ことか 347
～ことができないからである 104
～ことができようか 156, 248
～ことができる 248

「～ことができるだろうか」의 문장체적 표현 248
～ことがない 83, 118
～ことがなく 39
～ことがわからない 103
～ことに決(き)めている 172
～ことになっている 379
～ことはない 308
来(こ)ないのだろうか 385
「この」 291
この 96
この方(かた)について言(い)う 286
このままにしておけば 370
この世(よ)にいる間(あいだ)は 139
この世(よ)の者(もの)である 66
子(こ)はいつまでもいる 86
来(こ)られる 325, 335
ごらん下(くだ)さい 346
ごらんになる 344
ご覧(らん)になる 133
これ 162
殺(ころ)したり 224
殺(ころ)そうとしていました 304
殺(ころ)そうとしている 90
殺(ころ)そうとするのは 266

さ

最高(さいこう)法院(ほういん) 369
捜(さが)し求(もと)める 61, 384
先(さき)ほど 303
刺(さ)し殺(ころ)す 22
授(さず)かる 243
～させる 362
定(さだ)め 243
さっき 303
去(さ)って行(い)かれる 284
「去(さ)って行(い)く」의 レル형 경어 284
悟(さと)らなかった 73

裁(さば)く方(かた) 116
裁(さば)くべき 70
される 367, 368
散在(さんざい)する 378

し

～し 49, 373
下(した)から出(で)た者(もの)だ 65
～したら～た 80
私通(しつう) 14
知(し)っていたなら 54
知(し)っていない 53
知(し)っています 164
「知(し)っています」의 정중표현 328
「知(し)っている」의 연용중지법 257
「知(し)っている」의 특정형 경어 184
「知(し)っている」의 レル형 경어 237
知(し)っておられる 237
知(し)っており 257
しないで 76
死(し)なせない 349
死(し)なせる 349
死(し)ななかったでしょう 326
「死(し)ぬ」의 사역 349
死(し)ぬことはない 333
死(し)ぬほどのものではない 297
死(し)のうではないか 320
自分(じぶん) 123
自分(じぶん)＝あなたがた 123
自分(じぶん)から言(い)ったのではない 376
自分(じぶん)＝わたし 122
絞(し)め殺(ころ)す 22
喋(しゃべ)る 56
自由(じゆう)な者(もの) 88
自由(じゆう)を得(え)る 87
＜主(しゅ)＝神(かみ)＞ 78
主(しゅ)のみ手(て) 261

主(しゅ)の御名(みな) 261
笑止(しょうし)千万(せんばん) 186
上手(じょうず)だったり、下手(へた)だったりする 225
しようとするつもりか 64
知(し)らない 184
知(し)らぬ 184
知(し)り 235
「知(し)る」의 겸양어Ⅱ(정중어) 164
「知(し)る」의 연용중지법 235
指令(しれい) 387
死(し)を味(あじ)わう 119
死(し)を見(み)る 117
死(し)を見(み)ることがない 118
死(し)を見(み)ることがないであろう 117
信(しん)じさせる 362
信(しん)じております 334
信(しん)じなかった 161
信(しん)じなくてもよい 277
信(しん)じようとしない 109
信(しん)じる 317
信(しん)ずる・信(しん)じる 255, 278
死(し)んだのだ 316
死(し)んでいる 119
人民(じんみん) 374

す

～ず 76
過越(すぎこし)の祭(まつ)り 383
廃(すた)る 273
廃(すた)れる 273
すべて 85
「する」의 특정형 경어 79, 368
「する」의 レル형 경어 368
するがよい 94

せ

聖別(せいべつ)して 274
責(せ)めうる 109
全国民(ぜんこくみん) 374
千万(せんばん) 186

そ

そう言(い)う 253
そういう者(もの)である 67
そうすれば 280
そうだと言(い)う 253
相談(そうだん)する 380
そうと言(い)う 253
そのあとから 341
その[言(い)うこと] 247
そのうえ 371
そのうちの 246
その方(かた) 196
[その[=彼(かれ)の]言(い)うこと] 247
そのため 381
そのわけは 46
それ 196
それだのに 89
それなのに 89
ソロモンの廊(ろう) 251
存(ぞん)じています 164, 328
存(ぞん)じております 164, 328
存(ぞん)ずる・存(ぞん)じる 164

た

滞在(たいざい)される 302
「滞在(たいざい)している」의 レル형 경어 285, 383
滞在(たいざい)しておられる 285, 383
「滞在(たいざい)する」의 レル형 경어 302

「互(たが)い」의 미화어 369
〜たからである 268
託(たく)された 271
「託(たく)される」의 과거 271
〜だけではなく 377
出(だ)してしまう 215
〜出(だ)す 214
助(たす)かるでしょう 312
ただ今(いま) 293
叩(たた)き殺(ころ)す 23
立(た)たせる 18
立(た)ち上(あ)がる 337
立(た)つ 106
「立(た)つ」의 사역 18
経(た)っています 356
立(た)てる 18
たとい 42, 279
他(た)の羊(ひつじ) 238
他(た)の人々(ひとびと) 248
他(た)の者(もの)たち 248
民(たみ) 374
試(ため)す 25
〜ためである 136, 317
〜たり 225
〜だろう 329

ち

<父(ちち)> 275, 359
父(ちち) 93
父(ちち)による 264
父(ちち)のみ手(て) 261
ちょうど 236

つ

ついて行(い)く 216
ついて来(く)る 258

397

ついに 32, 161
捕(つか)まえられる 16
捕まえる(つかまえる) 16
「捕(つか)まえる」의 수동 15
遣(つか)わされる 103, 275
「遣(つか)わす」의 수동 103
「遣(つか)わす」의 レル형 경어 275
突(つ)き殺(ころ)す 23
唾(つばき) 140
唾(つばき)する 140
唾(つばき)をかける 141
唾(つばき)をつける 141
罪(つみ)のうちに死(し)ぬ 62
罪(つみ)はなかったであろう 204
連(つ)れ出(だ) 214

て

~であった 150
~であって 233
~てある 355
「~である」의 부정 190
「~である」의 テ형 233
~であろう 329
~ていただきたい 254
~ています 334
~て以来(いらい) 190
出入(でい)り 223
出入(でい)りする 222
~ている 119, 145
「~ている」의 겸양어Ⅱ(정중어) 272
「~ている」형 69
~ております 334
「~ておる」 272
~ておる 81
できなかった 191
~て下(くだ)さいます 188
~て下(くだ)さった 76, 168

~てくださる 52
~て下(くだ)さる 76, 328, 360
て下(くだ)さる 239
「~て下(くだ)さる」의 과거 168
~てくる 77, 95
「~てくれる」의 존경어 51
「~てくれる」의 특정형 경어 239
~てごらんになる 321
~てしまう 74, 215
~てしまった 74
出(で)て行(い)かれる 130
「出(で)て行(い)く」의 レル형 경어 130
デドモ 319
~でない 190
~でなかったら 190
出入(ではい)り 223
出入(ではい)りする 222
~てはじめて 75
手前(てまえ)ども 164
「~てみる」의 특정형 경어 321
出迎(でむか)える 325
~ても 279
「~てもらいたい」의 겸양어Ⅰ 254

と

~と 11, 215, 321
「~という」의 수동 272
~ということです 176
~ということは 189
~と言(い)うならば 124
問(と)い続(つづ)ける 28
~といわれておる 272
~といわれる 272
どういう方(かた)ですか 69
どうして 153, 155
「通(とお)っている」의 レル형 경어 132
通(とお)っておられる 132

～と同(おな)じだ 236
通(とお)り 105
どおり 105
～ところ 205
ところ 286
～とする 44
～とすれば 44, 277
とどまっておるなら 81
～とは 185
トマス 319
～とも 279
捕らえる(とらえる) 16
取(と)り上(あ)げる 263
取り押さえる(とりおさえる) 16
取(と)り去(さ)る 242
取(と)りのける 355
どんなにして 178

な

なお 301
～ながら 363
慰(なぐさ)めようとする 324
「～なくてもいい」의 문장체적 표현 278
～なくてもよい 278
殴(なぐ)り殺(ころ)す 23
投(な)げつける 29, 129
～なければならない 137
～なさい 37, 365
なさる 79, 367, 368
なぜかというと 46
なぜなら 45
なぜならば 46
何(なに)もせず 76
何(なに)をしたのか 177
涙(なみだ)を流(なが)される 347
「涙(なみだ)を流(なが)す」의 レル형 경어 347
～ならば 100

なりたいです 180
なんと～ことか 347
なんとなれば 46

に

～に 175, 340
～に行(い)く 325
肉(にく)によって 44
逃(に)げ去(さ)る 216
逃げる(にげる) 283
～にしておく 253
似(に)た 146
一日(にち)には十二時間(じかん)あるではないか 306
～について 286
似(に)て 146
似(に)ている 145
～にほかならない 228
～に向(む)かって 72
～にもならない 127
～によって 255
～による 47
似(に)る 145
～に～を示(しめ)す 265
～に～を塗(ぬ)る 291
人間(にんげん)であるのに 269

ぬ

～ぬ 184
盗(ぬす)んだり 224
布(ぬの)で巻(ま)く 363

ね

「願(ねが)う」의 ナル형 경어 327
～ねばならない 239

399

眠(ねむ)っている 310
根(ね)を下(お)ろ 90

の

～の 62, 155, 198
逃(のが)れる 281
逃れる(のがれる) 283
残(のこ)される 33
「残(のこ)す」의 수동 33
～のだ 313, 316
～のために 266
～のだろう 120
乗(の)ったり降(お)りたりする 227
～のである 312
～のでしたら 311
～のでしょうか 202
「～のです」계열의 가정조건 형식 311
～のですか 305
～のところ 151
のところ 366, 367
～のに 110, 127, 208, 305
罵(ののし)って言(い)う 182
～のは、～からである 256
～のは、～ためである 173, 200, 229
述(の)べる 56
乗(の)り越(こ)える 209

は

場(ば) 20
廃棄(はいき)される 273
拝(はい)する 200
「入(はい)って来(く)る」의 レル형 경어 338
入(はい)って来(こ)られる 338
入(はい)られる 11, 354
「入(はい)る」의 レル형 경어 11, 354
墓(はか)に泣(な)きに行(い)く 340

激(はげ)しく感動(かんどう)し 345
～はずだ 101, 191
～はずである 101
「働(はたら)く」의 가능동사 138
働(はたら)ける 138
罰(ばっ)される 35
罰(ばっ)しない 36
罰(ばっ)する 34, 36
罰(ばっ)せられる 35
話(はな)される 217
話(はな)し続(つづ)ける 28
話(はな)してあげたのに 179
話(はな)している 198
「話(はな)している」의 レル형 경어 72
話(はな)しているのが 198
話(はな)しておられる 73
話(はな)す 56
「話(はな)す」의 가능동사 169
話(はな)す」의 ナル형 경어 218
「話(はな)す」의 レル형 경어 217
話(はな)せる 169
～は～に近(ちか)い 323
填(は)めてある 355

ひ

轢(ひ)き殺(ころ)す 23
卑怯(ひきょう)千万(せんばん) 186
飛行機(ひこうき)だったり、新幹線(しんかんせん)だったりする 226
羊飼(ひつじかい) 210
引(ひ)っ張(ぱ)って来(く)る 17
引(ひ)っ張(ぱ)る 17
人殺(ひとごろ)し 106
人(ひと)の子(こ) 196
人(ひと)の奴隷(どれい)になったことは～ない 83
一人(ひとり)の父(ちち) 99
一人(ひとり)の病人(びょうにん)がいた 289

ひとりひとり 31
一人(ひとり)びとり 31
捻(ひね)り殺(ころ)す 24
「病気(びょうき)だ」의 문장체적 말씨 292, 300
病気(びょうき)である 292, 300
病気(びょうき)をする 295
ひょっとすると 63
開(ひら)く 210, 212, 213
「開(ひら)く」와 「開(あ)ける」의 차이 213
昼間(ひるま)が十二時間(じゅうにじかん) 306
ひれ伏(ふ)す 343

ふ

不安(ふあん)な 252
不安(ふあん)なまま 252
不安(ふあん)のまま 252
再(ふたた)び 240, 241
ぶち殺(ころ)す 24
ぶっ殺(ころ)す 24
不品行(ふひんこう) 97
不品行(ふひんこう)の結果(けっか) 97
踏(ふ)み殺(ころ)す 24
不倫(ふりん) 14
無礼(ぶれい)千万(せんばん) 186
分争(ふんそう) 156, 158
紛争(ふんそう) 157
フンソウ 157

へ

～へ 340
～べき 70

ほ

ほかならない～ 228
ほかならぬ 228

ほかの者(もの)たち 248
牧草(ぼくそう)にありつくであろう 223
乾(ほ)し殺(ころ)す 24
ほどく 364
滅(ほろ)びないようになる 375
滅(ほろ)びることがなく 258
滅(ほろ)ぼしたり 224
本音(ほんね)が出(で)る 108
本音(ほんね)と建前(たてまえ) 108
本音(ほんね)を聞(き)く 108
本音(ほんね)を吐(は)かす 108
本音(ほんね)を吐(は)く 108
本音(ほんね)をもらす 108

ま

勝(まさ)る 260
また 241
またしても 245
また激(はげ)しく感動(かんどう)して 353
またまた 245
または 245
またもは 245
まったく+긍정 술어 192
まったく+긍정 술어 192
まったく+부정 술어 193
免れる(まぬがれる) 283
～まま 33, 71
まるで 236

み

見(み)えない 201
見(み)える 163, 201
見(み)えるようになる 142
みこころ 79
御言(みことば) 261
見知(みし)る 143

〜みたいだ 236
御使(みつかい) 261
密通(みっつう) 14
「見(み)なさい」의 특정형 경어 346
みもと 12
御許(みもと) 261
宮(みや)清(きよ)めの祭(まつり) 249
見(み)られる 133
「見(み)る」의 특정형 경어 344
「見(み)る」의 レル형 경어 133
身(み)を起(お)して 28
身(み)をかがめて 28
身(み)を清(きよ)める 384
民族(みんぞく)全体(ぜんたい) 374

● む

「迎(むか)える」의 겸양어I 338
むなしい 123

● め

迷惑(めいわく)千万(せんばん) 186
目(め)が開(あ)く 147
目(め)が見(み)える 163
盲(めくら) 189
目(め)を開(あ)けた人(ひと)がある 189
目(め)を開(あ)ける 152, 160, 248
目(め)を天(てん)に向(む)けて 358

● も

もう〜会(あ)っている 197
もう臭(くさ)くなっております 356
申(もう)し出(で)よ 386
申(もう)し出(で)る 386
盲人(もうじん)であったなら 204
申(もう)す 361

もう〜ている 197
モーセの弟子(でし)だ 182
もしかすると 63
もし〜なければ 67
もし〜なら 278, 357
尤(もっと)も千万(せんばん) 186
もと 144
求(もと)めてはいない 115
求(もと)める方(かた) 116
もともと 144
者(もの)がなかった 59
ものを思(おも)う 30
物(もの)を書(か)く 30
ものを口(くち)にしない 30
門番(もんばん) 210
門(もん)を開(ひら)く 210

● や

焼(や)き殺(ころ)す 24
やってくる 371
雇人(やといにん) 231
やはり 301
やり続(つづ)ける 28

● よ

よい羊飼(ひつじかい) 230
〜ようだ 236
〜ようとしない 255
「〜ように」의 문중지 용법 38
〜ようになる 142, 317
汚(よご)す 268
四日間(よっかかん)も 321
「呼(よ)ばう」의 レル형 경어 363
呼(よ)ばわれる 363
蘇(よみがえ)りの時(とき) 330
蘇(よみがえ)ることは 330

蘇(よみがえ)るであろう 329
「呼(よ)んでいる」のレル형 경어 336
呼(よ)んでおられます 336
呼(よ)んでおられる 336

ろ

60間(ろくじゅっけん) 323

わ

わかってくる 77
私(わたくし)ども 164
わたしたちにはわかっている 175
わたしども 163
わたしの行(い)く 62
わたしはある 67
わたしは言(い)う 270
わたしはいる 128
わたしは羊(ひつじ)の門(もん)である 220
わたしは蘇(よみがえ)り、命(いのち)である 331

を

〜を拭(ふ)く 292

참고문헌 일람

다국어 성경(Holy-Bible) : www.holybible.or.kr/B_SAE/
대한성서공회(2001)『표준새번역 성경』대한성서공회. www.basicchurch.or.kr/%EC%83%
　　　　　88%EB%B2%88%EC%97%AD-%EC%84%B1%EA%B2%BD/
대한성서공회(2002)『한일대조 성경전서』(개역개정판/신공동역) 대한성서공회.
GOODTV 온라인성경 : goodtvbible.goodtv.co.kr/bible.asp
생명의말씀사 편집부(1982)『현대인의성경』생명의말씀사.
GODpia 성경 : bible.godpia.com/index.asp#popup
李成圭(1993~1996)『東京日本語1, 2, 3, 4, 5』時事日本語社.
＿＿＿等著(1995)『現代日本語研究1, 2』不二文化社.
＿＿＿等著(1996)『홍익나가누마 일본어1, 2, 3』홍익미디어.
＿＿＿等著(1996)『홍익나가누마 일본어1, 2, 3 해설서』홍익미디어.
＿＿＿等著(1997)『홍익일본어독해1, 2』홍익미디어.
＿＿＿(1998)『東京現場日本語1』不二文化社.
＿＿＿(2000)『東京現場日本語2』不二文化社.
＿＿＿(2003a)『도쿄 비즈니스 일본어1』不二文化.
＿＿＿(2003b)『日本語受動文の研究』不二文化.
＿＿＿(2003c)『日本語 語彙Ⅰ- 日本語 実用文法の展開 Ⅱ-』不二文化.
＿＿＿(2006a)「使役受動의 語形에 대한 일고찰」『日本学報』68輯 韓国日本学会. pp. 69-80.
＿＿＿(2006b)「使役受動 語形의 移行에 대하여」『日本学報』69輯 韓国日本学会. pp. 67-82.
＿＿＿(2007a)「日本語 依頼表現 研究의 課題」『日本学報』70輯 韓国日本学会. pp. 111-124.
＿＿＿(2007b)「〈お/ご~くださる〉계열의 서열화 및 사용가능성에 대해」『日本学報』71輯
　　　　　韓国日本学会. pp. 93-110.
＿＿＿(2007c)『일본어 의뢰표현Ⅰ- 肯定의 依頼表現의 諸相 -』시간의물레. pp. 16-117.
＿＿＿(2008a)「일본어 의뢰표현의 유형화 및 서열화에 대해 -〈てくれる〉계열〈てもらえる〉
　　　　　계열을 대상으로 하여 -」『日本学報』74輯 韓国日本学会. pp. 17-34.
＿＿＿(2010a)「「おっしゃる」와「言われる」의 사용상의 기준 - 신약성서(신공동역)의 4복음

_____서를 대상으로 하여 - 」『日本学報』82輯 韓国日本学会. pp. 99-110.

_____(2010b)「잉여적 선택성에 기초한「なさる」와「される」의 사용상의 기준 - 신약성서(신공동역)의 4복음서를 대상으로 하여 - 」『日本学報』84輯 韓国日本学会. pp. 209-225.

_____(2011a)「ナル형 경어와 レル형 경어의 사용상의 기준 - 복수의 존경어 형식이 혼용되고 있는 예를 중심으로 - 」『日本学報』86輯 韓国日本学会. pp. 121-141.

_____(2011b)「ナル형 경어와 レル형 경어의 사용실태 - 화체적 요인을 중심으로 하여 - 」『日本学報』87輯 韓国日本学会. pp. 39-52.

_____(2011c)「사용상의 기준과 복음서 간의 이동 - ナル형 경어와 レル형 경어의 사용실태를 대상으로 하여 - 」『日本語教育』56輯 韓国日本語教育学会. pp. 175-203.

_____(2012)「〈ないでもらえる〉계열의 의뢰표현 - 각 형식의 사용실태 및 표현가치(정중도)를 중심으로 하여 - 」『日本学報』92輯 韓国日本学会. pp. 63-83.

_____(2013a)「의뢰표현 <ないでくださいますか>의 표현가치」『외국학연구』23 중앙대학교 외국학연구소. pp. 121-38.

_____(2013b)「〈ないでくださる?〉〈ないでくださらない?〉의 의뢰표현 - 사용실태 및 사용가능성, 그리고 표현가치 - 」『日本学報』95輯 韓国日本学会. pp. 47-61.

_____(2014a)「의뢰표현 <ないでくださいませんか>의 운용 실태와 표현가치」『외국학연구』27 中央大学校 外国学研究所. pp. 237-257.

_____(2014b)「〈ないでくださるでしょうか〉의 의뢰표현 ― 사용 가능성 및 표현가치 ― 」『日本学報』99 韓国日本学会. pp. 137-150.

_____(2016b)『일본어 의뢰표현 - 부정의 의뢰표현의 제상 - 』시간의물레.

_____(2016c)「「お答えになる」・「答えられる」・「言われる」의 사용상의 기준에 있어서의 번역자의 표현의도 - 일본어 성서(新共同訳) 4복음서를 대상으로 하여 - 」『일본언어문화』제36집, 한국일본언어문화학회. pp. 155-176.

_____(2017a)「日本語口語訳新約聖書における<おる>の使用実態」『日本言語文化』第38輯, 韓国日本言語文化学会. pp. 67-84

_____(2017b)「〈おる〉〈ておる〉의 의미·용법 - リビングバイブル旧約聖書(1984)를 対象として - 」『日本言語文化』第40輯, 韓国日本言語文化学会. pp. 69-90

_____(2017c)『신판 생활일본어』시간의물레.

_____(2017d)『신판 비즈니스 일본어1』시간의물레.

_____(2017f)『신판 비즈니스 일본어2』시간의물레.

_____(2018a)「「なさる」에 의한 존경어 형식과 사역의 존경화 - 일본어 구어역 신약성서를 대상으로 하여 -」『日本研究』第48輯, 中央大學校 日本研究所. pp 7-29

_____(2018b)「発話動詞〈言う〉の尊敬語の使用実態 – 日本語口語訳新約聖書を対象として -」『日本言語文化』第43輯, 韓國日本言語文化學會. pp. 105-120

_____(2018c)『일본어 구어역 마가복음의 언어학적 분석Ⅰ』, 시간의물레.

_____(2019a)『일본어 구어역 마가복음의 언어학적 분석Ⅱ』, 시간의물레.

_____(2019b)『개정판 현대일본어 문법연구Ⅱ』, 시간의물레.

_____(2019c)『일본어 구어역 마가복음의 언어학적 분석Ⅲ』, 시간의물레.

_____(2020a)『개정판 현대일본어 문법연구Ⅰ』, 시간의물레.

_____(2020b)『일본어 구어역 마가복음의 언어학적 분석Ⅳ』, 시간의물레.

_____(2021a)『일본어 구어역 요한복음의 언어학적 분석Ⅰ』, 시간의물레.

_____(2021b)『일본어 구어역 요한복음의 언어학적 분석Ⅱ』, 시간의물레.

李成圭・権善和(2004a)『일본어 조동사 연구Ⅰ』不二文化.

_____(2004b)『일본어 조동사 연구Ⅱ』不二文化.

_____(2006a)『일본어 조동사 연구Ⅲ』不二文化.

_____(2006b)『현대일본어 문법연구Ⅰ』시간의물레.

_____(2006c)『현대일본어 문법연구Ⅱ』시간의물레.

_____(2006d)『현대일본어 문법연구Ⅲ』시간의물레.

_____(2006e)『현대일본어 문법연구Ⅳ』시간의물레.

李成圭・閔丙燦(1999)『現代日本語敬語の研究』不二文化社.

_____(2006)『일본어 경어의 제문제』不二文化.

荒木博之(1983)『敬語日本人論』PHP研究所.

尾山令仁(2001)『現代訳聖書』現代訳聖書刊行会. www.fbible.com/seisho/gendaiyaku.htm

オンライン聖書 回復訳編集部(2009)『オンライン聖書 回復訳』www.recoveryversion.jp/

菊地康人(1996)『敬語再入門』丸善ライブラリー 丸善株式会社.

_____(1997)『敬語』講談社学術文庫 講談社.

窪田富男(1990)『日本語教育指導参考書17 敬語教育の基本問題(上)』国立国語研究所.

_____(1992)『日本語教育指導参考書18 敬語教育の基本問題(下)』国立国語研究所.

坂田幸子・倉持保男(1980)『教師用日本語教育ハンドブック④ 文法(ぶんぽう) Ⅱ』国際交流基金 凡人社.

柴谷方良(1978)『日本語の分析』大修館書店. pp. 346-349

新改訳聖書刊行会(1970)『新改訳聖書』日本聖書刊行会

新約聖書翻訳委員会(1995)『岩波翻訳委員会訳』岩波書店.

聖書本文検索(口語訳) 日本聖書協会. www.bible.or.jp/read/vers_search.html

聖書本文検索(新共同訳) 日本聖書協会. www.bible.or.jp/read/vers_search.html

プロジェクト(2012)『現代日本語書き言葉均衡コーパス』(BCCWJ:Balanced Corpus of Contemporary Written Japanese)

大学共同利用機関法人人間文化研究機構国立国語研究所と文部科学省科学研究費特定領域研究「日本語コーパス」プロジェクト www.kotonoha.gr.jp/shonagon/

高橋照男・私家版(2003)『塚本虎二訳 新約聖書・電子版０３版』www.ne.jp/asahi/ts/hp/index.html#Anchor94064

高橋照男編(2004)『BbB – BIBLE by Bible 聖書で聖書を読む』bbbible.com/

塚本虎二(1991)『新約聖書 福音書』岩波書店.

寺村秀夫(1982)『日本語のシンタクスと意味Ⅰ』くろしお出版. pp. 155-161

日本語聖書口語訳統合版(口語訳+文語訳)聖書 口語訳「聖書」(1954/1955年版) bible.salterrae.net/

日本語版リビングバイブル改訂委員会(1993)『リビングバイブル』erkenntnis.icu.ac.jp/jap/LivBibleJIF.htm#Instructions

日本聖書協会(1954)『聖書』(口語訳). pp. (新)1-(新)409. 日本聖書協会.

日本聖書協会(1987)『聖書』(新共同訳). pp. (新)1-(新)480. 日本聖書協会.

庭三郎(2004)『現代日本語文法概説』(net版).

フランシスコ会聖書研究所(1984)『新約聖書』サンパウロ.

文化審議会(2007)『敬語の指針』(答申) 文化審議会. pp.14-26

文化庁(2007)『敬語の指針』文化庁.

前田護郎(1983)『新約聖書』中央公論社.

松下大三朗(1930)『標準日本口語法』中文館書店. 復刊, (改正再版), 勉誠社. 1978.

柳生直行(1985)『新約聖書』新教出版社.

Martin, Samuel. 1975. *A Reference Grammar of Japanese*. Yali Univ. Press.

□ 이 성 규(李成圭)

전공 : 일본어학(일본어문법 · 일본어경어 · 일본어교육)

忠北 淸州 出生

(현) 인하대학교 교수

(현) 한국일본학회 고문

(전) KBS 일본어 강좌 「やさしい日本語」 진행

(전) 한국일본학회 회장(2007.3.~2009.2.)

한국외국어대학교 일본어과 졸업

일본 쓰쿠바(筑波)대학 대학원 문예 · 언어연구과(일본어학) 수학

언어학박사(言語学博士)

□ 저서

『도쿄일본어 1, 2, 3, 4, 5』, 시사일본어사. (1993~1997)

『現代日本語研究 1, 2』, 不二文化社. (1995)〈共著〉

『仁荷日本語 1, 2』, 不二文化社. (1996)〈共著〉

『홍익나가누마 일본어 1, 2, 3』, 홍익미디어. (1996)〈共著〉

『홍익일본어독해 1, 2』, 홍익미디어. (1997)〈共著〉

『도쿄겐바일본어 1, 2』, 不二文化社. (1998~2000)

『現代日本語敬語の研究』, 不二文化社. (1999)〈共著〉

『日本語表現文法研究 1』, 不二文化. (2000)

『클릭 일본어 속으로』, 가산출판사. (2000)〈共著〉

『実用日本語 1』, 가산출판사. (2000)〈共著〉

『日本語 受動文 研究의 展開1』, 不二文化. (2001)

『도쿄실용일본어』, 不二文化. (2001)〈共著〉

『도쿄 비즈니스 일본어1』, 不二文化. (2003)

『日本語受動文の研究』, 不二文化. (2003)

『日本語 語彙論 구축을 위하여』, 不二文化. (2003)

『일본어 어휘I』, 不二文化. (2003)

『日本語受動文 用例研究Ⅰ』, 不二文化. (2003)〈共著〉

『日本語受動文 用例研究Ⅱ』, 不二文化. (2003)

『일본어 조동사 연구Ⅰ』, 不二文化. (2004)〈共著〉

『일본어 조동사 연구Ⅱ』, 不二文化. (2004)〈共著〉

『일본어 문법연구 서설』, 不二文化. (2005)

『日本語受動文 用例研究Ⅲ』, 不二文化. (2005)〈共著〉

『일본어 조동사 연구Ⅲ』, 不二文化. (2006)〈共著〉

『현대일본어 경어의 제문제』, 不二文化. (2006)〈共著〉

『현대일본어 문법연구Ⅰ』, 시간의물레. (2006)〈共著〉

『현대일본어 문법연구Ⅱ』, 시간의물레. (2006)〈共著〉

『현대일본어 문법연구Ⅲ』, 시간의물레. (2006)〈共著〉

『현대일본어 문법연구Ⅳ』, 시간의물레. (2006)〈共著〉

『일본어 의뢰표현Ⅰ - 肯定의 依賴表現의 諸相 - 』, 시간의물레. (2007)

『일본어 의뢰표현 - 부정의 의뢰표현의 제상 - 』, 시간의물레. (2016)

『신판 생활일본어』, 시간의물레. (2017)

『신판 비즈니스일본어1』, 시간의물레. (2017)

『신판 비즈니스일본어2』, 시간의물레. (2017)

『일본어 구어역 마가복음의 언어학적 분석Ⅰ』, 시간의물레. (2018)

『개정판 현대일본어 문법연구Ⅱ』, 시간의물레. (2019) <共著>

『일본어 구어역 마가복음의 언어학적 분석Ⅱ』, 시간의물레. (2019)

『일본어 구어역 마가복음의 언어학적 분석Ⅲ』, 시간의물레. (2019)

『개정판 현대일본어 문법연구Ⅰ』, 시간의물레. (2020) <共著>

『일본어 구어역 마가복음의 언어학적 분석Ⅳ』, 시간의물레. (2020)

『일본어 구어역 요한복음의 언어학적 분석Ⅰ』, 시간의물레. (2021)

『일본어 구어역 요한복음의 언어학적 분석Ⅱ』, 시간의물레. (2021)

외, 논문 다수 있음.

일본어 구어역 요한복음의 언어학적 분석 Ⅲ

A Linguistic Anlaysis of the Colloquial Japanese Version of the Gospel of John Ⅲ

초판인쇄 2021년 10월 01일
초판발행 2021년 10월 05일
저　　자 이 성 규
발 행 인 권 호 순
발 행 처 시간의물레
등　　록 2004년 6월 5일
주　　소 서울시 은평구 중산로17길 31, 401호
전　　화 02-3273-3867
팩　　스 02-3273-3868
전자우편 timeofr@naver.com
블 로 그 http://blog.naver.com/mulretime
홈페이지 http://www.mulretime.com
정　　가 25,000원

ISBN 978-89-6511-362-1 (94730)
ISBN 978-89-6511-353-9 (세트)

*이 책의 저작권은 저자에게, 출판권은 시간의물레에 있습니다.
*잘못된 책은 바꿔드립니다.